交通职业教育教学指导委员会推荐教材

全国交通高级技工学校、技师学院公路工程机械使用与维修专业教学用书

全国交通技师培训教材

公路工程机械化施工技术

Gonglu Gongcheng Jixiehua Shigong Jishu

主编　单文健

主审　张文才

人民交通出版社

内 容 提 要

本书是全国交通技师培训教材，由交通职业教育教学指导委员会公路（技工）专业指导委员会组织编写。主要内容包括：施工机械的基本知识，各种施工机械的类型、特点、使用方法、施工方法、使用范围、生产率计算等；公路工程基本建设程序、组织设计与相关计划制订、施工前的准备工作、施工组织与施工过程、施工机械的选择、施工安全知识等。

本书是全国交通高级技工学校、技师学院公路工程机械使用与维修专业教学用书，也可作为职业培训和技能鉴定教材，或供有关人员学习参考。

图书在版编目（CIP）数据

公路工程机械化施工技术 / 单文健主编．—北京：人民交通出版社，2007.8
ISBN 978-7-114-06574-3

Ⅰ.公… Ⅱ.单… Ⅲ.道路工程－机械化施工 Ⅳ.U415.6

中国版本图书馆 CIP 数据核字（2007）第 073132 号

书　　名：全国交通技师培训教材
　　　　　公路工程机械化施工技术
著 作 者：单文健
责任编辑：彭　敏
出版发行：人民交通出版社
地　　址：（100011）北京市朝阳区安定门外外馆斜街 3 号
网　　址：http://www.ccpress.com.cn
销售电话：（010）59757973
总 经 销：人民交通出版社发行部
经　　销：各地新华书店
印　　刷：北京盈盛恒通印刷有限公司
开　　本：787×1092　1/16
印　　张：19.25
字　　数：459 千
版　　次：2007 年 8 月 第 1 版
印　　次：2018 年 7 月 第 4 次印刷
书　　号：ISBN 978-7-114-06574-3
定　　价：35.00元

前言

QIANYAN

交通行业是一个劳动密集型行业，全行业约有4000万从业人员，其中90%以上是在交通建设、养护和运输服务等一线工作的，处于交通工程建设、养护和交通运输服务的终端环节，其素质和能力在很大程度上决定了交通发展的质量和效益。目前，各个专业和工种都普遍缺乏技能型人才，特别是高技能人才，公路施工与养护、筑路机械操作与维护等工种都属于交通行业技能型紧缺人才。

为了配合"交通行业技能型紧缺人才培养培训工程"的实施，加快高技能人才的培养培训步伐，交通职业教育教学指导委员会公路（技工）专业指导委员会组织全国交通类高级技工学校、技师学院的教师编写了《公路施工与养护》和《公路工程机械使用与维修》两个专业工种的技师培训教材。编写人员进行了广泛的一线走访，听取了工程施工与养护生产一线高技能人员的意见，使本套教材具有良好的实用性和先进性。本套教材填补了我国在公路施工与养护和公路工程机械使用与维修方面技师培养培训教材的空白，既可作为技师学院教学用书，又可作为在职培训技师用教材，对本行业高技能人才的培养培训具有重要的现实意义。

本套教材具有以下特点：

1. 教材内容与技师等级标准、考核标准相衔接，适应现代公路工程机械化施工与养护的要求。

2. 教材全部采用最新的标准和规范，符合先进性、科学性和实用性的要求。

3. 教材编写满足理实一体化和模块式的教学方式，体现职业教育特色，重点培养学生的实际操作技能。

4. 每个单元后均附有思考题，力求提高学生思考问题、解决问题的能力，以达到技师标准的要求。

《公路工程机械化施工技术》是全国交通高级技工学校、技师学院、公路工程机械使用与维修专业通用教材之一，内容包括：施工机械的基本知识，各种施工机械的类型、特点、使用方法、施工方法、使用范围、生产率计算等；公路工程基本建设程序、组织设计与相关计划制订、施工前的准备工作、施工组织与施工过程、施工机械的选择、施工安全知识等。

参加本书编写工作的有：山东省公路高级技工学校单文健（编写单元一，单元二的课题四，单元三），江苏省交通技师学院周坤（编写单元二的课题一、二、五）、杨雪茹（编写单元四的课题三、五），山西省交通技师学院学校梁卫静（编写单元二的课题三，单元五），安徽省公路技工学校杜志阳（编写单元四的课题一、二、四）。全书由单文健担任主编，山西省交通技师学院张文才担任主审。

本套教材在编写过程中得到了全国20余所交通类职业院校领导、工程施工养护领域的专家及一线高技能人员的大力支持和帮助，共有70余名专业教师参与了教材的编审工作，在此表示感谢。

由于我们的业务水平和教学经验有限，编审人员工作繁忙、时间仓促，书中难免有不妥之处，恳切希望使用本书的教师和读者批评指正。

交通职业教育教学指导委员会
公路(技工)专业指导委员会
二〇〇七年四月

目录

MULU

Danyuanyi

单元一

绪　论

知识点

1. 描述公路机械化施工的意义与重要性；
2. 描述公路工程施工中机械设备的特点与主体；
3. 描述机械与机械化施工的关系；
4. 描述公路工程机械化施工的特点。

课题一　机械化施工与施工机械

一、公路机械化施工的意义与重要性

现代化施工建设是当今公路建设的发展主流，而机械化施工是公路施工建设、特别是高等级公路施工建设的重要措施与手段，是公路建设发展的必然趋势。公路建设发展的特点是工程量浩大，工程质量要求高，施工技术工艺复杂，建设周期短，施工难度日趋复杂。在实行招投标制的今天，企业更加注重施工的质量与经济效益。没有高水平的机械化施工，没有先进的机械参与施工，就很难保证高的施工质量，甚至无法完成施工难度大、工艺复杂的工程，更谈不上工程进度和经济效益。所以，机械化施工在公路建设中起着重要作用。

公路机械化施工是通过合理地选用施工机械、科学地组织施工来完成工程作业的全过程。公路机械化施工是以施工的机械化程度来衡量，即：

机械化程度 = 机械设备完成的实际工作量(或实物工程量)/ 全部工程量 ×100%

机械化程度愈高，工程施工中机械完成的实际工作量占总工程施工量的比例就愈大。机械化施工程度的高低，在一定程度上反映出工程施工周期的快慢、施工质量的高低和施工效益的好坏。要提高公路机械化施工水平，必须从以下几方面入手：

(1)提高机械化装备水平。在公路工程机械化施工中，没有机械，就无从谈论机械化施工；没有良好的机械化施工设备，就无从谈起较高的施工机械化程度。对能够采用机械化施工作业的，应该尽可能采用机械化施工，以替代或减轻繁重的体力劳动，改善劳动条件，加快施工进度；同时，使用机械化施工有利于克服和减少人力资源的不足，扩大施工范围，在一定程度上

还可以减少施工对环境的破坏与影响。

(2)选择最适宜的施工机种与机型。根据不同的施工对象和要求,选择不同的施工机械,使机种与机型更加适宜工程施工的要求;合理组合各种机种与机型,充分发挥各种机械的效能,才能加快施工进度,降低物资消耗和施工成本,保证工程质量,最终获得更高的经济效益。

(3)合理的工程施工组织计划与指导。公路工程施工不仅受各种自然因素的影响很大,而且工程量大,战线长,机械设备数量多,种类复杂。计划周密、组织合理、管理科学,才可能组织产生各项分部工程,使浩大的工程施工分部细化,并周密严谨地组合在一起,最终完成其施工工程。如果各道作业工序之间相互矛盾,机械和劳动力调配紊乱,必将导致工程消耗增加、工期迟缓、效率低下,施工质量与安全难以保证。

(4)要不断采用先进的机械化施工设备和施工技术。随着科学技术的不断发展,高质量、高效率、高自动化程度的公路施工机械不断涌现,以满足公路建设高标准、高等级和高速度发展的需要。结合实际的施工条件,用先进的机械化施工设备装备施工队伍;加强施工设备的使用和维护、维修等管理,是提高机械化施工水平的重要内容与途径。

(5)要不断培养和提高机械使用者的操作技术水平。使用者操作水平的高低将直接影响着工程进度和施工质量;操作水平高,可以快速、高质量地完成施工任务;操作水平低,不但进度慢,而且工程质量也不能保证,甚至在时间和资金上会造成不必要的浪费。在高质量、高效率、高自动化程度的公路施工机械不断涌现的今天,更应特别注重操作者技术水平的提高。

二、公路机械化施工的要求

公路机械化施工是提高施工效率、保证施工质量、加快施工建设速度、减轻劳动强度、降低施工成本和提高施工效益的重要手段。公路机械化施工在技术、组织与管理上具有更高的要求。

首先,公路机械化施工需要有严密的施工组织与管理,有充足的燃料能源;要有良好的维修设备与维修人员、附属设施与充足的零配件供应以及相应的运输条件;要有一定业务专长的技术人员与较为熟练的技术工人。

其次,为了在整个施工过程中均衡协调各个作业和各道工序,需要有足够数量、种类和规格的机械施工设备、操作管理与维修人员。

公路机械化施工中机械化施工程度和施工技术在很大程度上决定了工程施工质量的好坏、施工效率的高低、工期的快慢以及施工成本和效益的多少。但是机械化施工程度高也不完全能说明采用机械施工的优越性所在。因为,即使是在机械化程度一定时,由于施工技术、管理水平和施工组织的差异,完成相同的工程量,在施工进度、技术经济效果和节约劳动力等方面会出现较大的差别。因此机械化施工不仅仅是为了代替人的劳动,或完成人工无法完成的施工作业。机械化施工有着自己更为广泛的内涵,它不仅体现在机械化程度上,而且更注重在机械化水平上,体现在机械化设备利用程度、利用率及施工技术上。机械化施工应该是涉及施工机械、施工技术、施工组织和施工管理等学科的现代施工技术,是施工技术与管理技术的结合,是技术经济在工程施工中的体现。

从目前情况看,机械化施工在公路工程施工中占有的地位越来越重要。例如:在公路路基的施工中,有的施工企业已实现了全机械化施工。在整个施工现场除了少数几个调度人员外,各种施工机械均在紧张而有序地运行作业,其施工的质量和速度远远超出了人工所为。

三、公路工程机械设备的特点

公路工程属于建筑工程的范畴,在公路工程施工中所运用的机械设备具有以下特点:

(1)在施工中不改变其本身的实物状态,能够连续多次地在生产周期中使用。它随着其实体在施工过程中的磨损、腐蚀、变质、劣化及其在有效使用期间的贬值程度而逐渐地、部分地将它的价值转移到所生产的产品成本中去。它需要经过较长时间的使用,直到某种工作性能的有效寿命殆尽后才能报废。

(2)使用年限在一年以上。

(3)单位时间工作量价值在限额以上(小型企业为200元,中型企业为500元,大型企业为800元)。公路施工企业一般采用500元为限额。

(4)为施工生产所需要。

具有以上特点的机械设备称为施工机械。

在我国,把挖掘机械、铲土推土机械、压实机械、路面机械、起重机械、桩工机械、钢筋混凝土机械以及凿岩与风动工具等八大类机械设备划归为工程机械。这八大类工程机械组成了公路工程施工机械的主体。在公路工程施工中,它们主要完成以下工作:

(1)挖掘机械:有挖掘机、装载机等,主要工作是进行土石方的挖掘、装车或进行短距离的运输。

(2)铲土推土机械:有推土机、铲运机、平地机等,主要工作是进行土石方的推铲运和平整工作场地等。

(3)压实机械:有各种压路机和夯实设备,主要工作是压实路基、压实路面或对基础进行夯实等,使之符合一定的技术标准要求。

(4)路面机械:有适宜各种路面结构形式的拌和机、洒布机、摊铺机等,主要工作是进行路面面层材料的洒布、拌和、摊铺等。

(5)起重机械:有各种起重工具、起重机、架桥机,主要工作是进行吊装作业。

其他三类机械如打桩机、风机、凿岩机等主要用于桥梁、隧道及岩石开挖等工程中。

四、施工机械与机械化施工的关系

作为一个公路施工企业,主要任务是高质量、高速度、高效率、低成本(三高一低)地完成公路施工任务,为国家提供积累,同时促进企业自身的发展。要高效率地完成施工任务,就要按公路施工中的施工规律,科学地组织好生产力的各要素,才能优质、高效、低消耗完成任务。

生产力有三个要素:劳动力、劳动工具、劳动对象。这里劳动力指掌握了一定生产技能的人,劳动对象指要修筑的道路桥梁等公路工程,而劳动工具就是指各种施工机械和设备。人们通过施工机械作用于要修筑的建筑产品上,构成了公路施工中的生产力。

生产力有先进与落后之分。先进的生产力是掌握了先进的生产技能的人通过劳动工具作用于劳动对象的结果。劳动工具的先进与否决定先进技能的实现。先进的施工机械是组成先进建设施工生产力的重要方面。

要进行机械化施工，运用的劳动工具主要是施工机械。机械化施工程度越高，机械完成的施工量就越大，也就是在施工中，主要施工作业就几乎完全由机械工人操作施工机械去完成。从某种意义上讲，施工机械对机械化施工起决定性作用。

课题二　公路机械化施工的现状与发展

一、国内外公路工程施工机械的发展历程

世界上从20世纪30年代有了施工机械，40年代施工机械的品种就比较齐全了。特别是第二次世界大战后，路面施工机械逐渐形成为一类新型的施工机械，开始由单一工种的机械施工（如拌和、摊铺、整平分别进行）而逐步发展成联合作业。60年代至70年代随着高速公路的建设，许多新的机械应运而生，使公路工程施工的全盘机械化日趋完善。70年代末80年代初随着电子计算机的广泛应用，又使施工机械向着自动化的方向发展。

目前，世界上施工机械制造业已发展成为一个独立行业，其产品广泛用于包括公路施工与养护在内的各公路工程领域。一些工业发达的国家公路施工与养护的机械化程度高达98%以上，机械的拥有量超过了施工的人数。如德国的道路建设企业就拥有各种施工机械近30万台，施工人员有13.8万人，平均每人有施工机械2.1台；美国有养路工20余万人，有养路机械40～50万台，每个工人养护里程从8km可以到70km。美国在70年代的公路工程装备率就已经达到了5台/人。

另外，国外工业发达的国家在管理上能保证充分发挥机械作用，以谋求最大的经济效益。各工程承包商和施工单位根据工程的具体要求和市场情况，科学地购买、租赁和管理各种机械设备，并予以合理的使用、保养和维修，选择既懂工程又懂机械的基层管理人员指挥施工，最大限度地进行综合机械化作业，使公路工程进度快、效率高、质量好。如法国的公司在撒哈拉沙漠承包200km沥青路面的施工，仅用200人，一年的时间就完成了。

纵观我国公路建设的发展史，公路机械化施工设备在我国工程机械制造业中占有较大的比重。公路工程机械的发展大致可分为3个阶段。

1.创业阶段（1949年～1960年）

1949年以前，我国还没有工程机械制造业，仅有为数不多的几个作坊式的工程机械修理厂，而且只能维修简单的施工机具和其他设备。据有关史料记载，当时我国仅有的这几个厂主要集中在沿海地区和北方地区。如日本人开办的抚顺采煤设备修理所（即现在的抚顺挖掘机制造厂）、英国人在天津开设的“马号”修理部（即现在的天津工程机械厂）、解放前上海的私营国华工程建设有限公司所属的机械修理部（即现在的上海建筑机械厂）等极少数工程机械企业，只能进行工程机械的维修与极少数零配件生产。从解放后到1960年，工程机械在我国还没有形成独立的行业，工程机械的制造也只能是由机械制造部门完成，并且以生产小型工程机械产品为主。

“一五”期间（1953年～1957年），由于国家大规模经济建设的发展，对工程建设机械的需求量猛增，机械制造部门生产的产品远远不能满足需求，因而其他工业部门（如当时的建筑工程部、交通部、铁道部等）为了装备本部门的施工队伍，便自行生产一些简易的工程建设机械。

如原建筑工程部设立了机械制造局，与各省机械工程局一道组建了一批工程建设机械修造厂，以修理业务为主。交通部成立了若干个筑路机械厂，当时主要业务也是维修设备和生产部分零配件。在1958年~1960年间，由于国家基本建设战线拉得过长，经济状况迅速恶化，但是工程建设机械仍然得到了发展。这期间，试制了39.7~58.8kW（54~80马力）推土机、5~8t汽车式起重机、0.5~4.0m^3机械式单斗挖掘机、2~6t塔式起重机、生产率为135m^3/h的混凝土拌和楼以及蒸汽压路机等一系列产品。主要制造企业发展到20多个。

2. 行业形成阶段（1961年~1978年）

1960年12月，国务院和中央军委共同决定，由原第一机械工业部组建五局（工程机械局），负责发展全国的工程机械。1963年10月，建筑工业部机械局与一机部五局合并，并将其直属的天津建筑机械厂、上海建筑机械厂、柳州工程机械化厂（原名柳州金属结构厂）、徐州工程机械厂（原名徐州金属结构厂）等和建筑机械研究所（即长沙建机院前身）划归一机部五局统一管理。同时贵阳矿山机械厂、厦门工程机械厂、三明重机厂也陆续转为一机部五局直属，在同济大学、吉林工业大学、太原重机学院先后设立了工程机械系，这意味着工程建设机械行业已经形成。

在此期间，行业的科研所也有所发展。除工程机械研究所（1963年迁入天津）、建筑机械研究所（1972年迁入长沙，现名为长沙建设机械研究院）之外，1982年由国家科委批准成立西宁高原工程机械研究所，专门从事工程机械高原性能研究。1976年在河北省怀来县建立了工程机械研究与军用改装车试验场。交通部成立了公路研究所（其中的建筑机械研究室专门研究开发各种筑路机械）。在此过程中，全国已有20多所高等院校设立了工程机械专业或系，源源不断地为行业输送工程机械技术人才。

3. 全面发展阶段（1979年至今）

1）引进国外先进技术和联合办厂阶段

党的十一届三中全会以来，改革开放不断深入，极大地促进了我国工程机械的发展。1979年至今，是全行业引进国外先进技术和联合办厂的全面发展阶段。如山东推土机总厂、黄河工程机械厂与上海彭浦机器厂于1979年联合与日本小松制造所签订了引进162kW（220马力）和235kW（320马力）履带式推土机的制造合同；南京工程机械厂、沈阳风动工具厂和天水风动工具厂联合与瑞典阿特拉斯·柯普科公司签订了引进液压凿岩面、井下和露天全断面开挖凿岩台车制造技术；柳州工程机械厂、厦门工程机械厂、宜春工程机械厂、鞍山红旗拖拉机厂、哈尔滨拖拉机厂、上海彭浦机器厂、宣化工程机械厂、青海工程机械厂、上海柴油机厂、山东推土机总厂履带总成分厂、四川齿轮厂和成都工程机械总厂液力变矩器分厂等12个企业联合与美国卡特公司签订了引进履带式推土机、轮式装载机、轮式集材机等3类7种主机制造技术以及柴油机、变矩器、动力换挡变速箱、驱动桥、液压缸、“四轮一带”等一系列关键基础部件制造技术；徐州重机厂、长江起重机厂和浦沅工程机械厂于1980年初从前联邦德国利勃海尔公司引进了全地面起重机制造技术；合肥叉车厂与宝鸡叉车厂联合从日本TCM引进了1~10t九个品种规格的内燃叉车制造技术；杭州重机厂等7个企业从前联邦德国德马格公司、O&K公司和利勃海尔公司引进了10多种液压挖掘机制造技术；1992年，陕建集团引进美国英格索兰集团旗下的德国ABG公司世界领先的摊铺机制造技术，以大件总成组装生产的形式向国内用户提供 ABG-TITAN423、TITAN325 等系列沥青混凝土摊铺机。这批引进国外技术的企业，通过参观、培训、全面消化吸收引进技术，学习国外企业先进的管理，外国专家支援，经过重点技术改造，工艺制造水平已接近国外同类企业的先进水平。

2）自行研制、生产阶段

近几年，随着国内工程机械制造水平的提高，一些大企业，先后自行研制成功了具有国际先进水平的施工机械。如 2006 年徐工科技自行研制成功的 RP956 沥青混凝土摊铺机，融合了徐工集团承担的国家"十五"863 科研项目和国际合作开发项目等多项高新技术，创新采用了全液压传动微电脑控制技术、CAN-BUS 总线技术、数字式多探头超声波传感自动找平技术、双振捣压实技术、超声波传感输分料自动控制技术和现代网络、通讯、信息和微电子技术等多项世界领先技术，是应用现代控制技术提升摊铺机作业性能的成功典范。

二、现代工程机械的特点

工程机械是技术的载体，人类每一项成熟技术的开发与应用都会在工程机械上体现得淋漓尽致。内燃机、电动机的诞生，使工程机械有了更适宜的动力装置，液压与气动技术的成熟与发展，使工程机械有了更合适的传动装置。进入 20 世纪 70 年代，随着电子技术尤其是计算机技术的迅猛发展，工程机械的控制技术得到长足的发展，使工程机械整体技术水平迈上了一个新的台阶。

现代工程机械在功能上，呈现出多功能与两极化（大型化与小型化）的特点。美国"山猫"滑移式装载机，通过更换不同的机具，可以完成 30 余种作业；推土机、挖掘机等亦可同样实现 10 余种以上的作业。大型化使日本的推土机达到了 735kW（1 000 马力），美国的推土机每铲推土量达 28 ~ 35m^3，装载机斗容可达 17.5 ~ 30.4m^3，挖掘机斗容达 107m^3，沥青摊铺机摊铺宽度达 17.5m，而小型化又使挖掘机的斗容到了 0.01m^3，装载机斗容 0.1m^3。

现代工程机械在性能上，向高效率、智能化发展。如摊铺机、平地机、推土机等，采用光机电液一体化找平系统、激光控制找平系统、卫星定位找平系统等。挖掘机也采用了光机电液一体化控制系统，对发动机、液压系统、多功能换向阀和执行元件进行全面的一体化智能控制。

现代工程机械在行走方面，普遍采用自动、半自动变速、换向、制动等装置；在转向方面，采用多模式转向（前轮转向、后轮转向、四轮转向、滑移转向），从而大大提高了机械的自动化和智能化程度。现代工程机械也更加注意故障自行诊断、故障自行保护和提供维护决策等系统的研制开发。最近，日本神户制钢推出的 21 世纪挖掘机采用人工智能控制系统，可自行检测、显示电子系统异常状态 33 项，具有维护诊断功能 35 项，可存储故障模式 100 项。日立建机则采用手持式终端形式，插入仪表盘预留孔，即可进行自我诊断。德国 O&K 公司率先采用卫星通信，将机械的状态故障信息由机载发射机发射到同步卫星上，再由卫星的转发器发回维修中心，维修中心的计算机屏幕上实时显示机械的运行情况。

三、施工机械发展趋势

施工机械发展趋势，不仅与机械化施工的需要密切相关，而且与其他领域的科学技术发展相关，施工机械的发展必然对劳动者的操作技能、机械化施工和管理提出新的要求，因此掌握施工机械的发展趋势，是机械化施工发展的必要条件。

1. 机动性程度日益提高

建筑业与其他制造业正好相反，一般制造业的产品是流动的，生产设备是固定的，而建筑业产品则是固定的，生产设备（即施工机械）是流动的。施工机械的机动性可以大大提高设备的利用率和生产率，它不仅为设备在不同工地之间的快速转移所必需，而且也为机械的作业过程所必需。对一般施工机械来说，以轮胎式最为理想，所以当前施工机械机动性的发展方向就以轮胎化作为其主要的标志，甚至大功率的轮胎式推土机已出现。当然，某些机械如土石方机械、起重机械等方面，轮胎式还不能完全代替履带式，在轨道起重机方面也在提高其机动性，现已有塔式工况的履带式起重机。

2. 容量向两极发展

一般来说，施工机械越大，经济性就越好。所以只要工程规模足够大，为了提高工效及经济性，就应该尽量采用大型机械。在工业迅速发展、建筑规模越来越大的今天，为大型机械的采用准备了先决条件，使施工机械的大型化得到了较快的发展。但另一方面，为了提高工效，缩短工期，改进质量，过去那些采用辅助人工完成的各种零星分散、工作面窄小的小量工程也都设法采用机械施工。于是又研制出各种小型的、甚至是超小型的施工机械。上述两方面构成了现今施工机械向两极发展的新动向。以挖掘机为例，国产采矿型单斗挖掘机斗容从 $2m^3$ 发展到 $10m^3$，日本神钢生产的 SK1350 型单斗挖掘机斗容达到 $14m^3$，像这样的大型设备一旦投入施工生产，就能获得巨大的经济效益。小型挖掘机以日本产的斗容量为 $0.01m^3$ 的建筑用微型反铲挖掘机为最小。我国上海建筑机械厂的 WY15 型挖掘机，为国产斗容最小的挖掘机，斗容为 $0.15m^3$。

3. 普遍采用液压传动技术

液压传动技术有许多的优点：它有极大的增力比值，自动调节性能，操作轻便，容易实现大幅度无级调速，并且，能容量大，结构简单，操作方便，易实现节能环保（功率动态匹配和有效使用）等。如2007年初，首台国产正流量系统液压挖掘机在三一昆山产业园试验成功，即将实现批量生产。这标志着三一挖掘机由负流量系统进入正流量系统，也标志着我国挖掘机生产水平进入世界最先进行列。目前施工机械采用液压传动技术已成为主流，国产施工机械中的大多数已实现液压化。

4. 适应多样化地作业环境及向一机多用型发展

随着施工作业条件的多样化，要求施工机械的适应能力也相应地提高，以便大幅度地提高机械的时间利用率，节约投资，降低成本。于是各国都相继研制一机多用以及能够适应各种特殊作业环境的机型，这个趋势主要表现在中、小型机械方面，尤其是在小型机械上表现的尤为突出。

5. 新技术、新材料、新结构开发与应用

用于物料精确挖（铲）、装、载、运作业的工程机械将安装 GPS 定位与载量自动称量装置。GPS（Global Position System）卫星系统，主要用来确定和控制作业时工程机械的位置和移动路径，确定和控制作业装置的位置和姿态，如刀板的位置和倾角、铲斗斗尖的切削轨迹等。在 GPS 定位和导向的指引下，在施工成形要求、确定和控制机械运动的方向、移动距离以及确定和控制作业装置的动作、运动轨迹时，可以不用人工操纵或简化人工操纵，实现机械的自动化和无人驾驶。

采用微电脑控制的智能化电子监测系统及故障诊断系统,实现远程监控和故障诊断功能。同时,还将增设计算机辅助驾驶系统、信息管理系统、自动换挡变速装置、内置的培训系统、辅助保养系统和安全报警系统,从而实现程序化作业和智能化作业。

采用环保技术,主要体现在高功率、低油耗、清洁排放发动机的应用上。新型发动机应满足美国 EPA Tier2 标准和欧洲 EU 标准,将导致环境污染的化合物排放控制在最小限度。新型发动机同时降低了振动和噪声,有益于环境保护和操作人员健康。

6. 人机工程技术的应用

人机工程学普遍应用于控制系统,最能直接体现人性化的设计理念。工程机械将特别注重驾驶员与操作界面的协调,讲求操作的舒适性。触摸屏、文本图形显示器、无线遥控器和多功能操作手柄得到普遍应用,操作面板布局更趋合理。

当今,人类社会面临着环境、资源、人口三大问题,已威胁着我们的生存与发展。自 20 世纪 80 年代,人类开始形成可持续发展的概念,逐步建立绿色生产,走可持续发展道路。现代工程机械在人类高科技支持下,向着光机电液一体化、自动化、智能化、环保、节能及人性化方向发展,最终实现节能型绿色机器人施工作业。

课题三　公路机械化施工的特点

机械化施工或称施工机械化有以下特点:

(1)机械化施工是一门综合性科学,它介于施工机械和施工技术、施工组织之间,是一门边缘学科。机械化施工重点是在"化"字上下功夫。把机械管理中的管、用、养、修、供和施工管理中的计划、施工技术紧密结合在一起,以机械施工为主组织生产,充分发挥机械的应有作用。

(2)在机械化施工中,凡是可以使用机械的,经济上合算的工作,应当尽量使用机械。根据不同施工对象,选择最合适的机械,注意成龙配套;以机械为主,合理地紧凑地有计划地安排施工,尽可能使每一台机械都能均衡地参加生产,常年施工,减少闲置,从而发挥所有机械的效能,达到用最少的机械去完成更多的任务。

(3)组织专业化施工队伍,采用流水作业法进行施工,是实现机械化施工的必要条件。机械化施工的主要目的是:加快工程进度,保证工程质量,降低工程造价,提高经济效益。

流水作业法是道路施工的组织形式,由几个专业化的机械筑路队,一个队跟着一个队地,以协调的行进速度同时进行施工,每天能完成一段可供使用的道路。其主要优点是:

①建设工期短,临时建筑费、管理费、间接费相应减少。

②由于专业化,可以合理配备机械,提高机械化程度,提高机械利用率,能充分发挥机械的效能,大大提高劳动生产率。

③由于专业化任务比较明确,工作比较单纯,可以提高施工技术,改进技术操作。工人对机械掌握得更好,工程技术人员对施工过程掌握得更好,从而较高地保证了工程质量,提高了工效,加快了进度。

④由于施工地段比较集中,并能保证均匀的施工进度,逐段完工交付使用,从而缩短了物

资和资金的周转期限,减少了资金占用。

思考题

1. 公路施工企业三高一低的内容是什么？应如何实现？
2. 公路工程机械有哪几类？能进行哪些施工作业？
3. 你认为公路工程机械应如何发展？
4. 公路工程机械化施工有什么特点？

Danyuaner

单元二

土、石方施工机械

知识点

1. 描述推土机、铲运机、挖掘机、装载机和平地机的功用、分类与适用范围；
2. 计算推土机、铲运机、挖掘机、装载机和平地机的生产率；
3. 分析影响生产率的因素和提高生产率的措施；
4. 描述推土机、铲运机、挖掘机、装载机和平地机安全操作要点。

技能点

进行推土机、铲运机、挖掘机、装载机和平地机的基本操作和技术使用。

课题一　推　土　机

一、推土机的功用、分类与适用范围

1. 推土机的功用与分类

推土机是路基土方工程中最常用的一类铲土运输机械，它的特点是所需作业面小，机动灵活，转移方便，短距离运土效率高，干、湿地都可以进行独立作业，同时也可以配合其他机械进行施工，因此在土方工程机械化工作中得到广泛应用。图 2-1 为 TL2108 型轮胎式推土机外观图，图 2-2 为 140T 型履带式推土机外观图。

1）功用

推土机是一种多用途的自行式施工机械，它能铲挖并移运土壤、砂石。在公路施工中，通常推土机是完成路基基底的处理、路侧取土、横向填筑高度不大于 1m 的路堤、沿公路中心纵向移挖作填完成路基挖填工程、傍山取土侧移、修筑半堤半堑路基等工作。在稳定土拌和场和沥青混凝土搅拌厂，还经常用推土机来完成松散集料的堆集任务。

在公路机械化施工中当土壤太硬，铲运机或平地机施工作业不易切入土壤时，可以利用推土机的松土作业装置将土壤耙松，或者利用推土机的铲刀直接顶推铲运机以增加铲运机的铲土能力（即所谓为铲运机助铲）。利用推土机协助平地机或铲运机完成施工作业，从而提高了这些机械的作业效率。

推土机的用途虽然十分广泛，但由于受到铲刀容量的限制，推运土壤的距离不宜太长，因而，它只是一种短运距的土方施工机械。运距过长时，运土过程受到铲下的土壤漏失的影响，会降低推土机的生产效率；运距过短时，由于换向、换挡操作频繁，在每个工作循环中，这些操作所用时间所占比例增大，同样也会使推土机生产率降低。通常中小型推土机的运距为30～100m；大型推土机的运距一般不应超过150m。推土机的经济运距为50～80m。

图2-1　TL2108型轮胎式推土机

图2-2　140T型履带式推土机

2）分类

推土机可以按以下几个方面进行分类：

（1）按发动机的功率分类

因为柴油机具有功率范围大、飞轮输出转矩大、运转经济性和燃油的安全性好等优点，目前推土机的动力装置均为柴油机。推土机按其装备的柴油机功率的大小，可以分为以下三类：

①大型推土机：功率在235kW以上；

②中型推土机：功率在74～235kW之间；

③小型推土机：功率在74kW以下。

（2）按行走方式分类

推土机是以履带式（图2-2）或轮胎式（图2-1）拖拉机、牵引车等为主机，配以悬式铲刀的施工机械。按主机的行走方式，可以分为履带式推土机和轮胎式推土机两种。

①履带式推土机：其附着性能好、牵引力大、接地比压小、爬坡能力强、能在恶劣的环境中工作，具有优越的作业性能，是重点发展的机种，图2-2为140T型履带式推土机。

②轮胎式推土机：其行驶速度快、机动性好、作业循环时间短，转移场地方便迅速且不损坏路面，特别适合在城市建设和道路维修工程中使用，因制造成本较低，维修方便，近年来有较大发展。但轮胎式推土机的附着性能远不如履带式，在松软潮湿的场地上施工时，容易引起驱动轮滑转，降低了生产效率，严重时还能造成车辆的沉陷，甚至无法进行施工；在开采矿山等恶劣条件下，如遇上坚硬锐利的岩石，容易引起轮胎急剧磨损，因此，轮胎式推土机的适用范围受到了一定的限制。图2-1为TL2108型轮胎式推土机。

（3）按用途分类

①普通推土机:这种推土机通用性好,可广泛用于各类土石方工程施工作业,是目前施工现场广为采用的推土机机种。

②专用推土机:专用推土机有浮体推土机、水陆两用推土机、深水推土机、湿地推土机、爆破推土机、低噪声推土机、军用高速推土机等。浮体推土机和水陆两用推土机属浅水型推土施工作业机械。浮体推土机的机体为船形浮体,发动机的进、排气管装有导气管通往水面,驾驶室安装在浮体平台上,可用于海滨浴场、海底整平等施工作业。水陆两用推土机主要用于浅水区或沼泽地带作业,也可在陆地上使用。湿地推土机为低比压履带式推土机,如图 2-3 所示。这种推土机可适应沼泽地的施工作业。军用高速推土机主要用于国防建设,平时用于战备施工,战时可快速除障,挖山开路。

(4)按推土板安装形式分类

①固定式铲刀推土机:这种推土机的推土板与主机(拖拉机)纵向轴线固定为直角,也称直铲式推土机。一般来说,从铲刀的坚固性和经济性考虑,小型及经常重载作业的推土机都采用这种铲刀安装形式。

图 2-3　TS140 湿地推土机

②回转式推土机:这种推土机的推土板在水平面内能回转一定角度,推土板与主机纵向轴线可以安装成固定直角,也可以安装成与主机纵向轴线成非直角。回转式推土机作业范围较广,可以直线行驶一侧排土(向平地机施工作业时那样)。回转式推土机适宜平地作业,也宜于横坡铲土侧移。这种推土机又称为活动推土机或角铲式推土机。

(5)按铲刀操纵方式分类

①钢索式推土机:铲刀升降由钢索操纵,动作迅速可靠,铲刀靠自重入土。缺点是不能强制切土,并且机构的摩擦件较多(如滑轮、动力绞盘等)。铲刀操纵机构经常需要人工调整,钢索易磨损。钢索式操纵方式仅见于早期的推土机,目前已基本淘汰,很少采用。

②液压式推土机:铲刀在液压缸作用下动作。铲刀一般有固定、上升、下降、浮动四个动作状态。铲刀可以在液压缸作用下强制切土,也可以像钢索式推土机的铲刀那样靠自重入土(当铲刀在"浮动"状态时)。液压式推土机能铲推较硬的土,作业性能优良,平整质量好。另外,铲刀结构轻巧,操纵轻便,不存在操纵机构的经常性人工调整。液压铲刀升降速度一般比钢索式慢,在冬季更为显著。

(6)按传动方式分类

①机械式传动推土机:采用机械式传动的推土机具有工作可靠、制造简单、传动效率高、维修方便等优点;缺点是操作比较费力,传动装置对负荷的自动适应差,容易引起柴油机熄火,降低了作业效率。目前大中型推土机已经很少采用机械式传动。

②液力机械式推土机:采用液力变矩器与动力换挡变速器组合的传动装置,具有自动无级变扭,自动适应外负荷变化的能力,柴油机不易熄火,且可带载进行换挡,减少换挡次数,操纵轻便灵活。缺点是液力变矩器在工作过程中容易发热,降低了传动效率,同时传动装置结构复杂、制造精度高,提高了制造成本,也给维修带来了不便和困难。目前大、中型推土机用这种传动形式较为普遍。

③全液压式传动推土机:由液压马达驱动,驱动力直接传递到行走机构。因为取消了主离

合器、变速器、后桥等传动部件，所以结构紧凑，大大方便了推土机的总体布置，使整机质量减轻，操纵轻便，可实现原地转向。全液压推土机制造成本较高，且耐用度和可靠性差、维修困难。目前只在中等功率的推土机中采用全液压传动。

④电传动式推土机：由柴油机带动发电机、电动机，进而驱动行走装置。电传动结构紧凑、总体布置方便、操纵轻便，也能实现原地转向；行驶速度和牵引力可无级调整，对外界阻力有良好的适应性，作业效率高。但由于质量大、结构复杂、成本高，目前只在大功率推土机中使用，且以轮胎式为主。另一种电传动推土机的动力装置不是柴油机，而采用动力电网的电力，可称为电气传动。此类推土机一般用于露天矿山的开采或井下作业。因受电力和电缆的限制，它的使用范围有一定的局限性。但这类推土机结构简单、工作可靠、不污染环境，作业效率很高。

3）国产推土机型号编制（表2-1）

国产推土机型号编制　　　　表2-1

类	型	代号	代号含义	主参数	
				名称	单位
推土机	履带式	T	机械操纵式推土机	功率	马力
		TY	液压操纵式推土机	功率	马力
		TSY	湿地液压操纵式推土机	功率	马力
		TMY	沙漠液压操纵式推土机	功率	马力
	轮胎式	TL	轮胎式液压操纵式推土机	功率	马力

国产推土机型号用四组符号表示，如图2-4所示。

近年来，我国引进了多种推土机型号，也有按引进机型号生产的推土机。

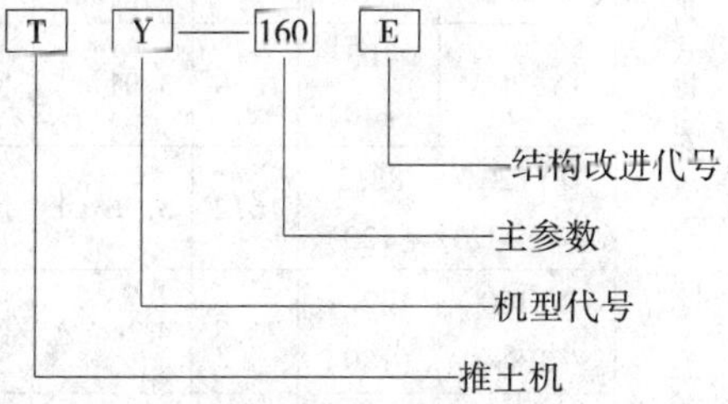

图2-4　国产推土机型号编制方法

2. 适用范围

推土机一般适用于季节性强、工程量集中、施工条件较差的施工环境。在道路工程施工中，推土机主要用于路基修筑、填筑堤坝、清除树根、开挖路堑、堆集石渣、平整场地、管道和沟渠的回填以及其他辅助作业等，并可为铲运机与挖装机械松土和助铲及牵引各种拖式工作装置等作业。其运距一般不超过100m，而在30～50m以内效果较好，经济效果也较好，运距过长会降低生产率，如图2-5所示。当运土距离超过75m时，其生产效率显著降低。此外，作业土壤为III级以上土壤应予翻松。如土壤中有少量的孤石。应首先破碎再进行作业。孤石过多时不宜使用推土机，否则将会使机械产生剧烈振动和磨损，大大缩短机械的使用寿命。

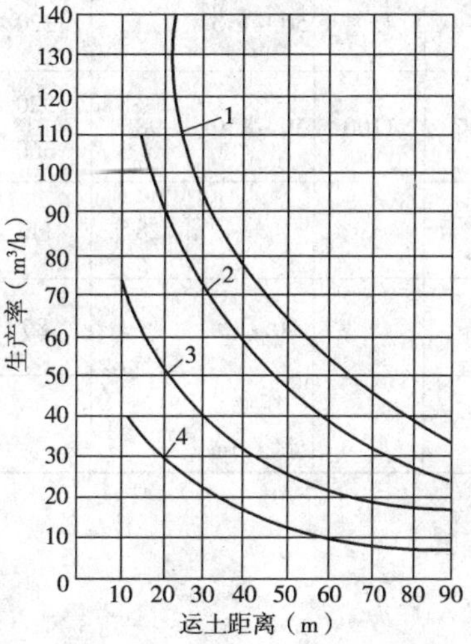

图2-5　推土机生产率与运土运距的关系

另外推土机在施工准备工作中可以伐树木，清除乱石。

推土机的特点是：构造简单，操纵灵活，运转方便，所需工作面较小，功率较大，行驶速度快，易于转移，能爬30°的缓坡，适用于挖土深度不大的场地平整，铲除腐殖土并运送到附近的弃土区；开挖深度不大于1.5m的基坑；回填基坑和沟槽；堆筑高度在1.5m以内的路基、堤坝；平整其他机械卸置的土堆；推送松散的硬土、岩石和冻土；配合铲运机进行助铲；配合挖土机施工，为挖土机清理余土和创造工作面。此外，将铲刀卸下后，还能牵引其他无动力的土方施工机械，如拖式铲运机、松土机、羊足碾等，进行土方其他施工过程的施工。推土机的运距宜在100m以内，当推运距离为40～60m时，最能发挥其工作效能。国铲推土机的适用范围见表2-2。

国产推土机的适用范围 表2-2

型号		额定功率(kW)(马力)	结构质量(t)	推土装置				松土器		经济运距(m)	接地比压(kPa)	最大牵引力(kN)
				推土板(长×宽)(m×m)	安装方式	操纵方式	切土深度(mm)	形式	松土深度(mm)			
履带式推土机	移山—80	66.2(90)	14.9	3.1×1.1 3.72×1.04	固定式 回转式	机械式				50～100	63	99
	T80			3.03×1.1	固定式	机械式	180			50～100		
	T100(DY100)	66.2(90)	13.5	3.03×1.1	回转式	机械式	180			50～100		90
	TY100(DY2100)	66.2(90)	16.0	3.8×0.88	回转式	液压式	650	4～5齿	550	50～100	68	90
	TY120A	103(140)	16.9	3.91×1	回转式	液压式	300			50～100	63	117.6
	TY120(上海-120)	88.3(120)	16.2	3.76×1	回转式	液压式	300			50～100	65	118
	TY180(T180)	132.4(180)	21.8	4.2×1.1	回转式	液压式	530	3齿	620	50～100	81	187.4
	TY240	176.5(240)	36.5	4.2×1.6	回转式	液压式	600			50～150		320
	TY320(D1554)	235.4(320)	37.0	4.2×1.6	回转式	液压式	600	多齿	1100	50～150	98	320 360
湿地推土机	TS120	88.3(120)	16.9	4×0.96	回转式	液压	400				28	112
轮式推土机	TL160	117.7(160)	12.8	3.19×1	回转式	液压式	400			50～80		85
水陆两用推土机		88.3(120)	14.0							作业水深3m		

二、推土机的工作过程

1. 推土机的基本操作

推土机司机在进行作业时，不仅要按一定的方向驾驶推土机，而且应该会克服障碍，在没有道路的地方或疏松的土壤上行驶，同时，还应会操纵、利用铲刀完成推土机的作业过程。

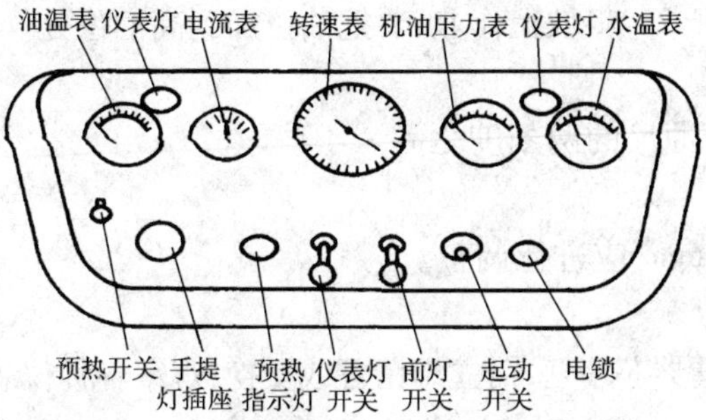

图 2-6　PD120 直铲推土机驾驶室仪表图

1）推土机驾驶

（1）驾驶室与操作台

①仪表（以 PD120 直铲推土机驾驶室仪表为例）。图 2-6 所示为 PD120 直铲推土机驾驶室仪表图。

推土机正常作业中各仪表的读数范围如下：

a. 水温表，70 ~ 90℃；

b. 电流表，指向“+”或“-”；

c. 转速表，500 ~ 1500r/min；

d. 机油压力表，0.245 ~ 0.294MPa（1500r/min），≥0.049MPa（500 ~ 600r/min）；

e. 油温表，45 ~ 90℃。

②操纵机构位置如图 2-7 所示。

（2）驾驶前的准备

①检查漏油、漏水

在机械四周巡视一下，看是否有漏油、漏水和其他异常现象。特别要注重高压软管接头，液压缸、终传动、支重轮、托轮浮动油封处和水箱密封情况。如发现泄漏和异常情况，应加以修复。

②检查螺栓、螺母

检查外部连接件、紧固件、操纵连接结构等易发生松动部位的螺栓、螺母的紧固程度，必要时，应予拧紧。

③检查电路

电线有无损坏、短路及端子是否松动。

④检查冷却水位

卸下水箱盖检查水位，若不足时，应予补充水。冷却水过热时，要慢慢拧动水箱盖，使内部压力释放后再打开，以免热水喷出。

⑤检查燃油油位

卸下盖子后，抽出燃油标尺检查油位。每次完工后，从加油口处加满燃油。要随时检查和清理盖上的通气孔，如堵塞，可能影响发动机的供油。

⑥检查发动机油底盘的油位

机油油位应在规定位置。检查油位，要把机械停在水平地面，发动机停止 15min 后进行。

油的型号根据环境温度和随机使用说明书上“燃油、冷却水和润滑油”表选用。

⑦检查转向离合器箱（包括伞齿轮箱）

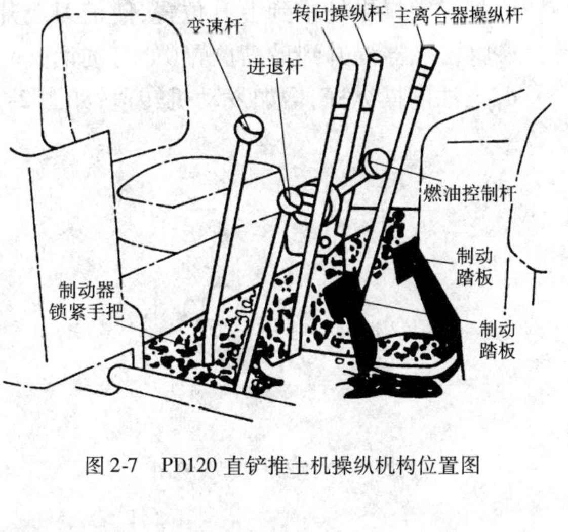

图 2-7　PD120 直铲推土机操纵机构位置图

油位

用油尺检查,必要时从加油口补充油。如在大于25°斜坡上作业,要把油位加到高油位处。

⑧检查变速器箱(包括液力变矩器箱)油位

发动机停止5min后,用油尺检查油位,应位于油尺的两刻度之间。

⑨检查制动器踏板行程

踏板的标准行程为95~115mm,一旦超过115mm,应进行调整。

⑩检查灰尘指示灯及仪表

发动机起动后,如果灰尘指示灯亮,表示空气滤清器芯堵塞,需立即清理或更换;观察各种仪表是否正常。

(3)驾驶步骤及方法

①检查各操纵杆起动前的位置

a. 发动机油门操纵杆在低速位置;

b. 制动闭锁杆在闭锁位置;

c. 变速器变速杆在空挡位置;

d. 变速器闭锁杆在闭锁位置;

e. 推土铲落到地面,闭锁杆在闭锁位置。

②起动发动机

a. 油门操纵杆放在低速位置;

b. 将起动钥匙由"关(OFF)"拨至"起动(START)",发动机起动后,立即松手,使其自动弹回到"开(ON)"的位置。钥匙在"起动"位置的停留时间,一般不超过5s,两次间隔不少于15s。发动机长时间停机,或因缺油停机而加注柴油后,应排除燃油系统中的空气。

c. 发动机起动后,预热及检查。使发动机在低速运行,直到油压表针进入绿色区域内;拉油门操纵杆,使发动机中速空运转约5min;轻载运转,直到水温表针进入绿色范围内;检查各种仪表指示是否正常,排气颜色是否正常,有无不正常的声音和振动。

③行驶

a. 释放闭锁手柄,放开推土铲操纵杆、制动踏板和变速杆。

b. 把铲刀操纵杆推到上升位置,使铲刀上升到离地面400~500mm高度,如图2-8所示。

c. 将松土器提升到最高位置(如有的话)。

d. 拉油门操纵杆,增加发动机转速,如图2-9所示。

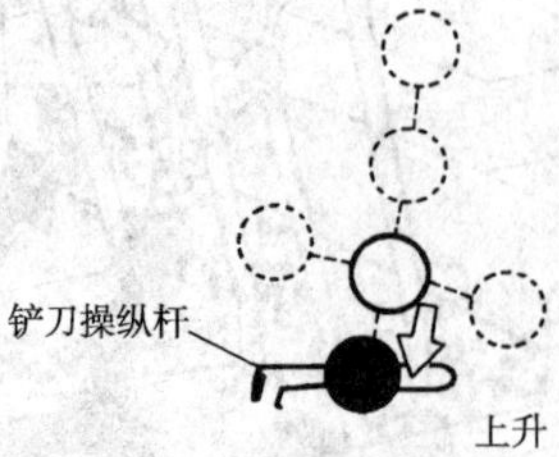

图2-8 铲刀操纵杆操纵示意图

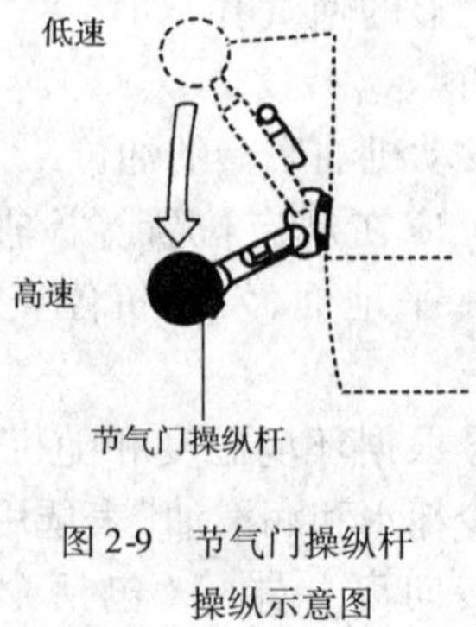

图2-9 节气门操纵杆操纵示意图

e. 按动喇叭按钮鸣号。

f. 将变速杆移到所需挡位，使机械起步，如图 2-10 所示。

g. 前进、后退变速。机械减速后进行变速，这样可防止冲击机械。踩下减速踏板，使发动机转速降低。将变速杆调到前进或后退所需挡位。释放减速踏板，使发动机转速增加。

h. 原地转弯（一般情况禁用）。小转弯操纵的同时，踩下同侧制动踏板，机械就原地转弯。

④驻车

a. 将油门减小，降低发动机转速。

b. 分离离合器，将变速杆放到空挡位置。

c. 踩下左右制动踏板。踩下右制动踏板，用闭锁杆锁紧，如图 2-11 所示，暂时驻车不需锁定。

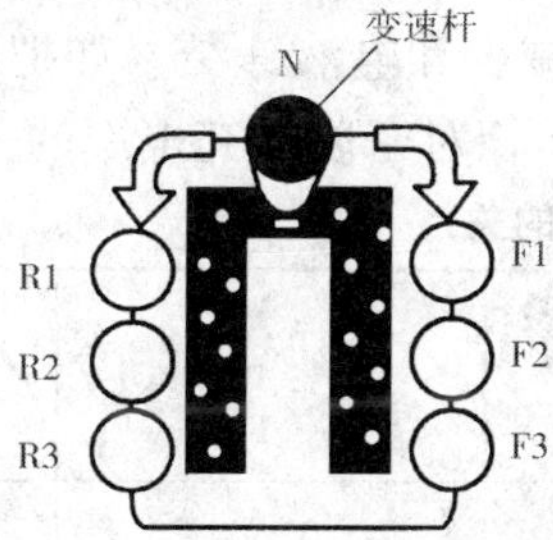

图 2-10　变速杆操纵示意图

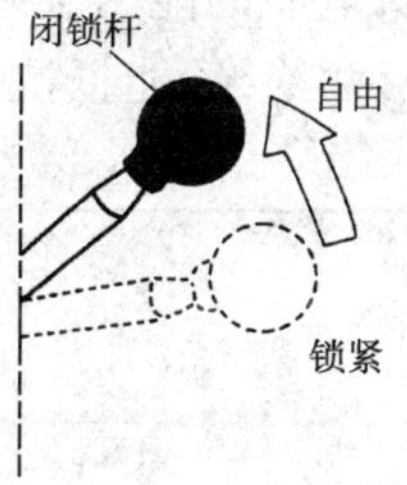

图 2-11　制动踏板闭锁操纵示意图

d. 用闭锁杆锁定变速杆，如图 2-12 所示，暂时驻车不需锁定。

e. 把铲刀操纵杆拨到下降位置，使铲刀着地，如图 2-13 所示。

f. 用铲刀闭锁杆锁定铲刀操纵杆，如图 2-14 所示。

g. 停止发动机。

低速运转 5min，使发动机冷却后，再停止发动机，不然，会缩短发动机寿命。

将油门操纵杆拨到低速位置；拉动驻车制动；把起动钥匙转到“关”的位置；驻机后拔下钥匙。

（4）推土机在特殊气候环境中的驾驶

①寒冷气候

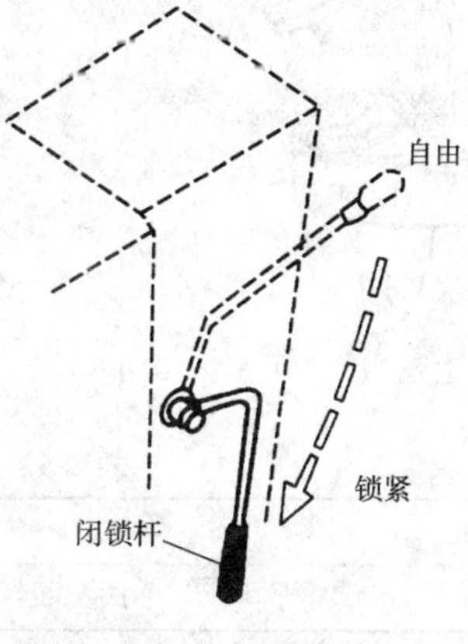

图 2-12　变速杆闭锁操纵示意图

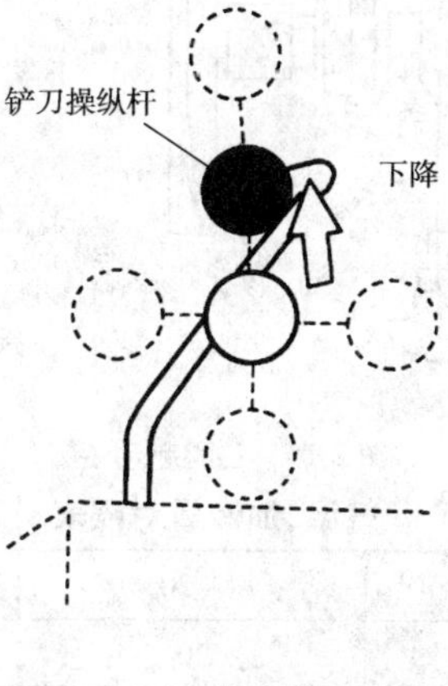

图 2-13　铲刀操纵杆操纵示意图

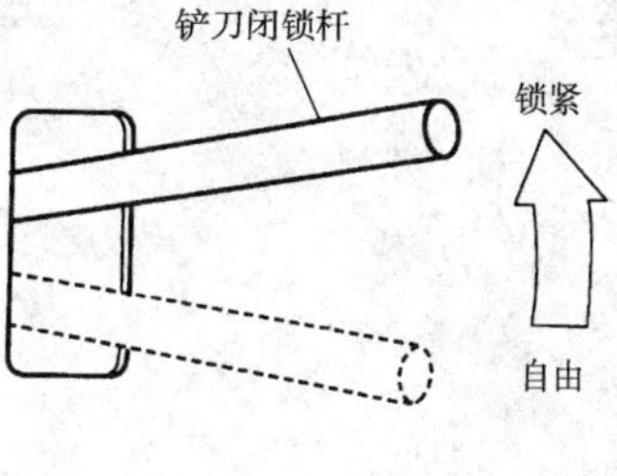

图 2-14　铲刀操纵杆闭锁操纵示意图

气温过低会使发动机起动困难、冷却水冻结等,对机械产生不利因素,故应采取适当措施。

a. 按“燃油、冷却液和润滑油”表选用燃油和冷却液。

b. 当气温低于0℃时,为防止冷却水冻结,可根据最低温度选购相应的防冻液。

c. 未加防冻剂的水,在冬季夜间要彻底放掉,以防冻裂机件。

d. 加配好的防冻液之前,应彻底清洗冷却系统。

e. 天气变暖时,放掉防冻液(永久型防冻液除外),并清洗冷却系统后,更换洁净的水。

f. 防冻剂是易燃品,要注意防火。

g. 停工后,夜间要把防腐蚀罐卸下(如有的话),并封好管口,放在温暖处,以防冻结。

h. 将液压油缸活塞杆上的雪或水擦净,不然,如若结冰,会损坏油缸油封。

i. 气温下降时,电瓶的能力会降低,往往使充电量减少和电液冻结。如把电瓶充电水平保持在接近100%处,并绝缘,能抵抗低温。表2-3是液体相对密度与充电率的关系。

液体相对密度与充电率的关系 表2-3

液体温度(℃) / 充电率(%)	20	0	-10	-20
100	1.28	1.29	1.30	1.31
90	1.26	1.27	1.28	1.29
80	1.24	1.25	1.26	1.27
75	1.23	1.24	1.25	1.26

注意:若电解液位降低,要在早上工作前,补充蒸馏水,这能防止液体在夜间结冰。

②利用乙醚起动发动机(如有的话),如图2-15所示。

a. 打开储液罐的防尘盖,将起动液压入罐内。根据气温加入适量的起动液(表2-4);

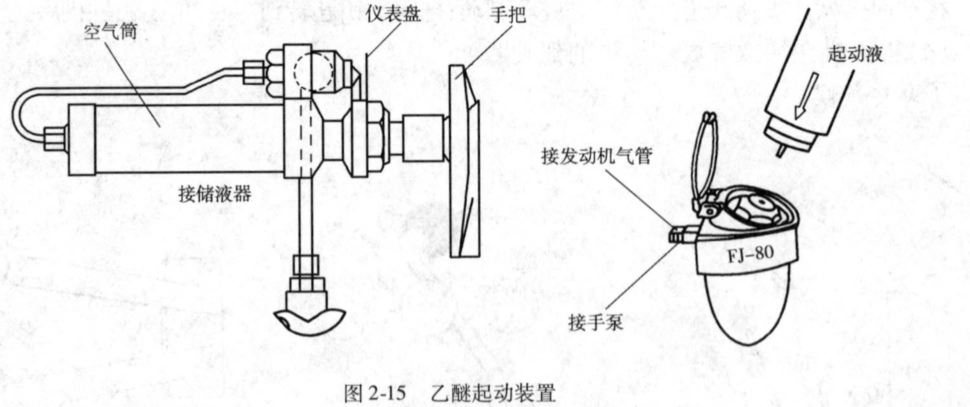

图2-15 乙醚起动装置

气温、加液量对照表 表2-4

气温(℃)	-10	-20	-30	-40
加液量(mL)	10	20	25	30

b. 将发动机油门拨到怠速位置;

c. 起动发动机的同时，推拉手泵手把，使发动机起动，直至运转正常为止；

d. 当气温低于 –30℃时，可预喷少许起动液，随即起动发动机，同时继续注液，直至稳定运转；

e. 起动时，如发生敲击声，应减慢或停止注液，调整喷液量，使发动机平稳起动；

f. 起动成功后，剩余在储液罐内的起动液，可留作下次起动用。

根据当地气温选用起动液。0 ~ 25℃用 CH—20 型起动液，10 ~ 40℃时选用 CH—40 型。切勿与进气预热装置一同使用。起动液易燃，应远离热源及避免日晒。

③坡上驾驶

a. 左（右）转大弯（图 2-16），拉右（左）侧转向操纵杆到半程，机械向左（右）转大弯；

b. 左（右）转小弯（图 2-17），拉右（左）侧转向操纵杆到底，机械向左（右）转小弯；

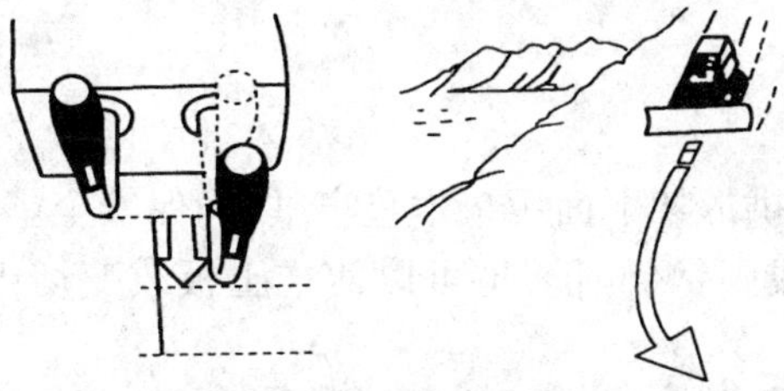

图 2-16　推土机转向操纵杆操纵示意图（转大弯）

图 2-17　推土机转向操纵杆操纵示意图（转小弯）

c. 除特殊情况，机械不要停放在斜坡上。如需在斜坡上停放，应将车头朝下坡方向，并锁住制动踏板，坡度大时，可把铲刀轻轻铲入土内，以防机械下滑；

d. 机械在坡上行驶时，纵向坡度不能超过 30°，上坡时不能倒退行驶；

e. 坡道上应低速直线行驶，不可在大坡度上横驶和转弯；

f. 不得在陡坡上换挡、穿越障碍物；

g. 如机械在陡坡上起步时，先踩下左右制动踏板，将变速杆拨到 I 挡的同时，放松制动踏板；

h. 下坡时转弯与平地转弯操作完全相反（不可用制动踏板转向）；

i. 下坡时，把变速杆拨到低速挡，用发动机作制动，如果发动机超速而发生危险，可用制动踏板减慢车速。

④水中行驶

a. 机械在水中行驶时，首先要查明水深和水下土质情况，以免水位过深和土质受载后下陷而发生事故；

b. 水位不得浸没托轮，冷却风扇不能与水面接触；

c. 如在海水或其他有腐蚀水中作业，完工时应用洁净水将机械清洗干净。

⑤沙漠中行驶

在沙漠或其他飞扬的散物中行驶，要设法将机械密封好，并要随时清理空气滤清器。

2）推土机工作过程

推土机的工作过程包括：铲土、运土、卸土和空回四个工作过程，如图 2-18 所示。

在推土时，它的基本作业程序是：

a. 提起铲刀,空驶到取土地点;

b. 放下铲刀架至一定的位置;

c. 铲挖土壤(铲土),推送至用土地点(运土);

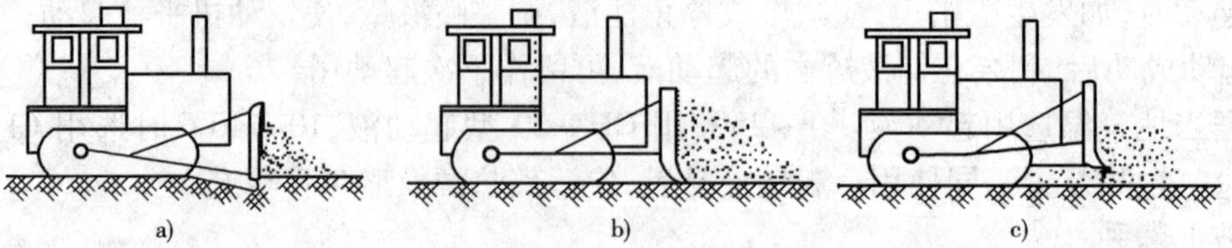

图 2-18 推土机的工作过程

a)铲土行程;b)运土行程;c)卸土行程

d. 提起刀架,边退边卸(卸土);

e. 驶回取土处。

3)推土板的调整(上海—120 型推土机)

调整推土板时,要先将推土板适当地提高,并在拱形架下面用垫木垫牢,以确保安全。

根据作业条件的需要,推土机的推土板可调节成斜铲、侧铲,也可以使推土板改变切土的角度。

侧铲可以使一侧刀尖高于另一侧刀尖 25°。斜铲可以使一侧刀尖高于另一侧刀尖 300mm 左右。推土板的切角度可以由 48°调至 72°。

(1)侧铲的调整

①先将锁销拉出,再将两侧撑杆座销从拱形架的撑杆座中拔出。

②当需要向左(右)侧偏时,将推土板左(右)撑杆座向后拉,将左(右)撑杆座销插入拱形架后面的销座中,然后再将右(左)撑杆座销插入拱形架的前销座中,并将锁销插入。

当需要恢复直铲时,应先将锁销拔出,再拔出左(右)座销,将推土板转正,将两侧座销插入中间销座,最后将锁销插入,如图 2-19 所示。

(2)斜铲的调整

①将各夹紧螺栓旋松。

②特制扳手将需要降低一侧的上撑杆调整螺杆缩短,同时将另一侧调整螺杆伸长来配合,以达到需要的斜铲角度。若经调节上撑杆还不能满足斜铲要求时,可以调整下撑杆,即将需要降低一侧的下撑杆伸长,也可将另一侧的下撑杆缩短。

③调整完毕后,将夹紧螺栓旋紧,将螺杆夹住。

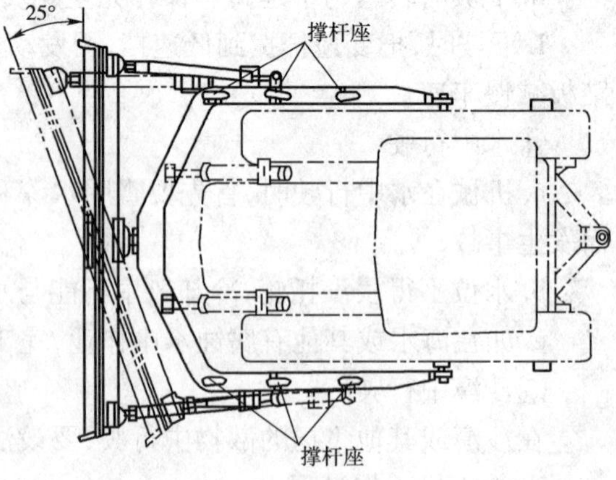

图 2-19 侧铲调整

2. 推土机的基本作业

因推土机有直铲、斜铲、侧铲、湿地推土机四种方式,故其基本作业有四种情况。下面以直铲推土机为主分别讲述。

1)直铲推土机的基本作业

推土机的主要基本作业是完成铲土、运土、卸土三个工作过程和一个空载回驶过程,如图2-18所示。提高推土机作业效率的原则是:铲土时,应以最短时间、最短距离铲满土;运送时,应尽量减少土壤漏失,使较多的土运送到卸土点;卸土时,应根据施工条件采取不同的卸土方法,以达到施工技术要求和施工安全;空回时,应以较快的速度驶回铲土点。

作为直铲式推土机,其基本施工作业包括以下几种。

(1)推土机的铲土作业

推土机的铲土作业,就是在此作业行程内,使铲刀切入土内一定深度,并以最短的时间、最短的距离,使铲刀前堆满土壤,并用铲刀推动。

推土机铲土的深度视土壤的类别而不同,一般Ⅰ级土壤铲土深度约20cm,铲刀的铲土角可调至60°~65°。在Ⅲ级土壤中铲土深度在10~15cm,其铲土角可调至52°~57°;至于在Ⅳ级以上的黏性土壤内铲土深度应在0~15 cm范围内变动,铲土角可调至45°左右,这样所得的效果最好。

推土机的铲土作业又可分为波浪式铲土作业和多刀接力铲土作业两种。

①波浪式铲土作业

推土机开始铲土时,应将铲刀最大可能地切入土中,当发动机稍有超负荷现象时,应将铲刀缓缓提起,直到发动机恢复正常运转,再将铲刀降下切土,起刀时不应离开地面,这样多次起伏,直至铲刀前堆满土壤为止,如图2-20所示。

这种铲土方法的优点是,可使发动机的功率得到最大发挥,缩短铲土时间和距离。缺点是空回时由于铲土道的不平,会使推土机产生颠簸。

②多刀接力铲土作业

为了在最短的时间、最短的距离内铲满土,一般常用多刀接力铲土法,如图2-21所示。这种铲土法是分次铲土、叠堆推运。分次的目的是使柴油机有喘息接力的时间。按铲土距离的不同,此法又分为四次、六次接力铲土。

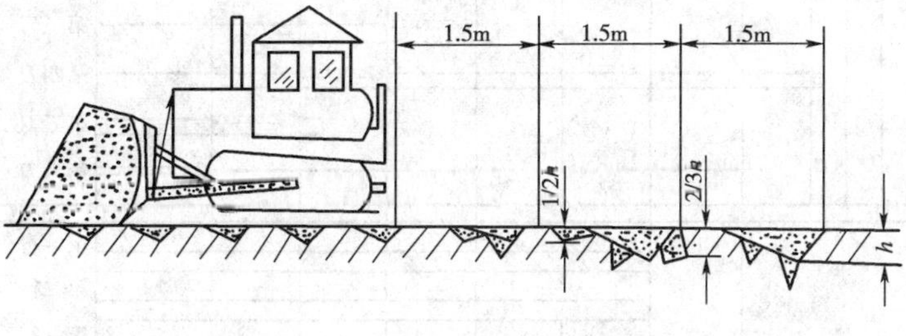

图2-20　推土机波浪铲土法

推土机第一次铲土时,应以最大可能切入土中,以刨削式铲土为好,从靠近填土处开始。铲土时,当柴油机稍有超负荷现象时即停止铲土,然后退回。推土机以同样的方法进行第二次铲土,但第二次铲出的土并不向前推,而暂时留在开挖段的端部。继续第三次铲土,此时推土机带着第三次铲的土,沿着前进方向,并把第二次所留的土推送到填土处。这样可以使柴油机功率得到充分利用。

多刀接力推土施工方法可以从图2-22所示进行掌握。在较宽的取土场内,推土机按分段将所切土壤推运至各切土终点处,等作业线上积聚起若干个土堆后,由远而近以土拥土的方法叠送至填方处。多刀推土法和下坡推土法结合使用,能显著提高推土机生产率。

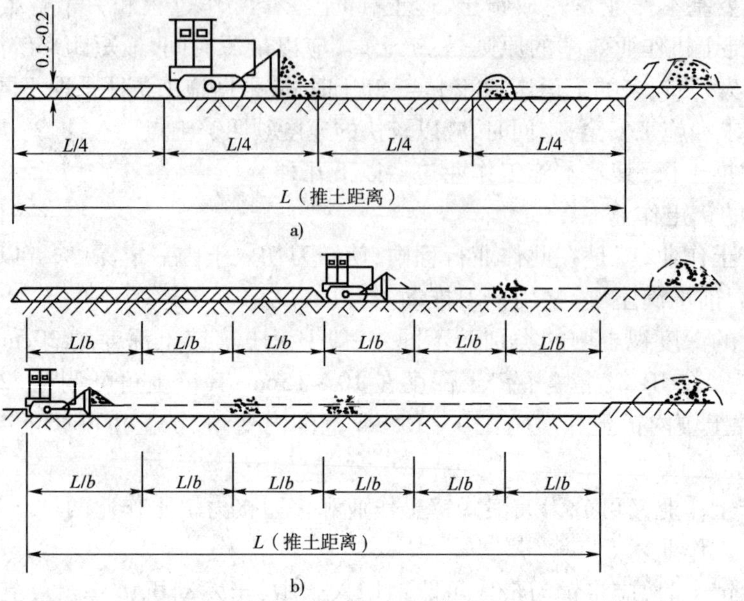

图 2-21　多刀推土

a)四刀推土;b)六刀推土

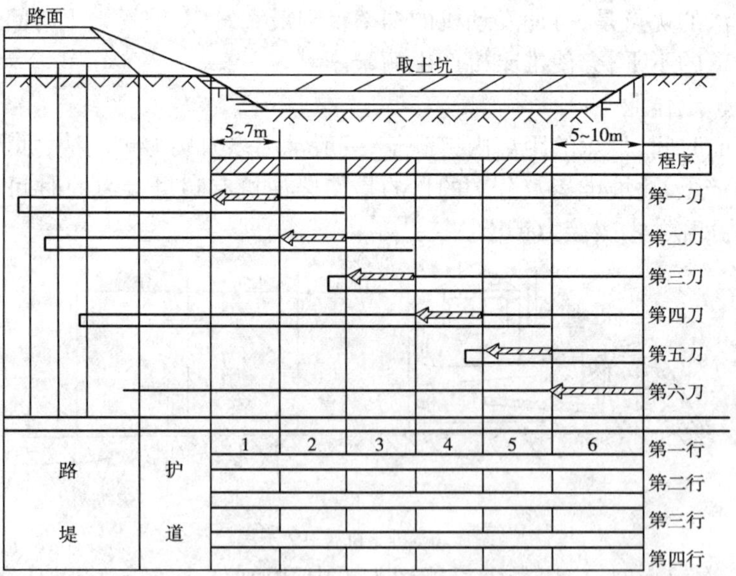

图 2-22　多刀推土

(2)推土机的运土作业

在此作业行程中,为了尽可能地减少运土损失,常用的有沟槽运土(或推土)法、并列推土法以及铲刀加挡板法(见图 2-23)。

①沟槽运土作业

在运送土壤过程中,为了尽可能地减少土壤损失,可在一条固定的作业线上多次推运土壤,使之形成一条土槽(一般槽深不大于铲刀的高度为宜),或者利用铲刀两端外漏的土壤所形成的土埂进行运土,如图 2-24 所示。

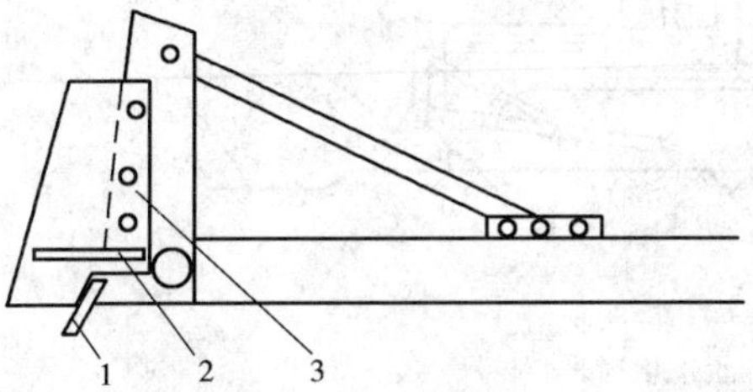

图 2-23　铲刀加挡板

1-挡板;2-肋条;3-刀片

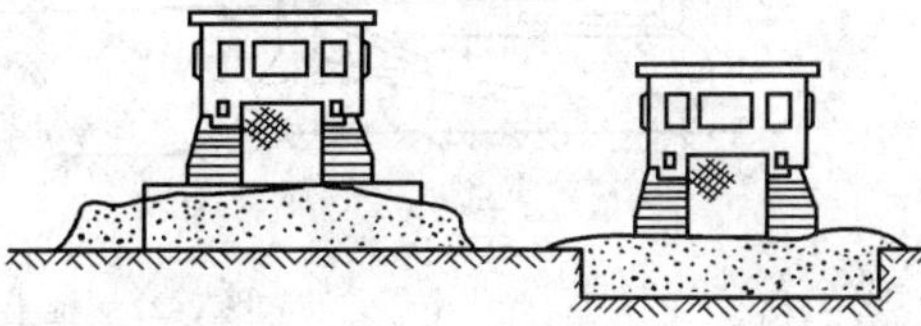

图 2-24　推土机槽式推土法

②并列推土作业

并列推土施工,就是两台以上同类型的推土机同步推土前进,如图 2-25 所示。这样可以减少运土过程中土壤的损失。但两铲刀之间的距离不宜太小或过大,一般约 30cm 左右。采用这种方法施工,要求驾驶员操作技术熟练,作业时要注意两者的行进速度和方向,避免碰车。

③下坡推土作业

即利用下坡时推土机产生的重力分力,加速铲土过程和增大送土量,以提高效率。但下坡角不宜过陡,一般不超过 20°,否则空车后退爬坡困难,反而使效率降低。

回转式推土机基本作业与直铲推土机相同,只是它更适合于傍山挖土填筑路堤,以及在狭窄处回填沟槽和平整场地等作业。

推土机在运土作业中,在减少运土过程的损失时,还必须考虑运土距离的恰当配合,这样才能取得最佳经济效果。

(3)推土机的卸土作业

此作业行程是以提升铲刀来进行的。卸土的方法视施工条件不同而异。图 2-26 为推土机在分层填土行驶时卸土的情况。推土机在前进中要徐徐地提升刀架来卸土,铲刀提升的高度应等于所填土层的厚度。卸土路程的长度为4 ~6m。

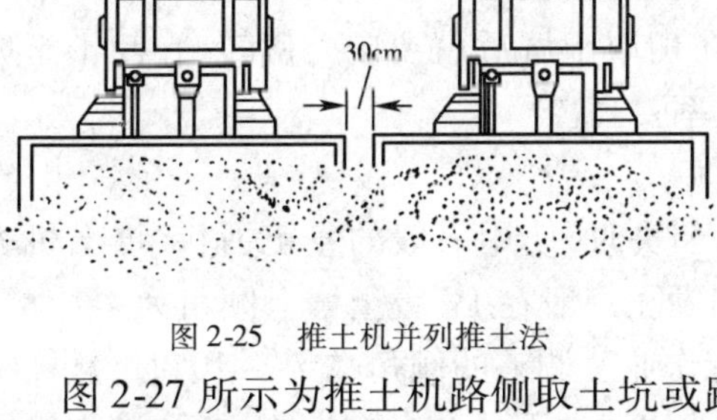

图 2-25　推土机并列推土法

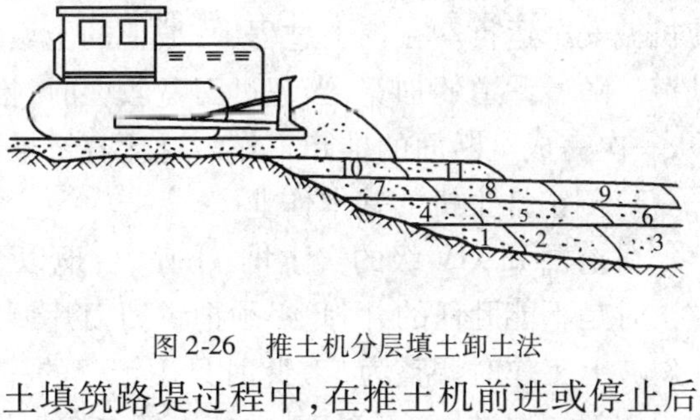

图 2-26　推土机分层填土卸土法

图 2-27 所示为推土机路侧取土坑或路堑运土填筑路堤过程中,在推土机前进或停止后,将推土机铲刀慢慢地提升,以达卸土之目的。如图 2-27a)所示。有时又将铲刀重新放下,让推土机倒退行驶将土拖平,如图 2-27b)。所示。

其他如从路堑取土填筑堑沟、山坑以及填筑路堤时,到达边缘前卸土。提升铲刀应在倒车时进行,以防机械翻车,如图 2-28 所示。

2）斜铲推土机的基本作业

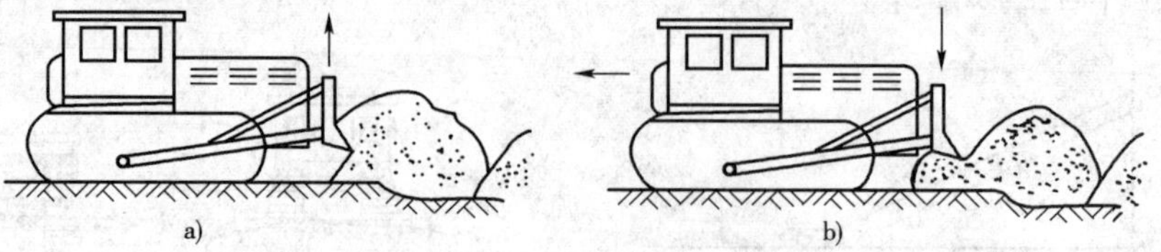

图 2-27　推土机局部填土卸土法

a）局部填土；b）提起刀架卸土下填摊平

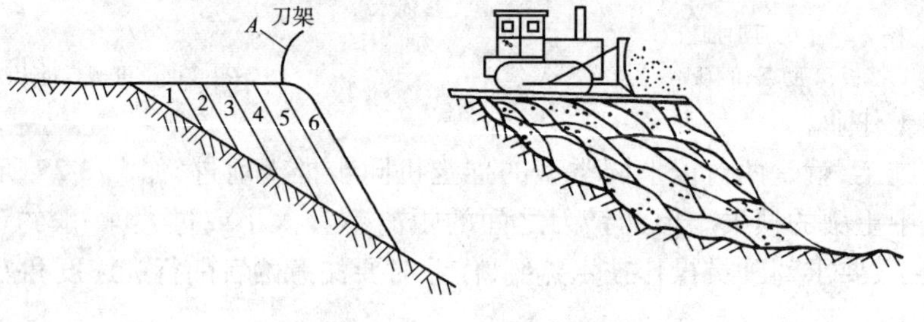

图 2-28　推土机填塞边坡下沟槽卸土法

斜铲推土机作业最适宜于傍山挖土填筑路基以及在狭窄处回填沟渠、平整场地等工作。由于斜铲推土机的铲土、运土、卸土三个过程是连续进行的，其工作情况与平地机基本相似，因此，在进行平整土壤面层等工作时，大都是采用低挡进行。斜铲平面角（图 2-29）的大小，依据所进行工作的对象不同而不同，一般在推土时为 90°（直铲），平土时 60°，填土时为 40°。

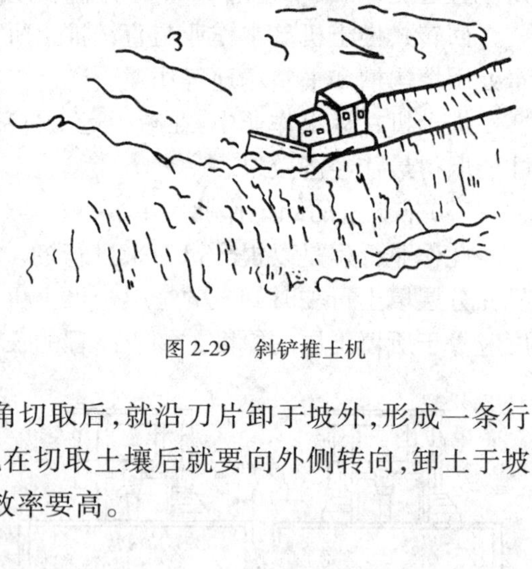

图 2-29　斜铲推土机

斜铲推土机在傍山取土时，应将铲刀调整为 60°平面角，然后向坡外平斜，并使其较坡面前端稍有下倾，以便在推土过程中，造成内倾的横向坡度，使机械安全运行。在挖土过程中，坡上的土壤被内角切取后，就沿刀片卸于坡外，形成一条行驶道。随着此道的加宽，当超过刀宽较多时，推土机在切取土壤后就要向外侧转向，卸土于坡下，一次完成全断面的推卸工作。这比直铲推土的效率要高。

3）侧铲推土机的基本作业

在挖掘 II ~ IV 级的实土堆、小丘、台地以及冰冻土块时，使用一般的直铲、斜铲推土机去铲土时是不能胜任的，因此必须把铲刀刀片调整为侧倾。一般在 IV 级土壤上倾角为 4° ~ 8°，在斜坡上工作时调整为 5°，此时只用铲刀的一端进行作业。调整的倾角在 7° ~ 10°时，这样铲刀尖端就能掘进 20cm 深度，并使土壤在铲刀没有切土的一端下通过。在挖土之后，推土机以全部铲刀长取土，并将其中一部分推向一方，经过几次推土，把峻峭的地形除去之后，再正面铲土、运土。如此之后又继续直铲铲土作业。

调整侧倾铲刀的角度时，如 D80A-12 型推土机，它是液压式自动调整的，而 T_1-100 型推土机，它的调整却还需要用人力来进行。因此在推土机施工作业中，应尽可能不去调整铲刀，以免影响生产。

4）湿地推土机的基本作业

以上所述履带式推土机的基本作业，均指在Ⅰ～Ⅳ类土壤的旱地作业，这类推土机若在含水量高的沼泽泥泞地段施工，常常会使履带打滑，严重的还会使推土机沉陷。为了克服或减少此种情况的发生，目前国内外已设计出一种适于沼泽地泥泞条件下作业的湿地推土机。这种湿地式推土机的基本作业与一般推土机相同，与一般推土机不同的是采用了三角形加宽履带板，使接地比压由142kPa降低至33kPa。

湿地推土机，不但可以用于沼泽地区施工，而且也可以用于一般性质土壤的施工。

5）大面积场地施工作业

（1）一般施工作业

如果现场内的地形比较复杂，不能直接向指定施工地点推运土方时，应先对现场内的山包、较陡的高地和低洼等特殊地形进行局部施工，使现场尽快的消失原始地形，形成有利于向外推运土方的条件。为迅速达到上述目的，可对施工现场进行分片施工。分片施工是根据现场的面积、地形等情况及所使用的机械数量，将整个施工现场分成若干个区域，施工时，将每个区域当作单独的地基看待，只是土方不作施工处理，仅是以高填低，使各个区域内的高程尽快达到有利于整个现场展开施工的程度。进行区域划分时，每一个区域内应既有推方又有填方（以整个现场内的适中高程位置为标准）。若施工面积很大，机械不足以在各区域同时进行施工时，可以按顺序分别进行施工。

现场内如有面积不太大的较高独立山包（与整个施工面积相比较而言），需要全部推平时，应自最高点起推，使整个山包的土扩散开来，至接近周围的高程位置后再向外运土，不要沿山包或高地的根部直接向外运土，这样不利于作业。如现场内离指定的出土方向较远，且低于设计高程的洼地，在分片施工时即应向该处填土。若该区域内的挖方不足以该处的填方时，应在整个现场开始大量向外运土，将此处的差额填足，以免造成填方不足。

现场内局部地区地质较硬又不进行爆破施工时，该处应单独进行施工。当这种地区不处在现场内向外运土路线上时，可将此处的土方送到运土路线上去，不必由此向外运土。因为该处的土质较硬，施工较其他处困难，不向远处的指定位置运土可缩短运距，使该处的施工进度与整个现场的施工进度保持平衡。若这种地区处在现场中间或向外运土的路线上，应在分片施工时加强力量对其处理，使该处的高桯低于现场内的普通高程。如果这种地区与整个现场一起施工时，因该处的土质硬，高程降低较其他处的慢，易形成一个凸肚，运土经过这里时很不方便，影响施工进度。

（2）交叉作业

交叉作业的主要运土路线纵贯整个现场，送土的路线与运土路线呈现横向交叉的形状，参加施工的各种机械，互相交叉进行作业，如图2-30、图2-31所示。

此时担任横向作业的机械，将土方由地基两侧送到运土路线上，担任纵向作业的机械，则将送来的土方沿运土路线推到地基外的指定位置。交叉作业的运土路线位置是根据地形来选择的。如现场宽阔、机械较多，可选两条以上；反之则可只选一条。但在施工进程中，运土路线可在现场内作平等移动，即不是固定在一定的位置上，亦可提高作业效率。

（3）平行作业法

平行作业法适于土质松软,且整个施工现场的土质相近的大面积上的施工。当现场内的地形均匀地向出土点倾斜,或地面较宽坦,参加机械施工的型号相近时,采用平行作业法更能提高效率。平行作业时,现场内除铲运机外,没有主要的运土路线,每一台推土机的作业路线即为运土路线。所有的推土机都平行地向指定位置运土如图 2-32 所示。

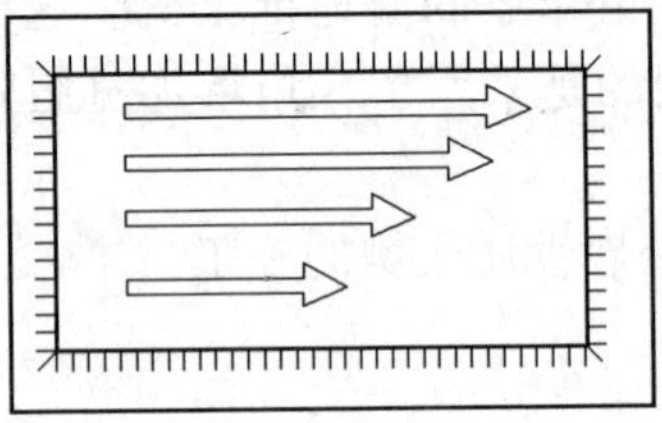

图 2-30 交叉作业图

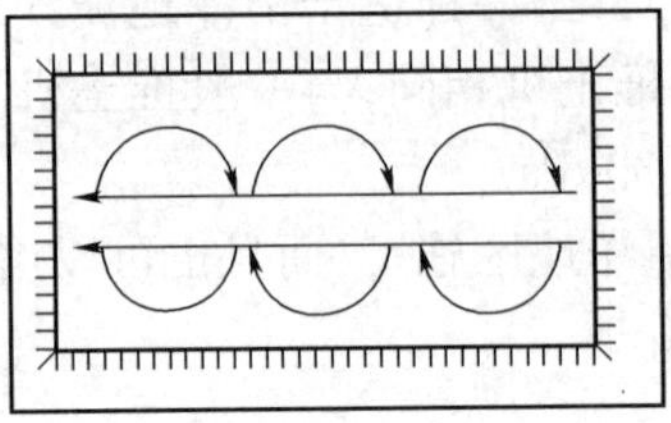

图 2-31 交叉作业图

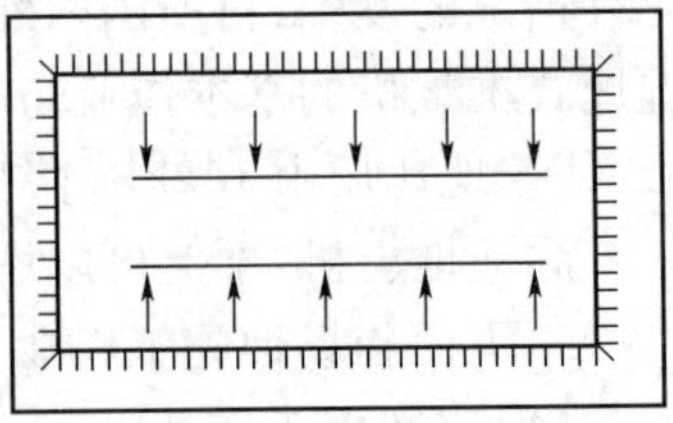

图 2-32 平行作业图

进行平行作业时,若机械型号相近,施工场地的地形又许可时,可采取并列推土,使机械队呈扇形形状前进。若能组织妥善,配合得当时,每次运土时的遗漏土方极少。如因机械型号不一,现场条件等原因不能进行并列运土时,每台机械所占的工作路线宽度应适宜。一般来讲,功率较大的机械应宽一些,反之则应适当窄一些。各机型的位置在进行一段时间的作业后,应互相调换,以使整个现场内的高程同时均匀下降。进行平行作业的运土线路,在整个现场内呈规则的带状,当铲运机参加施工时,运土路线可插在各推土机之前,并根据施工需要变换铲运路线,以便更好地配合推土机施工。

在实际的施工中,很少自始至终只采取一种作业方法的,一般都是视地形情况、机械力量和工程进展程度变换作业方法,或采用综合施工方法。因此,任何施工方法都应结合施工现场的具体条件,灵活掌握作业方法,才能发挥各种作业方法的优势。

6)整平施工作业

对于面积不太大的场地或一般地基,往外运土已接近终了,高程也基本符合要求时,要边送土边进行整平。作业时要注意以下几点:

①在大部分土方处理接近末尾时,地基上应留有适量的土,以便于进行整平。

②整平应自地基的挖方一端开始,推土机应停平,不能歪斜。

③若地基的挖方位置不在一端,则应由挖方处向四周进行整平,这样是为了使整平在较硬的基面上开始,容易掌握铲刀的平衡。

④整平时,起推后就推起满铲松土,并保持满铲进行整平,在接近终了时慢慢升铲,使土均匀地铺平在基面上。

⑤整平应保持直线前进,其顺序可由左向右逐铲进行(按推土机前进方向看)。

⑥在整平时,除起推点外,尽量不要铲起过多的土来,因此时除起推位置稍高外,其他处的高程已基本合适。若不慎出现了波浪或歪斜,可退回起推点,重推满铲经过该处后即可消除。

整平的遍数按地基的不同要求而定,一般进行二、三遍可完全整平。第一遍时,每铲重叠上一铲的 1/2 左右,整平后地基上基本没有浮土,只剩下均匀的硬土;第二遍时,依次清除硬土,一般不需要再重叠,整平后地基上只有不明显的硬土;第三遍时,清除遗留下来的硬土。整平全部结束时,地基表面应整齐光洁,没有任何硬土。

三、推土机的施工技术

1. 填筑路堤施工技术

推土机填筑路堤的作业方式一般均为直接填筑。施工方法主要有两种：横向填筑与纵向填筑。在平原地区多采用横向填筑，而在丘陵和山区多采用纵向填筑。

1）横向填筑路堤

这种作业方式是推土机在路堤的两侧或一侧取土，向路堤依次移送土壤。单台或多台推土机施工时，最好采用分段进行，这样可以增大工作面，分段距离一般以 20 ~ 40m 为宜，每段也可以按班组的能力划分。

在一侧取土时，每段一台推土机，作业线路可采用“穿梭”法进行，如图 2-33 所示。在施工中，推土机推满土后，可向路堤直送到路堤坡脚，卸土后按原推土路线退回到挖土始点。这样在同一线路中按沟槽运土法送二、三刀就可挖到 0.7 ~ 0.8m。此后推土机作小转弯倒退，以便向一侧移位，仍按同法推邻侧的土壤。以此类推地向一侧转移，直至一段路堤完工。然后推土机反向侧移，推平取土坑所遗留的各条土埂。

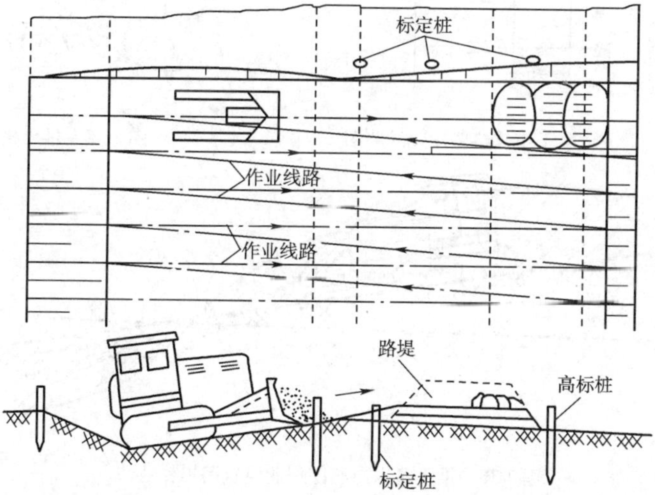

图 2-33　推土机由一侧取土坑取土填筑路堤

当推土机由两侧取土坑推土时，每段最好用两台并以同样的作业法，面对路堤中心线推土，但双方一定要推过中心线一些，并注意路堤中心线的压实，以保证质量。图 2-34 所示为从双侧取土时作业线路图。当路堤填高时，应分层有序地进行，一般每层厚度约 20 ~ 30cm，并分层压实。

当推土机单机推土填筑路堤高度超过 1m 时，应设置推土机进出坡道，如图 2-35 所示。通道的坡度应不大于 1∶2.5，宽度应与工作面宽度相同，长度约 5 ~ 6m。当采用综合机械化施工时，路堤填筑高度超过 1m 后，多用铲运机完成。

2）纵向填筑路堤

这种作业方法多用于移挖作填工程，其开挖深度与填筑高度可按设计高程规定，不受其他限制，只要挖方的土壤性质适用于填筑路堤即可。这种施工方法最经济，但应注意开挖部分的坡度不能大于1:2,开挖中应随时注意复核路基高程和宽度,避免出现超挖和欠挖。在填土过程中,应根据施工地段的施工条件,分层填筑、分层压实。

纵向填筑作业法,如图2-36所示。

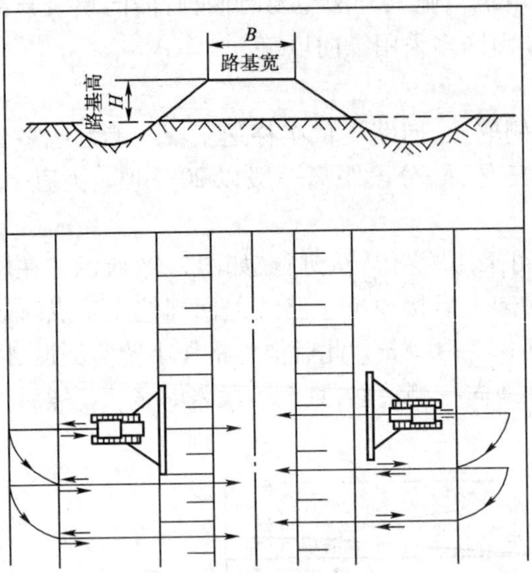

图2-34 推土机从两侧取土坑取土填筑路堤作业线路图

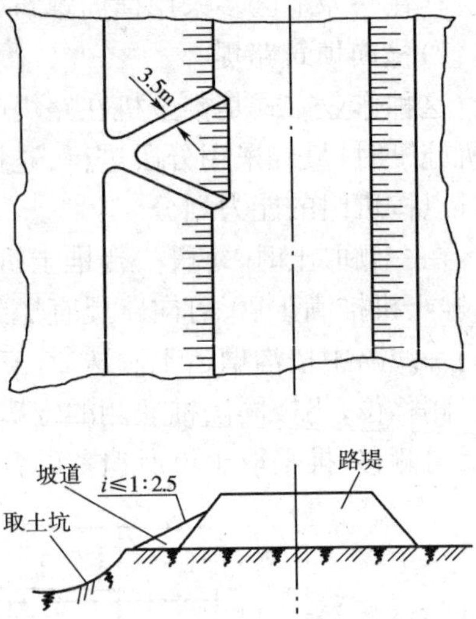

图2-35 推土机作业坡道设置

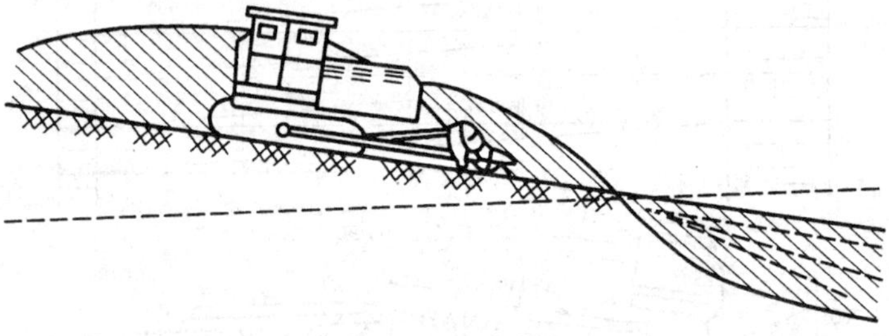

图2-36 推土机纵向移挖作业填筑路堤作业法

3)综合作业法填筑路堤

这种作业法实际上是横向纵向联合作业。将路堤沿线路60～80m分为若干段,在每段的中部设一横向送土道,采用横向填筑法,将土壤由通道送到路堤上,再由推土机纵向推送散土,分层填筑,分层压实,如图2-37所示。

2. 开挖路堑施工技术

用推土机开挖路堑有两种施工情况:一种是在平地上挖浅路堑;另一种是在山坡上开挖路堑或移挖作填开挖路堑。

1)平地上两侧弃土,横向开挖路堑

用推土机横向开挖路堑,其深度在2m以内为宜,如图2-38。开始推土机以路堑中线为界,向两侧横向按“穿梭”作业法进行,将路堑中挖出的土送至两侧弃土堆,最后,再作专门的清理与平整。如开挖深度超过2m,则需与其他机械配合施工。

此外,对上述施工作业,推土机也可用环形作业施工,如图2-39所示。施工时推土机可按椭圆形或螺旋形路线运行，这种运行路线可以对弃土堆进行分层平整和压实。

不论采用何种开挖路堑和施工作业方法，都应注意排水问题，绝对不允许使路堑的中部下凹，以免积水。在整个路堑的开挖段上，应做出排水方向的坡度以利排水。在接近挖至规定断面时，应随时复核路基的高程和宽度，以免出现超挖或欠挖。通常在挖出路堑的粗略外形后，多采用平地机来整修边坡和边沟。

2）纵向开挖山坡路堑

纵向开挖山坡路堑有开挖傍山半路堑和深路堑的区别。

（1）开挖傍山半路堑

一般应用斜铲推土机进行，开挖时先由路堑边坡上部开始，沿路中线行驶，逐次由上而下，分段分层，逐步将土送至坡下填筑路堤处。由于推土机沿山边施工，要特别注意安全。推土机应在坚实稳定的土壤上行驶，填土时应保持道路内侧低于外侧，行驶纵坡坡度不要超过推土机的最大爬坡角25°。

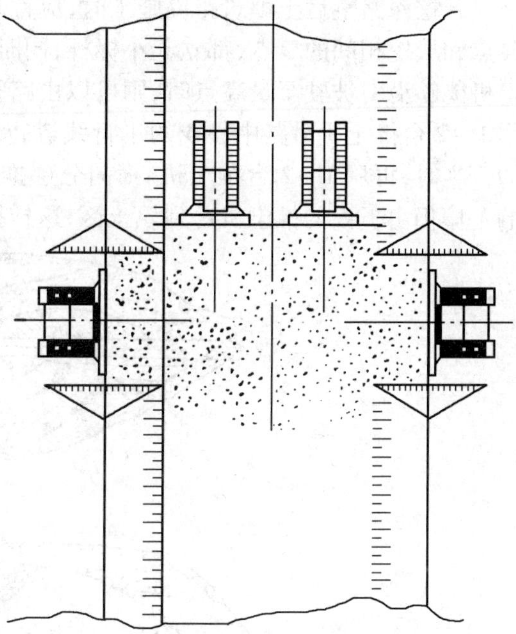

图2-37　推土机横向纵向联合作业填筑路堤示意图

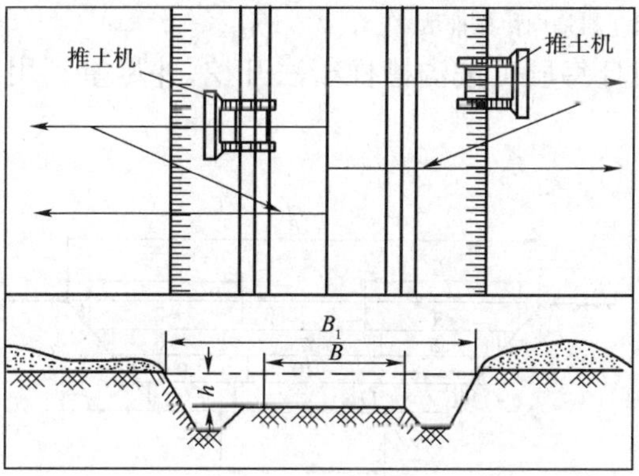

图2-38　推土机在平地横向开挖路堑施工作业图

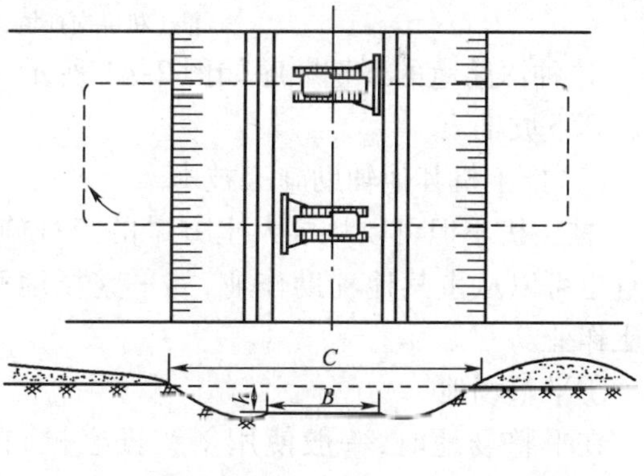

图2-39　推土机环形作业法开挖路堑施工作业示意图

推土机平面斜角的调整，应根据土壤的性质进行。在Ⅰ、Ⅱ级土壤上施工时，可调至60°；在Ⅲ、Ⅳ级土壤上可调至45°。推土时用铲刀的右角切入土壤，使被切下的土壤沿刀身向外送出。

推土机开挖山边半路堑时，如果山坡不大（25°以下），也可用直铲推土机，但在下坡送土时，最好铲土数次将土壤聚成堆后，再将土壤一起推送到边坡前沿。这样不但可以借助于下坡推土法以提高推土机的生产率，而且工作也较安全。必须注意：每次推送土壤时，铲刀应离边坡1～2m，不准把铲刀低靠边坡尽头，同时过坡边缘的松土要经常保持稍高的土堆，以确保工作的安全。

（2）开挖深路堑

开挖深路堑运土填筑路堤施工时,应首先做好准备工作。要在开挖路堑的原地面线顶端各点和填挖相间的零点,都立起小标杆,同时挖平小丘,使推土机可以进入施工现场。如果推土机能够沿斜坡驶至最高点时,则可以由路堑的顶点开始,逐层开挖推送至路堤处。开挖时可用1~2台推土机沿路中心线的平行线进行纵向堆填,如图2-40a)所示。等路堑挖至其深度的一半时,再用1~2台推土机,横向分层推削路堑斜坡,如图2-40b)所示。由斜坡上往下推的土壤仍由下面的推土机送到填土区,这样挖到路堑与路堤全部完成为止。

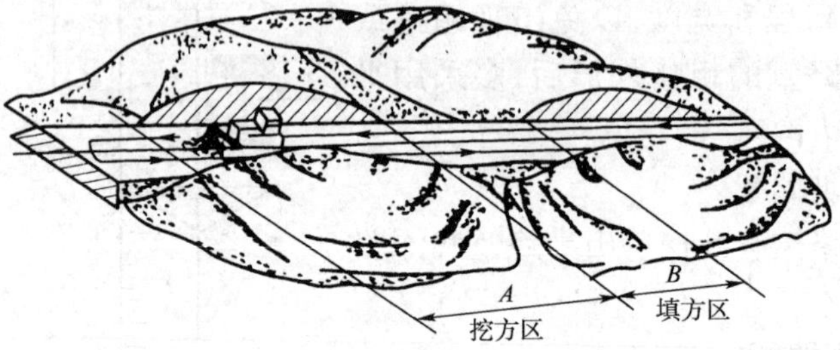

a)

b)

图2-40 推土机深挖路堑作业

a)推土机纵向推填;b)推土机横向协作推填

这种深路堑的开挖顺序如图2-41所示。而且每层可按沟槽推土法开挖,并尽量利用地形做到下坡推土。

(3)推土机其他辅助施工技术

推土机不但可以从事大土方量的工程施工,而且也可以从事其他辅助作业,如平整场地和回填土作业。

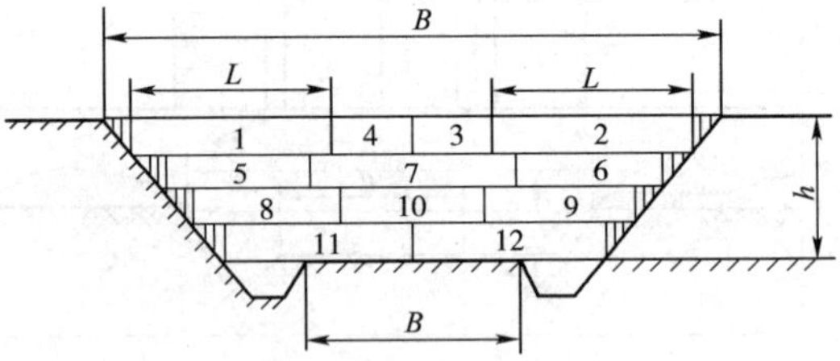

图2-41 推土机开挖路堑通行顺序横断面图

①平整场地

在平整场地时,一般使用斜铲推土机,在Ⅰ、Ⅱ级土壤上施工,平面角可调至60°。开始平整时,推土机应从已经平整过的相当于设计高程的平坦部位开始。绝对不能在不平的位置处开始平整。否则当推到较远距离时,很容易形成一个斜面。若平整场地较大,最好分若干小区,再在各小区中选定高程,放平推土机再进行平整。

如果场地是松散土壤,不平度也较小,也可用直铲推土机,将铲刀送放在地面上,以倒驶的方法施平。总之在场地平整中,不论前进推平,还是倒驶拖平,在平整过程中,均应随时注意分块比较其不平度,以便随时纠正。

②路基、涵洞土壤的回填

路基涵洞土壤的回填，在路基基底按设计位置安置后，可用斜铲推土机进行回填工作，回填作业时，从涵洞的两侧交替回填，并尽可能地用分层填土法进行，以免压坏涵管（如图2-42所示）。如用直铲推土机回填时，推土机驶离卸土位置时不要提升铲刀，应顺势后拖，顺便摊平土堆。当涵洞上面填土高过1m后，方可在涵洞上行驶。

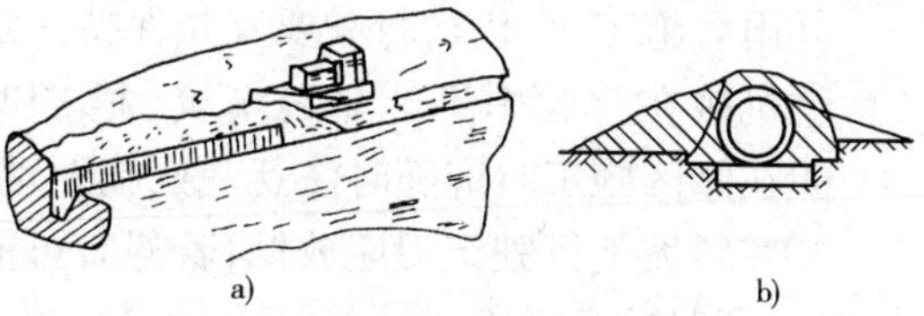

图2-42　推土机回填土和摊平涵洞上土壤
a）利用斜面铲推土机回填土；b）利用直铲推土机填土

3. 冬、雨季施工技术

1）冬季施工技术

（1）预防冻土的措施

①先用松土机将土区域破松30～50cm的深度。

②进入冬季施工前，尽量先将土层薄的区域施工完毕，留下土层厚的区域进行冬季施工。

③如所挖土层较厚，挖土面积小，而且暂不施工时，可在土壤冻结前用草垫等保温材料遮盖土壤，防止冻结。

④实行多台作业，将机械和人员集中连续施工，使土壤无冻结机会。

⑤根据机械台班产量，计算出每班或每天的开挖面积，争取做到当日挖至的设计高程。对大填大挖工程可以考虑分块集中施工。

⑥对暂不施工区域，其面层上面的草皮或耕土就尽可能保留不动，待施工时再开挖。

⑦如土壤冻结不深，可在下班前铺一层虚土暂不压实，待第二天工作时再压实。

⑧每班工作完毕后，应将铲刀中余土清除干净。

（2）开挖冻土的方法

①冻土层在50cm以内可用松土机破松。松土机上的齿数可根据冻土层的厚度及土层的坚硬程度来增加或减少。

②冻土层较厚，松土机不能破松时，可先用炸药炸开一个缺口，然后用推土机将冻土推除。

开挖冻土时，选用功率较大的液压推土机比较适宜。

2）雨季施工技术

①推土机在雨季施工时，挖土区和卸土区可根据设计要求，在施工中保持平整，并使其具有一定的排水坡度。

②雨后及时将现场局部凹坑之处的积水排除掉。如是开挖基坑（槽）、管沟等工程，积水无法排出时，需用抽水机将水抽出或在低凹处挖出积水坑。

③机械行驶道路需在雨季前用干土填垫，使其比原地面高出40～50cm，并修出路拱以利排水。

④挖掘深路堑及基坑（槽）、管沟土方工程时，可在施工区两侧或四周做截水沟或土堤。这样不致使周围的地面水流入施工区域内。

⑤若填挖面积较大，土层较厚（1.5～2m以上），施工时可分块挖填成梯形，每梯相差50cm左右，这样雨后可先施工地势较高的区域。

⑥回填土需碾压时，应铺好一层土即进行压实，不要间隔时间太长。

⑦集中机械施工实行分块顺序填挖，工作面不要开得太大。

⑧雨后施工时，机械行驶要互相保持一定的距离，防止路滑而造成碰撞事故。

⑨机械在行驶中不能靠近基坑（槽）和管沟，应距沟边5m以外行驶，以免发生事故。

⑩在侧区施工时应随时注意观察施工现场情况，以免塌方。

⑪在斜坡上行驶铲刀应放低，若遇有可能翻车危险的情况时，应立即推下离合器，踩下制动踏板，同时放下铲刀。

四、推土机生产率的计算

推土机生产率的计算方法，应根据推土机施工作业方式不同而有所不同。当用直铲推土机作业时，其计算单位是m^3/h或m^3/d。用斜铲推土机进行铺平和侧向送土时，它的作业方法与平地机基本相同，因此其生产率可参照平地机生产率计算公式计算。

1. 推土机用直铲作业时生产率的计算

$$Q = \frac{60VK_B K_Y}{t_r} \tag{2-1}$$

式中：Q——推土机直铲作业时生产率（m^3/h）；

V——铲刀前土堆的体积（m^3）；

K_B——时间利用系数，一般为0.80～0.85；

K_Y——坡度影响系数。平地为1.0；上坡坡度5%～10%时为0.5～0.7；下坡度5%～15%时为1.3～2.3；

t_r——每完成一个工作循环的时间（min）。

铲刀前土堆的体积V是按铲刀结构的几何尺寸和土壤在刀前形成的自然坡度角φ时的土壤体积来计算的。其计算公式如下：

$$V = \frac{lh^2K_n}{2K_S\tan\varphi} \tag{2-2}$$

式中：l——铲刀刀身宽度（m）；

h——铲刀刀身高度（m）；

φ——刀前土堆的自然坡角（°），见表2-5；

K_S——土壤的松散系数，见表2-6；

K_n——推运时土壤的漏损系数，其值为0.75～0.95，运距大时取大值。

土的自然坡角φ（°）　　表2-5

种类 / 状态	碎石	砾石	砂石			黏土		轻亚黏土	种植土
			粗砂	中砂	细砂	肥土	贫土		
干	35	40	30	28	25	45	50	40	40
湿	45	40	32	35	30	35	40	30	35
饱和	25	35	37	25	20	15	30	20	25

土壤的松散系数(K_S)　　表 2-6

土的种类和等级		土的松散系数 K_S		土的种类和等级		土的松散系数 K_S	
		标准值	平均值			标准值	平均值
I	植物性以外的土	1.08 ~ 1.17	1.10	III	——	1.24 ~ 1.30	1.25
	植物土、泥碳黑土	1.20 ~ 1.30	1.10	IV	除软石灰石外	1.26 ~ 1.32	1.30
II	——	1.14 ~ 1.28	1.20		软石灰石	1.33 ~ 1.37	1.30

推土机每完成一个循环所需时间 t_r 为:

$$t_r = \frac{L_1}{v_1} + \frac{L_2}{v_2} + \frac{L_1 + L_2}{v_3} + t_0 + t_1 \tag{2-3}$$

式中:L_1——铲土地段长度(m),一般为 6 ~ 10 m;

L_2——运土地段长度(m);

v_1——铲土时行驶速度(I 挡),(m/ min);

v_2——铲运时行驶速度(I ~ II 挡),(m/ min);

v_3——空驶速度(III ~ IV 挡),(m/ min);

t_0——换挡所需时间(min);

t_1——转向掉头所需时间(min)。

2. 回转推土机平整场地时生产率的计算

$$Q = \frac{60L(l\sin\varphi - b)K_B}{n(\frac{L}{v} + t_1)} \tag{2-4}$$

式中:Q——平整场地时生产率(m^3/h);

L——平整地段长度(m);

l——铲刀刀身宽度(m);

φ——铲刀平面回转角(°);

b——两相邻平整地段的重叠部分宽度(m),一般为 0.3 ~0.5 m;

K_B——时间利用系数,一般为 0.80 ~0.85;

n——在同一地点上重复次数;

v——推土机行驶速度(m/min);

t_1——推土机转向掉头时间(min)。

五、提高推土机生产率的措施

从推土机生产率的计算公式中可以看出,要提高生产率首先应缩短推土机作业的循环时间,提高时间利用系数。同时,为了提高推土机的生产率,必须增大铲刀前的土壤体积,减少推土过程中土壤的散失,缩短切土、运土及回程等每一工作循环的延续时间。

1. 按施工工艺提高推土机生产率的措施

1)下坡推土

推土机顺地面坡势沿下坡方向推土，借助机械往下的重力作用，可增大铲刀切土深度和运土数量，可提高推土机能力和缩短推土时间，一般可提高生产率30% ~40%。但推土坡度应在0.5以内。

2)并列推土

对于大面积的施工区，可用2~3台推土机并列推土，如图2-25所示。推土时两铲刀相距15~30cm；倒车时，分别按先后次序退回。这样，可以减少土的散失而增大推土量，能提高生产率15% ~30%。但平均运距不宜超过50~75m，亦不宜小于20m；且推土机数量不宜超过3台，否则倒车不便，行驶不一致，反而影响生产率的提高。

3)分批集中，一次推送

当运距较远而土质又比较坚硬时，由于切土的深度不大，宜采用多次铲土，分批集中，一次推送。以便在铲刀前保持满载，有效地利用推土机的功率，缩短运土时间。

4)槽形推土

当运距远，挖土层较厚时，利用前次推土的槽形推土，可大大减少土壤散失，从而增大推土量，如图2-24所示。

2. 按其他方法提高推土机生产率的措施

1)提高机械性能

提高发动机功率，提供较大的顶推力，以便加大推土板尺寸，增加每次推土量，这是目前普遍采用的措施。

另外，改善牵引性能，以便提供更大的附着能力。

2)改善土壤性能

装设频爆排土装置，就是在牵引车与推土板之间，装一频爆排土装置，它利用内燃机的燃烧，产生高压气体，再通过快速排气阀，使高压气体冲入土壤，利用气体的猛烈膨胀，使土壤压缩破碎，形成一个爆破坑，从而大大减小了推土机在行进过程中的切削阻力。

另外，在推土机上安装一个大型空压机给高压气流，使之在推土板与土壤之间形成一层气垫，气垫起到了“润滑”推土板与土壤的作用，同样可以减轻对推土板的各种阻力，提高了生产率。

总之，影响推土机生产率的因素是多方面的，只要在生产实际中，根据施工条件，因地制宜，注意提高机械人员的技术水平和操作技能及施工管理人员的管理水平，提高生产率是完全可以做到的。

六、推土机安全操作要点

1. 作业前的准备

(1)了解作业区的地势和土壤种类，测定危险点及选定最佳的施工方案。

(2)如果作业区有巨块石头或大坑时，应预先清除或填平。

(3)起动前，应将所有的控制杆置于“中间”或“固定”位置。

(4)履带式推土机的履带松紧要适度，且左右相同。轮胎式推土机轮胎气压必须符合要求，各轮胎气压应保持一致。

(5)检查燃油、润滑油和冷却水及其系统，油、水量必须符合要求，系统不得有泄漏。

(6)进行保修或加油时,发动机必须关闭,推土机铲刀及松土器必须放下,制动锁要在“锁住”状态。

(7)检查电气系统、操作系统及工作装置,各部分必须处于良好的工作状态,必要时进行调整;并检查各仪表工作是否正常。

(8)发动机传动部分带有胶带连接的推土机,不得用其他机械推拉起动,以免打坏锁轴。

2. 作业与行驶要求

(1)除驾驶室外,机上其他地方禁止乘人;行驶中任何人不得上下推土机。

(2)行驶时,铲刀离地面40~50cm。

(3)严禁在运转中、斜坡上进行紧固、保养润滑和修理推土机。

(4)上下斜坡时,先选择最合适的斜坡运行速度,应直接向上或向下行驶,不得横向或对角线行驶,下坡时,禁止空挡滑行或高速行驶;下坡时应放下推土铲与地面接触倒退下坡;避免在斜坡上转弯掉头,轮胎式推土机不能在坡度较大的场地作业。

(5)在坡地工作时,若发动机熄火,应立即用三角木将推土机履带楔后,将离合器置于脱开位置,变速杆置于空挡位置,方能起动发动机,以防推土机溜坡。

(6)工作中驾驶员需要离开机器时,必须将操纵杆置于空挡位置,将推土机铲刀放下并将机器制动和关闭发动机后方可离开。

(7)在危险或视线受限的地方,一定要下机检视,确认能安全作业后方可继续工作,严禁推土机在倾斜的状态下爬过障碍物;爬过障碍物时不得分离主离合器。

(8)避免突然起动、加速或停止;避免高速行驶或急转弯。

(9)填沟或回填土时,禁止推土机铲刀超出沟槽边缘,可用后一铲推前一铲土的方法进行填方,并换好倒车挡后,才能提升推土机铲进行倒车;在深沟、陡坡的施工现场作业时,应有专人指挥,以确实保证安全。

(10)多台推土机在联合作业时,前后距离应大于8m;左右距离应大于1.5m;若工程需要并铲作业时,必须用机械性能良好、机型相同的推土机,驾驶员必须技术熟练,雾天作业时必须打开车灯。

(11)在垂直边坡的沟槽作业时,对于大型推土机,沟槽深度不得大于2m,小型推土机沟槽深度不得大于1.5m,若超过上述规定时,必须按规定放安全装置或采取其他安全措施后,方可进行施工。

(12)轮胎式推土机用于除冰、除雪作业时,轮胎要加防滑链。用于清除石料作业时,要增加轮胎保护链。

(13)清除高过机体的建筑物、树木或电线杆时,应根据电线杆的结构、埋入深度和土质情况,使其周围保持一定的土堆。电压超过380V的高压线,其保留土堆大小应征得电业部门或电业专业人士的同意。

(14)在爆破现场作业时,爆破前,必须把推土机开到安全的地带。进入现场,操作人员必须了解现场有无瞎炮等情况;确认安全后,方可将推土机开入现场。若发现有不安全之处,必须待处理后方可再继续施工。

(15)若必须要在推土铲下作业,则首先要将推土铲升到所需位置,先锁好分配器,锁住安全销，并用垫木将推土机和铲刀垫牢固后，方可进行作业。

(16)履带推土机长距离转移时，必须用平板车装运；装运时变速杆应处于空挡位置，制动杆、安全锁杆必须置于锁住位置，并用垫木将履带楔紧，用强度足够的铁丝将机体固定。特殊需要作长距离行驶时，应采取防护措施，行走装置要注意加注润滑油。

(17)履带推土机不准在沥青路面上行驶。必须通过时应铺设道木，垂直通过，禁止转向。通过交叉路口时，应注意来往行人和车辆。

(18)倒车时，应特别注意块石或其他障碍物，防止碰坏油底壳。

3. 作业后的要求

(1)推土机应停放在平坦、坚实安全、不妨碍交通的地方，冬季应选择发动机背风朝阳的地方，铲刀着地。

(2)熄火前应将发动机怠速5min，把变速杆置于空挡位置，把制动杆、安全锁杆置于锁住位置。

(3)按规定对推土机进行维护。

七、部分常见机型的技术参数

1. 国产履带式推土机技术参数(表2-7)

国产履带式推土机技术参数　　表2-7

项目		型号										
		T_2-60	移山-80	T_1-100	T_2-100	T_2-120A	上海-120	征山-160	黄河-180	T-180	征山-200	上海-320
额定牵引力(kN)		36	99	90	90	117.6	118		180	180	220	326
总质量(kg)		5 900	14 886	13 430	16 000	17 425	16 200	20 000	20 000	21 000		38 850
生产率(m^3/h)			40~80	45	75~80	80						
接地比压(kPa)		46	63	50	68	63	65	68	60	71	70	95
爬坡能力(°)			30	30	30	30	30	30	30	30	30	30
外形尺寸	长(mm)	4 214	5 260	5 000	6 900(带松土器)	5 515	5 340	5 980	5 810	5 980	5 890	8 560
	宽(mm)	2 280	3 100	3 030	3 810	3 910	3 760	3 926	4 050	4 200	4 155	4 130
	高(mm)	2 300	3 050	2 992	2 992	2 770	3 100	2 904	3 138	3 060	3 144	3 640
履带	中心距(mm)	1 435	2 000	1 880	1 880	1 830	1 880	2 000	1 960	2 000	2 000	2 140
	宽度(mm)	500	500	500	500	550	500	540	560	560	560	560
	接地长度(mm)			2 370		2 490	2 490	2 690	2 700	2 730	2 730	3 160
最小离地距离(mm)		260		386		319	300	400	466	400	410	500

续上表

项目		型号										
		T_2-60	移山-80	T_1-100	T_2-100	T_2-120A	上海-120	征山-160	黄河-180	T-180	征山-200	上海-320
行驶速度	前进 I 挡(km/h)	3.29	2.36	2.36	2.36	2.26	2.28	2.37	2.28	2.43	2.34	3.7
	前进 II 挡(km/h)	4.97	3.77	3.78	3.78	3.95	3.64	3.57	3.80	3.96	3.51	6.8
	前进 III 挡(km/h)	6.20	5.39	4.15	4.51	5.53	4.35	5.00	6.00	6.24	4.93	11.8
	前进 IV 挡(km/h)	8.09	7.77	6.45	6.45	6.21	6.24	7.11	9.10	7.52	7.0	
	前进 V 挡(km/h)		10.13	10.13	10.13	7.80	10.43	9.65		10.12	9.51	
	前进 VI 挡(km/h)					10.42						
	后退 I 挡(km/h)	3.14	2.78	2.79	2.79	3.68	2.73	3.11	3.80	3.16	3.06	4.5
	后退 II 挡(km/h)	5.0	4.46	4.46	4.46	5.57	4.37	4.70	8.10	4.63	4.6	8.2
	后退 III 挡(km/h)		6.37	5.33	5.38	7.54	5.23	6.49		7.34	6.46	13.7
	后退 IV 挡(km/h)		9.18	7.63	7.63	8.74	7.50	9.34		9.78	9.16	
发动机	型号	4 125A	4 146T	4 146T	4 146T	6 135K-3	6 135K-2	6 135-B 6 135Q-1	6 135-B	8V-130	6 135-AZK	卡明斯(美)
	功率(马力)	60	90	90	90	140	120	180 162	180	180	200	320
	转速(r/min)	1 500	1 050	1 050	1 050	1 800	1 500	1 800	1 800	1 800	1 800	2 200
	最大转矩(N·m/r/min)		750/800	750/800	750/800	640/1 300~1 400		865/1 100 700/1 200~1 300	865/1 100	850/1 400	960/1 350	1 400/1 440
起动机	型号	AK-10	292	292	292	ST614	ST110	ST110 ST614	ST-110A	ST110	ST-110A	
	功率(马力)	10	17	17	17	7	10	10 7	11	11	11	

续上表

项目		型号										
		T_2-60	移山-80	T_1-100	T_2-100	T_2-120A	上海-120	征山-160	黄河-180	T-180	征山-200	上海-320
推土装置	刀片宽(mm)	2 280	3 100	3 030	3 800	3 910	3 760	3 900	4 170	4 200	4 155	4 130
	刀片高(mm)	788	1 100	1 100	860	1 000	1 000	1 100	1 100	1 100	1 100	1 590
	最大提升量(mm)	625	850	900	800	940	1 000	1 240	1 100	1 260	1 200	1 560
	最大切入量(mm)	290		180	250	300	300	350	450	530	530	560
	刀刃角度(°)	55	54,60	55,60,65	53~62	53	48~72		55	65	65	52
	水平回转角(°)				25	25	25	25	25		25	
	垂直回转量(mm)				300	600	300				500	1 000

2. 国外部分履带式推土机技术参数(表2-8)

国外部分履带式推土机技术参数

表2-8

项目		日本								美国				
		小松						日特金属企业		CAT				
		D80A-7	D80A-12	D80A-18	D85A-18	D150A	D155A-1A	NTK6	NTK4	D6D	D7G	D8L	D9L	D10
额定牵引力(kN)		152	196	209	211	345	326							
总质量(kg)		18 900	20 900	26 150	26 350	32 300	40 780	12 500	13 000	14 200	20 095	37 479	52 007	86 320
生产率(m^3/h)														
接地比压(kPa)		73	68	85	86	92	116			65	71	102	118	139
爬坡能力(°)		30	30	30	30	30	30	30	30	45	45	45	45	45
外开尺寸	长(mm)	5 560	5 890	6 790	6 790	6 880	8 560	5 010	5 060	4 800	5 280	6 227	7 080	7 570
	宽(mm)	3 910	4 260	3 725	3 725	4 130	4 130	3 710	3 780	2 360	2 550	2 759	3 190	3 610
	高(mm)	2 780	3 060	3 575	3 575	3 490	3 640	2 700	2 800	2 870	3 250	3 874	4 213	4 520
履带	中心距(mm)	2 000	2 000		2 000	2 140		1 880		1 880	1 980	2 200	2 500	2 890
	宽度(mm)	510	560	560	560	560	560	457	510	457	510	560	610	711
	接地长度(mm)	2 525	2 730		2 730	3 160		2 370	2 520	2 360	2 700	3 213	3 550	3 910
最小离地距离(mm)		330	400	530	530	490	525		340	310	347	458	610	701

续上表

项目		日本								美国				
		小松						日特金属企业		CAT				
		D80A－7	D80A－12	D80A－18	D85A－18	D150A	D155A－1A	NTK6	NTK4	D6D	D7G	D8L	D9L	D10
行驶速度	前进 I 挡（km/h）	2.5	2.4	2.5	3.6	2.5	3.7	2.8	2.5	3.9	3.7	3.9	4.0	3.9
	前进 II 挡（km/h）	3.9	3.4	3.7	6.5	3.5	6.8	3.9	3.6	7.2	6.4	6.8	7.1	6.9
	前进 III 挡（km/h）	5.8	5.2	5.3	11.2	4.9	11.8	4.9	5.4	10.6	9.9	11.9	12.2	11.9
	前进 IV 挡（km/h）	8.1	7.4	7.9		7.6		6.8	8.0					
	前进 V 挡（km/h）	10.7	10.0	9.7		12.9		10.2	9.9					
	前进 VI 挡（km/h）													
	后退 I 挡（km/h）	3.1	3.1	3	4.3	3.6	4.5	3.6	3.1	4.8	4.5	4.8	5.0	4.6
	后退 II 挡（km/h）	4.8		4.3	7.7		8.2			8.4	7.9	8.4	8.7	8.2
	后退 III 挡（km/h）	7.3		6.4	13.2		13.7			12.9	11.9	14.8	15.0	14.3
	后退 IV 挡（km/h）	10.2	9.6	9.4		10.6			10.2					
	后退 V 挡（km/h）							13.2						
发动机型号		4D155－3	NH220－CI	卡明斯 NT 855C	卡明斯 NT 855C	S6D 155－4	卡明斯 NTA－855C	依兹斯 DH－100PE	依兹斯 DH－100PG	CAT 3 306	CAT 3 306	CAT 3 308	CAT 3 412	CAT 3 418
发动机	起动方式	电	电	电	电	电	电	电	电	电	电	电	电	电
	额定功率（kW）	115.58	134.25	164	164	223.7	238.6	89.48	103.65	104	149	250	343	522
	最高转速（r/min）	1 250	1 850	1 800	1 800	2 000	2 200	1 600	1 600	1 900	2 000	1 900	1 900	1 800
	最大转矩（N·m）			1 050/1 250	1 050/1 250		1 440/1 400				900			

续上表

项目		日本								美国				
		小松						日特金属企业		CAT				
		D80A－7	D80A－12	D80A－18	D85A－18	D150A	D155A－1A	NTK6	NTK4	D6D	D7G	D8L	D9L	D10
推土装置	推土板形式	回转式	回转式	直铲、角铲或斜铲	同左	回转式	直铲、斜铲			直铲角铲	直铲角铲	直铲角铲	直铲	直铲
	操纵方式	液压	液压	液压	液压	液压	液压	液压	液压	液压	液压	液压	液压	液压
	刀片宽（mm）	3 920	3 620	4 365（角铲）	4 365（角铲）	4 130	4 130	3 710	3 780	3 200（直铲）	3 660（直铲）	4 172（直铲）	4 540（直铲）	5 490（直铲）
	刀片高（mm）	1 064	1 280	1 055（角铲）	1 055（角铲）	1 560	1 590	850	940		1 270			
	最大切入深度（mm）		530	535（角铲）	535（角铲）	605	560				450			
	最大提升量（mm）	1 000	1 260	1 290	1 290	1 690	1 560				1 170			
	最大切削角（°）		52	55	55	52	52							
	角度调整量（°）		25	25（角铲）	25（角铲）									
	倾斜量（mm）		500	500（角铲）	500（角铲）		1 000				720			

3. 部分轮胎式推土机技术参数（表2-9）

部分轮胎式推土机技术参数　　表2-9

项目	型号	
	TL－160	WD－140－4小松（日本）
总质量（kg）	12 800	18 000
前桥承重（kg）	7 160	
后桥承重（kg）	5 640	
最大牵引力（kN）	85	
爬坡能力（°）	25	30
最小转弯半径（m）	9	
制动距离（m）	16	6.85
生产率（m^3/h）	60	

续上表

项目		型号	
		TL－160	WD－140－4 小松(日本)
推土装置	刀片宽(mm)	3 190	3 000
	刀片高(mm)	998	1 150
	最大切入深度(mm)	400	450
	最大提升高度(mm)	800	1 100
	切削角(°)	52～59	
	回转角(°)	22	
	倾斜量(mm)		400
外形尺寸(长×宽×高)(mm×mm×mm)		6 130×3 190×2 840	7 410×2 780×3 420
3 420 轴距(mm)		2 400	3 460
轮距(前后轮)(mm)		2 200	2 150
最小离地距离(mm)		350	405
接近角/离去角(°)		25/32	
行驶速度	前进 I 挡(km/h)	7	7.3
	前进 II 挡(km/h)	13.5	13.3
	前进 III 挡(km/h)	27.5	27
	前进 IV 挡(km/h)	49～52	50
	后退 I 挡(km/h)	7	7.7
	后退 II 挡(km/h)	13.5	14.2
	后退 III 挡(km/h)	27.5	28.5
	后退 IV 挡(km/h)	49～52	43
轮胎	规格	24～25	23.5～25
	充气压力(kPa)	200～280	
	数量(只)	4	4
发动机型号		6 120Q	NH220－CI
功率(kW)		119.31	134.23

4. 其他常见推土机主要技术性能参数(表 2-10)

其他常见推土机主要技术性能参数 表 2-10

项目		机型		
		TY320(D155)	TY220(D85)	TY220A(D85E)
主参数	长×宽×高(mm×mm×mm)	8 560×4 130×3 640	5 750×3 725×3 457	6 070×3 725×3 457
	使用质量(kg)	37 200	23 450	24 330

续上表

项目		机型 TY320(D155)	机型 TY220(D85)	机型 TY220A(D85E)
发动机	型号	康明斯 NTA855 – C360	康明斯 NT855 – C280	同 TY220
发动机	额定功率(kW)	235	162	162
发动机	额定转速(r/min)	2 000	1 800	1 800
性能	履带接地长度(mm)	3 150	2 730	3 050
性能	接地比压(kPa)	105	77	66.7
性能	爬坡能力	30°	30°	30°
性能	前进各挡速度(km/h)	F1 0~3.6 F2 0~6.6	0~3.6 0~6.5	同 TY220
性能	后退各挡速度(km/h)	R1 0~4.4 R2 0~7.8 R3 0~13.5	0~4.3 0~7.7 0~13.2	同 TY220
铲刀	形式	直倾铲	直倾铲角铲	直倾铲
铲刀	宽×高(mm×mm)	4 130×1 590	3 725×1 315 4 365×1 055	3 725×1 293
铲刀	铲土深度(mm)	560	540 535	490
铲刀	提升高度(mm)	1 560	1 210 1 290	1 545
松土器	松土深度(mm)	835	666	666
松土器	提升高度(mm)	890	555	555
松土器	形式	可变式三齿	单齿、三齿	三齿

课题二　铲　运　机

一、铲运机的功用、分类与适用范围

铲运机属于一种铲土、运土一体化施工机械，它是利用装在前后轮轴或左右履带之间的带有铲刃的铲斗，在行进中顺序完成铲削、装载、运输和卸铺的铲土运输机械。

铲运机主要用于中距离(100~2 000m)大规模土方转移工程。它能综合地完成铲土、装土、运土和卸铺四个工序，并能控制填土和铺层厚度、进行平土作业和对卸下的土进行局部碾压等。铲运机适于Ⅰ~Ⅲ级土壤的铲运作业，在Ⅳ级土壤或冻土中进行铲运作业时，应预先进行松土；铲运机不能在混有大石块、树桩的土壤中作业。

图 2-43 为 CTY9A 拖式铲运机，图 2-44 为 CL9A 自行式铲运机。

1. 铲运机的功用

铲运机是一种使用范围很广的土方施工机械，主要用于较大运距的土方工程，如填筑

路堤、开挖路堑、大面积的平整场地和浮土剥离等。由于它本身能完成铲装、运输和卸铺作业,并兼有一定的压实和平整能力,因而与其他装运土方设备相比具有较高的生产效率和经济性。

图 2-43 CTY9A 拖式铲运机

图 2-44 CL9A 自行式铲运机

铲运机广泛用于公路、铁路、港口及大规模的建筑施工等工程中的土方作业。如在公路施工中,用来开挖路堑、填筑路堤、搬运土方等;在水利工程中,开挖河道、渠道,填筑土坝、土堤等;在农田基本建设中,进行土地整平、铲除土丘、填平洼地等;在机场、矿山建设施工中,进行土方铲削作业;在适宜的条件下亦可用于石方破碎的软石工程施工。铲运机在井下采掘、石油开发、军事工程等场合,也得到了广泛的应用。

2. 铲运机的分类

铲运机主要根据行走方式、卸载方式、装载方式、铲斗容量、操纵方式等进行分类。

1)按行走方式分类

按行走方式不同,分为拖式和自行式两种,图 2-43 为液压操纵拖式铲运机,图 2-44 为自行式铲运机。

(1)拖式铲运机:铲斗由单独的牵引车拖挂进行工作。牵引车可以是履带式或轮胎式拖拉机。履带式的工作距离一般为 500m 以内,它具有接地比压小,附着能力大和爬坡能力强等优点,在短运距和松软潮湿地带工程中被普遍使用;轮胎式的工作距离可达 2 000 ~ 3 000m,但牵引力比同等功率的履带式小。

(2)自行式铲运机:牵引车与铲运斗组成统一的机体,二者不可分离,其本身具有行走能力。按行走装置可分为履带式和轮胎式两种,但绝大多数为轮胎式。其行走速度高,机动灵活,生产率高。

履带式自行铲运机又称铲运推土机,它的铲斗直接装在两条履带的中间,适用于运距不长、场地狭窄和松软潮湿地带工作。

轮胎式自行铲运机按发动机台数又可分为单发动机、双发动机和多发动机三种,按轴数分为双轴式和单轴式。双轴式铲运机自己没有动力,一般由履带式拖拉机、推土机牵引,故有时又称为拖式铲运机(图 2-43)。单轴式铲运机是拖挂在单轴轮胎牵引车上,牵引车的单轴主动桥也就是铲运机的前轴,因此形成一种本身具有动力装置的自行式铲运机,故有时又称为自行式铲运机(图 2-44)。

轮胎式自行铲运机由牵引车和铲运斗两部分组成,大多采用接式连接,铲运斗不能独立进行工作。轮胎式自行铲运机具有结构紧凑、行驶速度快、机动性好等优点,在中距离的土方转移施工中应用较多。

2)按卸载方式分类

按卸载方式不同,分为自由卸土式、半强制卸土式和强制卸土式,如图 2-45 所示。

(1)自由卸土式:利用铲斗倾翻(有向前、向后两种形式),斗内靠本身自重卸出。卸土时所需功率小,但对黏在铲斗两侧壁和斗底上的黏土无法卸除干净,一般只用于小容量铲运机。

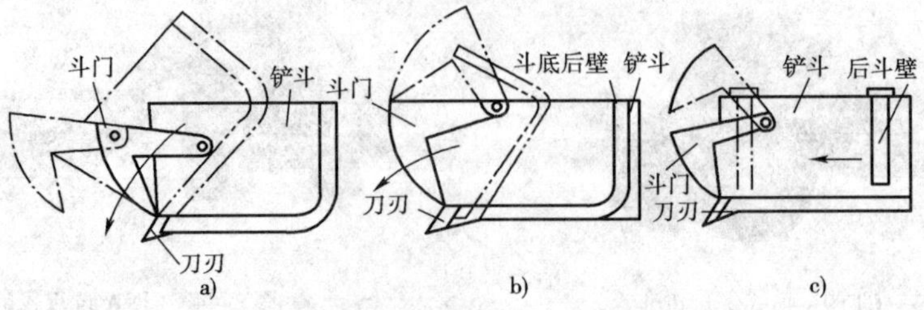

图 2-45 铲运机卸土式

a)自由式卸土;b)半强制式卸土;c)强制式卸土

(2)半强制卸土式:利用连在一起的铲斗板与后壁共同向前翻转,以强制方式卸去一部分土,同时利用土本身重量将其余部分土卸出。这种卸土方式可使黏附在铲斗侧壁上的土部分地被清除,但斗底上黏附的土不能卸除干净。

(3)强制式卸土:铲斗的后壁为一块可沿导轨移动的推板,靠此推板(卸土板)自后向前推进,将铲斗中的土壤强制推出。这种卸土方式可彻底卸净黏附在两侧壁及斗底上的土,但卸土消耗的功率较大。

升运式铲运机因前方斜置着链板运土机构,卸土时需将斗底后抽,再将斗后壁前推,把土卸出,有的普通式大中型铲运机也采用这种抽底板和强制卸土相结合的方法,效果较好。

3)按装载方式分类

按装载方式分为升运式(链板装载式)与普通式(也称开头装载式)两种。

(1)升运式:在铲斗铲刀上方装有链板装载机构,由它把铲刀切削起的土升运至铲斗内,从而加速装土过程及减少装土阻力,有效地利用本身动力实现自装,可单机作业不用助铲机械即可装至堆尖容量。土壤中含有较大石块时不宜使用此种型式的铲运机,其经济运距在1 000m之内。

(2)普通式:靠牵引机的牵引力和助铲机的推力,使用铲斗的铲刀将土壤铲切起,并在行进中将铲切起的土壤挤入铲斗内来装载土,这种铲装土的方式其装载阻力较大。

4)按铲斗容量分类

(1)小型:铲斗容量 $<3m^3$;

(2)中型:铲斗容量 $3 \sim 15m^3$;

(3)大型:铲斗容量 $15 \sim 30m^3$;

(4)特大型:铲斗容量 $30m^3$ 以上。

5)按工作机构的操纵方式分类

按工作机构的操纵方式不同,分为机械操纵式和液压操纵式两种。

(1)机械操纵式:用动力绞盘、钢索和滑轮来控制铲斗、斗门及卸土板的运动,由于结构复杂、技术落后,已逐渐被淘汰。

(2)液压操纵式:工作装置各部分用液压操纵,能使铲刀刃强制切入土中,结构简单,操纵轻便灵活，动作均匀平稳，应用越来越广泛。

国产铲运机产品分类见表2-11所示。产品型号一般由类、组、型代号与主参数代号两部分组成。

铲运机产品分类(JB1603－75)　　表2-11

类	组	型	特性	代号	代号含义	主参数名称	主参数单位
铲土运输机	铲运机	履带式	－	C	履带机械铲运机	铲斗几何容量	m^3
			Y(液)	CY	履带液压铲运机		
		轮胎式	－	CL	轮胎液压铲运机		
		拖式T(拖)	－	CT	机械拖式铲运机		
			Y(液)	CTY	液压拖式铲运机		

3. 铲运机的适用范围

铲运机的适用范围要取决于运距、机种、道路状况和运输材料的性质等。铲运机是根据运距、地形、土质来选用，其中经济适用运距和作业阻力是选择铲运机的主要依据。当运距在100～600m时，用拖式铲运机最经济；当运距在600～2 000m时，宜用轮胎自行式铲运机。当运距短，场地狭小时，可用履带自行式铲运机。铲运机适宜于在含水量较小的砂黏土上作业，而在干燥的粉土、砂加卵石与含水量过大的湿黏土上工作时，生产率则大为下降。

1)铲运机的经济运距

铲运机的经济运距视类型不同而异。一般与斗容量的大小成正比，如表2-12和表2-13所列，表2-14为铲运机的平均运输距离，但也不是绝对的。一般情况下，斗容量$6m^3$以下的铲运机的最短运距以不小于100m为宜，最长不应超过350m，经济运距为200～300m。斗容量$10～30m^3$的自行式铲运机，最小运距不小于800m，最长运距可达1 500m以上。

各种铲运机的适用范围表　　表2-12

类别			堆装斗容(m^3) 一般	堆装斗容(m^3) 最大	经济运距(m) 一般	经济运距(m) 最佳	道路坡度(%)
拖式铲运机			2.5～18	24	100～500	100～300	15～25
自行式铲运机	单发动机	一般铲装	10～30	50	200～2 000	200～1 500	5～8
		链板装载	10～30	35	200～1 000	200～600	5～8
	双发动机	一般铲装	10～30	50	200～2 000	200～1 500	10～15
		链板装载	10～16	34	200～1 000	200～600	10～15

几种国产铲运机的使用条件　　表 2-13

型号		斗容量（m^3）	牵引方式及动力（kW）（马力）	操纵方式	卸土方式	切土深度（mm）	卸土深度（mm）	适用运距（m）
拖式铲运机	CT6	6 ~ 8	履带拖拉机 58.8 ~ 73.6（80 ~ 100）	机械式	强制式	300	380	100 ~ 700
	CTY7	7 ~ 9	履带拖拉机 88.3（120）	液压式	强制式			100 ~ 700
	CTY9	9 ~ 12.5	履带拖拉机 132.4 ~ 161.8（180 ~ 220）	液压式	强制式	300	350	100 ~ 700
	CTY10	10 ~ 12	履带拖拉机 95.6 ~ 147.1（130 ~ 200）	液压式	强制式	300	300	100 ~ 700
自行式铲运机	CL7	7 ~ 9	单轴牵引车 132.4（180）	液压式	强制式	300	400	800 ~ 1 500

铲运机的平均运输距离　　表 2-14

铲运机铲斗容量（m^3）	同一方向运土距离（m）	铲运机铲斗容量（m^3）	同一方向运土距离（m）
0.75 ~ 1.00	25 ~ 150	8.50 ~ 12.00	100 ~ 250
2.50 ~ 3.00	50 ~ 150	14.00 ~ 18.00	150 ~ 500
4.50 ~ 6.00	50 ~ 250	25.00 ~ 40.00	250 ~ 1 000

2）铲运机在施工中对土壤的适应性

铲运机在施工中对土壤的要求：在土壤性质方面，铲运机应在 I、II 级土壤中施工，若遇 III、IV 级土壤时，则必须事先进行翻松；在土壤的湿度方面，铲运机最适宜在湿度较小（含水量在 25% 以下）的松散砂土和黏土中施工，但不适宜在干燥的粉砂土和潮湿的黏性土中作业，更不宜在地下水位高的潮湿地区和沼泽地带以及岩石类地区作业。

3）铲运机在作业中对施工地形的适用性

铲运机在施工中应尽可能地利用下坡地形铲装和运输以提高生产率。但是与推土机不同之处在于，推土机下坡推土只要在允许范围内，坡度越大，效率越高。而铲运机一般铲装时的下坡角不应大于 1∶8 ~ 1∶9（约 7° ~ 8°），在这样的坡度上铲装效率最高，否则坡度过大，铲下的土不易进入铲斗内。所以铲运机施工作业适用于从路旁两侧取土填筑路堤（$H = 3 \sim 8$m）和两侧弃土挖深 3 ~ 8m 的路堑。纵向运土路面应平整，纵坡不应小于 1∶10 ~ 1∶12（约 5°）。

铲运机也适用于大面积场地的平整，铲平凸起的土堆以及填挖大型管道沟槽和河道土方等工程。

二、铲运机的工作过程

1. 铲运机的基本操作

铲运机在施工作业时，要按一定的方向行驶，同时要会克服道路中的障碍，在没有道路的施工场地或疏松的土壤上行驶时,要会熟练操纵来完成铲运机的作业过程。

1)铲运机驾驶

(1)开车前的准备工作

①检查工作面的安全隐患和道路的平整情况,有问题及时处理。

②检查液压系统油箱的油面,不能低于油标。

③检查各润滑点的润滑情况是否良好。

④检查制动油、轮胎气压是否足够,轮辋是否松动。

⑤检查电缆固定处是否牢靠,搭铁线是否完好。

(2)驾驶操作

①检查各操作手柄是否在正常位置上,确定无误后方可合上主开关。

②接通电源后,一定要通知铲运机周围人员撤至安全地带,然后再起动铲运机。

③起动后检查仪表读数是否正常,各部位有无不正常的声响,制动是否可靠,液压系统是否漏油等。

④小心驾驶,尤其在道路狭窄地段或急转弯地段应缓慢低速行驶,严禁铲运机碰撞两旁支柱或边帮。

⑤在整个铲装过程中,要合理使用铲斗操纵杆和加速机构,使所有轮胎都在运行中,防止打滑或空转。

⑥铲运机后退时,应避免机身轴线与排出的拖曳电缆夹角小于90℃,前进时,应保证滚筒上的剩余电缆有3圈以上,以防止损坏电缆或拉脱滑环装置。

⑦上坡或下坡时铲斗端总是指向坡底,在情况危险时,可以放下铲斗来帮助停止铲运机。

⑧遇故障或包扎电缆接口时,先断开主电源,严禁带电作业。

(3)驻车

①将油门减小,降低发动机的转速。

②分离离合器,将变速杆放在空挡位置。

③将铲运机停在无松石、无滴水、无天井垮塌、无爆破作业砸坏等情况发生的安全处。

④将各操纵杆复位,动臂放到底,铲斗下翻并接触地面。

⑤将驻车闭锁放到锁定位置。

⑥断开车上电源开关及主电源开关。将铲运机停在平地上,若停在斜坡上,须用三角木或石块将车轮楔住。

⑦拖动铲运机,在正常的拖挂或拉杆之外要加用安全链条或钢丝绳索,长距离牵引时,必须断开驱动系统。

2)铲运机的工作过程

铲运机是一种循环作业式的土方施工机械,它的工作过程与推土机大致相同。

(1)机械操纵式铲运机的工作过程

①铲装过程。如图2-46a)所示,首先升起铲斗斗门,放下铲斗,铲斗在自重或液压动力作用下,随着铲运机的前进,铲刀逐渐切入土中,被切下的土层则被挤入斗内。

当铲斗内土壤装满后,如再挤入土层必须具有相当大的压力才行,此时应再把斗门开大(约35~55cm),以便铲下的土壤继续向上钻,等到被铲下的土壤再不能挤入时,即可关闭斗门,提高铲斗,进行运输过程。

②运输过程。如图 2-46b)所示,当斗内装满土壤后,升起铲斗同时关闭斗门,铲运机运行到需要卸土地区。

③卸土过程。如图 2-46c)所示,放低铲斗,使斗口离地面一定距离(即铺土厚度),开启斗门,用卸土板将斗内土壤向外推卸,随着铲运机的行驶就在卸土地段铺卸一层土壤层。

④回驶过程。卸土完成后,关闭斗门,升起铲斗,铲运机空驶到铲土地段进行下一循环的作业。

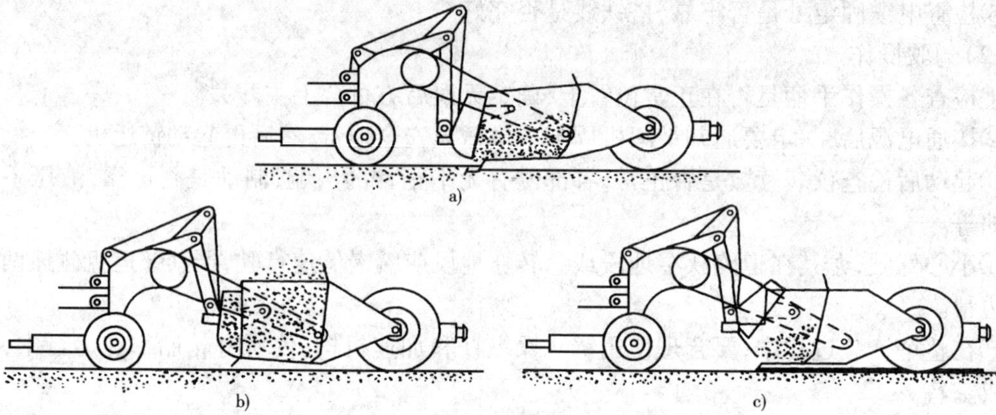

图 2-46　机械操纵式铲运机工作过程

a)铲土过程;b)运输过程;c)卸土过程

(2)液压操纵式铲运机的工作过程

液压操纵式铲运机当机架前端抬升到最高位置时,铰链-连杆机构使斗门打开,同时铲斗翻转而卸土,即为卸土过程,此时斗底与水平面成 55°~60°角;当机架前端下降到某一位置,通过铰链-连杆机构使斗向后复位,斗门关闭,而成为运输位置,进入运输过程;当机架前端再下降,铲斗前缘触地,斗门微开,可开始铲装,当切土开始后,机架前端再下降一些,斗内也再开大了一些,这时就正式进入铲装状态,即铲装过程。铲装土层的厚薄是通过工作油缸控制机架前端的下降程度来决定的。其工作过程如图 2-47 所示。

从铲运机的铲装、运输、卸十、回驶这四个工作过程来看,由于铲运机运输距离长,消耗功率大,所以想要提高铲运机作业功效,其基本原则是尽力地做到以最短的时间、最短的距离将铲斗内铲满土,以提高铲满效率;在运输、卸土、回驶过程中应保证安全、快速的运行并提高卸土质量,以缩短全部工作循环的总时间。

3)提高铲运机基本操作功效的措施

要提高铲运机作业功效,就应从铲运机的工作过程入手。

(1)铲运过程

对铲运机铲装工作的要求是,在尽可能短的距离内,以最短的时间把铲斗充满,或者是超过斗的几何容积,亦即提高斗的充满系数。这样虽然增加了铲运机重载运输负荷,但不影响铲运机的牵引力。因对铲运机所配动力的功率是按铲装阻力计算的,而此时对铲装阻力所要求的机械牵引力大大超过重载运输时的牵引力,故运输时即使铲斗内装得再满也不会超载。

对于串联的铲运机，铲运过程仍是前后台分次进行，待两台都装满后，一起拖运；而前后装有双柴油机的双斗串联自动铲运机，则是前后铲斗同时进行铲装，一起运走的。增加一台柴油机的目的，就是为了增加铲装时的功率，以提高铲装效率。

为了增加铲装动力，有时利用推土机进行助铲（如图2-48所示）。

另外，要使更多的土壤被挤入斗内，与正确地掌握铲运机斗门开启大小有很大关系，因为土层被挤入斗内是从斗门所开的缝隙挤入的，在铲土开始时（空斗），土层是沿着斗底向内移动，直到后壁为止，如图2-49a）所示，此时斗门开启发60～70cm为宜。以后继续铲土时，各层土壤则在刀片处向上弯折，沿着先进入的土层堆置在前一层的上面，如图2-49b）所示，随着斗内土层的堆高，土层就曲向前方，朝斗门的方向挤去，这是铲装的第二阶段。接着应将斗门开小些，以便土壤向斗门弯曲挤入，开度约25～40cm。斗门关小的目的是便于土层向斗门方向折弯挤入。最后阶段是土层向上一直钻入土堆缝中，如图2-49c）所示。当铲斗内土壤装满后，如再挤入土层必须具有相当大的压力才行，此时应再把斗门开大（约35～55cm），以便铲下的土堆继续向上钻，等到被铲下的土壤再不能挤入时，即可关闭斗门，提高铲斗进入运输过程。

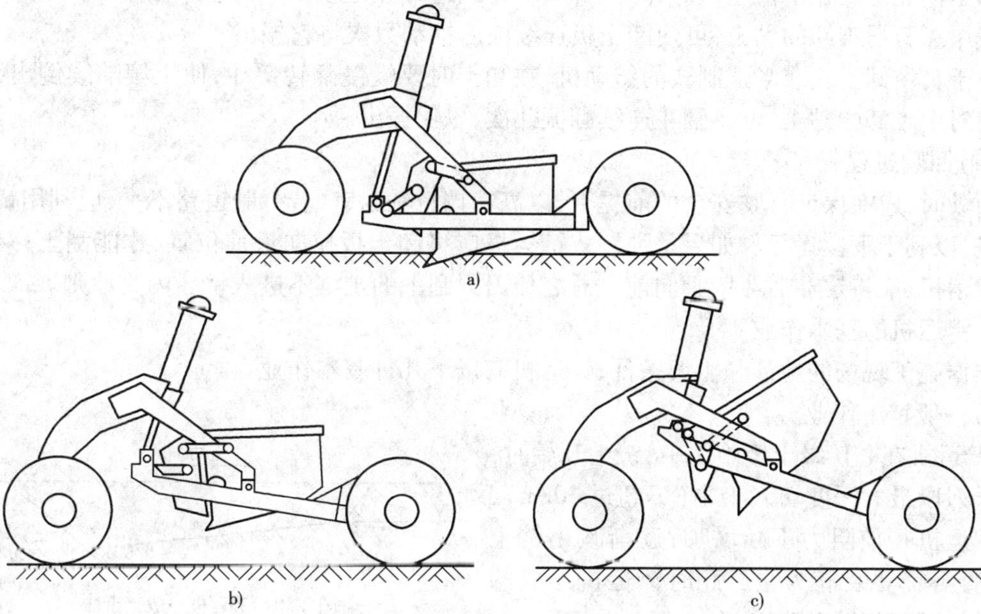

图2-47　液压操纵式铲运机工作过程

a）铲土位置；b）运土位置；c）铲装过程

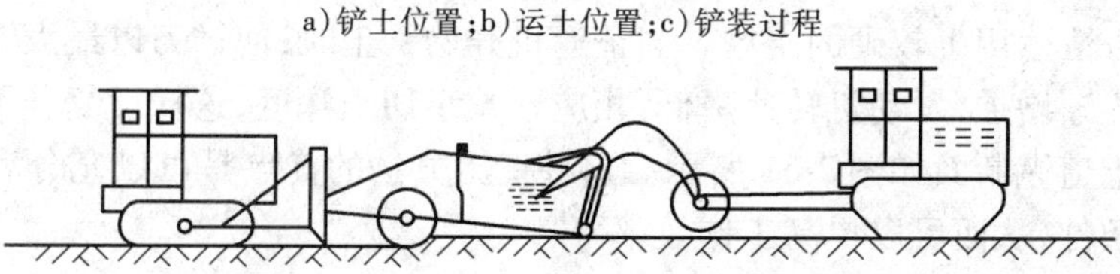

图2-48　铲运机推土机顶推助铲

铲装砂土时，除了掌握斗门的开度大小外，在铲装作业过程中，还要多次升降铲斗进行波浪式作业法的铲装，其目的是使所铲的土比较快的被挤入斗内。

(2)运输过程

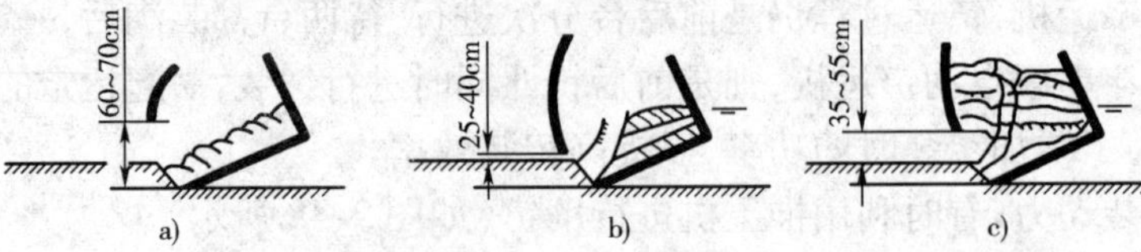

图2-49　铲运机铲装时斗门开启的合理位置

铲运机的运土过程是把铲运机当作运输的工具来使用(特别是大轮胎式的铲运机),为此必须以多装、快运、安全行驶为原则。为了保证铲运机快速运行,运行的路线应是平坦无阻,并应选择有利重载下坡地形,减少转弯次数,缩短行程距离,以利高速挡行驶。为了利于本次运行并便于下次铲装工作,在铲装工作最后阶段完毕关闭斗门后,应先稍提铲斗(离地约5cm),让斗口前驶1m以去除前斗前余土,然后提升到运输位置,换高速挡前驶。行驶过程中要保持其稳定性,以免影响机械各部的操纵,特别是钢索操作机构。

(3)卸土过程

卸土作业主要在于快速做好卸土工作,即在到达卸土地段后,要适当地放下铲斗,以低速铺卸成层。若遇难卸的黏土,可使卸土板连续前后推动数次将它振出。

对于自由卸土式或半强制式的铲动机,在卸土时要慢慢翻转铲斗,使土壤陆续倒出,铺卸成层。对于难卸的黏土,可将翻斗连续翻振几次,以便振出。

(4)回驶过程

回驶时,应在保证行驶安全的前提下,以高速挡行驶为宜,若行驶道路不平,应利用铲斗刀刃刮平,以利于下次运行。如果是强制式铲运机应将卸土板拉向最前位置,才能刮土;对半强制式铲运机,应将铲斗后斗壁翻向前。总之使刀刃刮下的土壤不进入铲斗内为原则。

2. 铲运机的基本作业

根据施工现场的地形和土壤条件,铲运机有以下几种基本作业。

1)一般铲土作业

铲运机在Ⅰ、Ⅱ级土壤施工中,铲土开始时,应使铲刀以最大深度切入土中(不超过30cm),随着铲运机行使阻力不断增加,逐渐减小铲土深度,直至铲斗装满为止。此时铲运机形成的铲土道纵断面如图2-50所示。

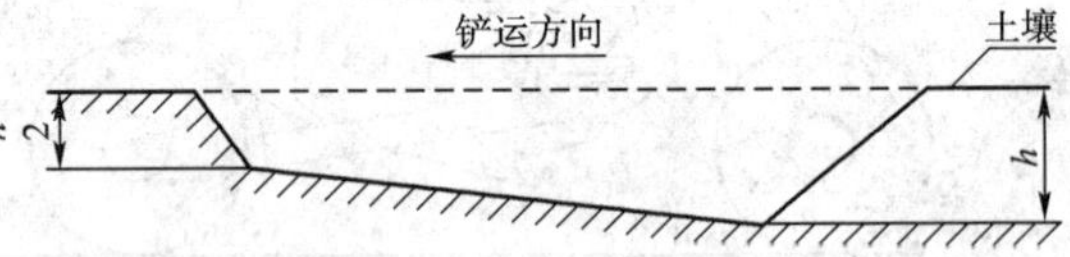

图2-50　铲运机一般铲土法

2)波浪式铲土作业

这种铲土方法适用于较硬的土壤。当铲运机开始铲土时,使铲刀以最大深度切入土中,随着铲运机负荷逐渐增加,发动机转速降低,相应地减小切土深度,这样反复若干次,直至铲斗装满为止。其铲土道纵断面如图2-51所示。这种铲土方法的优点是可以充分利用发动机功率,并能改善装土条件,从而可以提高工作效率。

3)跨铲铲土作业

这种方法适用于较坚硬的土壤,铲土时按图2-52所示的程序来布置铲土道。作业时,先在取土场第一排(1、2、3区)铲土道上取土,两相邻铲土道之间留出铲斗宽一半的土不铲。然后再在第二排(4、5区)铲土道取土,其起点应在第一排铲土道长度的一半处开始。第三、第四排铲土道依次后移,使各铲土道前、后、左、右重合起来。采用这种方法,由于铲土的后半段减小了切土宽度,铲土阻力也相应地减小,所以能使铲运机有足够的牵引力将铲斗装满,同时又可以缩短铲土道长度和铲土时间,使铲运机工效提高。

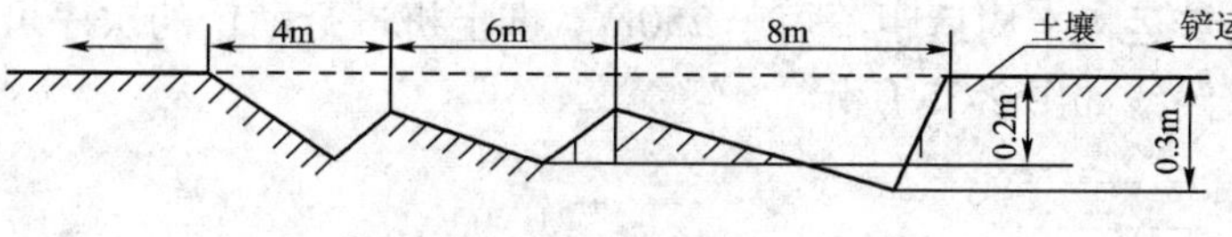

图2-51　波浪式铲土法

如果取土场狭窄,不能按上述施工程序布置时,也可采用单排跨铲,如图2-53所示,每条铲土道间留出适当宽度的土埂,使铲运机在铲除这些土埂时可减少切土阻力。

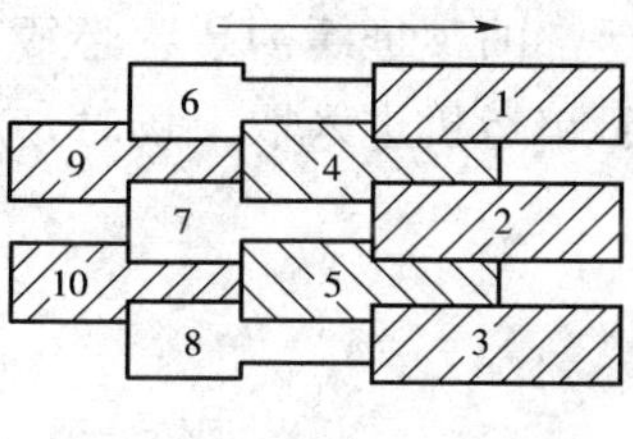

图2-52　铲运机跨铲铲土法

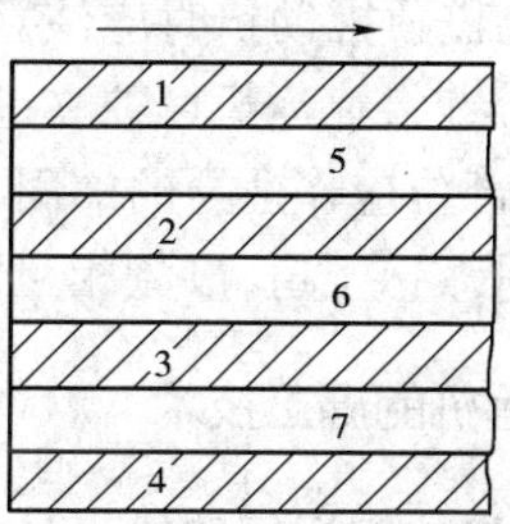

图2-53　铲运机单排跨铲法

4)下坡铲土作业

这种方法主要是利用铲运机的重力分力所产生的下坡推力使牵引力增加,从而提高铲土效率,如图2-54所示。铲土下坡角一般为7°~8°,最大不超过15°。如在平地取土坑铲土,应先在一端铲低,然后保持一定的坡度向后延伸铲土道,人为地创造下坡铲土的有利地形。当进行下坡铲土时,应特别注意安全。一般下坡时铲运机应低速行驶,当铲运机进入坡道地段时应立即放下铲斗,以便铲斗与地面之间的阻力降低铲运机的行驶速度。当铲斗铲满,但后轮未进入缓坡地段前,不应提升铲斗和关闭斗门,以便利用斗前土壤的阻力而起制动作用。

5)顶推铲土作业

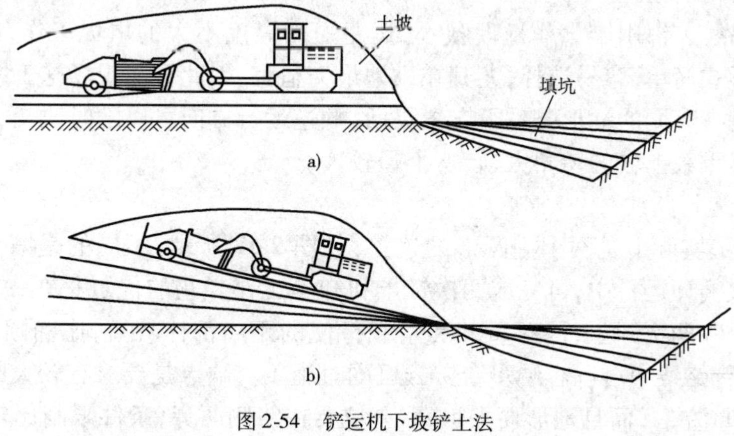

图2-54　铲运机下坡铲土法

a)不正确铲装法;b)正确铲装法

在铲装坚硬的土壤、冻深在20cm以内的土壤或松散的干砂中作业时，由于铲运机的附着力不足，牵引力不能充分发挥，这时可用推土机在铲运机行程中进行顶推助铲，如图2-48所示。这样可以增大牵引力，克服铲土阻力，如组织得当，可提高效率30%左右。用这种方法施工必须具有一定的工程和工作面，方可避免助铲推土机窝工。一般取土场的宽度不小于20m，长度不短于80m，铲运机半周运距不短于250m。推土机进行助铲的次序可随施工现场的具体情况而定，且助铲路线如图2-55所示。

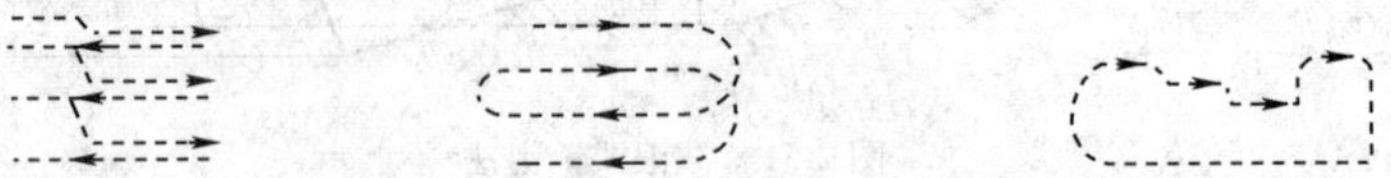

图2-55 推土机顶推助铲顺序图

在推土机顶推助铲时应注意：如铲土道按单排跨铲布置，当推土机尚未进入助铲位置或暂时配合失调时，铲运机可独立进行跨铲作业；铲运机后部的顶推缓冲装置必须齐备；推土机铲刀的顶推部位应作适当的加固，或者采用专业顶推架；铲运机进入取土场时，应尽量按规定顺序，依次进入铲土道，以免相互干扰和等待。

三、铲运机的施工技术

1. 铲运机施工运行路线设计

铲运机施工运行路线的选择要综合考虑施工效率、地形条件、机械磨损等因素，以达到运距短、坡道平缓和修筑工作量小等要求。

在土方工程中，根据施工对象不同，铲运机运行路线的形式很多，在填筑路堤和开挖路堑工程中常用的运行路线有“椭圆”形、“8”字形、“之”字形、“穿梭”形和“螺旋”形等。其中前两种应用较多。

1）“椭圆”形运行路线

这种路线适合于路外100～500m处开挖路堑，运土至弃土堆和从取土坑取土填筑路堤，或挖掘路堑弃土于两侧时，可按椭圆形路线运行，如图2-56所示。完成一个循环的四个过程中有两次转向时间的消耗。

这种运行路线大都用于工作地段狭小，运距短而高度不大的填堤工作，或路堑的挖掘工作。这种路线形式简单，容易选择，尤其在山地最为适宜，因此目前现场施工中得到广泛采用。它的最大优点是在不同的地形条件下布置灵活，顺逆运行方向可以随时改变，同时运行中干扰也较小。缺点是重载上坡的转角大，转弯半径较大。

2）“8”字形运行路线

所谓“8”字形实际上是两个椭圆形的连接，如图2-57所示，不同的是减少了两个180°的急转弯。在一次循环运行中，可完成两次铲土和卸土工作。它的优点是在一次循环运行中可以完成两次铲土和两次卸土，同时重载和空载行使的距离都比较短，比椭圆形运行路线效率高，在同一个运行路线中可以容纳多台铲云机同时施工。缺点是要求有较大的施工工作面，一般运距可达800m左右，而且地形要平坦，取土坑要在路侧两旁，条件限制比较多，因此在一般施工中采用较少。

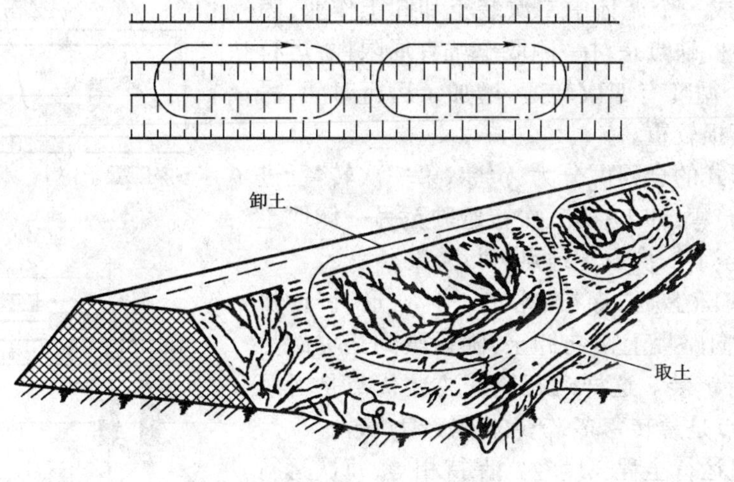

图 2-56　铲运机椭圆形运行路线

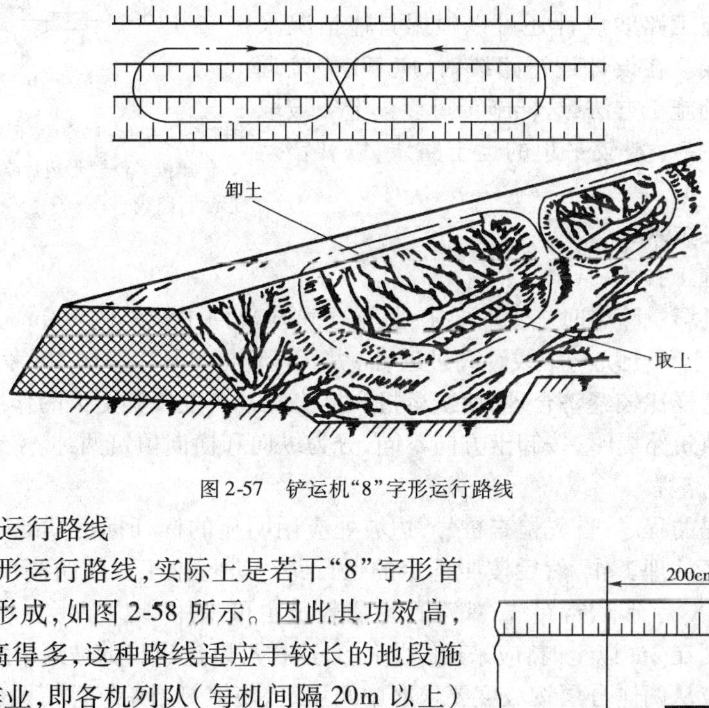

图 2-57　铲运机"8"字形运行路线

3)"之"字形运行路线

所谓"之"字形运行路线,实际上是若干"8"字形首尾相接的路线所形成,如图 2-58 所示。因此其功效高,比一个"8"字形高得多,这种路线适应于较长的地段施工,并宜于机群作业,即各机列队(每机间隔 20m 以上)依次行进填挖到尽头,作 180°转弯后又可反向运行,不过此时所填挖的地段应与上次错开一个位置。

这种运行路线有以下缺点:一次循环太大,松碎泥土的施工距离较长,遇有多雨季节即难以施工。须待泥土干涸后才能继续,因而停工时间多,要求有较周密的施工组织。

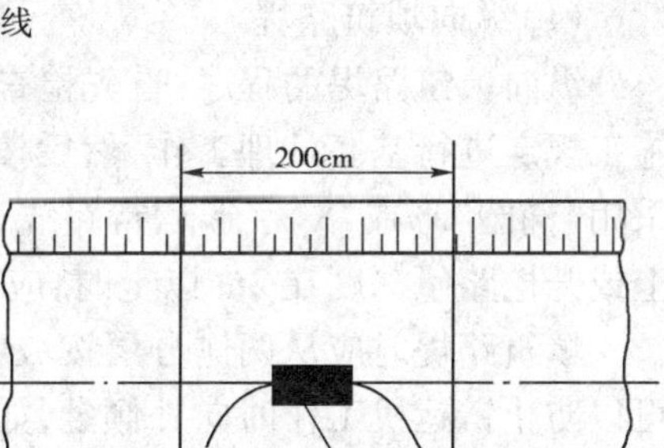

图 2-58　铲运机"之"字运行路线

4)"穿梭"形与"螺旋"形运行路线

"穿梭"形运行路线如图 2-59 所示,与上述几种运行路线相比,铲运机空载行驶距离短,全程也较短，完成一个循环中二次装土和卸土作业，因此施工组织简单。缺点是对一侧取土坑有局限性，运行路线中完成一个循环有四次转弯，增加了运行时间，另外铲运机单侧磨损较重。

这种运行形式的全程可分为：铲装、第一次转弯、进入路堤；第二次转弯，卸土；第三次转弯驶至另一侧取土坑；第四次转弯至下一次取土地点再行装土。

“螺旋”形实际上是“穿梭”形的一种变形，铲运机纵向铲土后，转向路堤上横向卸土，随后驶到路堤的另一侧取土坑再行铲装。这样运行路线主要优点是运距短，工效高。缺点是急转弯多，铲运机易产生偏磨。

为使铲运机运行全程长度经常保持相等，每次运行的起点位置应与上次运行通道隔一个铲斗的宽度。

此外铲运机施工路线设计还可以根据具体情况采用其他形式的路线。在设计运行路线时，应考虑“接近填远、挖远填近”的施工方法，这样施工可以创造下坡取土的条件，并可保持一般较平坦的运土路线，以利铲运机的等速行驶。

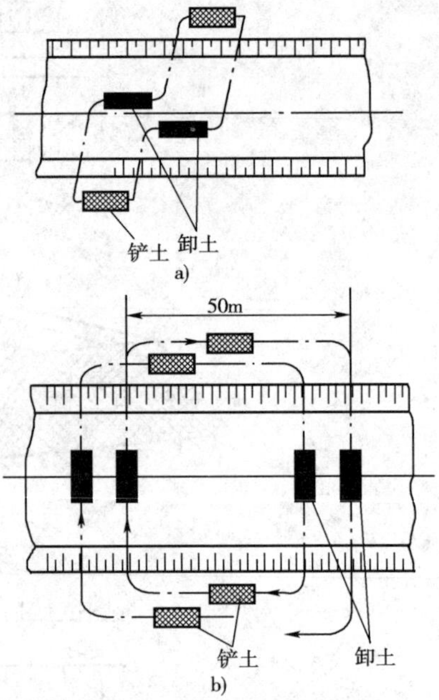

图 2-59　铲运机“穿梭”形和“螺旋”形运行路线
a）铲运机“穿梭”形运行路线；b）铲运机“螺旋”形运行路线

2. 铲运机施工技术

1）填筑路堤施工技术

一般对铲运机填筑路堤时施工的要求是：取土坑应离路中线外侧 100m 以外，路堤填土高度要求 2m 以上。若取土坑与中线距离过近，路堤高度低于 2m 以下时，可考虑选用推土机施工或联合进行。这样比较经济合理，使铲运机和推土机各自发挥其更大的作用。

利用铲运机填筑路堤时，按卸土方向不同，分为纵向和横向填筑两种。

（1）纵向填筑路堤

纵向填筑路堤的程序：首先检查桩号，边坡处应用明显的标杆标出其准确的位置，再根据施工规定进行基底处理工作，然后按照选定的运行路线进行施工。填筑高度在 2m 以下时应采用“椭圆”形或“8”字形运行路线，如运行地段较长也可采用“之”字形。填筑高度在 2m 以上或开挖路堑深度在 2m 以上时，应采用“8”字形，这样可以进出口的坡道平缓些。

填筑路堤时应从两侧分层按坡度要求向中间填筑，使填筑层始终保持两侧高于中间，这样可以防止铲运机工作时向外倾翻，如图 2-60 所示。

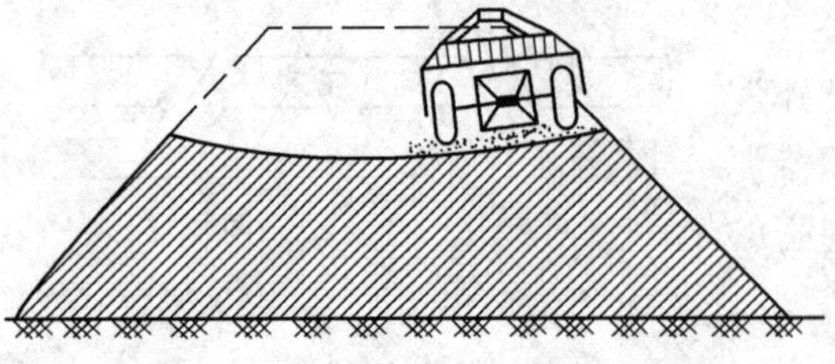
图 2-60　纵向填筑路堤时由两侧向中间填筑

铲运机填筑路堤时，施工的路堤土壤，一般靠自身的重力压实，但在卸土时应将土壤均匀分布于路堤上，同时铲运机在运土和回驶过程中，车轮应使路堤上铺卸的土都能压到，以保证路基的压实质量。

当路堤两侧填筑到高程时，可以把中间部分填平，并修成路拱，此时即完成路堤的粗坯工程。

当路堤填筑高于在1m以上时，为预防铲运机上坡困难，避免损坏边坡，便于运行起见，应根据运行路线方向，分别修筑进口和出口的上下坡道。其进口和出口相互间的距离应根据选定运行路线和当地实际情况定出，一般间距约在100m以上，如图2-61所示。

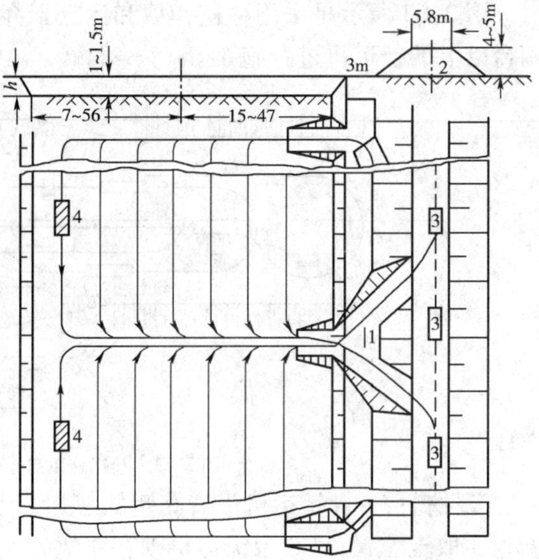

图2-61　铲运机通过进出口坡道填筑路堤施工

1-进出口上下坡道；2-路基；3-铲运卸土；4-铲运机铲土

当路堤填筑高度大于2m时，则每隔50~60m修筑上下通道或缺口，通道的最小宽度为4m，转弯半径不小于6m，上坡通道的坡度一般为15%~20%，下坡道的极限坡度为50%。当路堤填筑竣工后，所设的进出口通道和缺口都应封填。

(2)横向填筑路堤

横向填筑路堤时，填筑路堤以及布置和封填进出口上下坡道等方法，与纵向填筑路堤相同，唯有铲运机的运行路线应根据施工现场的具体情况采用横向填筑形式的“螺旋形”等运行路线进行施工。

2)开挖路堑施工技术

(1)开挖路堑作业

开挖路堑作业，通常也有两种基本作业方式：一种是横向弃土开挖；另一种是纵向移挖作填，有时二者综合施工。

路堑应分层开挖，并从两侧开挖，每层厚约15~20cm，这样做既能控制边坡，又能使取土场保持平整。同时还应沿路堑两侧纵向作出排水坡度。

路堑在下列情况中，应采用横向开挖：堑顶地面有显著横坡，而上游一侧需设置弃土堆，阻挡地面水流入路堑；路堑中纵向运土距离太长，严重影响工效；不需要利用土方或利用不完时；长路堑由于施工条件的限制，机械只承担一段，而两端又无法纵向出土时。横向开挖路堑的施工方法与横向取土填筑路堤相似。

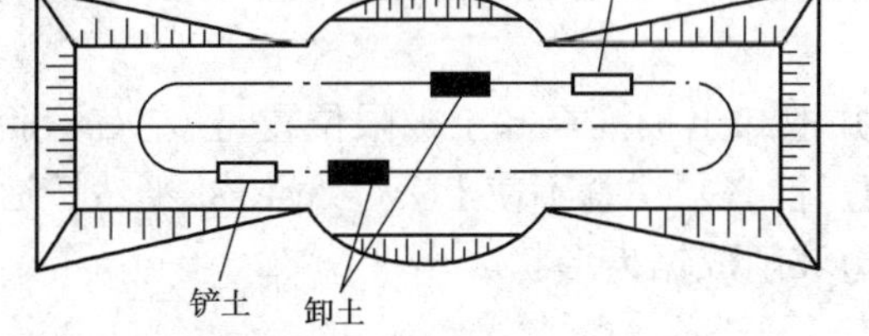

图2-62　铲运机纵向移挖作填作业图

铲运机纵向移挖作填，当路堑须向堑口外相接的路堤处作填方时，铲运机应当利用地面纵坡，自路堑端部开始作下坡铲土，并逐渐向堑内延伸挖土长度，而填筑路堤也应延伸。

一般铲运机可在路堑内作180°转向，从路堑的两侧分别开挖。当延伸到路堑的中部，而长度在300m以内时，可改用直线迂回运行的方法，作纵向贯通运行，往返交替向两端挖运，如图2-62所示。如果地面的纵坡过陡，铲运机不能运行时，应先用推土机在路堑的端部推出15°左右的缓坡。此外在挖土区内每隔20~30m宽度为铲运机开通一条回驶上坡道，并延伸至填土区内。这样铲运机可用较大功率下坡铲土，在空驶上坡道两侧卸土填方，逐步扩大通道宽度，直到工作面的全宽普遍具备正常运行条件。

图 2-63 所示是采用移挖作填和运土于弃土堆的综合作业方式的运行路线。它用两台或两台以上的铲运机进行施工。

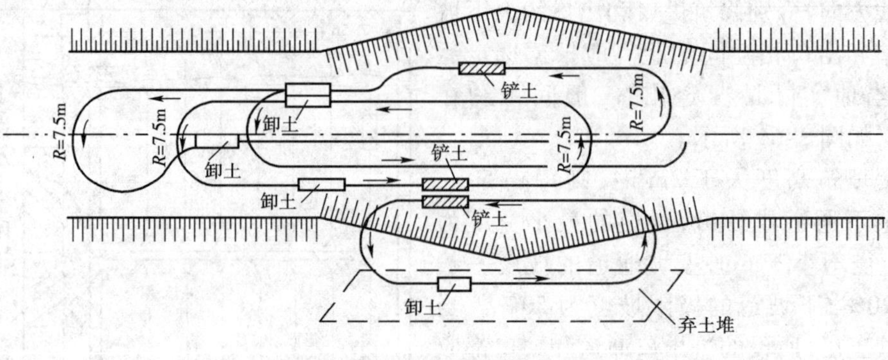

图 2-63　开挖路堑移挖作填或送弃土堆综合作业图

开挖时，一台铲运机沿着路堑的一侧装土，按椭圆形运行路线运至填土处卸土，卸土后重新返回取土位置；另一台铲运机则在路堑另一侧，仍按椭圆形运行路线把土壤卸于路旁的弃土堆。这样两台铲运机，按一定的顺序，沿着路堑的宽度自路堑两侧向路中心分层进行，土层厚度一般为 0.15 ~ 0.20m（视土壤的种类而定）。

（2）修筑斜坡及铲除土角

铲运机在按一定顺序分层开挖路堑后，必然会留下一些土角（图 2-64）。为了保证边坡质量，在不超挖和欠挖的前提下应进行修整。

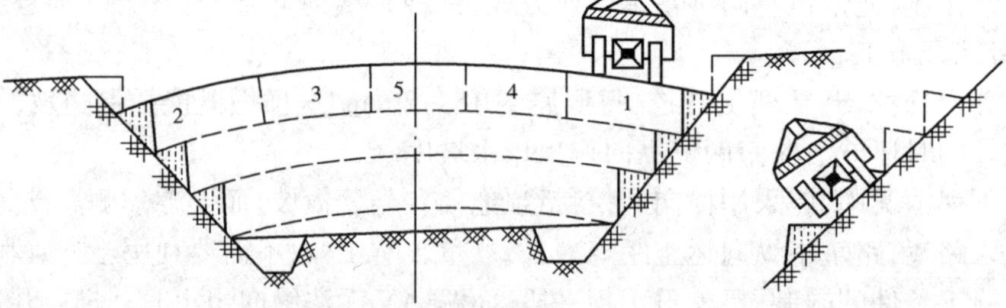

图 2-64　铲运机开挖路堑的顺序

利用铲运机修筑斜坡时，其坡度不应大于 1∶8。开修时铲运机可由顶层向下分层修整成平浮雕的斜坡。

修整阶梯时（土角），应先把铲运机斗门打开，并把卸土板推至卸土极限位置，且左右轮胎应跨在不同阶梯上，然后沿边坡平行行驶刮削土壤。但必须注意不使土壤进入斗内，不然铲运机就会因土壤的进入，使铲斗重心倾斜，这样会将边坡削成锯齿形状。

四、铲运机生产率的计算

铲运机生产率可由下式计算：

$$Q = \frac{60VK_B K_H}{t_Y K_S} \tag{2-5}$$

式中：Q——铲运机生产率（m^3/h）；

K_H——土壤充满系数，见表2-15；

K_S——土壤松散系数，见表2-16；

V——铲斗的几何容量(m^3)；

K_B——时间利用系数，一般为0.75~0.8；

t_Y——铲运机每一个工作循环所用的时间(min)，其值可由下式求得：

$$t_Y=\frac{L_1}{v_1}+\frac{L_2}{v_2}+\frac{L_3}{v_3}+\frac{L_4}{v_4}+nt_1+2t_2 \tag{2-6}$$

式中：L_1、L_2、L_3、L_4——铲运、运土、卸土、回驶的行程(m)；

v_1、v_2、v_3、v_4——铲运、运土、卸土、回驶的行程速度(m/min)；

t_1——换挡的时间(min)；

t_2——每循环中始点和终点转向所用的时间(min)；

n——换挡次数。

铲运机铲斗的充满系数 K_H 表2-15

土壤种类	充满系数	土壤种类	充满系数
干砂	0.6~0.7	砂土与黏性土(湿度为4%~6%)	1.1~1.2
湿砂(湿度为12%~15%)	0.7~0.9	干黏土	1.0~1.1

土壤的松散系数 K_S 表2-16

土的种类和等级		土的松散系数		土的种类和等级		土的松散系数	
		标准值	平均值			标准值	平均值
I	植物性以外的土	1.08~1.17	1.10	IV	—	1.24~1.30	1.25
II	植物土、泥炭黑土	1.20~1.30	1.10	V	除软石灰外	1.26~1.32	1.30
III	—	1.14~1.28	1.20	VI	软石灰石	1.33~1.37	1.30

五、提高铲运机生产率的措施

1. 影响铲运机生产率的因素

从铲运机生产率计算公式中可以看出，影响其生产率的因素有人为因素和施工组织方面因素两种，其中人为因素有充满系数 K_H、一个工作循环所用的时间 t_Y 和时间利用系数 K_B。K_H 除了土壤性质的自然因素外，主要的是驾驶员操作技术的熟练程度、操作方法和其他的施工辅助措施等。对 t_Y 的影响因素主要是施工组织、驾驶员的操作方法和技术熟练程度。另外施工组织的好坏，也影响到一个工作循环中的每个环节及铲运机运行速度的提高。

2. 提高生产率的措施

提高铲运机生产率通常采用下列措施；

(1) III级以上的土壤或冻土，应先用松土器预松，每次的松土深度不宜超过20~40cm，否则会影响铲运机的牵引力。

(2) 清除铲土地段的树根、树桩、灌木林和孤石等，以免影响铲运机铲装的运行时间。

(3) 为了缩短铲运机的运行时间。在确定运行路线时，应尽可能地缩短运距，减少转弯次数,并尽量采用空车转弯和上坡。

(4)尽可能地采用高速挡,以保证铲运机特别是自行式铲运机高速行使,应经常保持运土道路处于良好状态。

(5)应尽量做到下坡铲土,以增大铲土深度、缩短铲土时间和提高充满系数。

六、铲运机安全操作要点

1. 拖式铲运机安全操作要点

(1)作业前应先将运行道路刮平,其宽度应大于机身宽度约2m。

(2)行驶中严禁把铲斗和斗门提升到最高点,以免在转弯时将钢丝绳崩断,下坡时应放下铲运机斗作辅助制动,严禁空挡滑行。

(3)铲斗与机身不正时不得铲土,在开始铲土和提斗时,动作要缓慢,驾驶员离开机车时,应将变速杆放在空挡,关闭发动机,将铲斗放落在地面。

(4)在新填的土堤上作业,应离开土堤边沿1m以上,靠路堤边沿填土时,必须保持外侧高内侧低和纵向基本平顺,卸土时铲斗应放低,防止铲运机下滑。

(5)多台铲运机作业,前后净距不得小于10m,左右净距不得小于2m,两机会车应减速慢行。

(6)清除铲斗内积土时,必须先把铲斗牢固支起,推土板恢复常位后,人员才能进入铲斗内清除积土。

(7)长距离拖运,必须用挂钩将铲斗固牢,解除钢丝绳负荷。

2. 自行式铲运机安全操作要点

(1)自行式铲运机的行车道必须平整坚实,单行道的宽度不应小于4.5m(或车宽的1.5倍),超、会车时,两车净距不得小于1m。

(2)多台机械在工地纵队行驶时,前后间距不得小于20m。

(3)在作业过程中发现后主离合器制动不灵,机械有异声,警报器发声时,应立即停车检修。

(4)严禁在大于15°的横上行驶,不应在陡坡上进行危险性作业。

七、推土机与铲运机联合施工及注意事项

在组织大型土方机械施工时,需要投入不同种类、不同机型的施工机械,这些机械各自具有不同的适用范围和作业效果,要做到合理编组、合理作业,发挥每台机械的能力,达到提高工作效率的目的。其中,不同功率的推土机和不同斗容量的铲运机的联合作业是最常见的,下面通过推土机和铲运机的适用范围及作业效果的分析,将施工中机械的布局和施工工艺在结合实例的基础上加以介绍。

1. 推土机和铲运机适用范围的比较

进行多机型联合作业,首先要知道机械各自的适用范围及作业效果,然后才能在联合作业中将其布设在各自能获得最佳作业条件的施工部位上。

根据推土机和铲运机的性能及施工实践经验,可归纳出不同功率的推土机和不同斗容量的铲运机的适用范围及作业效果,如表2-17所示。

推土机和铲运机的适用范围比较　　表 2-17

机种	铲土		运土		卸土	平土	压实	备注	
	作业范围	入土方式							
推土机	1. 适合铲原状土、扰动土和干湿土；2. 铲土过程中直线行驶；3. 铲土过程中漏土较多；4. 可长年作业；5. 浅挖方效益高	铲刀强制入土，具有较大的切深 铲刀靠自重入土，切土深度较小	1. 行驶中漏土、转弯时更严重；2. 下坡时土体自行脱落	最佳运距 35m 左右，载土量小，行驶速度快、灵活；可在 25°坡、顺驶，10°坡最佳运距 50m 左右，载土量大，行驶速度慢，坡道行驶较中型好	可集中卸土和均匀卸土	卸土同时进行平土或用倒铲拉平	卸土及空返同时进行部分压实	1. 驾驶员空驶；2. 回转半径小；3. 推挖翻松土工效高 20%～30%	推土机铲刀加挡土板运距增加到 200m，挖翻松土时工效高 50%～100%
铲运机	1. 适合铲不含石料的原状土；2. 铲土过程直线行驶；3. 铲土过程中漏土少；4. 适于暖土；5. 适于深浅挖填	铲刀强制入土 铲刀靠自重入土，大容量	行驶中不漏土	最佳运距 300～400m，行驶速度快、灵活；可在 20°坡顺驶、6°坡横驶 最佳运距 400～1000m，载土量较大，行驶速度慢，坡道行驶较中型好	均匀卸土	卸土同时进行平土	卸土同时进行部分压实	1. 不能倒驶；2. 回转半径大	

由表 2-17 可知，推土机操作灵活，可正驶推运，倒驶空返，当推运翻松土壤时效率较高，其中大型推土机载土量较大，爬坡性能最好；中型推土机进、退速度最快；当推土机增置挡板后推运翻松土壤，可增加经济运距和载土量。铲运机能下坡铲土入斗，上坡能斜驶而土料损失最少，整形性能也好。在干土地段进行深挖高填的大运距作业，铲运机工效等于推土机的工效，工程成本也低。因此，在组织推土机和铲运机联合作业时，就要根据这些特点将其安排到各自最能发挥优势的部位上去进行作业。

2. 联合作业

1）机械布局

根据不同功率的推土机和不同斗容量的铲运机的适用范围及作业效果，可将功率小于 73.5kW 推土机安排到开挖段的上层，73.5kW 以上的推土机在中层，铲运机在底层；为便于排除降水，开挖工作应按先下游后上游的顺序进行；为了提高推土机的效率，还要配备松土机进行松土作业，如图 2-65 所示。

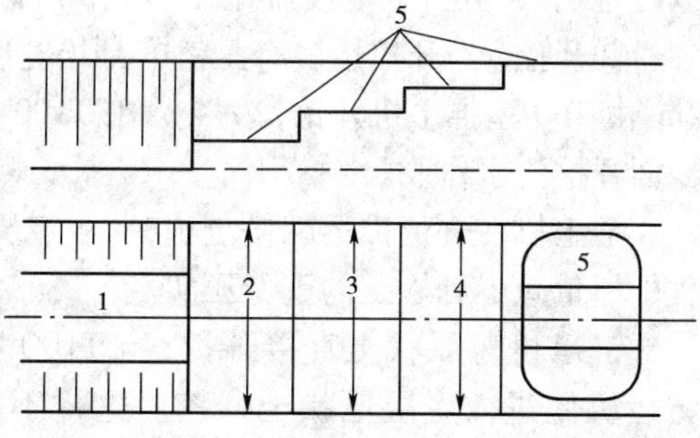

图 2-65　推土机和铲运机联合开挖布置

1-成型段；2-铲运机工挖；3-73.5kW 以上的推土机开挖；4-73.5kW 以下的推土机开挖；5-松土机作业

2）施工举例

甘肃省引大（通河）入秦（王川）工程主干渠开

挖中,有一段500m长,开挖深度6m,底宽16m,边坡比1:3,土质为III类土;渠外6m处弃土,最大弃土高度小于4m;开挖主干渠中线到弃土堆的水平距离为60~65m。

某中标施工单位会同省引大入秦工程指挥和驻地监理,根据地质地貌、技术资料及上述条件,组织了T100型推土机、T60型推土机及2.5m³铲运机进行联合开挖。

(1)各种机械的组成。

①各种机械作业量的划分。根据各机械的特性及最佳作业效果,在作业断面上下适当安排,如表2-18所示。

各种机械作业量的划分表　　表2-18

机械名称	开挖部位(m)	平均运距(水平+垂直折平)(m)	单宽土方量	
			土方量(m^3)	占全断面百分数(%)
T60	0~2	80	45	36.9
T100	2~4	120	40	32.8
2.5 m^3 铲运机	4~6	180	37	30.3
总计			122	100

②各种机械数量的确定。根据土类和运距查施工定额,算出各种机械的台班定额,T60型推土机为$42m^3$,T100型推土机为$74m^3$,$2.5m^3$铲运机为$110m^3$。若采用翻松作业后开挖、T60型推土机铲刀加挡板后提高工效80%,T100型推土机加挡板后提高工效20%。

在分层定位联合开挖中,为使各种机械均衡作业,根据上述各种机械性能及施工经验,选用一台松土机、五台T60型推土机、三台T100型推土机、两台2.5 m^3铲运机组成联合开挖机群。这时联合机群中各种机械占总施工量的百分比分别为:44%(T60)、33%(T100)、23%(2.5 m^3铲运机),该值与单宽各层占全断面土方量的百分比基本一致。

(2)联合开挖

①松土。推土机每开挖一层,都用松土机先松土。松土段长一般为60~100 m。如条件允许,长度可适当增加。

该施工段的翻松,采取螺旋形作业,由边堑开始,翻深为25m左右,表层翻松宽度为50m,以后每翻松一层,宽度按坡比缩小1.5m,以此控制开挖边线。

②开挖。当开挖边线有足够的翻松宽度后,推土机便开始推运作业,其排列顺序为:从0~2m,由T60型推土机开挖,2~4 m由T100型推土机开挖,4 m以下由铲运机开挖运土,进行大断面开挖流水作业。

推土机在进行推运翻松土壤时,一定要坚持分段作业,且由开挖边线近处推起,在推运过程中尽量减少翻松土的重新压实。

铲运机对原状土直接开挖,当T100型推土机推运到4m深左右时,向下游转移,这时铲运机便进入底层原状土开挖。这样不断向上游延伸,在铲运机的“推移”下成型段不断延长。

在整个联合施工过程中,注意了各机械之间的配合,使之均有一定的开挖长度,要特别注意前机的速度,当个别机械出现故障停机时,及时调整各类机械的开挖段长度和深度,以保持均衡作业。

(3)开挖效果

该段总开挖土方量约为60 000m^3,联合开挖在5、6两个月进行,约55天。其效果如表2-19所示。表2-20为单一机型全断面独立开挖等量土方对比试验结果。

联合作业效果　　表2-19

机　型	应作业总台班	实作业总台班	出勤率(%)	完成总土方量(m^3)	全机平均台班效率(m^3/台班)	额定成本(直接费用)		
						额定台班费(元/台班)	单位成本(元/m^3)	总额(元)
(一台)松土机	100	69	69.0			58.07		4 007
(五台)T60型推土机	500	481	96.2	21 000	218.3	69.66	1.60	33 600
(三台)T100型推土机	300	281	93.7	20 800	222.1	103.40	1.40	29 120
(两台)铲运机	200	187	93.5	19 000	203.2	70.01	0.69	13 100
总计				60 800				5 9837
平均							0.98	

单一型全断面独立开挖效果　　表2-20

机　型	出勤率(%)	全机平均台班效率(m^3/台班)	额定成本(按60 800 m^3)		
			台班费(元/台班)	单位成本(元/m^3)	总额(元)
T60型推土机(一台)	97	31	69.66	2.25	136 800
T100型推土机(一台)	85	57	103.40	1.81	110 048
铲运机(一台)	88.5	116	70.01	0.60	36 480

由上述试验结果可见,联合开挖效果是十分明显的。

3. 联合作业注意事项

(1)在多种机械联合作业时,各种机械的配备,要保证前机作业量能满足后机作业量的要求;最好同一机型的数量不少于两台。

(2)推土机推运松土时,采取纵向作业,故障少、效率较高,也利于边坡的控制及分段、分层铲土。

(3)无论是推土机还是铲运机,都应尽量坚持分段、分层铲土和卸土,随时保持弃土堆的平整密实。为了均衡各机的作业量,在作业中可随时调节分段的长度。

(4)要坚持由下游向上游开挖,各机型流水作业,挖一段成一段,逐步成型的原则。

八、部分常见机型的技术参数

1. 国产拖式铲运机主要技术性能参数（表2-21）

国产拖式铲运机主要技术性能参数　　表2-21

项目	型号 C3－6	CT6	C6－2.5	CTY9
牵引车类型	双绞盘履带拖拉机	双绞盘履带拖拉机	东方红54	征山200
牵引车功率(kW)	73.5	73.5	39.7	132.4～161.8
斗容量·堆装/m^3	8	8	2.75～3	12
斗容量·平装(m^3)	6	6	2.5	9
铲刀宽度(mm)	2 600	2 600	1 900	2 800
铲土深度(mm)	300	300	150	300
铺卸厚度(mm)	380	380		350
铲斗离地间隙(mm)		380	230	320
斗底刀片切削角(°)	30	30	35～38	铲土位置32～41
质量·空载·前轴(kg)		3 285		
质量·空载·后轴(kg)		4 015		
质量·空载·总质量(kg)		7 300	1 896	9 600
质量·重载(kg)		17 000～19 000	6 396	23 500
轴距(mm)	4 840	4 840	3 500	5 500
轮距·前轮(mm)	1 400	1 600	900	1 400
轮距·后轮(mm)	1 980	1 930	1 650	2 140
轮胎前轮/后轮·规格	14.00－20/18.00－24	14.00－20/18.00－24	9.00－20/9.00－20	16.00－20/18.00－20
轮胎前轮/后轮·气压(kPa)		635/350	350/420	320/350
轮胎前轮/后轮·数量(只)	各2	各2	各2	各2
操纵方法	钢丝绳	钢丝绳	液压操纵工作压力（p＝10MPa）	液压操纵（压力p＝1 410MPa；流量Q＝230L/min）
卸土方法	强制式	强制式	自由式	强制式
前轮回转角度(°)	0～90	0～90	0～90	0～90
最小回转半径(m)	3.75	3.75	2.7	
外形尺寸·（长）(mm)	8 770	8 800	5 600	9 120
外形尺寸·（宽）(mm)	3 120	3 100	2 440	3 232
外形尺寸·（高）(mm)	2 540	2 540	2 400	2 530

2. 国外拖式铲运机主要技术性能参数（表 2-22）

国外拖式铲运机主要技术性能参数 表 2-22

项目			型号						
			RS08－2	RS12－2	RS13－H	RS15	RS22H－1	RS24－1	RS24H－1
技术性能	牵引拖拉机型号		小松 D60/D65	小松 D0/D85	小松 D80/D85	小松 D150/D155	小松 D150/D155	小松 D150/D155	小松 D150/D155
	斗容量	平装（m^3）	6.1	9.2	9.7	11.9	17.1	18.5	18.2
		堆装（m^3）	7.7	11.5	12.5	15.3	21.5	23.5	23.6
	铲刀宽度（mm）		2 680	2 582	2 680	3 016	3 100	3 115	3 100
	铲土深度（mm）		280	300	300	300	365	400	390
	铺卸厚度（mm）								
	铲斗离地间隙（mm）		425	380	400	460	415	400	410
	滑板开度（铲斗举升）（mm）		1 230	1 570	1 680				
	推出器行程（mm）		1 100	1 520	1 450	1 333	1 600	1 670	1 700
	质量	空载（kg）	7 700	10 500	11 300	12 000	16 900	18 000	17 800
		重载（kg）	18 870	27 200	29 430	34 200	48 080	52 080	52 000
轮胎尺寸	规格	前轮	14.00－20－16PR	18.00－25－16PR	18.00－25－16PR	21.00－25－20PR	21.00－25－20PR	24.00－25－14PR	24.00－25－24PR
		后轮	16.00－20－20PR	18.00－25－20PR	23.5－25－16PR	26.5－25－26PR	24.0－25－24PR	29.5－25－28PR	29.5－25－28PR
外形尺寸	操作方式		钢丝绳	钢丝绳	液压式	钢丝绳	液压式	钢丝绳	液压式
	卸土方式		强制式	强制式	强制式	强制式	强制式	强制式	强制式
	长（mm）		8 880	10 260	10 000	10 865	11 490	11 840	11 840
	宽（mm）		3 040	3 140	3 142	3 552	3 480	3 570	3 480
	高（mm）		2 460	3 090	3 120	3 010	3 480	3 620	3 470

3. 国产 CL7 自行式铲运机主要技术性能参数（表 2-23）

国产 CL7 自行式铲运机主要技术性能参数　　表 2-23

项目		型号	项目		型号
		CL7			CL7
容量	平装(m^3)	7	变速器	形式	行星齿轮/动力换挡
	堆装(m^3)	9		前进挡数	4
质量	空车(kg)	16 000		后退挡数	2
	重车(kg)	29 000	最高行驶速度(km/h)		39
发动机	型号	6135K－12b	制动形式方法		扩张蹄式(气动/凸轮)
	功率(kW)	132.4	卸土方法		强制式
	转速(r/min)	2 100	前轮距(mm)		2 100
切土宽度(mm)		2 700	后轮距(mm)		2 100
切土深度(mm)		300	轮胎型号		23.5－25
铺土厚度(mm)		400	转弯半径(mm)		14
离地间隙(mm)		420	轴距(mm)		5 927
爬坡能力(°)		20	外形尺寸(长×宽×高)(mm×mm×mm)		10 025×3 222×3 000

4. 国外主要自行式铲运机主要技术性能参数（表 2-24）

国外主要自行式铲运机主要技术性能参数　　表 2-24

项目		卡特皮勒	克拉克－密西岗	约翰迪尔	韦伯克	德列克斯	菲亚特－阿里斯	小松
		型号	型号	型号	型号	型号	型号	型号
		627B	110－TB	JD－762	252FT	S－23E	161	WS16S－2
容量	平装(m^3)	10.7	链板式					11.0
	堆装(m^3)	15.3	12.22	8.4	20.64	17.6	11.5	16.0
质量	装载(kg)	21 800	17 418	12 500	29 030	24 040	17 010	22 400
	净质量(kg)	31 700	23 616	15 627	43 752	29 690	20 326	30 800
发动机	型号	3 306	4－71N	六缸四行程	8V71T	DD8V－71T	V－903－C265	NTA855C400
	功率(kW)	167.78/167.78	104.40	130.50	240/236	228	171	268
	转速(r/min)	2 100/2 100	2 100	2 100	2 100	2 100	2 200	2 100
	制造厂	卡特皮勒	2×GM	约翰迪尔	寇明斯		阿里斯－卡尔麦斯	寇明斯
切土宽度(mm)		3 000	2 718	2 290	3 110	3 200	2 267	3 180
切土深度(mm)		340	203		362	305	297	370
铺土厚度(mm)		460	447		584	546	411	500

续上表

项　目	卡特皮勒	克拉克－密西岗	约翰迪尔	韦伯克	德列克斯	菲亚特－阿里斯	小　松
	型号	型号	型号	型号	型号	型号	型号
	627B	110－TB	JD－762	252FT	S－23E	161	WS16S－2
离地间隙(mm)	460	447	305	584	546	411	500
斗门开度(mm)	1 780						1 200
变速器 形式	动力换挡式					动力换挡式	
变速器 前进挡数	8	5	5	6	6	11	6
变速器 后退挡数	1	2	1	1	1	1	1
最高行驶速度(km/h)	54.7	47.4	48.0	47.30	39.0	54.38	52.0
制动形式方法	扩张蹄式(气动/凸轮)	蹄式(气)	湿盘式(液)	蹄式(气/液)	蹄式(气)	盘式(气/液)	湿盘式(气/液)
卸土方法	强制式	开斗底－推卸式		伸缩斗底推卸土		强制式	
前轮距(mm)	2 590		1 820				2 400
后轮距(mm)	2 670		1 820				2 300
轮胎型号	27.5×29－28PR	26.50×29－26PR	23.5×25－16PR	33.25×35 32层E3	29.5×29 28层E3	26.5－24	33.5～33－20PR
转弯半径(mm)	5.550	9.600	9.140	5 440	5 600	9.7	11.450
轴距(mm)	7 720		6 140	8 050	7 280		7 735
外形尺寸(长×宽×高)(mm×mm×mm)	12 675×3 455×3 635	11 363×2 844×3 861	9 780×2 440×3 000	13 700×3 640×4 030	12 420×3 250×3 810	10 693×3 048×3 124	12 775×3 490×3 520

课题三　挖　掘　机

一、挖掘机的功用、分类与适用范围

1. 功用

挖掘机械是工程机械的一种主要机种，是土石方施工工程中的主要机械设备之一。

各种类型与功能的挖掘机械,已广泛应用在工业与民用建筑、交通运输、水利电力工程、农田改造、矿山采掘以及现代化军事工程等行业的机械化施工中。据统计,工程施工中约有60%以上的土石方量是靠挖掘机械来完成的。在各类工程施工中,挖掘机主要用于完成下列工作:

(1)开挖建筑物或厂房基础;

(2)挖掘土料,剥离路面覆盖层、采矿场覆盖层;

(3)采石场、隧道内、地下厂房和堆料场中的装载作业;

(4)开挖新路基、沟渠、运河和疏浚水道;

(5)更换工作装置后可进行起重、装载、打桩、抓取等多种作业。

2. 分类

挖掘机的分类方法很多,可按照挖掘机工作原理与过程、用途、构造特征等进行分类,具体分类方法如下。

1)挖掘机按照作业过程分类

(1)周期作业式:挖掘、运载、卸载等作业依次重复循环进行。各种单斗挖掘机都属于这一类。

(2)连续作业式:上述作业同时连续进行。各种多斗挖掘机以及滚切式挖掘机、隧洞掘进机等都属于这一类。

2)挖掘机按照动力来源不同分类

按照动力来源不同,挖掘机可分为电驱动、内燃机驱动和复合驱动。

3)挖掘机按照动力装置的个数不同分类

(1)单机驱动式:以一台发动机驱动挖掘机的全部机构。

(2)多机驱动式:以若干发动机分别带动挖掘机的各个主要机构。

4)挖掘机按照传动方式不同分类

按照传动方式不同,挖掘机可分为机械式、液压式和半液压式。

5)挖掘机按照行走装置不同分类

按照行走装置的不同,挖掘机可分为履带式、轮胎式、汽车式、步行式、轨道式和拖式。

6)单斗挖掘机按用途不同分类

单斗挖掘机按用途不同可分为建筑型、采矿型、剥离型和隧道挖掘机。建筑型挖掘机一般可装置各种不同的工作装置,进行多种作业,又称万能式挖掘机。后三种类型只能装一种工作装置,专门用于某种作业,又称专用式挖掘机。

7)单斗挖掘机按工作装置的连接方式不同分类

单斗挖掘机工作装置的连接方式有刚性连接和挠性连接。刚性连接的可分为正铲、反铲、拉铲、抓斗、起重吊钩。挠性连接的可分为正铲、反铲、抓斗、装载、起重。

除上述分类外,多斗挖掘机按工作装置的工作原理和构造特征分为链斗式和轮斗式两种,另外还有滚切式和铣切式;多斗挖掘机按工作装置的运动平面与挖掘机运动方向一致或垂直分为纵向挖掘(一致)和横向挖掘(垂直)。

我国单斗挖掘机型号表示标准见表2-25所列。

国产单斗挖掘机产品型号编制办法表 表 2-25

类	组	型	特 性	代 号	代 号 含 义	主参数代号
挖掘机	单斗挖掘机 W（挖）	履带式		W	机械单斗挖掘机	整机质量等级(t)
			D(电)	WD	电动单斗挖掘机	整机质量等级(t)
			Y(液)	WY	液压单斗挖掘机	整机质量等级(t)
			B(臂)	WB	长臂单斗挖掘机	整机质量等级(t)
			S(隧)	WS	隧洞挖掘机	整机质量等级(t)
		轮胎式 L(轮)		WL	轮胎式机械单斗挖掘机	整机质量等级(t)
			D(电)	WLD	轮胎式电动单斗挖掘机	整机质量等级(t)
			Y(液)	WLY	轮胎式液压单斗挖掘机	整机质量等级(t)

例如：整机质量等级为 25t 的履带式液压单斗挖掘机，其标记为 WY25。

3. 适用范围

单斗挖掘机根据其工作装置的不同，可适用于不同的工作场合。机械传动的单斗挖掘机工作装置的主要形式，如图 2-66 所示；液压传动的挖掘机工作装置的主要形式，如图 2-67 所示。

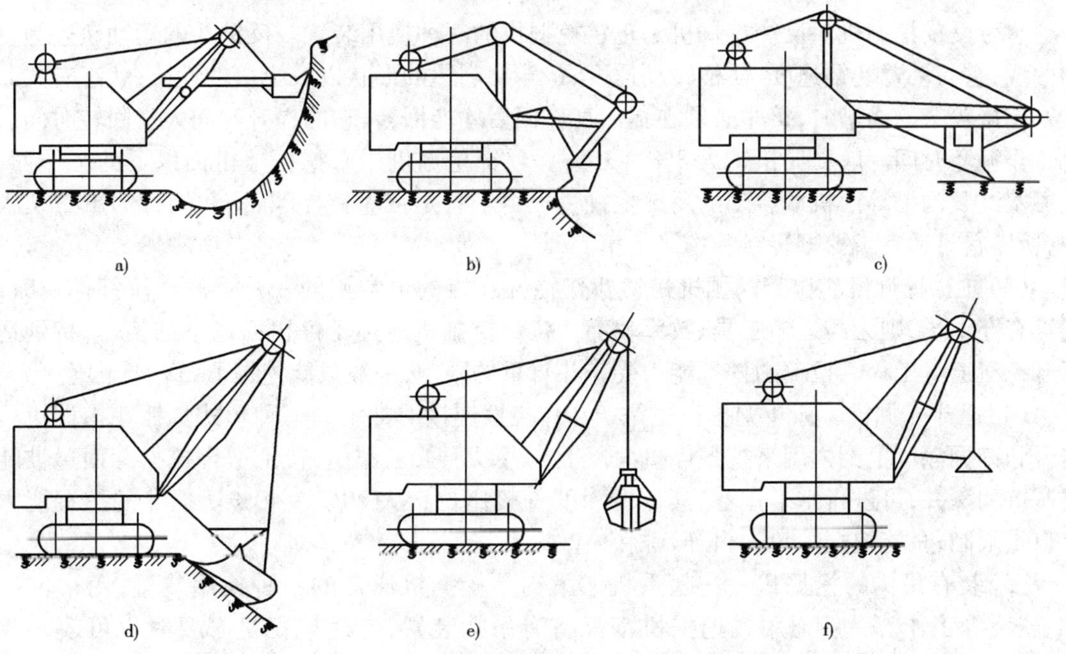

图 2-66 机械传动单斗挖掘机工作装置的主要形式

a）正铲；b）反铲；c）刨铲；d）拉铲；e）抓斗；f）打桩

1）机械传动式

（1）正铲挖掘机。正铲挖掘机是单斗挖掘机的主要形式之一。正铲斗的运动是一条复杂的曲线，它与土壤的性质和状态、切削边的形状和铲斗的提升、推压速度有关。理想的挖掘轨迹是开始一段几乎水平，斗柄以较大的速度外伸，随着铲斗的提升，推压速度降低，待斗齿处于推压轴高度时，推压速度为零，一般情况下，挖掘也就终止。在实际工作中，斗柄外伸以斗柄行程的 2/3 为佳。机器回转角度取决于工作面的布置及运输车辆的位置，多在 15° ~180°之间。正铲挖掘机用来挖掘停机面以上的Ⅰ~Ⅳ级土壤或硬土,也可做装载松散材料(碎石、煤等)之用。

a)　　　　　　　　　　　　b)

图2-67　液压传动单斗挖掘机工作装置的主要形式

a)反铲;b)正铲

(2)反铲挖掘机。反铲挖掘机是正铲挖掘机的一种换用装置。反铲斗的运动轨迹为复杂的曲线,它与动臂变幅速度、斗柄转动速度、铲斗切削边的形状以及土壤的性质、状态有关。反铲在挖掘较窄的沟槽时,铲斗必须在提出工作面后才能回转,它的提升时间大于回转时间。反铲工作循环时间一般要比正铲大8%~30%。反铲挖掘机用来挖掘停机面以下的工作面,如挖掘基坑及沟槽等。机械传动的反铲挖掘过程由于只是依靠铲斗、斗柄和动臂的重量切入土中,所以它只适宜于挖掘轻级和中级土壤。

(3)拉铲挖掘机。拉铲挖掘机是铲斗作挠性连接的最常用的一种形式。拉铲作业时,如附近有弃土场,则无需运输工具,效率较高。拉铲挖掘机适用于停机面以下的工作,特别适宜于开挖河道等工程。拉铲的挖掘能力受铲斗自重的限制,一般只能挖掘Ⅰ~Ⅳ级土壤。

(4)抓斗挖掘机。抓斗挖掘机也是铲斗作挠性连接的常用的一种形式。抓斗挖掘机可在提升和挖掘深度范围内用来挖掘停机面以上或者以下的工作面,特别适合挖掘深而边坡陡直的基坑和深井,可进行水下作业,其挖掘深度一般比拉铲大20%~40%。抓斗的挖掘能力因受自重限制,只能挖掘一般土料、砂砾和松散物料。

(5)装有吊钩的挖掘机——起重机。吊钩是挖掘机通常的一种换用装置,用来进行装卸、安装等工作。一般通用式挖掘机都配备有吊钩装置,专用挖掘机必要时也可改装成起重机使用。

(6)装有其他工作装置的挖掘机。除了上述几种形式外,在某些场合,还有刨铲、刮铲、桩锤、夯板等作业装置进行施工。

刨铲用于挖掘停机面以上的土壤,主要用于平整场地。

刮铲用来刮动停机面以上已经松动的土壤,进行坑道、沟漕、基坑等回填工作。

桩锤用于进行打桩。挖掘机在换用桩锤工作装置后,就成为打桩机。

夯板用于夯实土壤,故称为夯土机。

2)液压传动式

液压挖掘机具有挖掘力大、动作平稳、作业效率高、结构紧凑、操纵轻便、更换工作装置容易等特点,近年来发展很快。其主要工作方式有:

(1)反铲。反铲是中、小型液压挖掘机的主要工作装置,主要用于基坑开挖等停机面以下的土方工程,也可以挖掘停机面以上的土方工程。液压挖掘机的挖土动作,主要靠挖掘机动臂、斗杆和铲斗的自重和各工作液压缸的推动力,因此,它的切削力较大。液压挖掘机的动臂可分为组合式和整体式两种。组合式动臂由上下两节或多节组成,其工作尺寸和挖掘力可根据作业条件的变化进行调整。因此,组合式动臂除用于挖掘作业外,还适用于边坡的修整和工作平面的平整。

(2)正铲。正铲挖掘机主要用于挖掘停机面以上的工作面。由于液压挖掘机正铲的动臂摆幅能够变化,因此,也能挖掘停机面以下工作面的土壤。正铲的卸土方式有前卸式和底卸式两种。用反铲改成的正铲斗只能用前卸式卸土。底卸式铲斗靠液压缸打开斗底卸土,以降低卸土高度,减少土对运输车辆的冲击。

在挖掘比较松散的物料或装载散状物料时,正铲斗可换装载斗。在整机质量不变的情况下,这种铲斗的斗容量可以增加。

液压挖掘机还可以配用其他装置完成不同的作业。通用液压挖掘机只要把斗杆端部的铲斗换成吊钩,就可成为液压起重机。这种起重机起重能力比一般起重机小得多,由于它机动灵活,在一些施工中(如敷设管道)效率比较高。有时为了配合反铲作业,在吊装不太重的物体时,可以直接在反铲斗上安装吊钩。液压挖掘机如装上平整刮刀,可进行推土、平整边坡、基坑等;配上液压镐,可进行岩石、混凝土路面的破碎;装上液压钻,可在地面上钻孔;装上松土器,可以耙黏土和红砂岩等。

挖掘机在公路施工中是土石方工程的一种主要施工机械,可开挖堑壕,挖土填堤。由于挖掘机的特点是挖土效率高,产量大,但它的机动性较差(轮胎式除外),所以选用大型挖掘机施工,要受一定地面条件的限制(它需要有一定的工作面,并要修筑较为平坦的施工便道)。挖掘机使用在公路工程施工期比较长、工程量比较大的集中工程上较为合理。如大路堑的开挖,高填土和大中型桥梁修建等基础工程中。与此同时挖掘机还必须与运输工具配合施工,给挖掘机施工组织带来较大的复杂性。因此,施工前选用挖掘机必须做好细致的施工组织工作。

为了使挖掘机发挥最大效能,在使用挖掘机施工时,对公路工程的最小工程量和最小工作面高度应有所要求。表2-26为正铲挖掘机工作面最小高度限制;表2-27为使用正铲及拉铲挖掘机最小工程量表。

正铲挖掘机工作面最小高度限制表　　表2-26

工作面高度(m) / 铲斗容量(m^3) / 土壤级别	1.5	2.0	2.5	3.0	3.5	4.0	5
I~II	0.5	1.0	1.5	2.0	2.5	3.0	—
III	—	0.5	1.0	1.5	2.0	2.5	3.0
IV	—	—	0.5	1.0	1.5	2.0	2.5

正铲及拉铲挖掘机最小工程量表　　表 2-27

铲斗容量(m^3)	正铲挖掘机		拉铲挖掘机	
	工程量(m^3)	土壤级别	工程量(m^3)	土壤级别
0.50	15 000	I ~ IV	10 000	I ~ II
0.50	—	—	8 000	III
0.75	20 000	I ~ IV	15 000	I ~ II
0.75	—		12 000	III
1.00	15 000	V ~ VI	15 000	I ~ II
1.00	25 000	I ~ IV	12 000	III
1.50	25 000	V ~ VI	20 000	I ~ II
1.50	40 000	I ~ IV	16 000	III
1.50	—		12 000	IV

表 2-27 所列资料是同期内使用挖掘机施工在经济上比较合理的最小工程数量。如果挖掘机固定在一个工地上较长期的使用而不调动,则此项工程数量还要大大地增加。一般可增加两倍以上。

公路工程的线路工程量较多,集中工程量较少,流动性大,在施工中多数使用中小型(斗容量为 $1m^3$ 以下)的单斗挖掘机或装载机。

二、挖掘机的工作过程

1. 基本操作

现以中国安徽省合肥日立挖掘机有限公司生产的 EX300—3HHE 挖掘机为例来介绍挖掘机的基本操作,其结构简图如图 2-68 所示。

1)挖掘机的仪表及操纵装置

(1)驾驶室与操作台

挖掘机驾驶室与操作台如图 2-69 所示,各器件的功用见表 2-28。

驾驶室各器件功用表　　表 2-28

名　称	功　用
1. 左控制杆/喇叭按钮(在操作杆上部)	控制转台旋转和斗杆油缸伸缩
2. 右控制杆	控制动臂上升或下降和铲斗翻转
3. 先导控制开关杆	切断(停机后)或接通(作业前)至先导控制阀的液压先导压力
4. 监视器和开关盘	
5. 后控制台	
6. 左控制台	

续上表

名称	功用
7. 左行走操作杆	控制挖掘机行走与转向
8. 左行走踏板	控制挖掘机行走与转向
9. 右行走踏板	控制挖掘机行走与转向
10. 右行走操作杆	控制挖掘机行走与转向
11. 驾驶室门开锁杆	

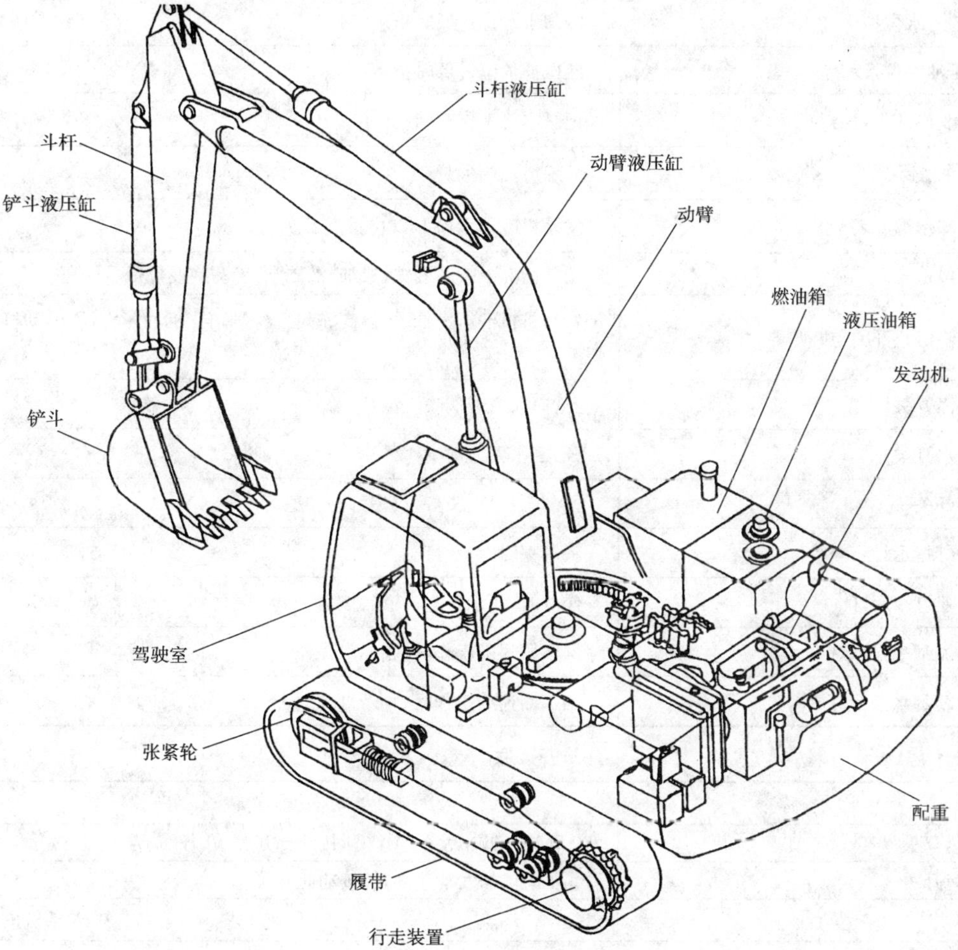

图2-68 挖掘机结构简图

(2)监视盘和开关盘

挖掘机监视盘和开关盘见图2-70,各器件的功用见表2-29、表2-30。

监视器盘与开关盘1 表2-29

名称	功能说明
1. 交流发电机指示灯	正常情况下发动机运转时灯熄灭,发动机停机时灯亮
2. 发动机油油压指示灯	

续上表

名　称	功能说明
3. 空气清洁器阻塞指示灯	空气滤芯阻塞时指示灯亮
4. 发动机过热指示灯	发动机过热时指示灯亮
5. 燃油油位指示灯	燃油油位过低时指示灯亮
6. 预热指示灯	当钥匙开关转至预热位置时,指示灯亮大约20s熄灭,表示预热完成
7. 发动机机油油位指示灯	发动机机油油位过低时指示灯亮
8. 冷却水水位指示灯	冷却水水位过低时指示灯亮
9. 液压油油位指示灯	液压油油位过低时指示灯亮
10. 作业累计小时表	记录本机工作时间
11. 燃油表	显示燃油箱油量
12. 冷却水温度表	发动机冷却水(回水口)温度℃
13. 液位检查开关器	正常情况下按下开关,机油、液压油、冷却水液位指示灯亮
14. 蜂鸣停止开关与蜂鸣器	发动机机油压力低,水温高,蜂鸣器将鸣响(机油压力低,发动机将自动熄灭,且关不掉蜂鸣器)
15. 洗涤开关	开,向风窗玻璃喷洗涤液
16. 刮水开关	开,刮水器摆动
17. 灯开关	控制工作灯、头灯、仪表灯亮和熄灭
18. 头灯指示灯	头灯亮时,指示灯亮
19. 作业灯指示灯	作业时,指示灯亮
20. 间隙刮水指示灯	刮水器间隙工作时,指示灯亮
21. 连续刮水指示灯	刮水器连续工作时,指示灯亮

开　关　盘　2　　　　表2-30

名　称	功能说明		
1. 减速开关	要逐渐减小发动速度时,按动此开关		
2. 加速开关	要渐增加发动速度时,按动此开关		
	特点	作业要求	发动机速度
3. 强力(P)方式开关	高产量	高速高产作业	2 200(r/min)
4. 经济(E)方式开关	高效率	一般挖掘装载作业	1 800(r/min)
5. 轻(L)方式开关	高精度,低噪声	轻量挖掘装载作业	1 450(r/min)
6. 低速慢车(I)方式开关	节省燃料,低噪声	作业暂停	800(r/min)
7. 强力(P)方式指示灯	选择相对应的动力方式时,指示灯点亮		
8. 经济(E)方式指示灯			
9. 轻(L)方式指示灯			
10. 低速慢车(I)方式指示灯			

续上表

名 称	功 能 说 明
11. 液压暖机开关	如果液压油温为30℃以下操作机器时，液压元件可能严重损坏，因此在操作机器之前，要预热液压油至规定温度
12. 液压暖机指示灯	
行走方式开关（下面的13～17）：挖掘机行走时，可利用行走方式开关设定行走速度 注意：每当改变行走方式速度时，须使机械停驶	
13. 行走加速开关	
14. 行走减速开关	
15. 行走速度指示灯（高速）	高速
16. 行走速度指示灯（中速）	中速
17. 行走速度指示灯（低速）	低速
自动空转开关：按下自动空转开关，当控制杆放在中立位置时，几秒钟之后，自动慢车装置将自动地降低发动机速度，如果任意控制杆被操作，发动机速度将改变至动力选择器设定值	
18. 自动慢车开关	装置工作时，指示灯应亮
19. 自动慢车指示灯	

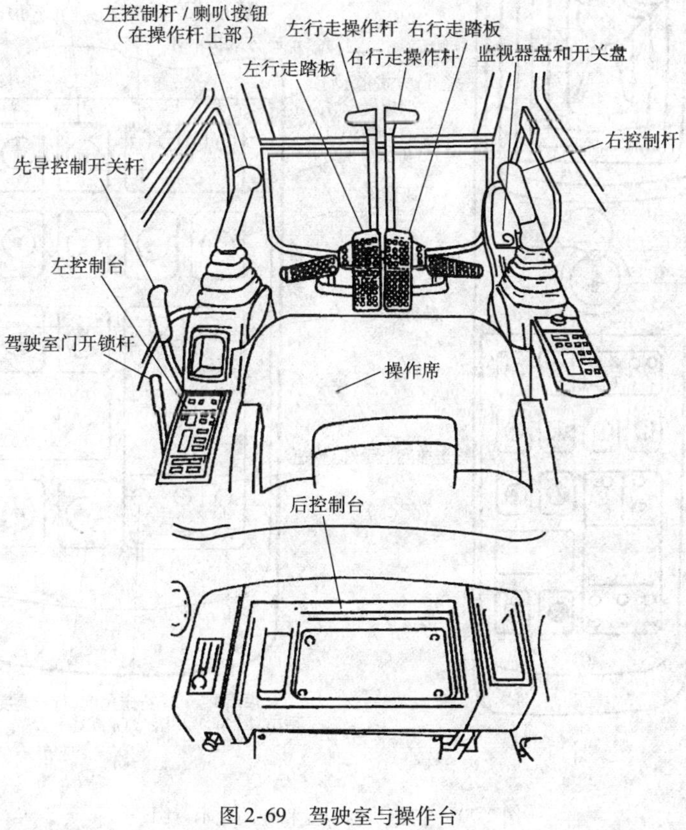

图2-69 驾驶室与操作台

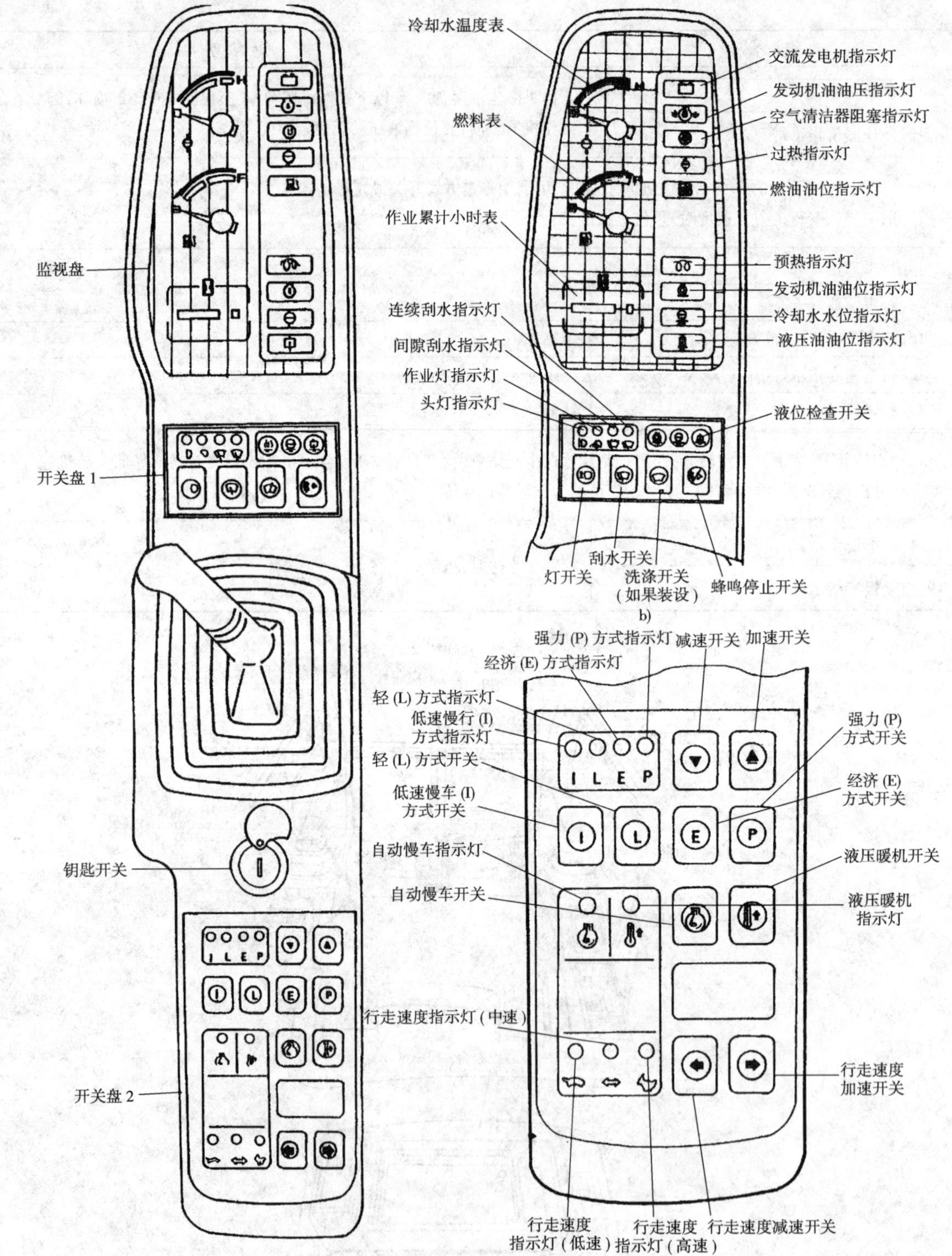

图 2-70　挖掘机监视盘和开关盘示意图

a) 监视盘和开关示意图；b) 监视盘和开关盘 1；c) 开关盘 2

2）挖掘机的基本操作

（1）挖掘机的基本操作内容及步骤见表2-31。

挖掘机的基本操作内容及步骤　　表2-31

<table>
<tr><th>项　目</th><th colspan="2">操作步骤</th></tr>
<tr><td>驾驶前的准备</td><td colspan="2">1. 安全驾驶常识、设备使用说明书的学习，按使用说明书的要求，进行启动前的检查；
2. 操纵手动控制阀，切断先导控制回路，以防止柴油机带载启动和发生意外事故；
3. 主泵吸油油路上的球阀必须放在接通位置，以防止各油路吸空；
4. 检查燃油箱、液压油箱油位，不足时添加；
5. 检查履带张紧度是否符合要求；
6. 检查周围环境，清除施工范围内的障碍物；
7. 起动发动机，并使其进入正常运转状态；
8. 检查各仪表，并确认发动机机油油压指示灯的指示值为正常；
9. 严格遵守安全操作规程，避免安全事故发生</td></tr>
<tr><td rowspan="5">挖掘机的行走</td><td colspan="2">全液压挖掘机的行走与制动器松开是由并联于左右行走马达的梭阀控制的。标准的行走位置是张紧轮在挖掘机的前部，行走马达在后部，如果位置相反则行走踏板的控制作用将相反。行走前一定要核实行走马达的位置</td></tr>
<tr><td>向前直线行走</td><td>用脚尖同时踩下两个踏板的前部或向前推两个行走杆</td></tr>
<tr><td>向后直线行走</td><td>用脚跟同时踩下两个踏板后部或向后拉两个行走杆</td></tr>
<tr><td>逆时针旋转</td><td>用右脚尖踩下右踏板前部，同时用左脚跟踏下左踏板后部；或向前推右行走杆，向后拉左行走杆，如图2-71所示</td></tr>
<tr><td>顺时针旋转</td><td>用右脚跟踩下右踏板后部，同时用左脚尖踏下左踏板前部；或向前推左行走杆，向后拉右行走杆，如图2-72所示</td></tr>
<tr><td>用单边履带转向</td><td colspan="2">向左前方转向，用右脚尖踩下右踏板前部；向右前方转向，用左脚尖踩下左踏板前部（也可用行走杆完成）。注意：为了保护履带部件，应尽量避免向后行驶转向，如图2-73所示</td></tr>
<tr><td>中立位置与行走制动</td><td colspan="2">行走踏板和拉杆处于中立时，行走刹车会自动地刹住挖掘机。当松开踏板，它们会自动复位，挖掘机将立即停下来。机器在斜坡上行走时，有制动限速阀防止溜坡，使机器不超过最大行走速度。注意：当机器长时间停留在斜坡上时，行走制动必须进一步采取措施，确保安全；一般不允许机器在斜坡上长时间停留</td></tr>
<tr><td>柴油机熄火驻车</td><td colspan="2">1. 柴油机熄火前，要把挖掘机停放在安全平坦的地方，并降下作业装置至地面；
2. 将自动空转开关关掉，让发动机空转3min（禁止满负荷工况下突然熄火），然后转钥匙开关至OFF（关），此时发动机熄火；
3. 拔出开关钥匙，充电指示灯熄灭，关闭电源总开关；
4. 把先导控制开关杆拉到LOCK（锁住）位置，按班后保养规范进行保养</td></tr>
</table>

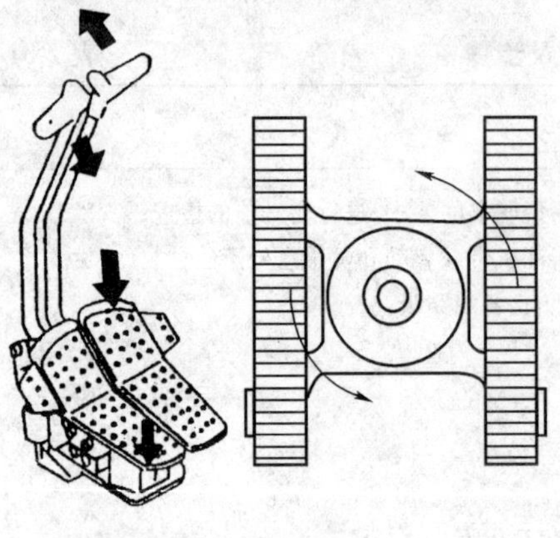
图 2-71　逆时针旋转

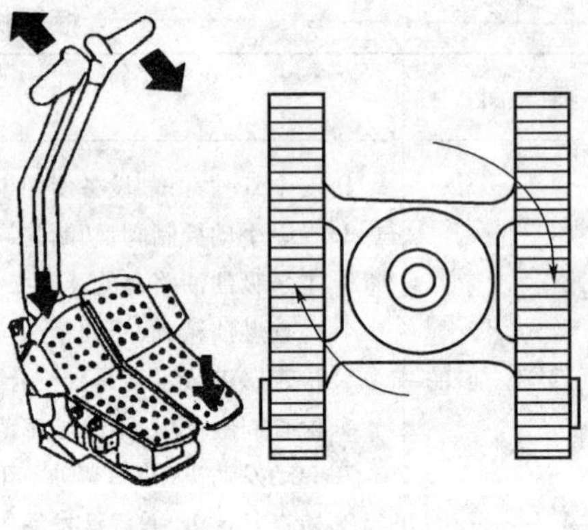
图 2-72　顺时针旋转

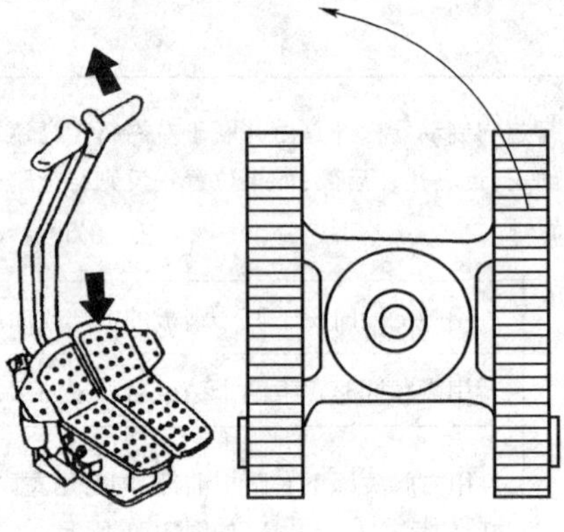
图 2-73　用单边履带转向

(2)挖掘机工作装置的基本作业

挖掘机工作装置的基本作业如图 2-74 所示。

①反铲作业时,从动轮应在前面,驱动轮在后面。

②动臂提升与下降:操纵右手柄到 a 位置(右后),动臂上升;操纵右手柄到 b 位置(右前),动臂下降。

③铲斗油缸的操纵:操纵右手柄到 c 位置(右外),反铲铲斗上翻转;操纵右手柄到 d 位置(右内),反铲铲斗下翻转。

④若按 45°方向操纵右手柄,将会引起相应的动臂与铲斗两个动作同时进行。

bd(右前内):动臂下降,铲斗下翻转;ad(右后内):动臂上升,铲斗下翻转;

bc(右前外):动臂下降,铲斗上翻转;ac(右后外):动臂上升,铲斗上翻转。

⑤斗杆油缸的操纵:操纵左手柄到 g 位置(左前),斗杆向外摆动;操纵左手柄到 h 位置(左后),斗杆向内摆动。

⑥转台回转操纵:操纵左手柄到 e 位置(左外),上部平台向左回转;操纵左手柄到 f 位置(左内),上部平台向右回转。

⑦若按 45°方向操纵左手柄,将会引起相应的斗杆与转台两个动作同时进行。

ge(左前外):斗杆向外摆动,转台左转;he(左后外):斗杆向内摆动,转台左转;

gf(左前内):斗杆向外摆动,转台右转;hf(左后内):斗杆向内摆动,转台右转。

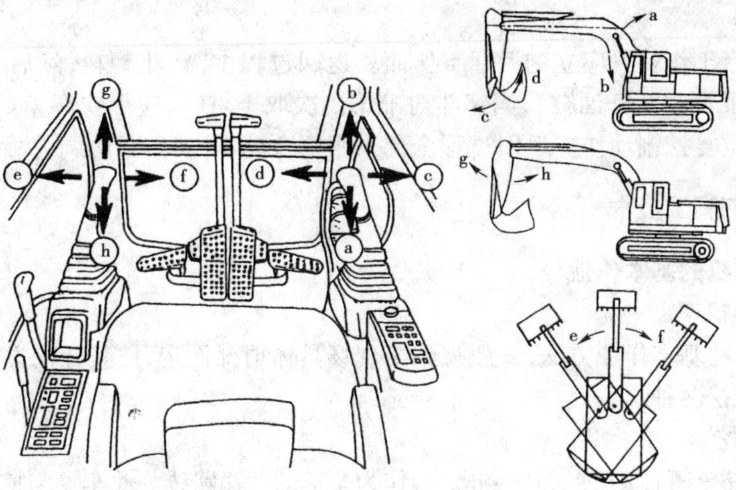

图2-74　基本作业

⑧制动:放开操纵手柄时,它将回到中间位置,挖掘机的功能将停止。

2. 挖掘机的基本工作过程

各种单斗挖掘机都是循环作业式,每一工作循环包括挖掘、回转、卸料和返回四个过程。现以液压反铲挖掘机为例,说明其循环工作过程。

1)挖掘过程

液压反铲挖掘机的挖掘过程有某一油缸的单一动作,也有各种油缸的复合动作。当仅以斗杆油缸工作进行挖掘时称为斗杆挖掘。这种方法可以得到最大的挖掘深度,并且也有较大的挖掘行程,在较坚硬的土质条件下工作时,能够保证装满铲斗,故挖掘机在实际工作中常以斗杆油缸工作进行挖掘。挖掘机如果仅以铲斗油缸工作进行挖掘时称为铲斗挖掘。这种方法的挖掘行程较短,如使铲斗在挖掘行程结束时能装满土壤,需要有较大的挖掘力以保证能挖掘较大厚度的土壤,所以一般挖掘机的斗齿最大挖掘力都在采用铲斗油缸工作时实现。这种方法常用于清除障碍,挖掘较松软的土壤以提高效率,因此,在一般土方工程中(土壤多为III级以下)铲斗挖掘较常采用。在实际挖掘工作中,往往需要采用各种油缸的复合动作。当挖掘基坑时由于挖掘深度较大,并要求有较陡而平整的基坑壁时,则需采用动臂与斗杆两种油缸的复合动作;当挖掘坑底,挖掘行程即将结束时能加速将铲斗装满土,以及挖掘过程需要改变铲斗切削角等情况下,则要求采用斗杆油缸与铲斗油缸的复合动作。

2)回转过程

回转过程是在铲斗装满后,工作装置从工作面旋转到卸土地点的过程。这一过程要求铲斗底部一经离开工作面,便提升动臂(或同时调整斗杆油缸)与调整铲斗转角,以适应所要求的卸土高度。当铲斗回转接近装土车辆时,松开回转手柄,然后使用回转制动器慢慢地制动住转台,并同时卸土。应当注意铲斗回转到装土车辆上空时,回转速度要慢(一般是惯性滑动),制动不能过猛,避免斗中石块抛洒出来砸在车辆上造成事故。

3)卸土过程

当工作装置基本停稳后,翻转铲斗卸土。卸土操作时,要求铲斗中的土石卸下时的土堆中心对准车辆车斗中部。要特别注意掌握铲斗的卸土高度,切不可高抛高卸,以防砸坏车辆。

4)返回过程

卸土完毕后,工作装置应立刻返回工作面。返回过程中,铲斗翻转,然后一边回转一边下降动臂(有时还要调整斗杆油缸),当铲斗对准第二次取土点时,应尽快调整好切削角,使铲斗切入土中,开始重复挖掘动作。返回过程全部采用复合动作,动作要协调,快而准确。

三、挖掘机的施工技术

1. 单斗挖掘机的基本作业

1)正铲挖掘机

正铲挖掘机的基本作业方法,一般视施工现场具体情况而定,按其开挖方式方法可分为侧向开挖和正向开挖两种。

(1)侧向开挖

侧向开挖只挖一侧工作面,另一侧敞开,作为车辆的运输路线。此车辆与挖掘机的运行路线平行行驶,靠近挖掘机侧面装料。如图 2-75 所示。这种开挖方式的主要特点是:卸土时动臂回转角小于 90°,而且车辆可以直线进出,不需掉头和倒驶,缩短了工作循环时间,提高了生产率。

(2)正向开挖

正向开挖是向工作面的两侧同时开挖,运输车辆的运行路线位于挖掘机开挖路线的正面,装车时车辆停在挖掘机的后方。如图 2-76 所示。这种开挖方式的主要特点是:挖掘机进行前

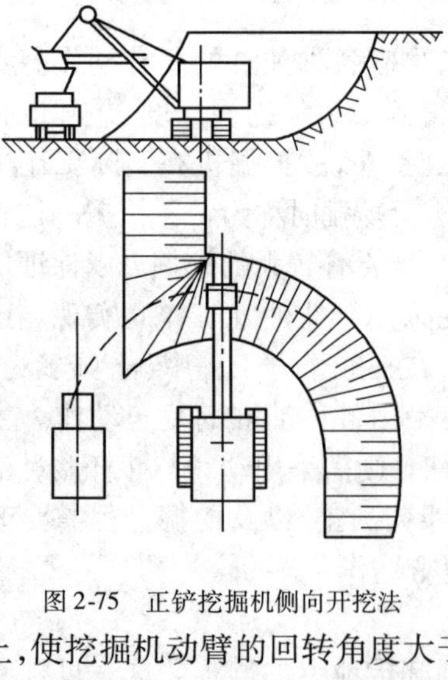

图 2-75　正铲挖掘机侧向开挖法

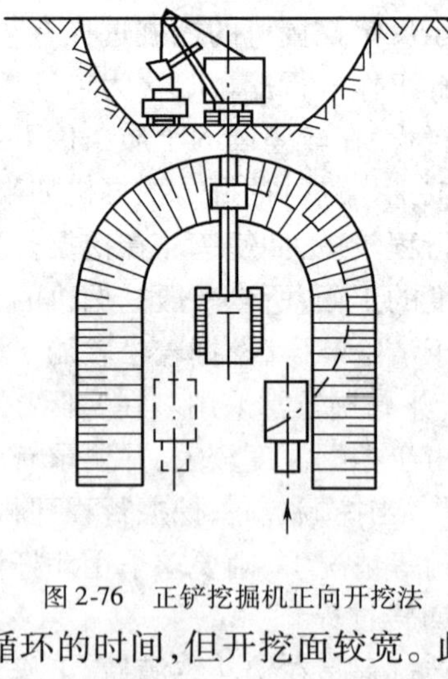

图 2-76　正铲挖掘机正向开挖法

方挖土,使挖掘机动臂的回转角度大于 90°,增加了工作循环的时间,但开挖面较宽。此外,由于运输车辆不能直接开进挖掘道,要掉头和倒驶,形成施工现场的拥挤,使挖掘机不能连续作业,效率降低。因此这种方法只适宜于挖掘进口处时使用。

2)反铲挖掘机

反铲挖掘机的开挖方法也有两种。

(1)沟端开挖法

开挖时，挖掘机从沟的一端开始，然后沿沟中线倒退开挖，如图2-77所示。

车辆可停置在沟侧，动臂只要回转40°～50°即可卸料。如挖的沟宽为机械最大挖掘半径的二倍时，车辆只能停置在挖掘机侧面，动臂要回转90°才能卸料。

如果挖掘较宽的渠道时，可分段进行，如图2-78所示。挖掘机在倒退挖到尽头后，在该端调换方向，反向开挖毗邻一段。这种分段法施工，开挖每段时宽度不宜过大，以车辆能在沟侧行驶为原则，这样可以减少每一工作循环的时间，提高机械生产率。此法可挖成较陡的沟坡，甚至垂直的沟坡。

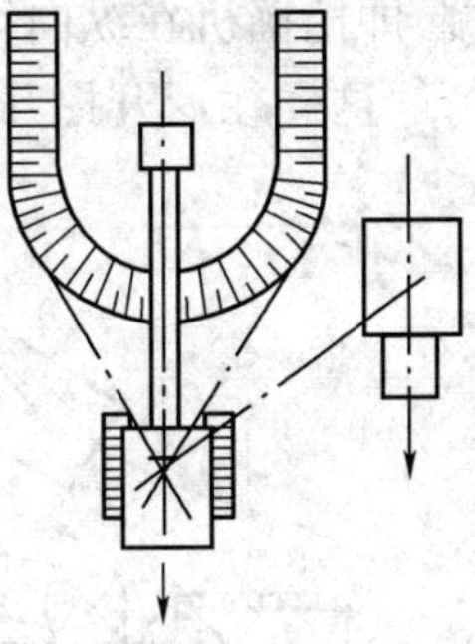

图2-77　反铲沟端开挖法

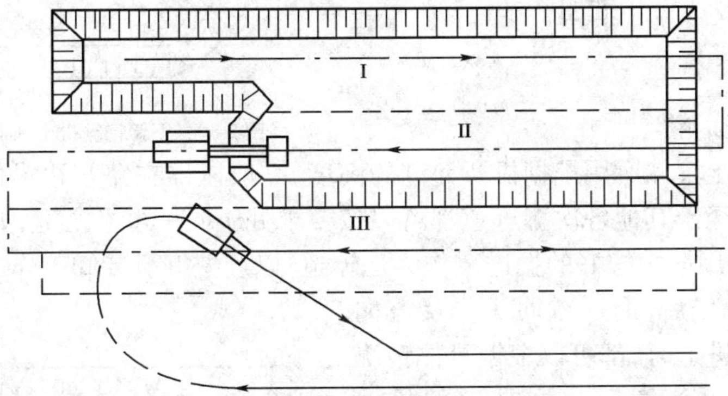

图2-78　反铲沟端分段开挖法

（2）沟侧开挖法

采用沟侧开挖法时，挖掘机沿着沟侧行驶。动臂只需回转小于90°即可卸料，如图2-79所示。此法主要是机械沿沟侧行驶挖掘，车辆在未开挖处行驶，较省力，但开挖沟的边坡较大。

3）拉铲挖掘机

拉铲挖掘机的开挖方法与反铲挖掘机的基本相同，不过其挖掘半径较大，而且挖得较深，此外它可卸土于弃土堆的一边或两边。

2. 单斗挖掘机的施工作业

挖掘机施工时，不论是开挖路堑或是填筑路堤，均需配合运输机械，只是前者开挖要符合路堑横断面的要求，而后者则不受限制。下面着重介绍汽车与挖掘机配合进行路堑和路堤的施工作业。

1）正铲挖掘机开挖路堑

用正铲挖掘机开挖路堑时，一般有两种方法，即正向开挖和侧向开挖。挖掘浅而宽的路堑时，可用全断面正向开挖法，如图2-80所示。采用此方法，挖掘机一次向前开挖路堑设计高程。运输车辆在同一平面上，它可以与挖掘机并列或在其后。这样施工比较简单，但挖掘机必须横向位移，方可挖掘到设计高度。正向开挖法除松散土壤外，也适应于其他种类土壤，但必须是路堑深度不超过挖掘机的最大开挖高度为宜。

在开挖深路堑时，一般可根据其横断面大小划分若干掘进道，采用侧向开挖法来分层挖掘，即挖掘机在纵向行程中先把路堑开挖一部分，运输车辆布置在一侧与挖掘机开挖路线平行。这样往返开挖几个行程，直至将路堑全部挖通。如图 2-81 所示。第一掘进道工作面最大

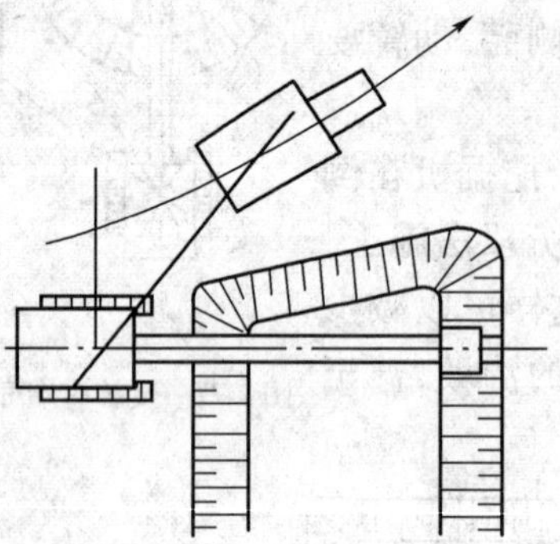

图 2-79　反铲沟侧开挖法

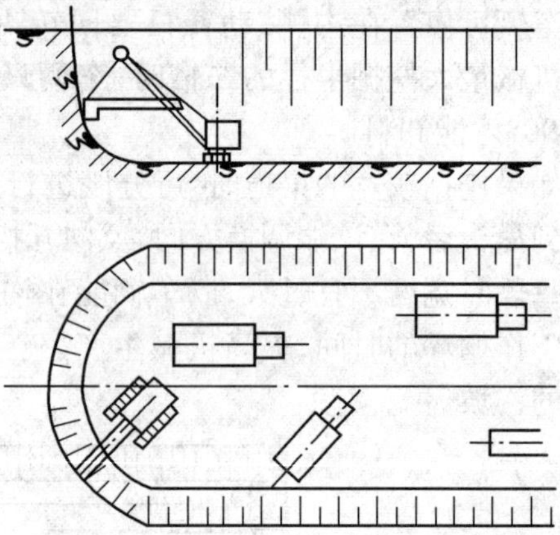

图 2-80　正铲挖掘机全断面正向开挖路堑

高度不应超出该类土壤和所用挖掘机所允许的高度，一般以停在路堑边沿的车辆能够装料即可，因此可以浅些；至于其他各次掘进道都可以按要求处于同一水平之上，如图中的 II 和 III，V 和 VI。这样可以利用前次挖好的掘进道作为运输道，以利挖掘机装卸工作。

各次掘进道完成后，退返或回头作反方向开挖原地的下一掘进道时，都可以根据具体情况来决定，但此时必须注意每一掘进道的排水工作。

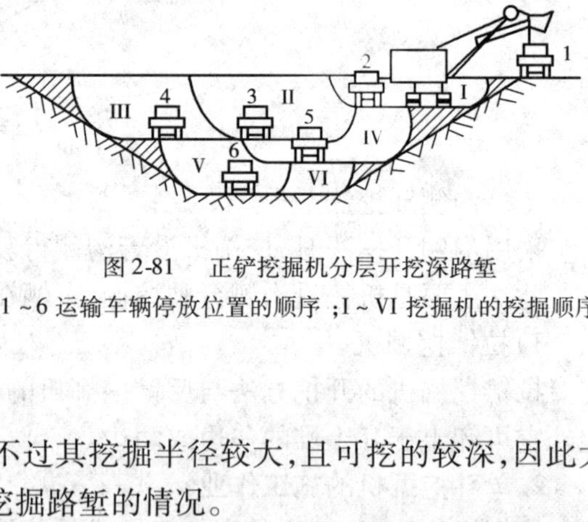

图 2-81　正铲挖掘机分层开挖深路堑

1～6 运输车辆停放位置的顺序；I～VI 挖掘机的挖掘顺序

2）反铲挖掘机开挖路堑

反铲挖掘机布置在路堑的附近，根据情况选择沟端或沟侧挖掘方法进行施工。用自卸汽车与挖掘机配合，将挖掘的土壤移运至卸土场。

3）拉铲挖掘机开挖路堑

拉铲挖掘机开挖路堑的方法与反铲的相同，不过其挖掘半径较大，且可挖的较深，因此大多用于挖掘路堑和河渠。如图 2-82 所示是拉铲挖掘路堑的情况。

此外，它可卸土于弃土场的一边或两边。在开挖两侧弃土的路堑时，如卸料半径能达到两侧弃土堆时，则挖掘机可停置在路堑中线上，如图 2-82a）所示。在开挖一侧弃土的路堑时，挖掘机偏离路堑中心线沿路堑边缘行进，如图 2-82b）所示，挖掘机行进时其履带至工作面边缘应保持 1.0～1.5m 的距离以利安全。

4）正铲挖掘机与汽车配合填筑路堤

挖掘机由借土坑或取土场取土填筑路堤时，对挖掘机本身来说工作比较简单，只要按照以上所介绍的挖掘机基本作业方式进行操作，并在所选定的取土场处开辟有利的工作面，挖出所要求的土壤即可。而挖掘机如何与运输车辆配合施工，则应合理组织。

图 2-83 所示为正铲挖掘机与运输车辆（一般均用自卸汽车）配合填筑路堤时的运行路线图。图中挖掘机在取土场按四个掘进道 1～4 掘进取土，并在汽车装载土壤后按土壤性质及好

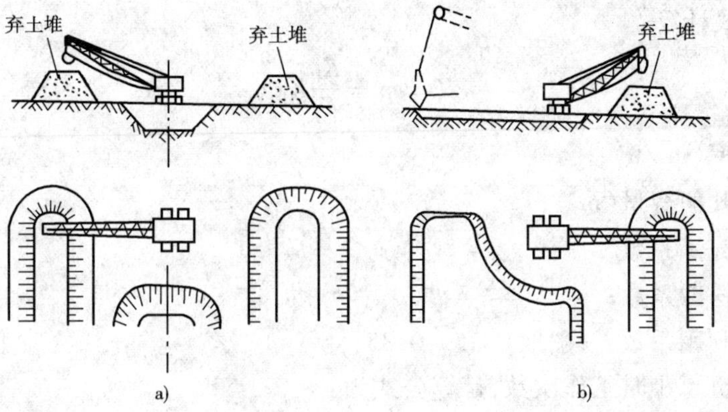

图 2-82　拉铲挖掘机开挖路堑示意图

a)弃土于两侧 b)弃土于一侧

坏,分两路运送。适用于填筑路堤的土壤即直接运到路堤卸土,卸土时应在边坡桩界内,分层有次序的进行,每层厚度 25 ~ 35cm。填土可用汽车本身压实,或用羊角碾和振动压路机碾压。不适用于填筑路堤的土壤由另一路运送到弃土处。

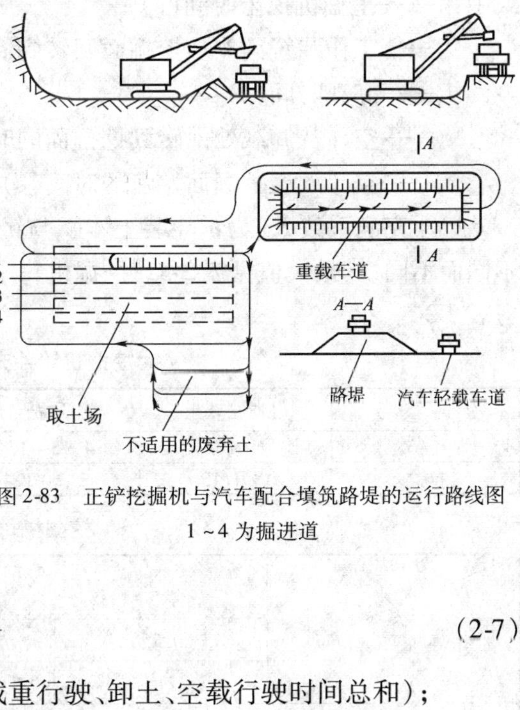

图 2-83　正铲挖掘机与汽车配合填筑路堤的运行路线图

1 ~ 4 为掘进道

挖掘机与汽车配合作业时,所需汽车的数量,除与挖掘机、汽车的性能、生产率,运输距离、道路情况及驾驶人员的技术熟练程度等因素有关外,还必须与平整、压实等机械(推土机、平地机、压实机械等)的工作量相平衡。这样才可以使所有参加施工的机械发挥最大工效。

运输汽车数量的计算,可以通过预先的估算,得出概数,然后通过实践落实。汽车数量 N 可按下式进行估算:

$$N = \frac{T_1}{T_2} \tag{2-7}$$

式中:T_1——汽车一个工作循环所用时间(装车、载重行驶、卸土、空载行驶时间总和);

T_2——挖掘机装满一汽车所用时间。

由上式求出的车辆数 N 一般凑整,使在理论上能有足够的车辆运输。另外还需注意铲车容积比(汽车容量与挖掘机斗容量比)的选择,容积比应随着汽车循环时间的增加而提高。一般取 3 ~ 5,不大于 7 ~ 8。实践表明,铲车容积比宜取低值,但车厢也不应过小,以免装载不便而延长循环时间,而且容易损坏车厢。

四、挖掘机生产率的计算

生产率是挖掘机的主要技术经济指标之一,表示在单位时间内,铲斗从工作面中挖出并卸到运输车辆上或卸土堆的土方实际体积。通常以 m^3/h 为单位。

生产率按下式计算：

$$Q = qn = \frac{K_H}{K_S} K_B \tag{2-8}$$

式中：Q——生产率（m^3/h）；

q——铲斗几何容量（m^3）；

K_H——铲斗充满系数；

K_S——土壤松散系数；

K_B——时间利用系数，一般取0.75～0.85；

n——挖掘机每小时工作次数，计算公式为：

$$n = \frac{3\,600}{t_1 + t_2 + t_3 + t_4 + t_5} \tag{2-9}$$

式中：t_1——挖掘机挖土时间（s）；

t_2——工作装置满斗从挖掘面回转到卸载处的时间（s）；

t_3——卸载时间（s）；

t_4——空斗从卸载处回转到挖掘面的时间（s）；

t_5——空斗放至挖掘面始点的时间（s）。

铲斗充满系数 K_H 为铲斗装土体积与铲斗几何容积之比，因土的性质和工作装置的形式不同而不同，其最大值见表2-32；挖掘机每小时的挖掘次数 n 参考表2-33；土壤松散系数 K_S 参考表2-34。

挖掘机铲斗充满系数 K_H 最大值 表2-32

铲斗型号	轻质松软土	轻质黏性土	普通土	重质土	爆破岩土
正铲	1～1.2	1.15～1.4	0.75～0.95	0.55～0.7	0.3～0.5
拉铲	1～1.15	1.2～1.4	0.8～0.9	0.5～0.65	0.3～0.5

挖掘机每小时挖掘次数 n 表2-33

次数 / 工作装置	斗容量（m^3）			
	0.25	0.5	1	2
正铲	215	200	180	160
反铲	175	155	145	—
抓斗	175	155	145	125
拉铲	160	150	135	—

土的松散系数（K_S） 表2-34

土的种类和等级		土的松散系数 K_S		土的种类和等级		土的松散系数 K_S	
		标准值	平均值			标准值	平均值
I	植物性以外的土	1.08～1.17	1.10	III	—	1.24～1.30	1.25
I	植物土、泥炭黑土	1.20～1.30	1.21	IV	除软石灰石外	1.26～1.30	1.30
II	—	1.14～1.28	1.20	IV	软石灰石	1.33～1.37	1.30

五、提高生产率的措施

从上述有关的挖掘机作业方式、施工组织及生产率计算中可以看出，提高挖掘机的生产率可以从以下几个方面进行：

(1)正确进行施工组织设计。与挖掘机配合的自卸汽车数量及承载能力应满足挖掘机生产能力的要求，且自卸汽车的容量应为挖掘机铲斗容量的整数倍。同时尽量采用双放置装车法，使挖掘机装满一辆，紧接着又装下一辆，由于两辆自卸汽车分别停放在挖掘机铲斗卸土所能及的圆弧线上，这样铲斗顺转装满一车，反转又可装满另一车，从而提高装车效率。

(2)在施工组织中应事先拟定好自卸汽车的行驶路线，清除不必要的上坡道。对于挖掘机的各掘进道，必须做到各有一条空车回程道，以免自卸汽车进出时相互干扰。各运行道应保持良好状况，以利自卸汽车运行。

(3)挖掘机驾驶员应具有熟练的操作技术，并尽量采用复合操作，以缩短挖掘机作业循环时间。

(4)挖掘机的技术状况对其生产率有较大影响，特别是发动机的动力性。此外，斗齿磨损时铲斗切削阻力将增加60% ~90%，因此磨钝的斗齿应予以及时更换。

(5)挖掘机的工作面高度应合适，如果工作面高度过低，土质又硬，势必要进行二次才能装满一斗，导致挖掘时间的增加，相对降低了生产率。

六、单斗挖掘机的安全操作要点

挖掘机在工作前，应做好下列准备工作：

(1)向施工人员了解施工条件和任务。内容包括：填挖土的高度和深度、边坡及电线高度、地下电缆、各种管道、坑道、墓穴和各种障碍物的情况和位置。挖掘机进入现场后，司机应遵守施工现场的有关安全规则。

(2)按照日常例行保养项目，对挖掘机进行检查、保养、调整、紧固。

(3)检查燃料、润滑油、冷却水是否充足，不足时应予添加。在添加燃油时严禁吸烟及接近明火，以免引起火灾。

(4)检查电路绝缘和各开关触点是否良好。

(5)检查液压系统各管路及操作阀、工作油缸、油泵等，是否有泄漏，动作是否异常。

(6)检查钢丝绳及固定钢丝绳的卡子是否牢固可靠。

(7)将主离合器操纵杆放在“空挡”位置上，起动发动机(若是手摇起动要注意摇把反击伤人；若系手拉绳起动，不可将拉绳缠在手上)。检查各仪表、传动机构、工作装置、制动机构是否正常，确认无误后，方可开始工作。

(8)发动机起动后，严禁有人站在铲斗内、臂杆上、履带和机棚上。

挖掘机在作业中，应注意下列安全事项：

(1)严禁挖掘机在未经爆破的Ⅴ级以上岩石或冻土地区作业。

(2)作业周围应无行人和障碍物，挖掘前先鸣笛并试挖数次，确诊正常后方可开始作业。

(3)在用正铲作业时，除松散土外，其作业面应不超过本机性能规定的最大开挖高度和深度；在拉铲或反铲作业时，挖掘机履带到工作面边缘的距离至少应保持1 ~1.5m。

(4)作业中遇到较大的坚硬石块和障碍物时,需清除后方可开挖,不得用铲斗破碎石块和冻土,也不得用单斗齿硬啃。

(5)挖掘悬崖时要采取防护措施,作业面不得留有伞沿及摆动的大石块,如发现有塌方的危险,应立即处理或将挖掘机撤离到安全地带。

(6)作业时,必须等机身停稳后再挖土,当铲斗未离开作业面时,不得作回转行走等动作。回转制动时,应使用回转制动器,不得使用转向离合器反转制动。

(7)挖掘机工作时,应停放在坚实、平坦的地面上。轮胎式挖掘机应把支腿顶好。

(8)挖掘机工作时应当处于水平位置,并将走行机构刹住。若地面泥泞、松软和有沉陷危险时,应用枕木或木板垫妥。

(9)铲斗挖掘时每次吃土不宜过深,提斗不要过猛,以免损坏机械或造成倾覆事故。铲斗下落时,注意不要冲击履带及车架。

(10)配合挖掘机作业,进行清底、平地、修坡的人员,须在挖掘机回转半径以外工作。若必须在挖掘机回转半径内工作时,挖掘机必须停止回转,并将回转机构刹住后,方可进行工作。同时,机上机下人员要彼此照顾,密切配合,确保安全。

(11)装车时铲斗应尽量放低,不得碰撞汽车,在汽车未停稳或铲斗没有超过驾驶室而司机未离开前,不得装车。

(12)挖掘机回转时,应用回转离合器配合回转机构制动器平稳转动,禁止急剧回转和紧急制动。

(13)铲斗未离开地面前,不得做回转、走行等动作。铲斗满载悬空时,不得起落臂杆和行走。

(14)拉铲作业中,当拉满铲后,不得继续铲土,防止超载。拉铲挖沟、渠、基坑等项作业时,应根据深度、土质、坡度等情况与施工人员协商,确定机械离边坡的距离。

(15)反铲作业时,必须待臂杆停稳后再铲土,防止斗柄与臂杆沟槽两侧相互撞击。

(16)履带式挖掘机移动时,臂杆应放在行走的前进方向,铲斗距地面高度不超过1m,并将回转机构刹住。

(17)挖掘机上坡时,驱动轮应在后面,臂杆应在上面;挖掘机下坡时,驱动轮应在前面,臂杆应在后面。上下坡度不得超过20°。下坡时应慢速行驶,途中不许变速及空挡滑行。挖掘机在通过轨道、软土、黏土路面时,应铺垫板。

(18)在高的工作面上挖掘散粒土壤时,应将工作面内的较大石块和其他杂物清除,以免塌下造成事故。若土壤挖成悬空状态而不能自然塌落时,则需用人工处理,不准用铲斗将其砸下或压下,以免造成事故。

(19)挖掘机不论是作业或走行时,都不得靠近架空输电线路。机械与架空输电线路的安全距离,必须符合有关规定。

(20)在地下电缆附近作业时,必须查清电缆的走向,并用白粉显示在地面上,并应保持1m以外的距离进行挖掘。

(21)挖掘机行走转弯不应过急。如弯道过大,应分次转弯,每次在20°之内。

(22)轮胎挖掘机由于转向叶片泵流量与发动机转速成正比,当发动机转速较低时,转弯速度相应减慢,行驶中转弯时应特别注意。特别是下坡并急转弯时,应提前换挂低速挡,避免因使用紧急制动，造成发动机转速急剧降低，使转向速度跟不上造成事故。

(23)电动挖掘机在连接电源时，必须取出开关箱上的熔断器。严禁非电工人员安装电器设备。挖掘机行走时，应由穿耐压胶鞋或绝缘手套的工作人员移动电缆。并注意防止电缆磨损漏电。

(24)采用液压平衡悬挂装置的轮胎式挖掘机，作业前应把两个悬挂液压缸锁住。

(25)挖掘机在工作中，严禁进行维修、保养、紧固等工作。工作过程中若发生异响、异味、温升过高等情况，应立即停车检查。

(26)臂杆顶部滑轮的保养、检修、润滑、更换时，应将臂杆落至地面。

(27)夜间工作时，作业地区和驾驶室，应有良好的照明。

(28)操作人员离开驾驶室时，不论时间长短，必须将铲斗落地。

挖掘机工作完毕，应将机械驶离工作地区，放在安全、平坦的地方。将机身转正，使内燃机朝向阳方向，铲斗落地，并将所有操纵杆放到"空挡"位置，将所有制动器刹死，关闭发动机(冬季应将冷却水放净)。按照保养规程的规定，做好例行保养。关闭门窗并上锁后，方可离开。

挖掘机的转移注意事项：

(1)挖掘机可做短距离自行转移时，一般履带式挖掘机自行距离不应大于5km。轮胎式挖掘机可以不受限制。但均不得做长距离自行转移。

(2)挖掘机做短距离自行转移时，应对行走机构进行一次全面润滑，行驶时，驱动轮应在后方，行走速度不宜过快。

(3)履带式单斗挖掘机转移工地，应用平板挂车运输，特殊情况需要自行转移时，要卸去配重，主动轮应在后面，回转机构处于制动，每行走500~1 000m时，应检查和润滑行走机构。

(4)轮胎式移动时，应先将挖掘机的挖掘装置置于行走位置，收回支腿。

七、部分常见机型的技术参数

以三一重工生产的液压系列挖掘机为例说明其技术参数，见表2-35。

主要技术参数　　表2-35

名称			SY200C5	SY210C5	SY220C5	SY230C5
规格		单位	SY200	SY210	SY220	SY230
工作质量		kg	19 600	20 600	22 000	23 000
铲斗容量		m^3	0.9	1.0	1.1	1.2
主要性能	行走速度(高/低)	km/h	5.5/3.2	5.5/3.2	5.5/3.2	5.5/3.2
	回转速度	rpm	12.5	12.5	12.5	12.5
	爬坡能力		35°/70%	35°/70%	35°/70%	35°/70%
	接地比压	kPa	44.8	45	48.1	47.6
	铲斗挖掘力	kN	138	138	159	159
	斗杆挖掘力	kN	100	100	121	121

续上表

名称			SY200C5	SY210C5	SY220C5	SY230C5
规格		单位	SY200	SY210	SY220	SY230
发动机	型号		Cummins 6BT5.9 – C	Cummins 6BTA5.9 – C	Cummins 6BTA5.9 – C	Cummins 6BTA5.9 – C
	形式		6 缸、4 冲程、水冷；直喷、涡轮增压（低污染）	6 缸、4 冲程、水冷、直喷、涡轮增压（低污染）	6 缸、4 冲程、水冷、直喷、涡轮增压（低污染）	6 缸、4 冲程、水冷、直喷、涡轮增压（低污染）
	缸数 - 缸径 × 行程		6-102 × 120	6-102 × 120	6-102 × 120	6-102 × 120
	额定功率	kW/rpm	101.5（138PS）2 000	127（171PS）2 100	127（171PS）2 100	127（171PS）2 100
	最大转矩	N · m/rpm	556/1 350	606/1 400	606/1 400	606/1 400
	排量	L	5.883	5.883	5.883	5.883
主泵形式			变量斜盘柱塞双泵	变量斜盘柱塞双泵	变量斜盘柱塞双泵	变量斜盘柱塞双泵
主泵最大流量		L /min	2 × 208	2 × 208	2 × 228	2 × 228
主安全阀压力		MPa	31.4/34.3	31.4/34.3	31.4/34.3	31.4/34.3
行走液压回路		MPa	34.3	34.3	34.3	34.3
回转液压回路		MPa	25.5	25.5	25.5	25.5
控制液压回路		MPa	3.9	3.9	3.9	3.9
油箱容量	燃油箱	L	340	340	340	340
	液压油箱	L	239	239	239	239
	发动机机油	L	26.3（24）	26.3（24）	26.3（24）	26.3（24）

课题四 装 载 机

一、概述

1. 装载机的用途及工作对象

装载机是一种广泛用于公路、铁路、矿山、建筑、水电、港口等工程的土石方施工机械，它主要用来铲、装、卸、运土与砂石类散状物料，也可对岩石、硬土进行轻度铲掘作业。如果换不同工作装置，还可以扩大其使用范围，完成推土、起重、装卸其他物料的工作。在公路、特别是高等级公路施工中，它主要用于路基工程的填挖、沥青和水泥混凝土料场的集料、装料等作业。由于它具有作业速度快，效率高，操作轻便等优点，因而装载机在国内外得到迅速发展，成为公路建设中土石方施工机械的主要机种之一。

在公路建设中装载机的作业对象主要是，各种土壤、砂石料、灰料及其他筑路用散粒状物料等。

2. 国内外水平及发展趋势

装载机在国外从20世纪20年代问世以来，已经历了近90年的发展历程：从20世纪40年代的四轮驱动装载机，50年代的液力机械传动装载机，60年代的铰接式装载机，到80年代，装载机进入了机电液一体化的新发展阶段。现在，装载机不论在整机性能，还是作业效能、安全性、可靠性以及操作舒适性等方面都得到了较大的提高，其技术水平已达到了较高的程度。

从20世纪60年代初我国在测绘国外产品基础上，开始小批量试制生产单斗式装载机到现在已形成了德州工程机械厂、柳州工程机械厂、厦门工程机械厂、成都工程机械总厂、常州林业机械厂、宜春工程机械厂等二百多个厂家生产轮胎式装载机和少量履带式装载机的规模。装载机的年产量已达到30 000多台，规格型号200多个，装载质量从0.3t到10t，其中大型机占45.8%，小型机占18.9%，超小型机仅占1%，其中轮胎式装载机占98%。除单斗轮胎式装载机和履带式装载机外，我国近几年还开发有小量的多功能装载机，如装载挖掘机、伸缩臂装载机和侧卸式装载机等。

经过近50年的发展，我国装载机的结构和性能都有了较大的提高，产品技术水平普遍有了较大的提高，有的产品已接近世界先进水平。

近年来，国内外装载机的发展可归结为如下几个方面：

(1) 装载机的大型化与小型化

为适应越来越多的大型工程建设发展的需要，装载机（特别是轮胎式装载机）向大功率、大斗容量的方向发展，例如美国卡特匹勒公司开发了斗容量为17.5～30.4m^3的大型装载机。同时，为适应市政建设、城市环境和小型工地施工的需要，小型装载机也得到了较大的发展，例如日本东洋运搬株式会社生产的“310”型小型轮胎式装载机，斗容量仅为0.1m^3，功率约为10kW。特别是全液压传动小型装载机，在美国已占装载机总数的40%。履带式装载机与轮胎式装载机相比向大型化方向发展的趋势比较缓慢。

(2) 新结构、新技术的采用

采用新结构、新技术，可以提高机器效率、操作性、安全性和舒适性。

在装载机动力上，普遍采用废气涡轮增压式柴油机。传动系统上，采用双泵轮液力变矩器，使发动机功率和装载机的牵引力随作业工况获得比较理想的匹配；有的装载机（例如日本神户制钢所的LK1500装载机）在发动机和变矩器之间安装了一个“奥米伽”离合器，使离合器传递扭矩可在0～100%范围内变化；也有的装载机上采用了新型差速器，如扭矩比例式差速器、防滑差速器、限制滑动差速器，在变速箱上采用了涡轮变速器（如美国克拉克475C装载机）。传动方式也有发展，出现了电动轮装载机。制动系统上，已使用封闭结构油冷湿式多片制动器、双泵双管制动系统等。驾驶室装有ROPS和FOPS以及空调和隔音设备等。这些新结构、新技术使机械始终保持在最佳工作状态，工作安全、可靠、舒适，并充分发挥操作人员的最大效能，提高机器的综合性能。

(3) 向机电光液一体化、电子化方向发展

随着电子技术、计算机技术的进步与不断发展，为保证机器的可靠性、安全性和节省能量，进入20世纪80年代以来，国外已将一些电子技术、智能技术用在装载机等一些工程机械上。例如安装GPS定位装置，用于确定和控制机械运动的方向、移动距离以及确定和控制作业装置的动作、运动轨迹时，可以不用人工操纵或简化人工操纵，实现机械的自动化和无人驾驶。

采用微电脑控制的智能化电子监测系统及故障诊断系统，实现远程监控和故障诊断功能。同时，还将增设计算机辅助驾驶系统、信息管理系统、自动换挡变速装置、内置的培训系统、辅助保养系统和安全报警系统，从而实现程序化作业和智能化作业。

(4)装载机的轮胎化

由于轮胎式装载机具有质量轻、速度快、机动灵活、效率高、维修方便等一系列优点，所以，在国内外轮胎式装载机发展较快，轮胎式装载机在品种规格、数量上都远比履带式装载机多。轮胎式装载机如图2-84所示，履带式装载机结构如图2-85所示。

图2-84　轮胎式装载机

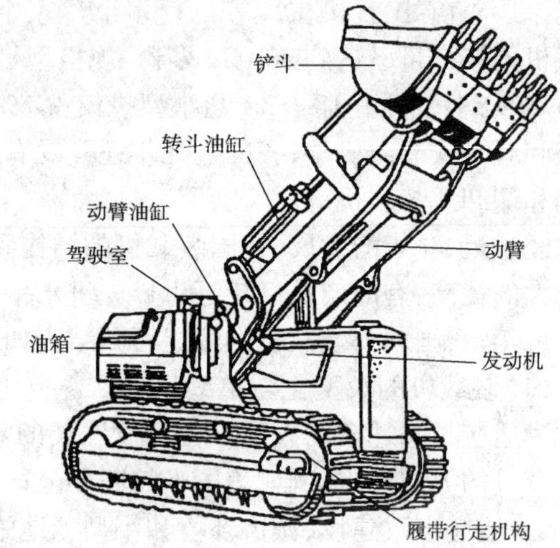

图2-85　履带式装载机结构图

二、装载机的分类、特点及适用范围

常用单斗装载机的分类、特点及适用范围见表2-36。

单斗装载机的分类、特点及适用范围　表2-36

分类形式	分类	特点及适用范围
发动机功率	小型	功率小于74kW
	中型	功率74～147kW
	大型	功率147～515kW
	特大型	功率大于515kW
传动形式	机械传动	结构简单、制造容易、成本低、使用维修较容易，传动系冲击振动大，功率利用差。仅小型装载机采用
	液力机械传动	传动系冲击振动小、传动件寿命高、车速随外载自动调节、操作方便、减少司机疲劳。大中型装载机多采用
	液压传动	无级调速、操作简单，起动性差、液压元件寿命较短。仅小型装载机上采用
	电传动	无级调速、工作可靠、维修简单，设备质量大、费用高。大型装载机上采用

续上表

分类形式	分类		特点及适用范围	
行走系结构	轮胎式	铰接式车架	质量轻、速度快、机动灵活、效率高、不易损坏路面，接地比压大、通过性差、稳定性差、对场地和物料块度有一定要求。应用范围广泛	转弯半径小、纵向稳定性好，生产率高。不但适用路面，而且可用于井下物料的装载运输作业
		整体式车架		车架是一个整体，转向方式有后轮转向、全轮转向、前轮转向及差速转向。仅小型全液压驱动和大型电动装载机采用
	履带式		接地比压小、通过性好、重心低、稳定性好、附着性能好、牵引力大、比切入力大，速度低、灵活机动性差、制造成本高、行走时易损路面、转移场地需拖运。用在工程量大，作业点集中，路面条件差的场合	
装载方式	前卸式		前端铲装卸载，结构简单、工作可靠、视野好。适用于各种作业场地，应用广	
	回转式		工作装置安装在可回转90°~360°的转台上，侧面卸载不需调车，作业效率高，结构复杂、质量大、成本高、侧稳性差。适用狭小的场地作业	
	后卸式		前端装料，后端卸料，作业效率高，作业安全性差，应用不广	
	侧卸式		前端装料，侧面卸料，作业效率高，应用于特殊作业场地	

三、装载机的驾驶与基本操作

1. 装载机的仪表及操纵装置

驾驶员在驾驶装载机之前，必须熟悉驾驶室内的仪表和操纵装置。这些仪表和操纵装置因车型而异，但其功用和使用方法基本相似。为了正确无误地使用装载机进行各种作业，下面就以中国德州德工机械有限公司制造的ZL—50装载机为例，作简要图示介绍，其仪表与操作台示意图见图2-86；各仪表和操纵装置的功能及动作见表2-37，操作简图见图2-87。

装载机各仪表及操纵装置的功用表　　表2-37

序号	名称	功能及动作
1	柴油机停油拉手	使发动机停止供油而熄火；拉起手柄后，发动机熄火（熄火时需拉起手柄停留3~6s）
2	铲斗油缸操纵杆	控制铲斗外翻和内翻，并可自动回中位；向前推，铲斗外翻，向后拉，铲斗内翻，中间位置，铲斗不动
3	动臂油缸操纵杆	控制动臂提升、停止（中位）、下降和浮动，在提升、下降位置时，可自动回中位，浮动位置有锁止功能；向后拉，动臂提升，向前推，动臂下降，再向前推，动臂浮动，中间位置，锁住动臂
4	转向指示灯开关	控制转向指示灯，左、中、右
5	油门踏板	控制发动机转速；踏下，发动机转速增加
6	发动机起动按钮	控制起动机起动；按下时起动，松开停止起动
7	气压表	指示制动系统储气罐充气压力，正常指示压力为0.67~0.69MPa
8	电锁	控制电路通断
9	变速箱压力表	指示换挡操纵阀出油压力，正常工作压力1.18~1.57MPa

续上表

序号	名称	功能及动作
10	计时表	选装
11	变矩器油温表	指示变矩器油工作温度,正常工作温度为:80~100℃,最高工作温度不得超过120℃
12	转向指示灯	转向显示(左、右);左(右)灯亮,表示左(右)转向
13	保险丝盒	电路保险
14	发动机水温表	发动机冷却水(回水口)温度;正常工作时,适宜温度为:80~90℃
15	发动机油温表	发动机油底壳内机油温度;正常工作时,适宜温度为:45~80℃
16	电流表	电量指示;"(-)"电池放电"(+)"电池充电
17	机油压力表	指示发动机主油道机油压力;196~394kPa(2~4kgf/cm^2)为正常
18	顶灯开关	驾驶室夜间照明
19	仪表灯开关	仪表照明
20	后大灯、前大灯、雾灯开关	夜间工作照明,雾天安全照明
21	制动踏板	控制机械减速或停止
22	变速操纵杆	通过液压系统控制两个前进挡和一个倒挡;前推为一挡,再前推为二挡,在空挡位置向后拉为倒挡
23	手制动操纵杆	驻车制动;往上拉制动停车,往下推制动释放
24	电源总开关	控制整车总电源通、断
25	前后桥驱动操纵杆	往前推脱开后桥驱动,仅前桥工作,适用于公路上行驶时使用。作业时往后拉,使前后桥同时驱动
26	选择阀开关	机械在上坡或下坡行驶作业中,此阀处于关闭状态,制动时不改变变速阀油路;机械在正常行驶及作业中,此阀处于开启状态,制动时将改变变速阀油路,使之处于空挡

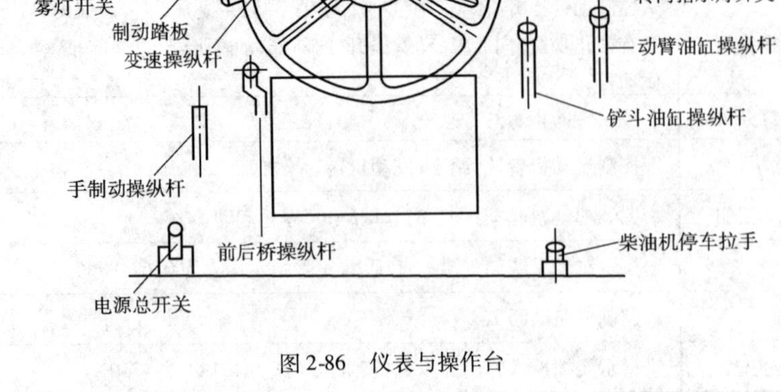

图2-86　仪表与操作台

2. 装载机的基本操作

装载机的基本操作内容及步骤见表2-38，正常使用的主要数据见表2-39。

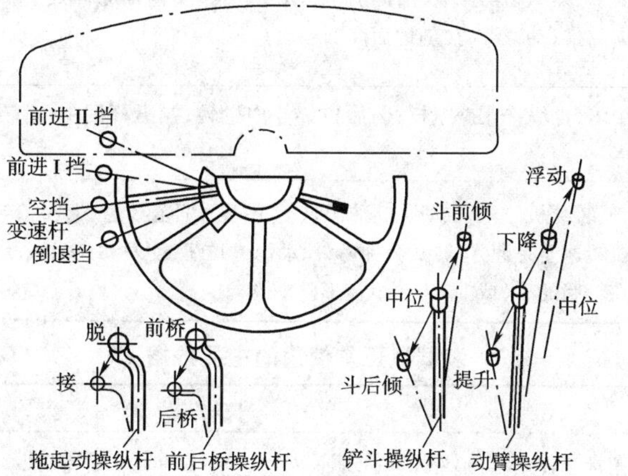

图2-87　操作简图

装载机的基本操作内容及步骤表　表2-38

项　目	操作步骤
驾驶前的准备	1. 安全驾驶常识、设备使用说明书的学习。 2. 按要求对机况进行检查。 (1)油、水、电及其他保证机械设备正常运转的条件是否完备； (2)操纵机构和安全部件及机构是否灵活可靠； (3)各部螺栓的连接紧固情况； (4)各交接点加注润滑脂； (5)指示仪表、指示灯显示是否正常可靠。 3. 周围环境检查及障碍物清除等
发动机起动	1. 起动前应将变速杆置于空挡位置，操纵阀杆置于中间位置，推下手制动杆，接通电源开关，轻微踩下油门，按下起动按钮。一次按下起动按钮时间不得超过5s，5s内不能起动，应立即放开电钮，停歇3~5min后，再做第二次起动，如连续3~4次仍无法起动，则应检查原因后再起动； 2. 起动后应使发动机在低速和中速下进行预热，并密切观察仪表的指示
驾驶姿势	1. 正确的驾驶姿势不仅能减轻驾驶员的疲劳程度，还便于瞭望车辆各方位的情况，便于观察仪表和运用各操纵杆件，有利于安全、持久、灵活地驾驶装载机； 2. 驾驶员上车后，身体对正转向盘坐稳，头部端正，两眼平视，座位高低调整到以左脚操纵制动踏板时能自然踩到底为准。左脚经常放在制动踏板的左下方，以便快速操纵制动踏板，右脚放在油门踏板上，驾驶时应保持精力充沛、思想集中和操纵松弛自如姿势。工作时，一手握转向盘，一手握操纵手柄，两眼注视前方，根据需要，及时准确进行操纵
变速	1. 低速挡扭力大，速度慢，适宜起步、上坡和作业时使用。高速挡适用于运距较长或道路平坦情况下使用； 2. 行驶时，根据路况，及时调整转向盘，保持正确的行驶方向，通过控制油门踏板和换挡调整车速，且换挡时应平稳拨动变速杆； 3. 变速杆由一挡加到二挡或由二挡变到一挡时，可直接换挡；改变行车方向时，必须在停车后进行

续上表

项　目	操 作 步 骤
动臂升降	驾驶员根据作业要求，操纵动臂操纵杆；向后拉，动臂上升；动臂操纵杆处于中位位置，动臂停止动作；向前推，动臂下降，继续向前推，动臂浮动(随地面高低浮动)
铲斗翻转	驾驶员根据作业要求，操纵铲斗操纵杆；向后拉铲斗内翻转；操纵杆回中位，铲斗停止翻转；向前推，铲斗外翻转
停机	1. 踩下制动踏板，使装载机停车，拉动手制动操纵杆，将变速杆置于空挡，将铲斗放平落地； 2. 逐渐降低发动机转速至怠速，运转几分钟后，拉动熄火拉钮，使发动机熄火，然后断开电源总开关； 3. 坡道上停车应在轮胎的后(或前)方垫上楔形防滑物

装载机正常使用的主要数据　　表 2-39

部 位 名 称	技 术 标 准
发动机	1. 正常工作水温:80～90℃； 2. 机油温度:45～80℃； 3. 机油压力表读数:正常工作时 0.08～0.45MPa
变速器、变矩器	油压:1.00～1.57MPa；最高油温≤110℃
制动系统	最低气压:0.44MPa；工作气压:0.64～0.76MPa
电流表指示	发动机起动时，指针向左(－)摆动表示蓄电池放电；指针往右(＋)摆动表示发电机向蓄电池充电，且充电电流不应大于 10A

四、装载机施工技术

1. 铲装作业

装载机的铲装作业循环由铲装、运输、卸料和空回四个过程组成。

1)作业准备

(1)接通四轮驱动。

(2)挂上Ⅰ挡进行作业。

(3)清理作业场地，填平凹坑，铲除尖石等损坏轮胎和妨碍作业的障碍物。

2)铲装方式

根据物料种类、状态及位置的不同，可采用如下三种铲装方式。

(1)松散物料的铲装作业

使装载机以前进Ⅰ挡速度驶近料堆，铲斗底面与地面平行。当距离料堆 1m 时，下降动臂并将铲斗放至刚刚接触地面，徐徐加大油门前进使铲斗插入料堆中。作业时，铲斗不可插歪、插斜。要求对正、对准物料成直角接近。避免急剧冲装，油门不能开得太大。铲斗铲装过头会造成超载、打滑，降低作业效率。当铲斗切入料堆后，边前进边收斗，并配合动臂上升，以达到装满铲斗为止。装载后，将动臂举升至运输位置；再驶离工作面(装满斗后的装载机应尽量快停车，绝不允许继续往料堆方向前进)。当遇到阻力很大时，采用操纵铲斗或稍举动臂的方法以达到装满为止。其装载过程如图 2-88 所示。铲装作业时,铲斗与动臂操纵手柄在不同位置时的作业情况如图 2-89 所示。

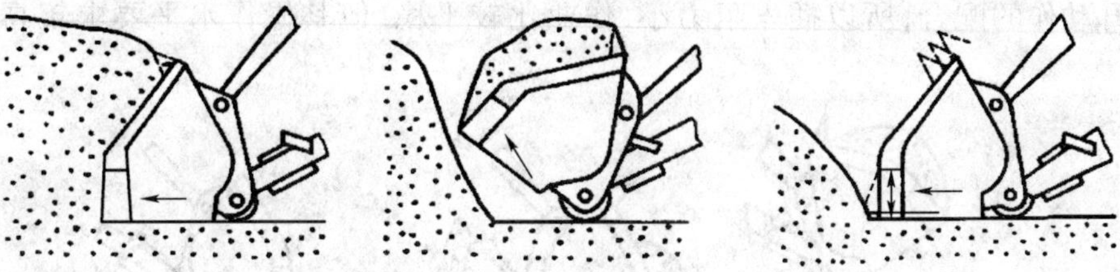

图 2-88 装载机铲装松散物料

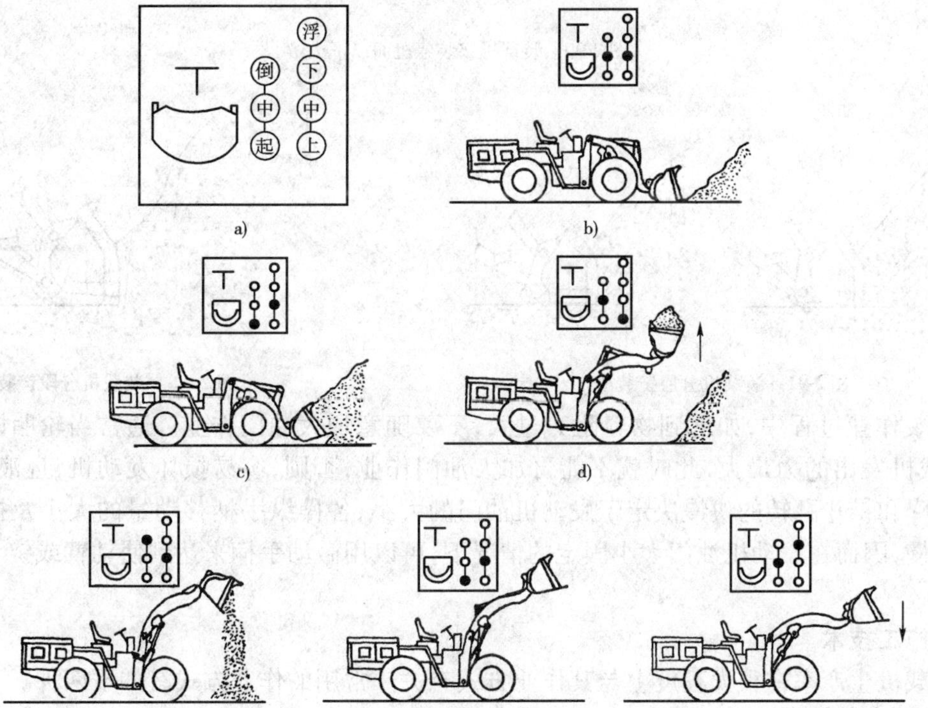

图 2-89 铲装作业过程

(2)铲装停机面以下物料(挖掘)

铲装时,须先将动臂略予提起,转动铲斗使其与地面成一定的铲土角(硬质地面 10°～30°,软地面 5°～10°),然后前进,使铲斗切入土内(如图 2-90 所示)。切土深度一般保持在 150～200mm,直至铲斗装满。装满收斗后,将铲斗举升到运输位置,再驶离工作面,运至卸料处。对于难铲装的土壤,可操纵动臂或铲斗使铲斗稍改变一下铲土角。

(3)铲装土丘作业

装载机铲装土丘时可采用分层铲装或分段铲装法。分层铲装时装载机向工作面前进(铲斗稍稍前倾),随着铲斗切入工作面,慢慢提升动臂,在铲斗刀刃离开料堆后,将铲斗转至运输位置,如图 2-91 所示。

如果土壤较硬,也可以采用分段铲装法,这种方法的特点是铲斗依次进行插入动作和提升动作。其过程是铲斗稍稍前倾,从坡角插入,随着铲斗插入工作面0.2~0.5m深,边继续慢速切入,边间断提升(微量)动臂,边翻转铲斗,直至装满斗。这种方法,由于插入不深,而且插入后又有提升动作的配合,所以插入阻力小,作业比较平稳,但其操作水平要求较高如图2-92所示。

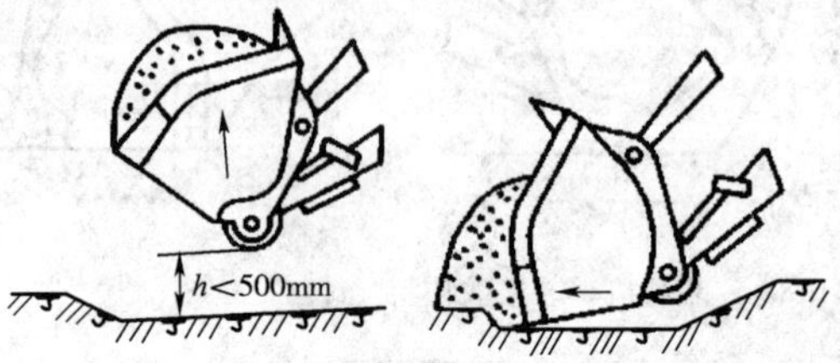

图2-90 装载机铲装停机面以下土壤

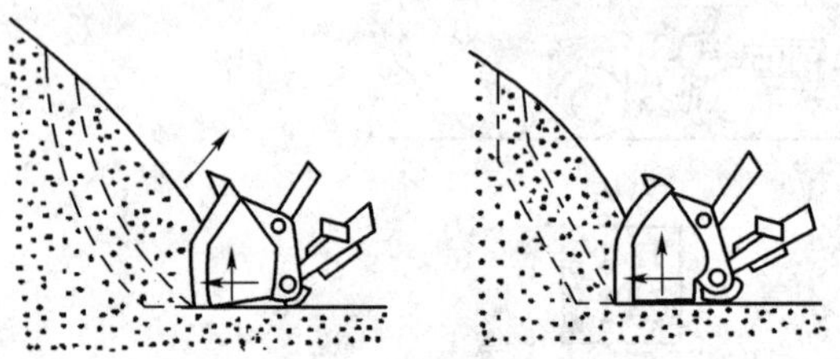

图2-91 装载机分层铲装法

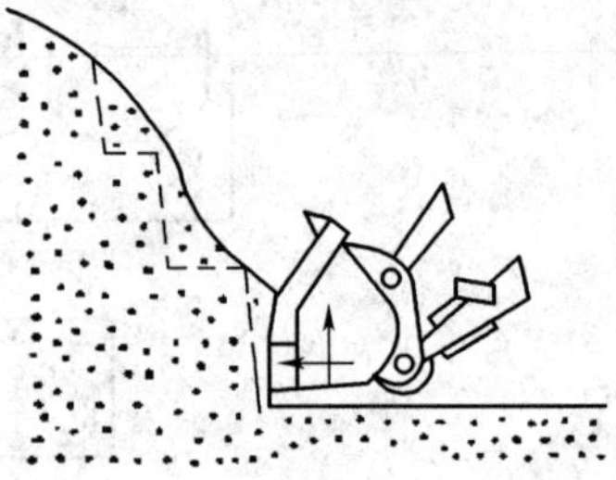

图2-92 装载机分段铲装作业

铲装作业过程中,如遇到物料阻力过大,不要随意加大油门作业。通常当轮胎即将打滑时,装载机发出的力最大,此时就不能再加大油门作业,否则,容易损坏发动机,且浪费燃料。动臂升降和铲斗翻转的快慢决定于发动机油门的大小、各操纵手柄移动量的大小及操作各手柄的快慢,因而在发动机油门大小固定的情况下,可以用微动手柄来达到使动臂或铲斗微动的目的。

2. 施工技术

装载机生产率在很大程度上与其作业方式有关。常用的作业方式有如下四种。

1)V形作业法

自卸运输车与工作面呈50°~55°布置,如图2-93所示,而装载机的工作过程则根据本身结构形式而有所不同。装满斗后,倒车驶离工作面,并掉头50°~55°垂直于自卸汽车,然后驶向自卸汽车卸载。卸载后装载机倒车驶离自卸汽车,然后掉头转向料堆,进行下一个作业循环。V形作业法作业循环时间短,在许多场合得到广泛应用。

2)I形作业法

自卸汽车平行工作面适时地作往复前进和后退,如图2-94所示,而装载机穿梭式地垂直于工作面前进和后退,所以该作业法又称穿梭式作业法。装载机装满斗后直线后退,同时举升铲斗到卸载高度,自卸汽车后退到与装载机垂直位置,然后装载机驶向自卸汽车并卸载。装载机卸载后自卸汽车向前行驶一段距离,以保证装载机驶向工作面进行下一个作业循环,直至自卸汽车装满为止。I形作业法省去了装载机的掉头时间,对于不易转向的履带式及整体车架轮式装载机比较适用,但增加了自卸汽车前进、后退的次数。因此,采用这种作业方式的装载机，作业循环时间取决于与其配合作业的自卸汽车驾驶员的操作熟练程度。

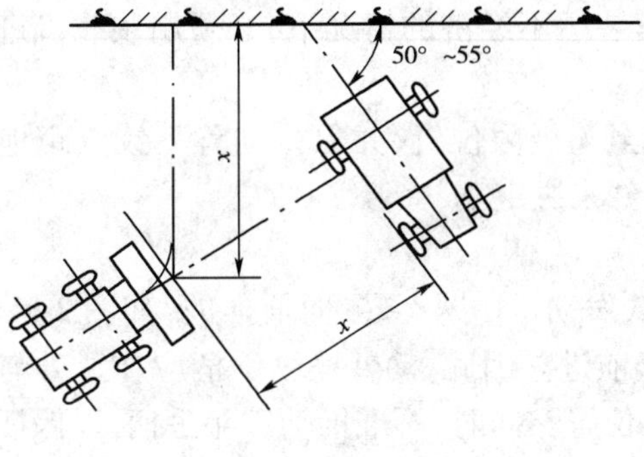

图 2-93 V 形作业法

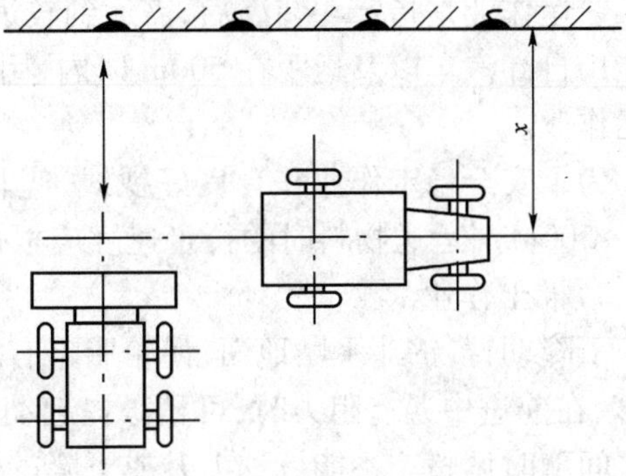

图 2-94 I 形作业法

3）L 形作业法

自卸汽车垂直于工作面如图 2-95 所示，但距离工作面较远。装载机铲装物料后倒退并掉头 90°，然后驶向自卸汽车卸载。空载的装载机后退并调转 90°，然后驶向料堆进行下一次铲装。这种作业方式运距较短，作业场地较宽时装载机可同时与两台自卸汽车配合工作。

4）T 形工作法

自卸汽车平行于工作面，如图 2-96 所示，但距离工作面较远。装载机铲装物料后倒退并调转 90°，然后再向反方向调转 90°驶向自卸汽车。

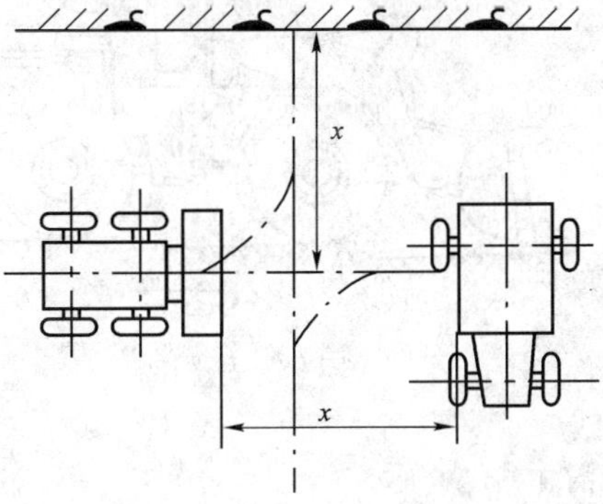

图 2-95 L 形作业法

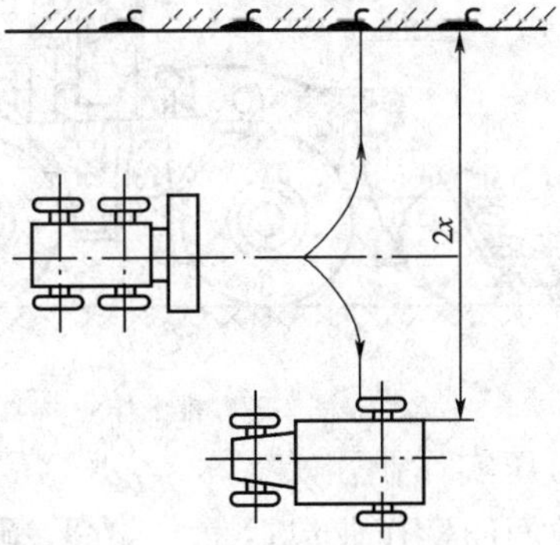

图 2-96 T 形工作法

根据作业场地情况，合理选择装载机的作业方式对其生产效率影响很大。选择作业方式的一般原则是，根据料场及料堆的大小，尽量做到装载机作业时的来回行驶距离短，转弯次数少。装载机的斗容量应与自卸汽车的车厢容积或装载重量相匹配，通常以 2 ~4 斗装满一车为宜。

3. 其他作业

1）卸载作业

装载机驶向自卸汽车或指定货场，并对准车厢或货台，逐渐将动臂提升到一定高度（使铲斗前翻不致碰到车厢或货台），操纵铲斗手柄前倾卸料（适当控制手柄，以达到逐渐卸料的目的）卸料时要求动作轻缓，以便减轻物料对自卸汽车的冲击。如果物料黏附在铲斗中，可往复扳动操纵手柄，让铲斗振动，使物料脱落。卸料完毕后，收斗倒车，然后使动臂下降进行下一个作业循环。

2)铲运作业

铲运作业是指铲斗装满后,需运到较远的地方去卸载。通常,在软路面或场地未经平整而不能用自卸汽车以及运距在500m以内,用自卸汽车装运不经济的情况下,必须用装载机进行铲运作业。

为了安全稳定作业和有良好视线,应将铲斗转至上极限位置,并保持动臂下铰点距地面400~500mm,运送物料时的行走速度应根据路面条件来决定。

3)推土作业

下降动臂,铲斗平贴地面,使轮胎略有浮起之感,发动机中速运转,向前推进(如图2-97所示)。在前进中遇有阻力时,可稍微提起动臂后继续前进。因此,动臂操纵手柄应在上升与下降之间随时调整。不能扳到上升或下降的任一固定位置。同时,不准推动铲斗手柄,以保证推土作业顺利完成。

4)刮平作业

铲斗向外翻转到底,使刀板触及地面。

硬质地面,动臂操纵杆应放在浮动位置,软质地面则应放在中间位置,变速杆接到后退挡,用铲斗刮平地面(如图2-98所示)。为了进一步加工地面,还可以进行精平,将铲斗内装上一些松软土壤,水平放在地面上,向左右缓慢蛇行,边走边压实,可弥补刮平后缺陷。与此方法类似的还有拖平作业,如图2-99所示。

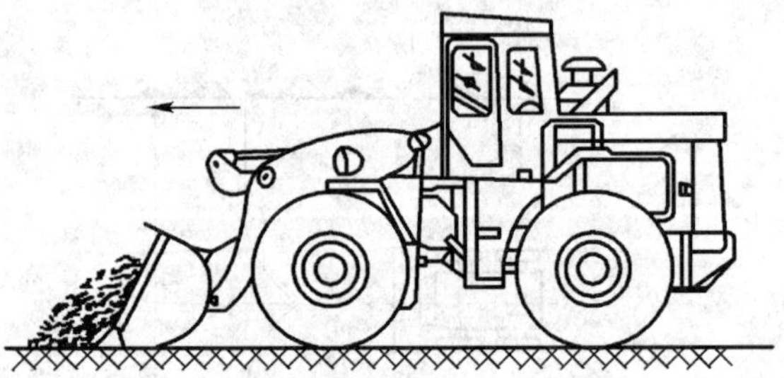

图2-97　推土作业

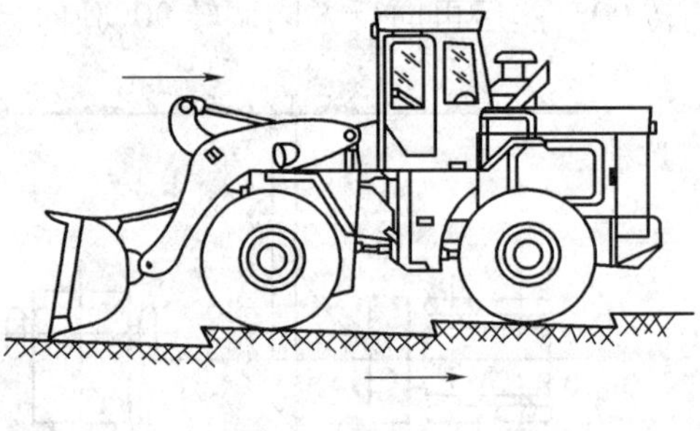

图2-98　刮平作业

5)压实作业

地面压实作业包括撒土、摊平、碾压与夯实等几道工序。

撒土时,土壤装入铲斗后,在斗底离地80cm处将铲斗向上翘起10°~15°,然后操纵变速杆,快速反复抖动,把所装土壤平均撒布在路面上,如图2-100所示。

撒土后,可利用机械自重前进、后退、往返行驶,进行碾压。经过撒土、摊平、碾压之后,即可夯实(用机体自重和斗底向地面拍打、夯实),如图2-101、图2-102所示。

6)堆土作业

用铲装的物料先做成1:5的斜坡,并充分压实,如图2-103所示。倾斜面不能过陡,否则会使作业效率下降。然后按照图2-104所示制作一个使装载机能在上面充分动作的顶面。顶面外周做成圆形作业场并有肩壁。在堆土前缘500mm处即可倾卸物料,然后用铲斗推到顶端而形成。

土肩以外应有足够的积土空地,以便向前扩张,扩大堆土面积。用装载机堆土比用推土机堆土效果更好,不仅可充分压实,而且能按照要求达到很好的堆土效果。

7）其他作业

装载机装上不同用途的工作装置后，还可以进行抓取物料、叉装木料等。这些作业可以用抓斗的剪切动作来完成，也可以换装专用装置后完成。

图 2-99　刮平后补土

4. 几种特殊作业工况的处理

1）在凹凸不平的路面行驶

在凹凸不平的路面行驶时，不能挂快速挡，而须慢速缓行，采用四轮驱动。行驶速度过快会引起不正常的冲击，而影响机械寿命。如果装载作业要求经常往返行驶，即便浪费时间，也要先整理路面，这样才能提高作业效率。

2）在软土地带行驶

在软土地带行驶时，要由人先去试走一下，并检查轮胎充气压力是否足够。确认可行时，再先让装载机前轮进入软土，机体重心略向前移动后即停车。验证前轮是否下陷后，再继续前进。如果轮箍已被埋入，则不能再行驶。在软土地带行车时，应尽可能直线行驶，切忌急转弯。如遇轮胎打滑，可略后退，避开打滑处再前进。

3）在坡道上行驶

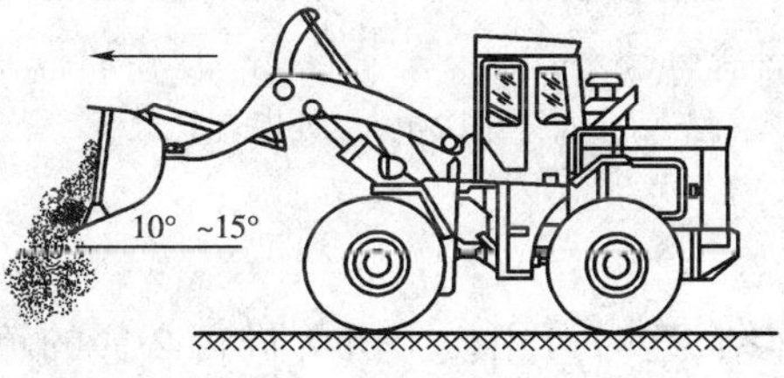

图 2-100　撒土

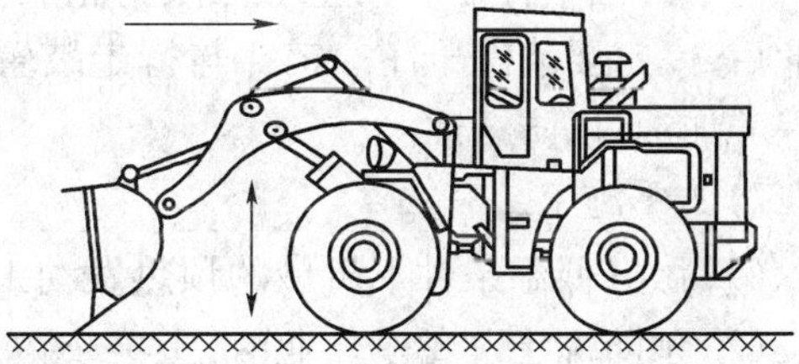

图 2-101　压实

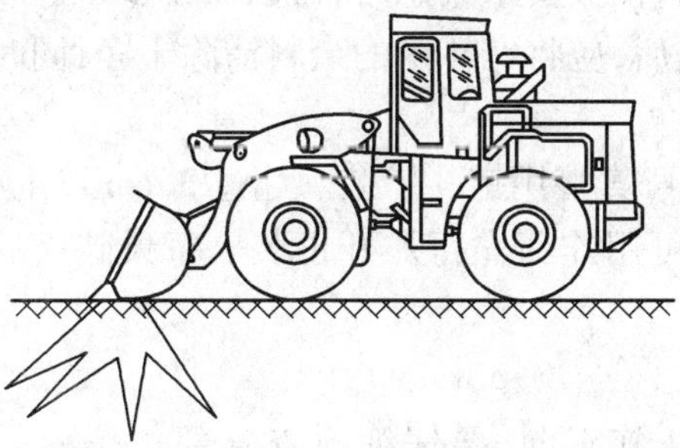

图 2-102　夯实

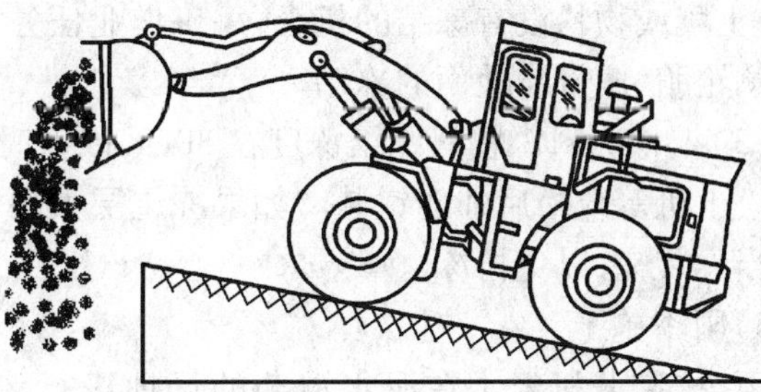

图 2-103　堆土作业

在比较陡的坡道上行驶时，要用四轮驱动、低速慢行。在坡道途中不能换挡，更不能利用惯性下滑，要随时注意制动。在坡道上横向行驶时，往往机体稳定性不好，要倍加小心，防止翻车事故。

4）处理陷车

装载机陷车后，可先将铲斗完全放倒，动臂全下放，使前轮浮起，再将机体后退，同时慢慢提起动臂。如此次反复多次操作，即可脱出，如图2-105所示。

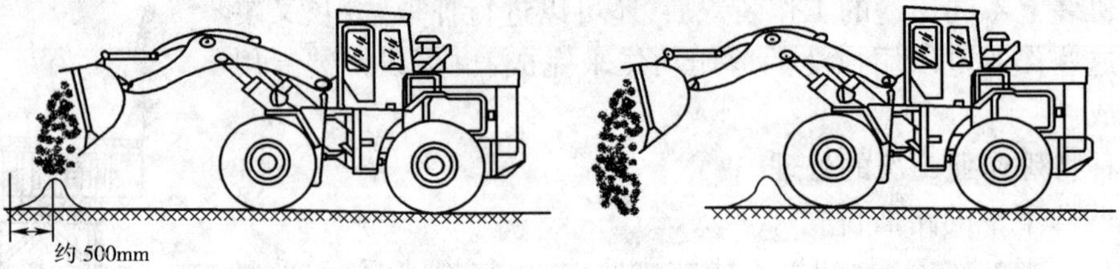

图2-104　准备工作面

5）夜间作业

装载机在夜间进行作业时，要特别掌握好行车速度，并与照明配合好。无论物料远近，都会引起错觉。此时，仪表灯和尾灯及前、后大灯都要利用上。一切可以利用的场地照明也不要放弃。作业过程中要经常注意其他车辆，尽可能不要靠近。倒车时更要加倍注意。

夜间作业时，应带有手电筒。必要时，可发出故障信号，确保作业安全。

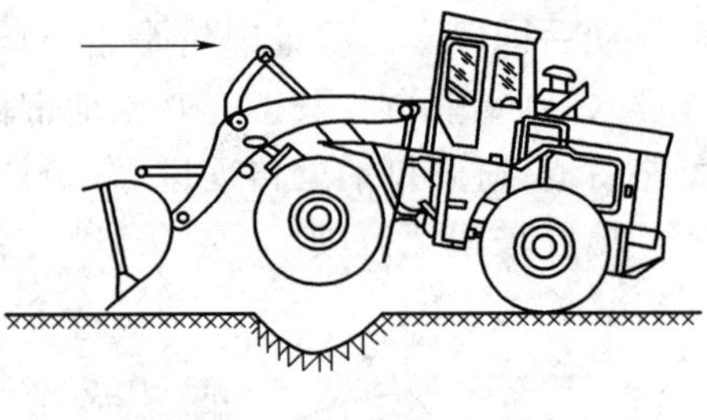

图2-105　处理陷车

6）水中作业

轮式装载机在水中作业前，应将发动机、变速器、前后桥的下部油堵拧好。作业水深限为轮胎直径的一半。作业后，一定要清洗干净。铲斗与行走装置各部分须进行保养加油，以防锈蚀。

7）冬季施工

（1）做好低温条件下机械的预热发动工作。

（2）预防冻土。冬季作业时，土壤或物料往往被冻结，这时可用松土机等进行必要的疏松工作；此外，应尽可能在冬季前安排薄土层区域施工，留下厚土层区域进行冬季施工；暂时可不施工的区段，应用草垫等保温材料加以覆盖，防止冻结；任务要求紧急时，可以安排多班连续作业，使土壤或物料没有冻结的机会；每班作业任务完成后，应将铲斗内的余料清除干净，同时还要注意轮胎、履带与地面的冻结。

（3）铲挖冻料。物料冻结深度在30cm以上时，仍可直接用铲斗铲装。超过30cm以上时，须用松土机等疏松后才能铲装。如果冻土层太厚，则可用炸药先行炸开再装。每天破松的冻土应当天装完，以免再冻。

8）雨季施工

雨季，装载机经常在泥水混杂的场地进行作业。施工前，要仔细检查各部位螺栓是否紧固。必要时涂以防锈油，以防锈蚀。发现机械任何部位有积水，都必须及时排除。工作完毕要仔细清洗，检查零部件损坏情况，连接螺栓是否松动；并加足润滑油，要特别注意加油点、用具、油脂等处的清洁；检查轮胎轮毂及履带行走机构、最终传动部分是否有积水。发现问题及时解决。雨天还要注意检查空气滤清器的纸质滤芯，如发现堵塞、变质或损坏，应及时清除或更换。

雨季使用装载机必须注意防塌、防潮、防风、防滑等，确保安全作业。施工现场应保持平整,并准备一定的排水坡度,以防积水;雨后,应将局部坑凹处的积水排除干净。无法排水时,用抽水机将水抽出或备一个积水坑,将水引走;为了提高作业效率,应用炉渣等防滑材料铺垫道路。自卸汽车装车前,也可在车箱内撒铺一些炉渣。使土壤或物料不致粘在车厢上;卸料区需碾压时,应在当天下班前用推土机或装载机铲斗推平压实,以免雨后淋湿,第二天无法作业。雨后路滑,装载机应与汽车保持一定距离,防止因路滑而造成撞车事故;山地施工要注意预防塌方;机械停放也不要距离坑边太近,以防翻车事故发生。

五、装载机生产率的计算

1. 装载作业生产能力计算

(1)装载机进行装载作业的生产能力可按式(2-10)计算。

$$Q = \frac{3\,600 q_0 K f \eta}{T_m} \tag{2-10}$$

式中:Q——生产能力(m^3/h);

q_0——铲斗容量(m^3);

K——铲斗系数,可按表2-40选取;

f——土量换算系数,可按表2-41及表2-42;

η——作业效率,一般取$\eta = 0.4 \sim 0.7$;

T_m——循环时间(s)。

铲 斗 系 数　　　表2-40

物料土种类	K	备　注
岩块 卵石	0.40 ~ 0.60	堆积状物料、容易铲装物料取上限值
砾质土	0.50 ~ 0.0	
砂	0.60 ~ 1.00	
普通土	0.50 ~ 0.90	
黏性土	0.40 ~ 0.60	

土 量 换 算 系 数　　　表2-41

q \ Q	原 土 量	松 土 量	压实后土量
原土量	1	L	C
松土量	$1/L$	1	C/L
压实后土量	$1/C$	L/C	1

表中:Q—— 单位时间的作业量(m^3/h);

q—— 一个作业循环的标准作业量(m^3);

L、C—— 土量变化率,见表2-42。

土量变化率 表 2-42

名称		L	C
岩石	硬岩	1.65 ~ 2.00	0.30 ~ 1.50
	中硬岩	0.50 ~ 1.70	0.20 ~ 1.40
	软岩	1.30 ~ 1.70	0.00 ~ 1.30
	岩块、卵石	1.10 ~ 1.20	0.95 ~ 1.05
砾质土	砾	0.10 ~ 1.20	0.85 ~ 1.05
	砾质土	1.10 ~ 1.30	0.85 ~ 1.00
	紧固的砾质土	1.25 ~ 1.45	1.10 ~ 1.30
砂	砂	1.10 ~ 1.20	0.85 ~ 0.95
	岩块含卵石的砂	1.15 ~ 1.20	0.90 ~ 1.00
普通土	砂质土	1.20 ~ 1.30	0.85 ~ 0.95
	岩块含卵石的砂质土	1.40 ~ 1.45	0.90 ~ 1.00
黏性土等	黏性土	1.20 ~ 1.40	0.85 ~ 0.95
	砾质黏性土	1.30 ~ 1.40	0.90 ~ 1.00
	岩块含卵石的黏性土	1.30 ~ 1.40	0.90 ~ 1.00

循环时间 T_m 可按式(2-11)计算。

$$T_m = ml + t_1 + t_2 \tag{2-11}$$

式中：m——行走机构系数(s/m)；

l——单程搬运距离(m)；

t_1——铲斗举升时间(s)；

t_2——装载、换挡、准备等时间(s)。

m、t_1、t_2 可由表 2-43 中选取。

循环时间算式中系数值 表 2-43

系数	履带式		轮胎式		备注
	铲装堆积物	铲挖原积土	铲装堆积物	铲挖原积土	
m	2.0		1.8		
t_1	5 ~ 12	22 ~ 40	6 ~ 20	24 ~ 45	装载容易时取上限值
t_2	12 ~ 20		12 ~ 20		初算时取 15s

(2)装载机进行装载作业的生产能力也可按式(2-12)计算。

$$Q = \frac{3\ 600 V_H \rho K_t K_m}{T_m} \tag{2-12}$$

式中：Q——生产能力(t/h)；

V_H——额定斗容(m^3)；

ρ——物料密度(t/m^3)；

K_t——时间利用系数，一般取 $K_t = 0.75 \sim 0.85$；

K_m——铲斗装满系数，可按表 2-44 选取。

铲斗装满系数　　表 2-44

物料种类和状态	K_m	物料种类和状态	K_m
松散、成堆的砂和土	1.0 ~ 1.25	石块、卵石、砾石	0.45 ~ 0.65
松散、堆积的砂、砂壤土、黏土等	0.75 ~ 1	成堆碎石、硬黏质土、凝固砾质土	0.65 ~ 0.75

T_m 可根据作业方式和物料种类、状态确定：

V 形作业：$T_m = 11 + d + 1.6X$

I 形作业：$T_m = 10 + d + 1.6X$

对于普通成堆的砂，$d = 0$；碎石（20mm 以下）砂、小砂砾，$d = 2$；碎石（50mm 以下）、天然状态小砂砾、黏土，$d = 4$。X 为距离，单位 m。初步计算时可取 $T_m = 20$s。

2. 轮胎式装载机配合搅拌设备上料的作业能力计算

作业能力可按式（2-13）计算。

$$Q = \frac{3\,600 q_0 K \eta}{T_m} \tag{2-13}$$

式中：Q——生产能力（m^3/h）；

q_0——铲斗容量（m^3）；

K—— 铲斗系数，取 0.8；

η——作业效率，取 0.6 ~ 0.8；

T_m——循环时间（s）。

T_m 可按式（2-14）计算。

$$T_m = \frac{l_0}{v_1} + \frac{l_0}{v_2} + t \tag{2-14}$$

式中：l_0——料堆至搅拌机配料斗距离（m）；

v_1——前进速度，取 0.18 ~ 0.22m/s；

v_2——返回速度，取 0.24 ~ 0.25m/s；

t——固定时间，即旋转、装斗、翻斗时间，一般取 35s。

六、影响生产率的因素分析

从上述有关的装载机作业方式、施工组织及生产率计算中可以看出，要想提高装载机的生产率，必须做到以下几个方面：

（1）尽可能地缩短作业循环时间，减少停车时间。疏松的物料，用推土机协助装填铲斗，可在某些作业中，降低少量循环时间。

（2）运输车辆不足时，装载机应尽可能进行一些辅助工作。如清理现场，疏松物料等。

（3）若运输车辆的停车位置距离装载机在 25m 的合理范围内，装载机到运输车辆的运行距离对循环时间影响不大。

运距为 100 ~ 150m 时，生产能力降低十分显著；100 ~ 150m 以上时，生产能力降低也不太明显。如图 2-106。

（4）装载机与运输车辆的容量应尽量选配适当。

(5)作业循环速度不宜太快,否则不能装满斗。每个作业现场的装载作业应平稳而有节奏。

(6)大功率装载机宜作运岩石之用,小功率装载机宜作装运松散物料。

(7)根据实际情况估算的生产率,大约平均等于理论值的60%。

(8)行走速度要合理选择。装有物料的装载机从作业地点到汽车停车处,运距在16m和25~30m时,行走速度约为2.3~6.56km/h,空回程时,可为2.5~6.85km/h,空行程为12.7~17.2km/h。一般来说,装载机行走速度增加1km/h,其生产能力就会提高12%~21%。如图2-107。

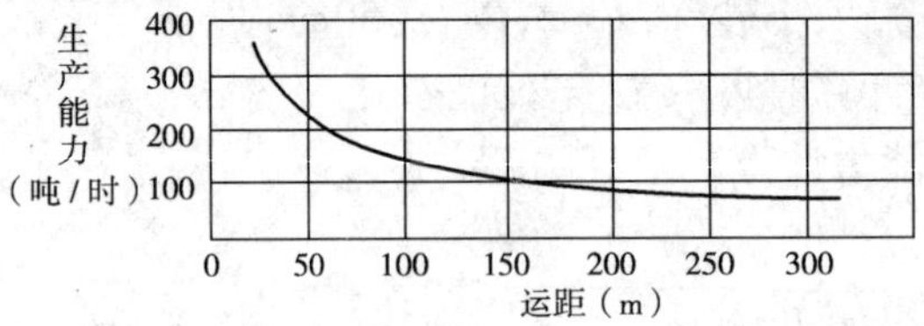

图2-106 装载机生产能力与运距的关系

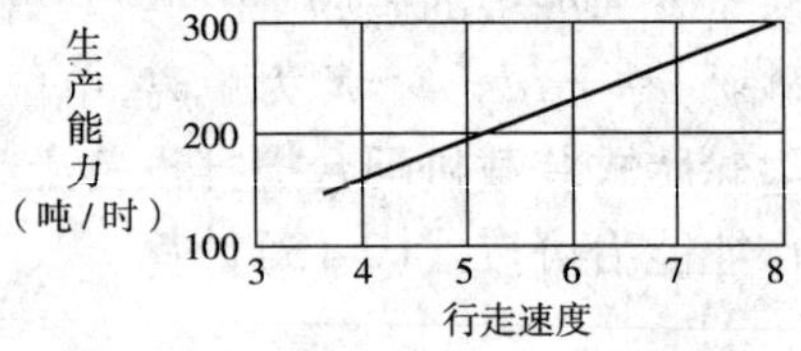

图2-107 装载机生产能力与行走速度的关系

七、装载机安全操作要点

1. 基本要求

(1)操作人员必须经过培训,掌握所操作机械的性能构造、操作方法、例保知识以及操作规程,经考试合格获得操作证后,方可独立操作机械。

(2)使用和操作装载机之前必须熟读与该型号装载机有关的各种技术文件和资料,了解机器的性能与结构特点。掌握每根操纵杆和操纵手柄及各种仪表的位置和作用。以便合理使用机器,提高使用寿命和劳动生产率。

(3)操作人员不能擅离工作岗位,不准将机械设备交给无本机种操作证的人员操作。

(4)操作人员在工作中必须穿戴劳动保护用品。

(5)操作人员应熟悉有关工作施工规范,服从现场施工管理人员的指挥管理,保质保量地完成工作施工任务。

(6)操作人员对违反机械操作规程规定的指挥调度,有权拒绝执行,任何组织和个人不得强迫操作人员违章作业。

(7)操作人员必须严格执行工作前的检查制度、工作中的观察制度和工作后的检查保养制度。

(8)操作人员应认真准确地填写运转纪录、交接班纪录或工作日志。

(9)多班作业要有交接班制度,并要交代清楚机械设备的运转情况、润滑保养情况及施工技术要求等。

(10)严禁操作人员酒后操作机械设备。

(11)驾驶室或操作室内保持整洁,禁放易燃易爆品和其他杂物。

(12)使用的柴油必须纯洁并经过72h的沉淀,柴油牌号应符合规定的质量要求。

(13)变速箱、变矩器、液压系统、柴油机等必须按《使用说明书》的要求清洁用油。

(14)在寒冷地区、寒冷季节工作时,需要保温的机械设备,要及时配备保温用品。

2. 作业前的准备

(1)检查轮胎的完好情况及气压是否符合规定标准。

(2)机械在发动前,先将变速杆置于浮动位置,然后再起动发动机。

(3)发动机起动后,空运转待水温达到55℃及气压表达到0.44MPa后再起步行驶。

(4)一般气温在5℃以下,发动机起动前应用热水或蒸汽进行预热,待预热到30~40℃以上在起动。

(5)作业前,先做无负荷运转3~5min,检查各部是否完好,确认一切正常后,再开始装载作业。

(6)作业前,应检查作业场地周围有无障碍物和危险品,并将施工场地进行平整,便于装载机和汽车的出入。

3. 作业和行驶要求

(1)除驾驶室外,机上其他地方严禁乘人。

(2)装载时铲斗的装料角度不宜过大,以免增加装料阻力。

(3)装料时应低速进行,不得采用加大油门,高速将铲斗插入料堆的方式进行。

(4)装载时驱动轮如有打滑现象,应微升铲斗再装料,如某些料场打滑现象严重,应使用防滑链条。

(5)在土质坚硬的情况下,不宜强行装料,应先用其他机械松动后,再用装载机装料。

(6)向车上卸料时,必须将铲斗提升到不会触及车厢挡板的高度,严禁铲斗碰撞车厢。

(7)向车内卸料时,严禁将铲斗从驾驶室顶上越过。

(8)当操纵动臂与转斗达到需要位置后,应使操纵阀杆置于中间位置。

(9)装载机不能在坡度较大的场地上作业。

(10)在装载作业中,应经常注意液力变矩器油温情况,当油温超过正常油温时,应停机降温后再继续作业。

(11)装载机一般应采用中速行驶,在平坦的路面上行驶时,可以短时间采用高速挡,在上坡及不平坦的道路上,应采用低速挡。

(12)高速行驶用两轮驱动,低速铲装用四轮驱动,接、脱后驱动桥时,必须在停车后进行。

(13)不得将铲斗提升到最高位置运输物料,运载物料时应保持动臂下交点离地400~500mm,以保证稳定行驶。

(14)通过桥涵时,应先注意交通标志所限定的载重吨位及行驶速度,确认可以通过时再匀速通过,在桥上应避免变速、制动和停车。

(15)涉水时,应在发动机正常有力,转向机构灵活可靠的情况下进行,并应对河流的水深、流速及河床情况了解后再通过,涉水深度不得超过发动机油底壳。

(16)涉水后应立即停机检查,如发现因涉水造成制动失灵,则应进行连续制动,利用发热蒸发掉制动器内的水分,以尽快使制动器恢复正常。

(17)操作人员离开驾驶室时,必须将铲斗落地。

(18)山区行驶可接通拖起动操纵杆,以防止发动机熄火及保证液压转向,拖起动必须正向行驶(ZL50装载机可接通"三合一"机构操纵杆)。

ZL50装载机在3°~4°的长坡道上向下运行时,可采用排气制动。先接通"三合一"操纵杆。此时，发动机熄火，由车轮带动发动机起制动作用。需停止排气制时，可打开停车操纵杆，靠机器惯性再起动发动机。

(19)机械设备夜间作业时，作业区内应有充分的照明。

(20)严禁机械设备带病作业或超负荷运转。

(21)新配备的或大修后的机械设备开始使用时，应按规定执行走合期制度，在走合期内要按规定减载、限速。走合期满后要按规定进行检查保养。

(22)在公路或城市道路上行驶的机械、车辆，必须严格遵守交通规则和国家其他有关规定。

4. 作业后要求

(1)装载机应放在平坦、安全、不妨碍交通的地方，并将铲斗落地放平。

(2)停机前，发动机应怠速运转5min，切忌突然停车熄火。

(3)机械设备在施工现场停放时，必须选择好停放地点，关闭好驾驶室，有驻车制动装置的要拉上驻车制动，坡道上要打好掩木或石块，夜间要有专人看管。

(4)按规定对装载机进行保养。

(5)机械设备在保养或修理时，要特别注意安全，禁止在机械设备运转中冒险进行保养、修理、调整作业，禁止在工作机构没有保险装置的情况下，到工作机构下面工作。

(6)要妥善保管长期停放或封存的机械设备。定期发动检查，确保机械设备经常处于完好状态。

八、部分常见机型的技术参数

部分常见机型的技术参数见表2-45、表2-46、表2-47。

德工轮式装载机主要技术性能参数 表2-45

型号		ZL16	ZL30G	ZL50G—II	ZL50F—III	DG936高效型	DG958高效型
铲斗容量	标准斗容量(m^3)	0.9	1.7	2.7	2.7	1.7	2.7
	装煤斗容量(m^3)		2.2	4	4	2.2	4
最高车速(km/h)		27	35	38	38	35	38
额定负荷(t)		1.6	3.0	5.0	5.0	3.0	5.0
操作质量(t)		5.8	10.5	17	17	10.5	17
发动机	型号	ZH4100 G14-3	6110/125G5-10	WD615 67G3-28	WD615 67G3-28	6110/125G5-10	WD615 67G3-28
	额定功率(kW)	45		162	162	81	162
	额定转速(r/min)	2 400	2 200	2 200	2 200	2 200	2 200
	最大掘起力(kN)	49	96	181	181	96	181
工作装置动作时间三项和S		8	9.5	11.6	11.6	9.5	11.6

续上表

型　号		ZL16	ZL30G	ZL50G—II	ZL50F—III	DG936 高效型	DG958 高效型
外形尺寸(长×宽×高)(mm×mm×mm)		5 430×2 054×2 757	7 068×2 484×3 193	7 934×3 027×3 395	7 934×3 027×3 395	7 068×2 484×3 193	7 934×3 027×3 395
燃油容量(L)		90	160	280	280	160	280
卸载距离	标准动臂(mm)	850	955	1265	1265	906	
	加长动臂(mm)		886	1231	1231	886	
卸载高度	标准动臂(mm)	2 460	2 872	3 040	3 040	3 057	
	加长动臂(mm)		3 200	3 220	3 220	3 200	

柳工轮式装载机主要技术性能参数　　表 2-46

型　号		ZL100C	ZL15C	ZL50C	ZL40B	ZL30F	ZL50G
性能参数	飞轮功率(kW)	298					
	额定斗容(m^3)	5.4	0.81	3.0	2.2	1.7	3
	额定载质量(装卸叉/侧卸)(kg)	10 000	1 500	5 000/4 600	4 000	3 000	5 000
	铲斗宽度(mm)	3 645		2 750			
	轮距(mm)	2 591					
	轮胎外侧宽度(mm)	3 520					
	轴距(mm)	3 810					
	爬坡能力(°)		30	30	30		
	升到最高点和用45°卸载高度(装卸叉/侧卸)(mm)	3 725			2 650/2 640	2 788	
	升到最高点和用45°卸载距离(mm)	1 685			1 430(1 100)	1 032	
	动臂伸平和铲斗放平时的伸出距离(mm)	3 463					
	挖掘深度(mm)	72					
	外形尺寸(长×宽×高)(装卸叉/侧卸)(mm×mm×mm)	10 340×3 520×6 520	5 207×2 030×3 482	8 340×2 750×3 440	7 378×2 470×3 337	6 796×2 456×4 267	8 060×2 976×5 225

续上表

型号			ZL100C	ZL15C	ZL50C	ZL40B	ZL30F	ZL50G
性能参数	最小转弯半径(mm)		8 610	5 000		6 430	5 780	6 147
	铲斗倾翻载荷(全转35°)(kN)		236		105	80.8	68	
	掘起力(kN)		363	48	160	110	101	158
	最大牵引力(kN)			50	138	120		138
	整机质量(装卸叉/侧卸)(kg)		42 000	5 800	17 500/18 000	15 000/15 500	10 800	16 800
发动机	型号		康明斯 KT119－C450	K4100K	DF6135－9AL	6135－11A	610/125G5－6(无锡)	上柴 D6114ZGB
	功率(kW)		336	45	154.5	118	92	158
	最大转矩(kN·m)			206	74 935	580	464	769
	转速(r/min)	额定	2 100	2 400	2 200	2 200	2 200	2 200
		最大转矩时					1 400/1 500	
速度(前进/后退)(km/h)	1挡		0~7.3	0~10	最大34	最大35		0~6.5
	2挡		0~12.7	0~26				0~11.5
	3挡		0~21.5					0~23
	4挡		0~36.8					0~37

厦工轮式装载机主要技术性能参数 表2-47

型号		ZL40D~II	ZL50C~II	ZL40E	ZL50E	ZLC50	ZLJ50
铲斗容量(m^3)		2	3	2.2	3	2.3	
额定负荷(t)		4	5	4	5	4.0	5
铰接转向角度(°)		±35	±35				
前进(km/h)	一挡	0~11	0~11.5				
	二挡	0~35	0~36				
倒退挡		0~15	0~16				
回转半径(mm)		6 228	6 650				
最大卸载高度(mm)		2 820	2 950	2 820	2 950	2 920	2 835
卸载距离(mm)		1 045	1 290	1 060	1 290	1 390	1 540
最大倾斜角(°)		45	45	45	45	45	45

续上表

型号		ZL40D ~ II	ZL50C ~ II	ZL40E	ZL50E	ZLC50	ZLJ50
外形尺寸	长(mm)	6 940	7 310	7 100	8 050	7 340	7 480
	宽(mm)	2 585	2 870	2 585	2 870	3 040	2 870
	高(mm)	3 220	3 240	3 200	3 360	3 240	3 240
轴距(mm)		2 685	2 760	2 900	3 200	2 760	2 760
轮距(mm)		2 060	2 240	2 060	2 210	2 240	2 240
举升时总高度(mm)		4 870	5 250	4 608	5 220	6 710	5 445
发动机型号		6135K ~ 13	6135K ~ 9a	6135K ~ 13E	6135K ~ 9a	6135K ~ 9a	6135K ~ 9a
额定功率(kw)		125	154.5	130	154.5	154.5	154.5
额定转速(r/min)		2 000	2 200	2 100	2 200	2 000	2 200
整机质量(t)		12.8	17	13.4	17.5	17.8	16
轮胎规格		20.5 ~ 25	23.5 ~ 25	20.5 ~ 25	23.5 ~ 25	23.5 ~ 25	23.5 ~ 25

课题五 平 地 机

一、平地机的功用、分类与适用范围

1. 功用

平地机(如图 2-108 所示)是一种装有以铲土刮刀为主,配备其他多种可换作业装置,进行刮平和整形连续作业的工程机械。平地机的铲土刮刀,较推土机的推土铲刀灵活,它能连续进行改变刮刀的平面角和倾斜角,使刮刀向一侧伸出,可以连续进行铲土、运土、大面积平地、挖沟、刮边坡等作业。平地机其他可换作业装置有耙子、推土铲刀、犁扬器、延长刮刀、扫雪器等。在机场和交通设施建设中的大面积、高精度的场地平整工作中,平地机更是其他机械所不可替代的。图 2-109 为 PY180 平地机的外观图。其主要性能见表 2-48。

图 2-108 PY165C 平地机

图 2-109 PY180 平地机

PY180 平地机的主要性能 表 2-48

名称		参数	名称		参数	名称		参数
发动机	型号	6110Z－2J	回转装置	回转角(°)		前轮前桥	前轮偏转角(°)	
							前轮倾斜角(°)	
	功率(马力)	180					前轮摆动角(°)	
	转速(r / min)	2 600		驱动形式			前桥底隙(mm)	
机重	整机质量(kg)	13 600	变速器	操纵形式				
	前轮承重(kg)	3 750		挡位数量	F6/R3	制动系统	制动器	蹄式
	后轮承重(kg)	9 850		前进速度(km/h)	6.2～42.3		操纵方式	气液式
刮土铲刀	宽高(mm)	3 965×610		后退速度(km / h)	6.2～30.3	车轮总数		6
	最大提升高度(mm)		液压系统	泵	HB	驱动轮数		4
	最大切土深度(mm)	500		压力(MPa)		轮胎	前轮	17.5～25P R14
	最大倾斜角(°)			流量(L / min)				
左右轮距(mm)		2 150	最小转弯半径(m)				轮胎	

2. 分类

1)按操纵方式分类

按操纵方式有机械操纵式平地机和液压操纵式平地机两种,平地机大都采用液压操纵式。国产平地机产品分类和型号如表 2-49 所示。

国产平地机产品分类和型号 表 2-49

类	型	特性	产品名称及代号	主参数	
				名称	单位
铲土运输机械	平地机(P)	Y(液)	机械式平地机(P)	功率	PS(kW)
			液压式平地机(PY)		

2)按车轮分类

不论哪种平地机均为轮胎式,按车轮数、驱动轮对数和转向轮对数,平地机分六轮平地机和四轮平地机。

(1)六轮平地机有:3×2×1 型——前轮转向,中后轮驱动;3×3×1 型——前轮转向,全轮驱动;3×3×3 型——全轮转向,全轮驱动。

(2)四轮平地机有:2×1×1 型——前轮转向,后轮驱动;2×2×2 型——全轮转向,全轮驱动。

驱动轮对数越多,在工作中所产生的附着牵引力越大;转向轮越多,平地机的转弯半径越小。因此,上述五种型式中 3×3×3 型性能最好,大中型平地机多采用这种形式。2×2×2 型和 2×1×1 型均在轻型平地机中用。目前转向轮装有倾斜机构的平地机获得了广泛的应用。装设倾斜机构后,在斜坡上工作时,车轮的倾斜可提高平地机工作时的稳定性;在平地上转向时,能进一步减小转弯半径。

3）按机架结构形式分类

按机架结构形式有整体机架式平地机和铰接机架式平地机。

整体机架式有较大的整体刚度，但转弯半径较大。传统的平地机多采用这种机架结构。目前生产的平地机大都采用铰接式机架，它的优点是：

（1）转弯半径小，一般比整体的小40%左右，可以容易地通过狭窄地段，能快速掉头，在弯道多的路面上尤为适宜。

（2）采用铰接式机架可以扩大作业范围，在直角拐弯的角落处，刮刀刮不到的地方极少。

（3）在斜坡上作业时，可将前轮置于斜坡上，而后轮和机身可在平坦的地面上行进，提高了机械的稳定性，作业比较安全。

4）按铲刀长度或发动机功率等分类

按铲刀长度或发动机功率可分为轻型、中型、重型三类，见表2-50。

平地机的分类　　表2-50

类　型	铲刀长度（m）	发动机功率（kW）	质量（kg）	车轮数
轻型	≤3	44～66	5 000～9 000	四轮
中型	3～3.7	66～110	9 000～14 000	六轮
重型	3.7～4.2	110～220	14 000～19 000	六轮

3. 适用范围

1）平地机的特点

平地机是一种高速、高效、高精度、多作业、多用途自行式铲土运输机械，所以是由多种系统组合而成的多功能机械。

平地机的刮刀比推土机的铲刀具有更大的灵活性，它能连续改变刮刀的平面角和倾斜角，并可使刮刀向任意一侧伸出，因此，平地机是一种多用途的连续作业式土方机械。

除了具有作业范围广、操纵灵活、控制精度高等特点外，平地机在作业过程中空行程时间只占15%左右，有效作业时间明显高于装载机和推土机，因此，平地机是一种高效的土方施工机械。

现代较为先进的平地机上安装有自动调平装置，如图2-110所示。平地机上应用的自动调平装置是按照施工人员给定的要求（如斜坡、坡度等，预设基准）机器按照给定的基准自动地调节刮刀作业参数。采用自动调平装置，除了能大大地减轻司机作业时的疲劳外，还具有很好的施工质量和经济效益。由于作业精度高，使作业循环次数减少，节省了作业时间从而降低了机械使用费用。又由于路面的刮平精度或物料铺平的精度提高，物料的分布比较均匀，可以节省铺路材料，提高铺设质量。

2）适用范围

在公路施工中，平地机是一种能够从事多种作业的土方工程机械，用来进行路基基底处理，完成草皮或表层剥离；从路线两侧取土填筑高度小于1m的路堤；整修路堤的横断面；修刮边坡；开挖路槽和边沟；在路基上拌和、摊铺路面基层材料。平地机可以用于整修和养护土路，清除路面

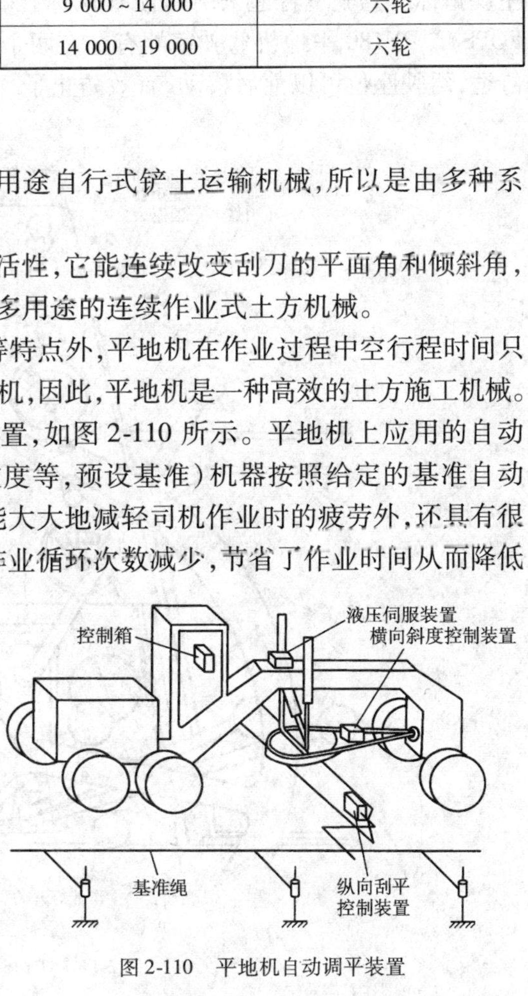

图2-110　平地机自动调平装置

积雪。在机场和交通设施建设中的大面积、高精度的场地平整工作中，更是其他机械所不可替代的。

平地机是一种铲土、运土、卸土同时进行的连续作业机械。主要工作装置是刮刀，它可以调整四种作业动作，即刮刀平面回转、刮刀左右端升降、刮刀左右引伸和刮刀机外倾斜，来完成刮刀刀角铲土侧移、刮刀刮土侧移、刮刀刮土平移和机身外刮土等作业。

二、平地机的工作过程

1. 平地机的基本操作

平地机的基本操作包括驾驶、铲土角的选择、刮刀回转角的选择、前轮倾斜的运用等参数的选择和调整，作业前必须根据实际施工对象和施工条件进行选择和调整，这是平地机作业前的最基本的操作。

1）驾驶室与操作台

（1）驾驶室

驾驶室作为驾驶员的工作室和操作控制室，其安全性、操作舒适性和噪声控制是其好坏的主要指标。驾驶室普遍采用符合 DIN 标准和 ISO 标准的防倾翻和防落物保护装置（POPS / FOPS）。PY180 平地机驾驶室配有左右两个滑动拉门，防噪声、防振动，配置冷暖风装置，操作舒适，驾驶座位可以前后移动，有效防止了驾驶员的操作疲劳。图 2-111 为 其操作台布置图。

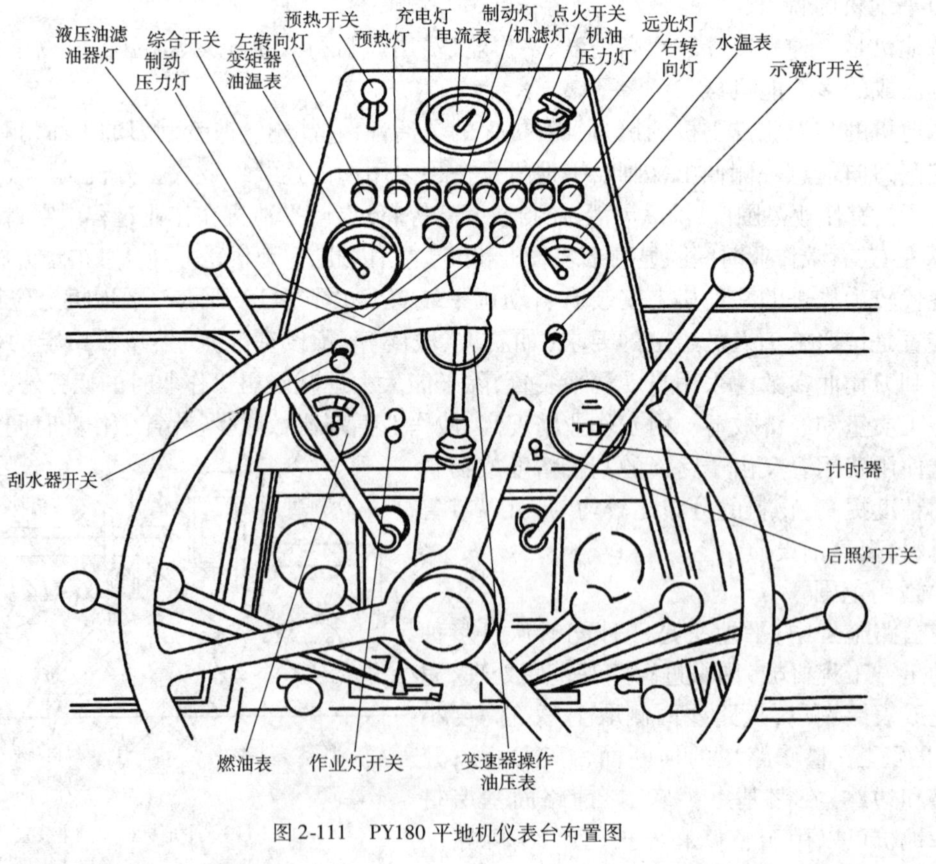

图 2-111　PY180 平地机仪表台布置图

(2)仪表和操作杆的作用

①总电源开关。是机械电源的总开关,有“断开”和“接通”两个位置。

②起动开关。是各种仪表、预热、指示灯和发动机起动的总开关,顺时针旋转Ⅰ挡时,各种仪表和指示灯接通。

③仪表。

a. 变矩器出口温度表:出口温度表是反映变矩器工作液温度的仪表,一般测量范围在40~120℃,平地机正常运转时,温度应在80~110℃之间。

b. 电流表:电流表是反映充放电的仪表,测量范围一般为-40~40A,指针指往“-”方向表示蓄电池放电,指针指往“+”的方向表示蓄电池充电。

c. 水温表:水温表指示发动机冷却水温度,其测量范围一般为40~120℃,发动机正常工作时,水温应在80~90℃以下。

d. 变速器操作压力表:变速器操作压力表反映动力换挡变速箱换挡操作液压系统的压力,测量范围一般为0~3.2MPa,当变速油温在80~90℃之间时,变速器压力变化为:CLARK变速箱1.69~1.96 MPa;ZF变速箱1.3~1.5 MPa。

如指针不在此范围内,应立即停机并进行故障排除。

④指示灯。

a. 液压滤油器指示灯:当发动机正常运转时,此灯不亮,若此灯亮,表明液压油箱中的滤油器堵塞,要清洗或更换。

b. 制动压力指示灯:发动机工作时,若此灯亮,表明液压制动系统有故障,应立即停机,并进行检修。

c. 预热指示灯:起动开关处预热位置时,此指示灯亮,表明发动机在预热状态。

d. 机油粗滤指示灯:发动机工作时,此灯亮,表明机油粗滤有堵塞,需进行检修。

e. 机油压力指示灯:显示发动机润滑系统油路中情况,此灯亮,就应立即熄灭发动机并进行检修。

⑤发动机熄火手柄。将手柄置于全部拉出位置,并保持此位置,直至发动机熄火。

⑥转向盘。转动转向盘,可实现前轮的转向。

⑦加速踏板。加速踏板控制发动机的节气门,通过它控制发动机的转速。

⑧脚制动踏板。脚踩此踏板,通过液压系统作用于四个后轮的车轮制动器,制动压力决定于作用在踏板上的压力。

⑨手制动器手柄。拉起手柄,使停车制动器起作用,并拨动按钮,将手柄锁住。

⑩作业装置操纵杆(如图2-112所示)。

a. 操纵杆作用:操作台各操纵杆的作用如图2-113所示;

b. 单双液压回路转换踏板:踏板向上(即脚不踩踏板时),液压系统为双液压回路,双联泵分别向各自的系统供油,铲刀的伸出、旋转、升降等能同时工作;踏板向下(即脚踩踏板时),此时双液压回路变为单液压回路,各工作可获得较快的工作速度;

c. 速度变换操纵杆:PY180平地机配置二种液力传动动力换挡变速箱,其变速也有二种。配置CLARK变速箱时,车速为前6后6,前进与后退车速相同,配置ZF变速箱时,车速为前6后3,如图2-114所示为前6后3操纵杆。前后挡变换时必须先置空挡,速度变换时不允许越级换挡,停车时,必须将变速杆置空挡并锁住。

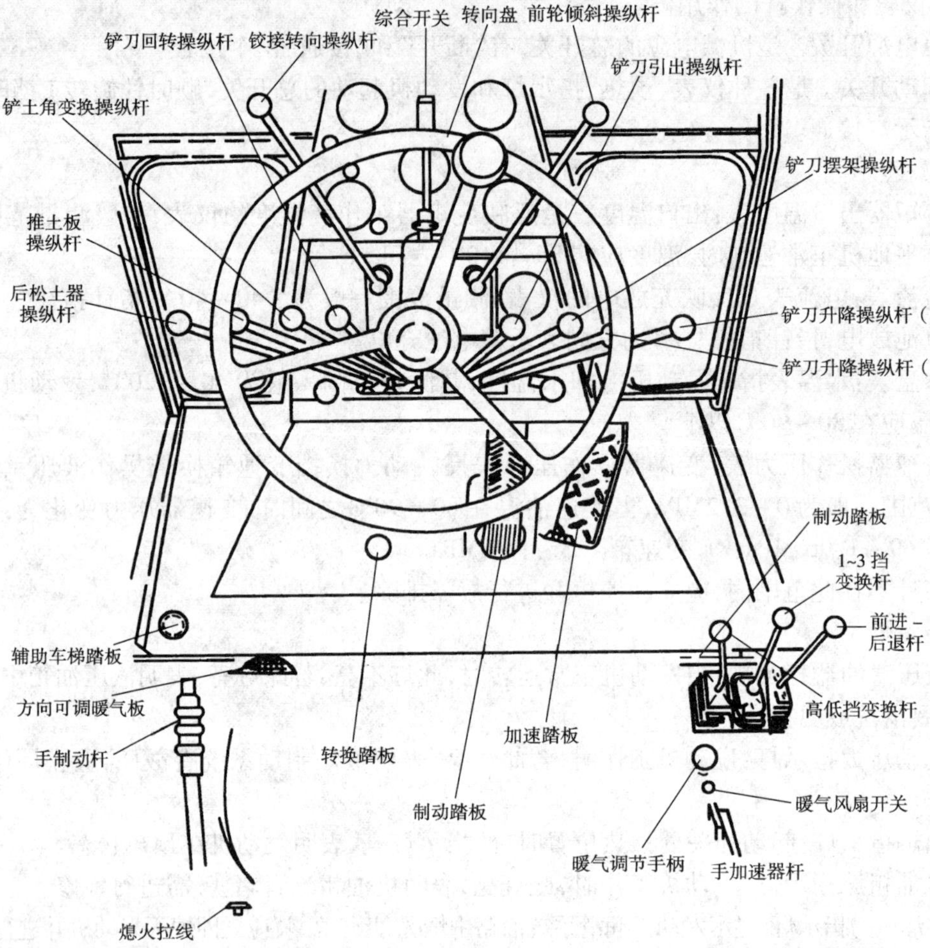

图 2-112　操纵杆布置图

2）平地机的驾驶

（1）平地机驾驶前的准备

①驾驶前应认真学习平地机安全操作规程；

②严格按照安全操作规程对机械进行检查和准备。

（2）平地机的行驶

①首先将铲刀、推土板提起，铲刀应置于两轮之间，并尽可能提高离地间隙；

②将前进后退杆置于“前进”或“后退”上的第一或第二挡位置；

③鸣笛，放开手制动，踩下加速踏板，平地机即开始行走。

④平地机行驶时，应注意观察变矩器油温表，变矩器油温应在 80～110℃之间，温度超过 120℃时应立即减小油门，变换挡位，减速行驶，待温度下降后，再恢复原行驶速度。

⑤陡坡一般采用一挡速度，平缓或中等坡度用二挡速度。

⑥公路行驶时，最好将铰接转向锁定（如图 2-115 所示），方法为：

a. 拧松螺母，将杆 1 移向左侧，并移到头。

b. 拧紧螺母。

⑦起步必须用低挡，然后逐挡加速，减速必须逐挡递减，并在各挡停留一定时间，不允许高挡直接降到低挡。

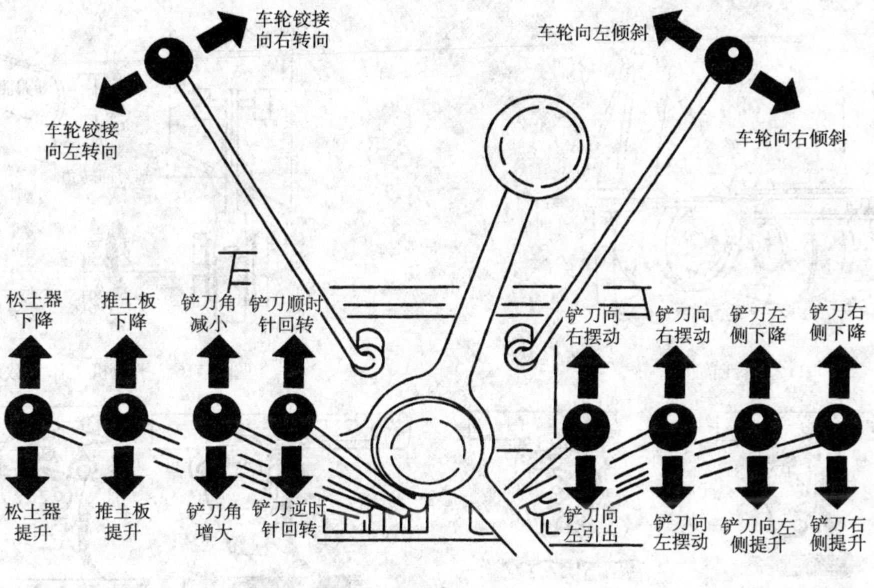

图 2-113　操纵杆作用示意图

⑧前进与后退转换时，必须在中间空挡停留一定时间，避免冲击给传动系统带来峰值负荷。

(3)平地机的熄火与驻车

①向后拉住发动机熄火手柄，直到发动机熄火，并使发动机空运转 1～2min。

②拉紧手制动。

③将工作装置置于地面。

④取下起动钥匙，关掉电源总开关，锁住驾驶室门。

3)铲土角的选择

铲土角即切削角，是指刮刀切削刃与地面的夹角。如图 2-116 所示为平地机刀具几何参数和工作参数示意图。铲土角的大小一般依作业类型来确定，一般平地机铲土角都有一定的调整范围以适应不同的作业要求。中等的切削角(60°左右)适用于通常的平地机作业。当切削角剥离土壤时，例如剥离草皮、刮平凸缘、切削路边沟等，需要较小的铲土角，以降低切削阻力。当进行摊铺、混合物料作业时，应选用较大的切削角，这样可以避免大物料对铲刀的推挤力，大粒料容易从刮刀下滚出，由于铲土角大，刮刀载料减少，使物料滚动混合作用加强。

刮土刀削角的调整有两种方式：人工调整(图 2-117a))，和液压缸调整(图 2-117b))。油缸调整时，首先松开坚固螺母，然后操纵液压缸，使角位器绕下铰点转动，使切削角改变，调好后将螺母锁紧。人工调整在小型平地机上仍被广泛使用。

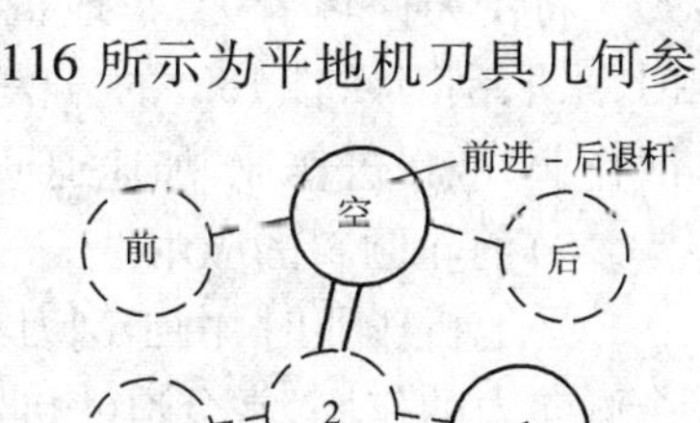

图 2-114　速度换挡机构

PY180平地机装有液压角位器,在驾驶室内操纵控制手柄,即可实现铲土角的调整,以适应工作的需要。

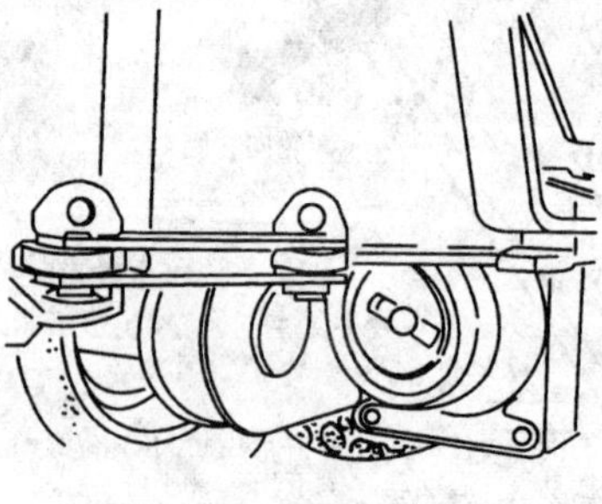

图2-115　转向锁定

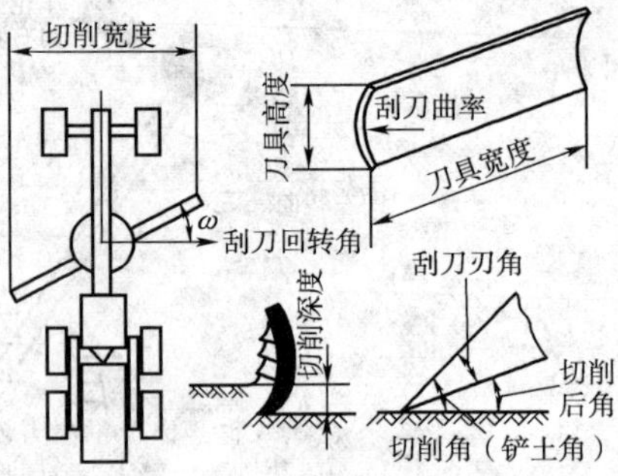

图2-116　平地机工作参数示意图

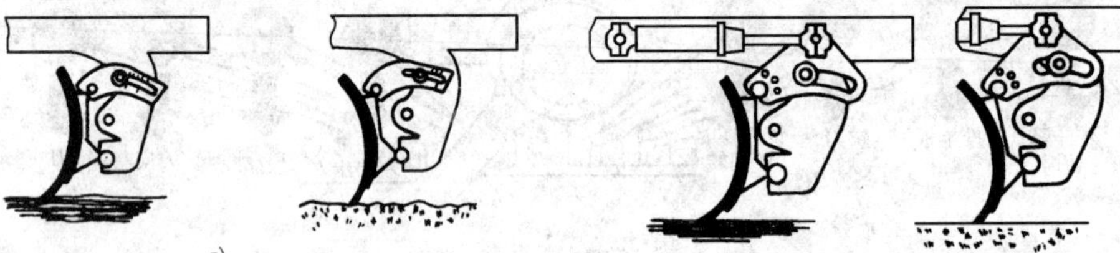

a)　b)

图2-117　平地机铲刀切削角调整方式

a)人工调整;b)油缸调整

4)刮刀回转角的选择

刮刀回转角如图2-116所示。当回转角ω增大时,工作宽度减小,但物料的侧移输送能力提高,刮刀单位切削宽度上的切削力提高。对于剥离、摊铺、混合作业及硬土切削作业,回转角可取30°~50°;对于推土摊铺或进行最后一道作业刮平以及进行松软或轻质土刮整作业时,回转角可取0°~30°。回转角应视具体情况及要求来确定。

将刮刀回转180°,平地机可进行倒退作业,它适用于狭窄地段施工,当平地机掉头困难时,采取刮刀回转180°的方法,比掉头要容易。所以平地机倒退的挡位较多,用于慢进慢退同时作业,或慢进作业,加速退回。刮刀回转时,应注意操作顺序,防止刮刀碰到轮胎、耙土器等。

5)前轮倾斜的应用

平地机作业时,由于刮刀有一定的回转角,或由于刮刀在伸出机外刮边坡,使机器受到一个侧向力的作用,常会迫使机器前轮发生侧移以致偏离行驶方向,导致轮胎的磨损加剧,同时对前轮的转向销轴产生很大的力矩,使转动前轮的阻力增大,因此通过前轮倾斜的运用,能有效的抵消这种阻力。

具体方法为:当刮刀以大回转角作业时,物料流向左侧,前轮应向左侧倾斜(如图2-118所示),当刮坡作业时(如图2-119所示),轮子的倾斜方向取决于坡土的性质。

(1)当土壤为软黏土时,刮刀受到一个切进力的作用,此时操纵轮子向离开坡道的方向倾斜(如图2-119a)所示),这样可以防止刮刀啃入土内。

(2)当土壤为硬质土时,操纵前轮向坡道一侧倾斜(如图2-119b)所示)。

2. 平地机的基本作业

1）斜行作业

利用车架铰接或全轮转向的特点，平地机可以进行斜行作业（如图 2-120 所示）。

采用斜行的方法，可以使车轮有效地避开料堆，让后轮有选择地选择路面行驶，前轮在坡道或土丘上行走，而机身放在平坦的地面上保持机器工作时的稳定。这种方法还便于机器的操作和刮刀的调节。

2）刮刀刀角铲土侧移

这种作业方法适用于开挖边沟，并利用开挖的土修整路基断面或填筑低路堤。作业时，应先根据土壤的性质调整好刮刀的铲土角和平面角，平地机以低速挡前进将刮刀的前端下降，后端升起，形成较大的倾斜角切土，如图 2-121a）所示。被铲起的土壤沿刀身外移，铺于左右轮之间。在运行过程中，根据刮刀阻力大小，可适当调整切土深度，每次调整量不宜太大，以免开挖后的边沟产生波浪形纵断面，给下一个行程作业造成困难。

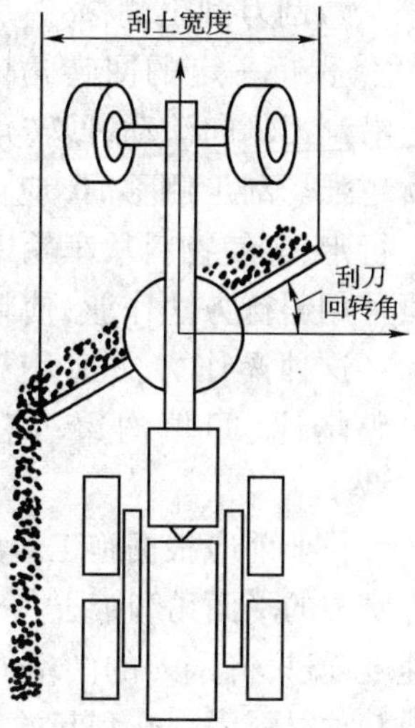

图 2-118　前轮倾斜示意图

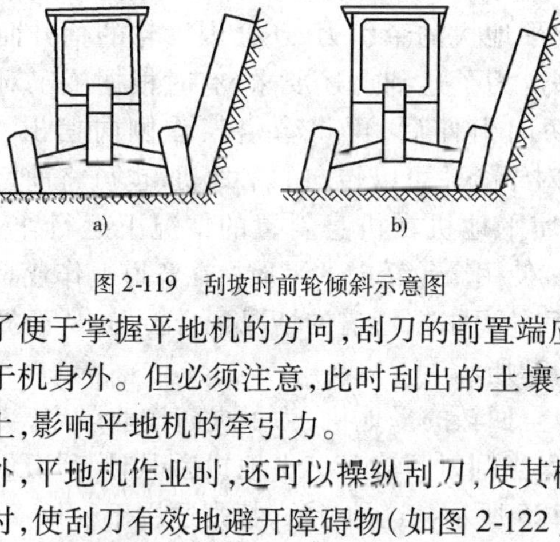

图 2-119　刮坡时前轮倾斜示意图

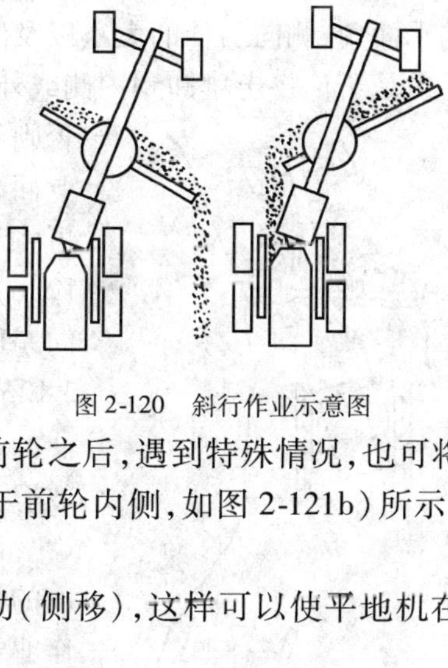
图 2-120　斜行作业示意图

为了便于掌握平地机的方向，刮刀的前置端应正对前轮之后，遇到特殊情况，也可将刮刀前端置于机身外。但必须注意，此时刮出的土壤也应卸于前轮内侧，如图 2-121b）所示，避免后轮压上，影响平地机的牵引力。

另外，平地机作业时，还可以操纵刮刀，使其横向移动（侧移），这样可以使平地机在前进或后退时，使刮刀有效地避开障碍物（如图 2-122 所示）。

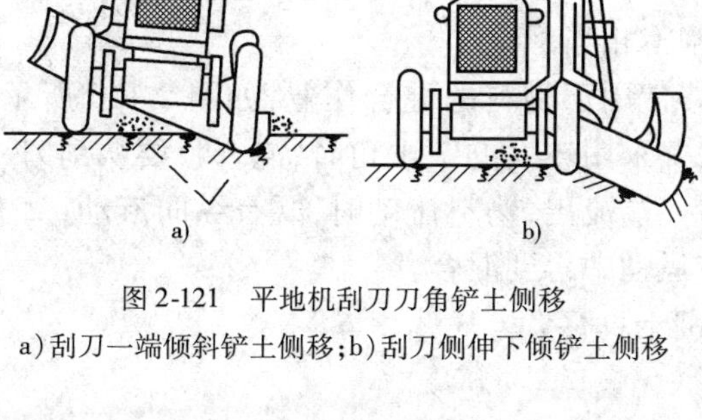

图 2-121　平地机刮刀刀角铲土侧移

a）刮刀一端倾斜铲土侧移；b）刮刀侧伸下倾铲土侧移

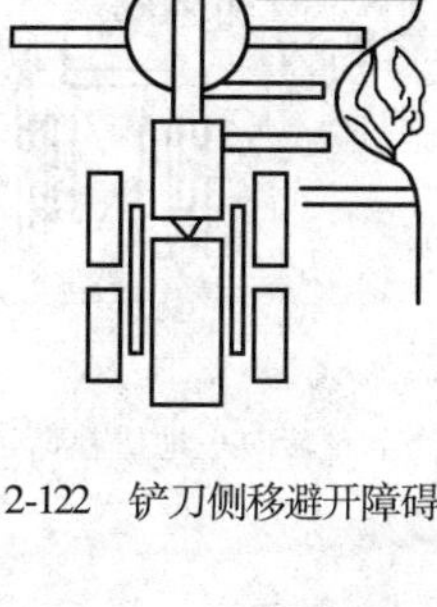
图 2-122　铲刀侧移避开障碍物

3)刮刀刮土侧移

保持一定的回转角,在切削和运土过程中,土沿刮刀侧向流动,回转角越大,切土和移土能力就越强。刮土侧移时,应注意不要让车轮在料堆上行走,应使物料从车轮中间或两侧流过,必要时可采用斜行方法作业,使料离开车轮更远一些。

这种操作方法适用于侧向移土修筑路堤、平整场地、回填沟渠、路拌和摊铺路面材料等作业。

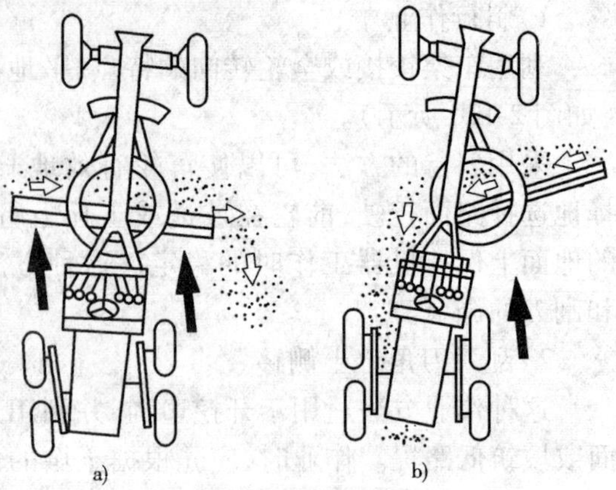

图 2-123　平地机刮刀刮土侧移作业

a)机外卸土;b)机内卸土

作业前应根据施工对象要求和土壤条件,调整好刮刀的平面角和铲土角。作业时,平地机以二挡速度前进,将刮刀的两端同时下放,使其切入土中或其他材料中。被刮起的物料即沿刀身平面侧移,卸在一端形成土埂。根据刮刀侧向引伸的位置,土埂可以位于机械的外侧,如图 2-123a)所示,或机械的两轮之间均可。如图 2-123b)所示。

如修筑低路堤,可卸土于机械的内外侧,但用于回填时则必须卸于机械的外侧。对于平地机的平面角、侧向引伸的大小以及倾斜角的大小,都应根据铲土阻力的大小和施工要求随时调整。但是不论将土壤卸到内侧或外侧,都不允许卸下的土壤位于平地机后轮行使的轮迹上,否则不但影响平地机的牵引力,还会因后轮的抬升而形成作业面高低不平。为了达到上述要求,有时根据施工对象不同可将刮刀作切向引伸后,再将牵引架作侧向摆出,如图 2-123b)所示。对于全轮可以转向的平地机,也可将前后轮同时向一侧偏转,使平地机在机身斜置的情况下运行作业,如图 2-123a)所示。使用全轮转向的平地机在弯道上作业是十分方便的,因为前后轮可根据弯道的情况配合转向,从而提高作业效率,如图 2-124所示。

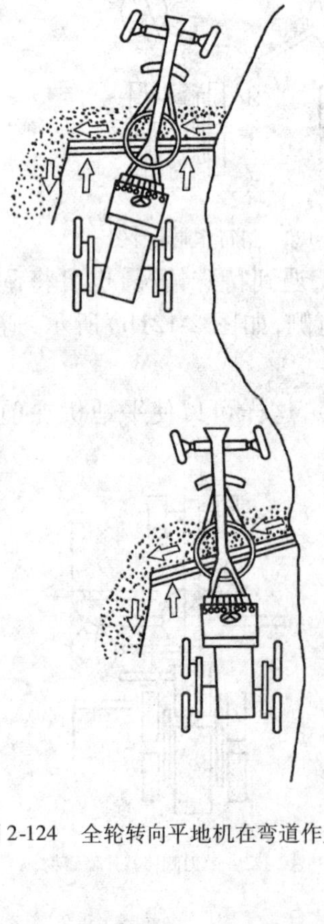

图 2-124　全轮转向平地机在弯道作业

刮刀可以全回转的平地机,为了提高作业效率,可将刮刀前的齿耙卸下,当刮刀回转 180°平地机后退时,刮刀仍旧可以作业,如图 2-125 所示。这种方法,特别适用于狭长工地,采用"穿梭"式往复作业。

平地机刮刀刮土侧移,特别适用于大面积场地的平整作业。只要将刮刀位于不同的平面角,平地机往返几次作业,就可以把土壤刮得相当平整。

刮土侧移常用于物料的混合作业,如图 2-126 所示,当刮刀回转得当,并采用较大的铲土角时,混合料要从刮刀一端切入,从刮刀另一端流出,物料流动时,既有纵向滚动,又有横向流动,物料在运动中得到混合。

4)刮刀刮土直移

这种作业适用于修整不平度较小的场地,在路基施工中可用于路拱的修整和材料的整平。

作业前首先调整刮刀的铲土角,将刮刀回转角置为0°(刮刀轴线垂直于平地机行驶方向),此时切削宽度最大,但只能进行较小入土深度作业。

为了增大刀身的高度,一般铲土角位60°~70°。再将刮刀平置(平面角为90°),平地机用一、二挡前进后,将刮刀两端等量下降,使之少量切入土中。被刮起的土壤积在刀身前,并且大部分随刀向前推送,少量的土从刮刀的两端溢出。溢出的土可在最后阶段将刮刀切入标准高度后,以快速前进的方法将其全部铺散,如图2-127所示。

5)机外刮土

这种作业主要用于修筑路堤、路堑边坡、边沟边坡等。

作业时,首先将刮刀倾斜于机外,再将刮刀的上端向前倾,平地机以一挡前进;放下刮刀切入土中,被刮下的土壤即沿刀身卸于两轮之间,然后再用刮刀将土运走。

当刷边沟的边坡时,如图2-128a)所示,刮刀的平面角应小些。刷路堑边坡时,平面角应大些,如图2-128b)所示。

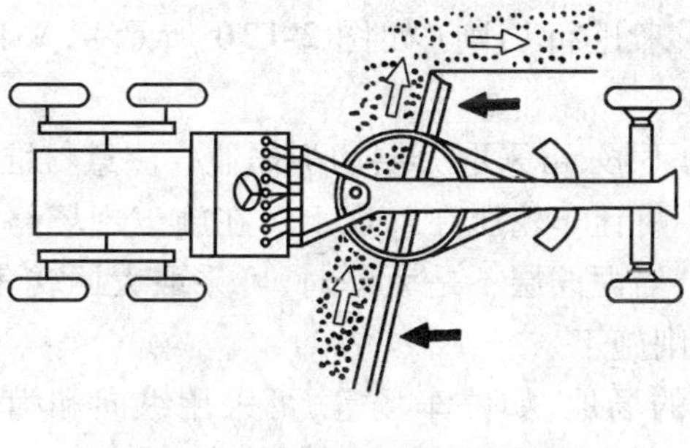

图2-125　刮刀全回转平地机倒退作业

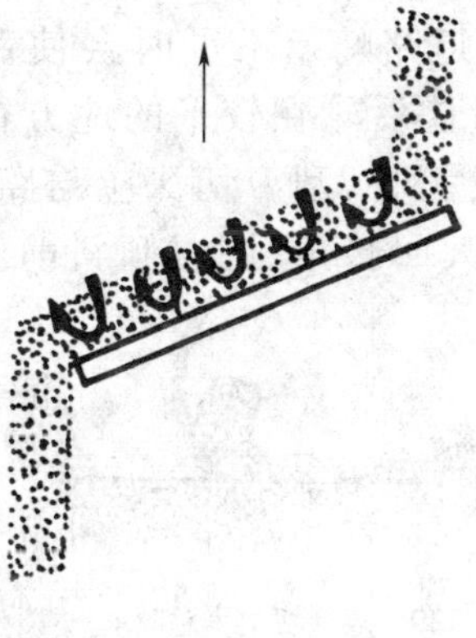

图2-126　物料混合侧移示意

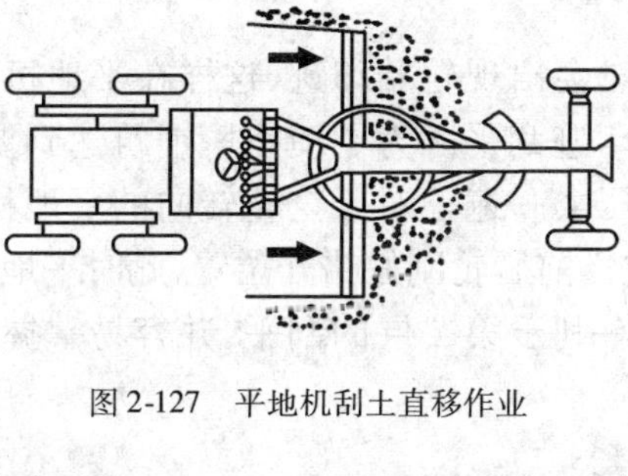

图2-127　平地机刮土直移作业

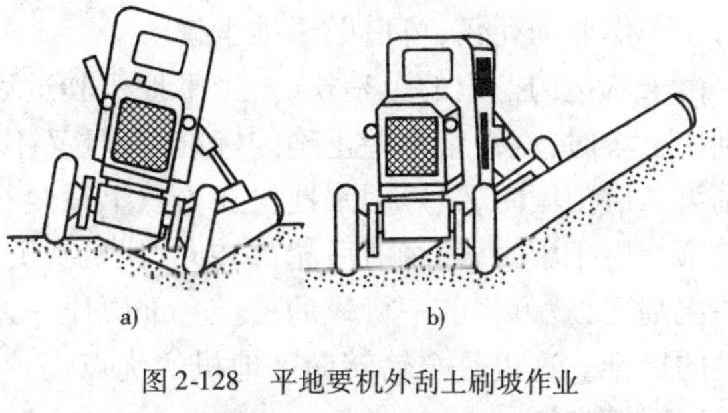

图2-128　平地要机外刮土刷坡作业

a)刷边沟边坡;b)刷路堑边坡

从上述各种作业中可以看出,平地机刮刀的各种角度调整是比较频繁而费时的,特别是刮刀上下升降控制切土深度。而带有自动找平装置的平地机,可以按照施工对象的要求,沿着一条基准线自动调整刮刀高度。这样不但提高了生产率,而且保证了工程质量。

三、平地机的施工技术

1. 整修路形、道路及场地

整修作业时,让刮刀保持一定的回转角,使切深适宜,同时在刀前保持适量的土壤流向铲刀尾部，形成很小的条堆，道路刮平后再将条堆均匀摊开。

这种作业就是按照路堤、路堑的横断面图要求，将边沟开挖出的土送到路基中部，修成路拱。其施工顺序是：由路基的一侧开始前进，达到一路段的终点后掉头从另一侧驶回，如图2-129所示。开始平地机以较小的平面角采用刮刀刀角铲土侧移，将土壤从边沟处挖出，再以较大的平面角将土壤送到路基中间，最后用平刀将土堆刮平，使之达到设计高程。

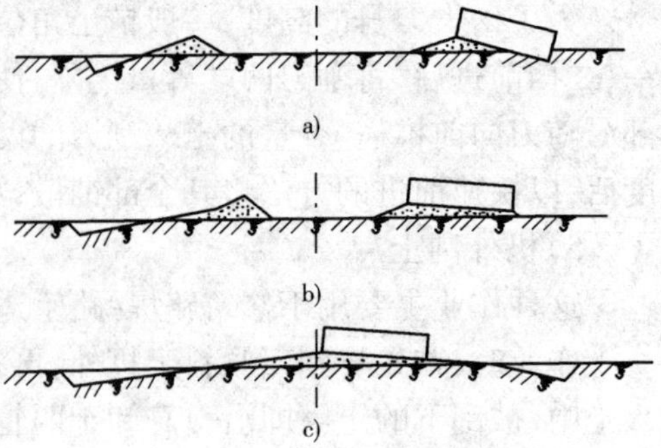

图 2-129　平地机修整路拱时的施工顺序示意图

a）铲挖；b）侧向移土；c）整平

铲土与送土的次数，应视路基宽度、边沟的大小、土壤的性质以及平地机的技术性能而定。通常，应先根据路基施工图纸的要求，设计好必要的工序及边坡土方铲出量，从一侧边沟挖出的土量应足够填铺同一侧路拱横坡所需的填土量，最后只须平整两、三次，即可达到设计要求。

当道路崎岖不平时会使刮平效果较差，此时应尽量让后轮在较平的地方行走，可采用斜行的作业方法（如图 2-120 所示）。当路面不平较大时，刮刀切深应与路面沟、坑一样深来进行切削（如图 2-130 所示），采用小切削角、大回转角、同时倾斜前轮进行修整作业。

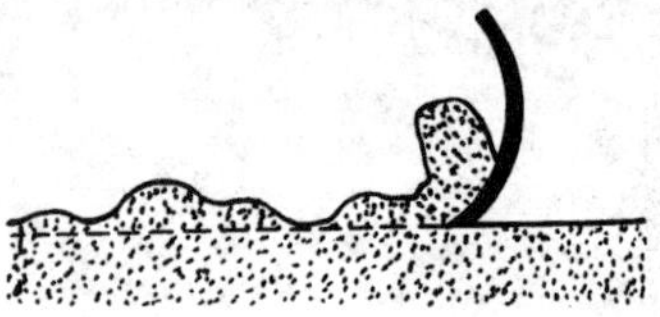

图 2-130　表层切削示意图

若机械牵引力不够，可采取分层切削作业。注意料堆应尽可能离车轮远一些，不可让车轮压在料堆上。在施工现场路面泥泞或易打滑的情况下，当泥泞层不是太厚时，可采取大回转角、小切深与高速度进行切削施工。

对于较大面积的场地，如停车场等，可采用纵向和横向相结合的作业方式，先纵向粗刮平，再横向刮平，反复进行。对于一些刮刀无法作业的死角，可借助于推土铲。

由于从边沟挖出的土是松的，当平地机驶过后，必然会出现轮胎印迹，这样在平地机第二层刮松土壤时，就很难掌握正确的标准，而且又不易把印迹刮平。为了使土壤铺筑达到要求，在刮第二层土壤时，最好用平地机在松土上反复行走，压实一遍。对于全轮转向的平地机，在刮送第一层上壤时，就将前后轮都转向，让机身侧置，这样前后轮刚好错开位置，此时平地机经过一次刮送，就可将前一行程的松土全部碾压一遍，则有利于第二层的刮平，并容易掌握路拱横坡的标准。这也是全轮转向平地机的优点。

2. 开挖沟渠

利用平地机刮刀侧倾可以进行沟渠的开挖。将刮刀一边切入土内，边刃位于一侧的轮迹上，刮刀尾部提升高度则按照沟墙的角度要求调整（如图 2-131 所示）。当进行第二遍切削时，一侧的车轮在沟内行驶，轮子即作为导向。当沟很深时，应避免后轮进入沟渠。

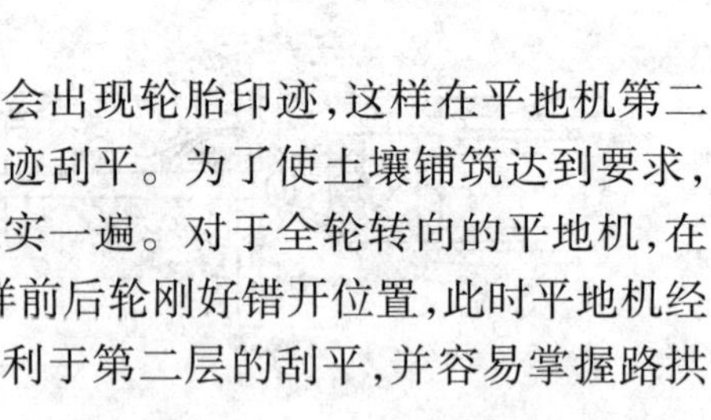

图 2-131　开挖沟渠示意图

3. 修刮边坡

在修刷路拱的同时，还要修刷边坡。这种作业多用机外刮土法进行。当路堤边坡坡度为1:1.5~1:0.5,高度在1.8m以下时,用一台平地机单独作业;当路堤的高度在4m左右时则用两台平地机上下联合作业。此时,堤上的平地机应先行约10m,堤下的平地机再开始工作。这样不会因堤上平地机刮下的土壤影响堤下平地机的作业,同时也便于堤下平地机按照堤上平地机刮出的坡度进行修刮,从而使两作业面很好吻合。

刮削坡度较缓的边坡时,将前轮沿行驶方向放在斜坡上(单轮或双轮),后轮在地面上行驶,可采取由上向下的顺序,先刮削边坡上部边缘,逐步向下移动,同时将前轮倾斜,以防止其下滑。

刮削较陡的边坡时,应先将坡脚路面清理干净,以避免刮坡时地面不平使刮刀摆动,按照坡度要求调整刮刀切削角,应尽量使后轮不要靠近坡脚,留出位置让土留在轮子的外侧。

修刮边坡当边坡较缓时,一般可通过操纵铲刀左右摆动就可以满足修刮要求。当坡度较陡时,需要通过操纵摆架实现刮刀的大幅度摆动,通常情况下,摆架锁定在水平位置上,如图2-132所示,操纵时可用下列步骤实现摆架的摆动:

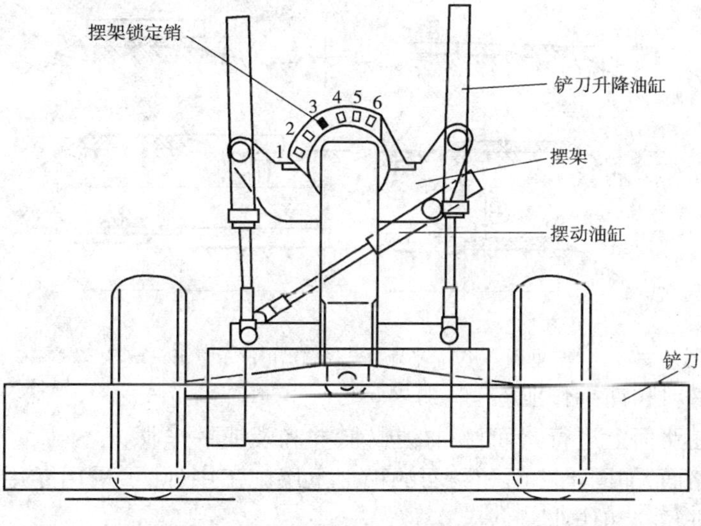

图2-132 平地机摆架调整示意图

(1)将油路转为单路;

(2)要转到1或2的位置时,将摆动油缸完全收回;

(3)要转到4或6的位置时,将摆动油缸完全伸出;

(4)上述步骤完成后,使用升降油缸将铲刀放置在地上(使液压系统没有负荷);

(5)拔出锁定销;

(6)操作升降油缸,使摆架转动;

(7)当摆架转到所需位置时,再将锁定销插入锁定。

4. 开挖路槽

当修筑路面时,应首先在路基上开挖路槽,根据不同的设计方案,路槽的开挖有三种方式:第一种是把路基中间的土铲除,形成路槽,将挖出的土弃掉;第二种是在路堤的两侧用土堆起两条路肩,形成路槽,使用这种方法,可以利用整形时的余土或预备土来堆填;第三种方式是将路槽开挖到设计深度的一半,把挖出的土修成路肩,这样挖填的土方量相等(设计时计算好),

因此比前两种方式更经济合理。开挖路槽的施工顺序如图 2-133 所示。

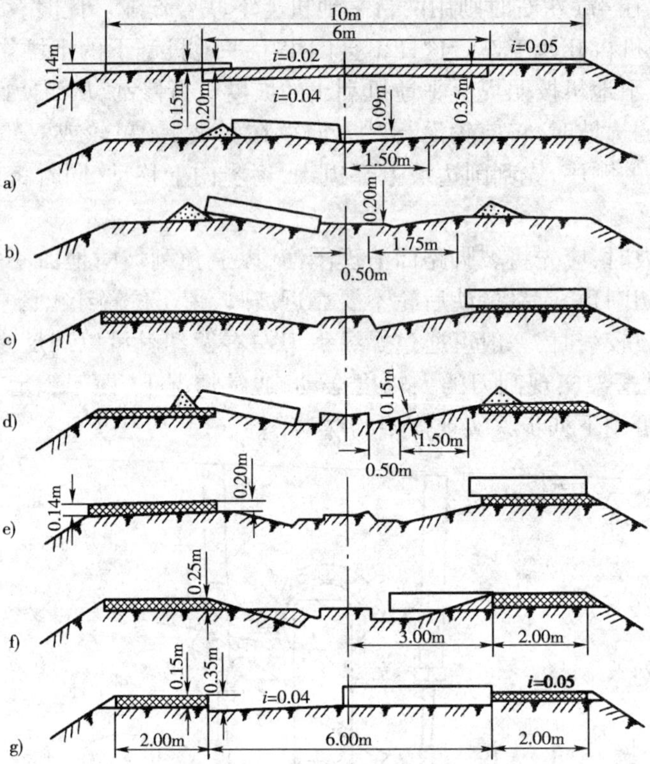

图 2-133　平地机开挖路槽顺序示意图

5. 路拌筑路材料和铺平作业

平地机可以在路面上进行路面材料的摊铺、拌和及铺平作业。

在修筑碎石路面、加固土路面和路面的稳定土层施工中，除了采用专用路拌机械外，也可用平地机的刮刀进行拌和作业。

1）路面拌料

在路基上拌和路面材料有三种方法，如图 2-134 所示。

当土壤和拌和料（石灰或水泥）分层摊铺在路基上施工时，施工顺序是：首先用平地机齿耙把土壤耙松，并用刮刀刮平，再在其上摊铺结合料，用刮刀刮平，然后开始拌和。第一次先将料向外刮。第一行程平地机先用刮刀沿路槽中线铲入，将土与结合料向外刮送，刮送时刮刀一定要触及硬土层，此时被铲除的土与结合料就在路肩上列成一堆。第二行程，刮刀沿路槽中线铲入，又把土和结合料堆向路肩另一边，形成第二土堆。所需铲刮次数视路槽宽度而定，这是第一次。第二次拌和是将各列土堆依次向路槽中心刮回，以后各次拌和依此类推，直到拌和均匀为止。最后用大平面角刮刀将拌和材料刮平并修成路拱，如图 2-134a）所示。

当结合料堆置在路基中线上时，其拌和方法应先将路基中部的土翻松，再将结合料堆置在已翻松的土上。然后用刮刀将土壤和结合料向两边铲开，这样一次就能完成初拌和的效果。此后和上述相同，向内外交替刮拌，直至拌和均匀为止，再将路面修成一定拱度，如图 2-134b）所示。

当结合料堆置在两侧路肩时，由于两种材料成长条堆形状，应首先将一侧材料刮至路基中间铺平，再将另一侧的材料刮入，铺在第一层材料上。然后按照在路基上拌和土壤和结合料的方式进行拌和和铺平，如图2-134c）所示。

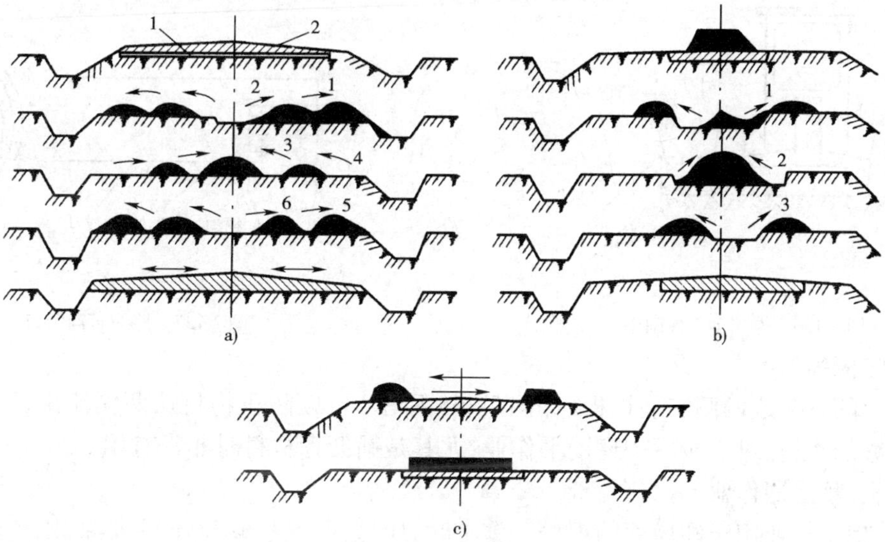

图2-134　平地机路拌材料顺序示意图

2）铺平

铺拌松散的石子和砂子时（砂石料），刮刀应刮较少的料，同时以较高的速度行驶，以免机械停陷，损坏已刮平的路面。

铺拌较粗的材料时，物料最大的粒度应小丁最终要摊铺的路面厚度，否则会出现石卡刮刀现象，并出现路面“撕裂”和“孔洞”现象，如图2-135所示。

铺料、拌和时最好采用较大的铲土角，以避免大粒料对刮刀的推挤力作用，同时这样较易使大粒料从刮刀下滚出。

当铺拌材料含有沥青时，堆料不能太长太多，以免混合料没来得及铺拌而凝固。

铺平时为防止物料从刮刀一侧流出，可以在刮刀一侧装一块挡料板，铺平时应注意保证沿整个刮刀长度上都有物料，以防止出现遗漏和孔洞现象。

6. 修刮水坝

水坝需要很大的压实强度，因此需分层压实，为此平地机也需分层修刮，为了提高作业效率，可在平地机后面拖带压实碾。水坝的修坡作业也由平地机来完成。当坝的高度不高时，平地机可以由坝下沿坡脚行走修坡。若坡较高时，通常在坝加高的施工过程中，在完成每层的刮平压实作业过程后，随即修坡。不断加高，交替进行，在刮刀的一侧加装刮土板，用螺栓连接（如图2-136所示），刮完后立即压实，也可在刮土板上装小的压实碾。为了提高作业效率，可以采用几台平地机同时作业，分别完成刮平、压实和修坡作业。

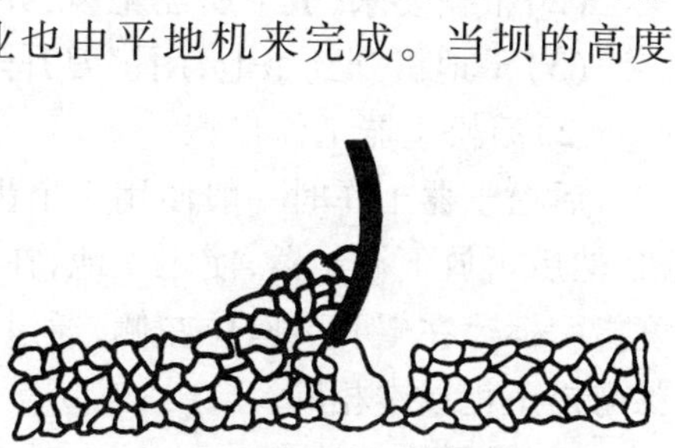

图2-135　铺料时的撕裂现象

7. 路缘石沟铲刀

在刮刀的一侧安装刀片，用于切削安放路缘石的矩形或小排水沟等，根据刮刀的回转角决定挖出的土堆放在沟的左侧或右侧。如图 2-137 所示为路缘石沟铲刀的结构。

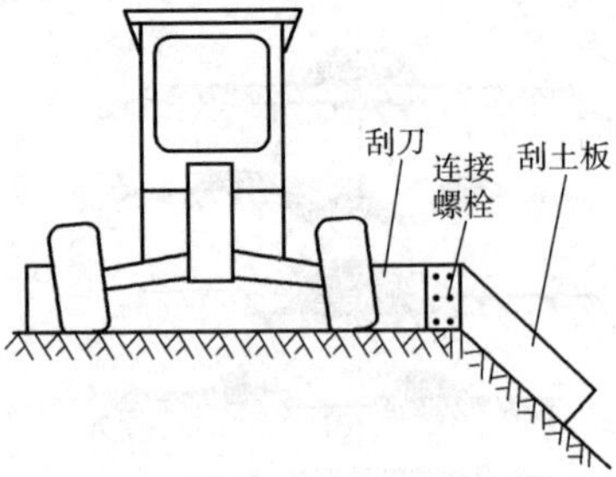

图 2-136　专用刮土板刮土

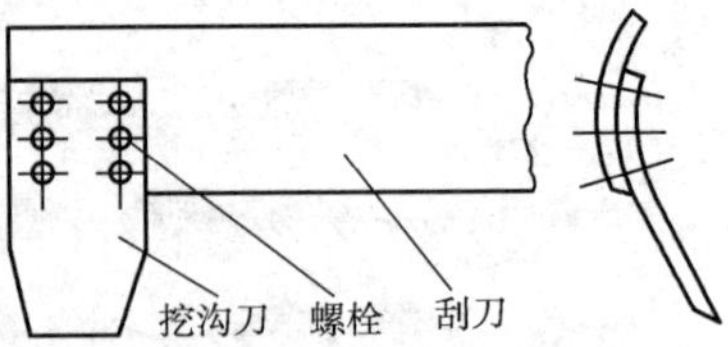

图 2-137　路缘石沟铲刀

8. 带侧板刮刀

在刮刀的一侧或两侧安装挡板（如图 2-138 所示）可以防止物料从两侧流出，以保证刮刀前面有足够的物料，对于最后一道铺平作业，尤其是铺沥青材料时非常有用。

9. 松土、耙土器作业

松土、耙土作业用于硬地面的耙松。施工时，应低速行驶，切度不可太深，以免轮胎打滑。可分次耙松，同时应选择合适的齿数以保证物料从齿间流过，而不堆阻在齿的前面。此外，当地面较硬、负荷较大时应减耙齿齿数，但齿数不能太少，以免造成个别齿的损坏；当地面较硬时，应使用后置式松土器；当松土器遇到大石块时，可将松土器适当提起，机械继续保持前进，使大石块松动并拔出地面（如图 2-139 所示）。PY180 平地机松土耙有 6 个齿，后松土器有 5 个齿。

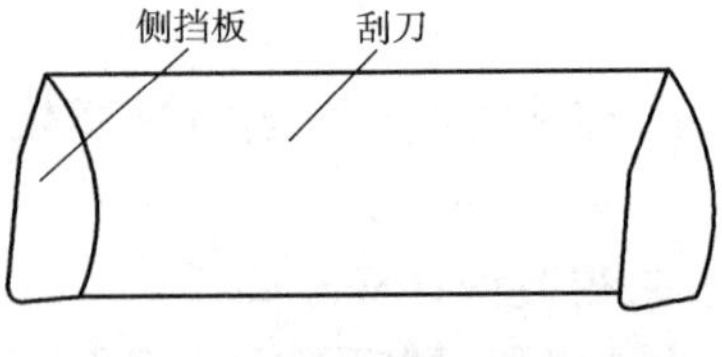

图 2-138　刮刀安装挡板示意图

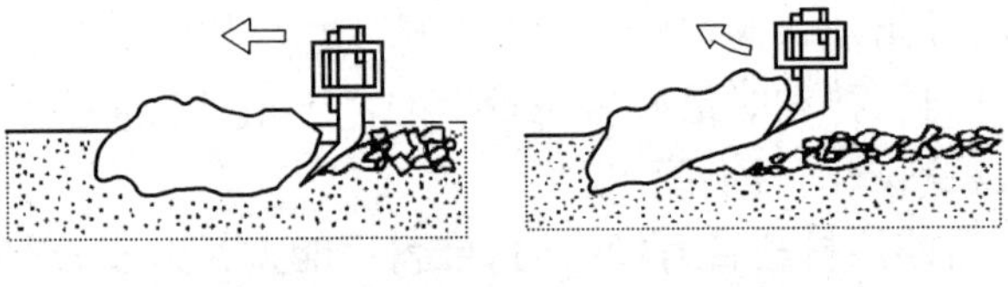
图 2-139　松土器作业示意图

1）松土耙施工步骤（图 2-140）

（1）移动安全弹簧，将杆拔出；

（2）根据要求，放下所需耙齿，并在两侧外装上隔套；

（3）平地机开到工地，用铲刀升降油缸将耙降到地面。

2）后松土器工作步骤

后松土器工作时一般使用 3 个齿在坚硬的地面工作，各个齿要对称使用。首先开动平地机，然后再放下松土器，使之入地，在平地机转弯及倒车时，必须将松土器提起。松土器提升高度指示标尺在驾驶员座位左侧，通过标尺来有效地控制松土器的松土高度。后松土器施工步骤与松土耙基本相同。

10. 推雪施工技术

平地机刮刀还可以用于除雪作业。由于平地机刮刀具有较高的刮平精度，所以适用于去除薄的压实的雪和冰层，由于作业时雪容易粘在刮刀上，故应以较大的回转角(45°左右)和较高的行驶速度(25km/h 左右)迅速地将积雪推抛出去。

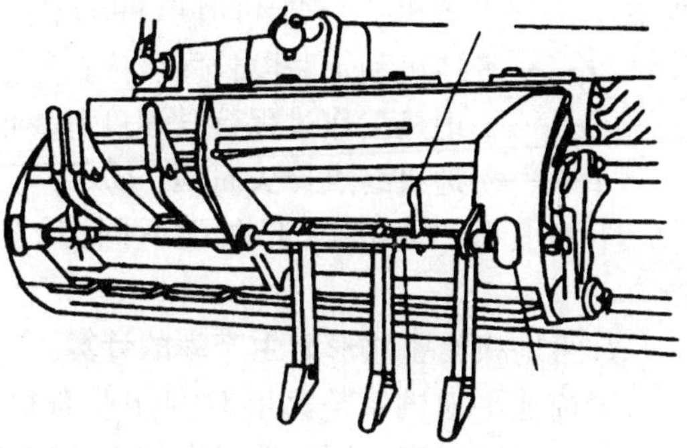
图 2-140　松土耙施工步骤示意图

四、平地机生产率的计算

平地机生产率的计算，根据施工对象的不同，其计算的方法也不同。如修整路形时，其生产率是按单位时间内所完成的土方量来计算的；而在平整场地时，则按单位时间内所完成的土方面积来计算的。

平地机虽属连续作业机械，但仍可把它在单位距离或单位时间内所行使的一个工作行程视为一个工作循环。只是这种循环与前述几种机械的作业循环有所不同，它是在一个循环内连续不断的完成多项工作过程(铲、运、卸)。例如在修整路形时，可将其沿路基两侧行使的一个来回算作一个循环。而在平整场地时，也可把它行使的一个单趟算一个循环。因此，平地机的生产率仍可按照循环作业式的基本公式来表达。

平地机生产率的基本公式：

$$Q=\frac{60AK_{\mathrm{B}}L_1}{t_{\mathrm{T}}\varphi K_{\mathrm{S}}} \tag{2-15}$$

式中：Q——平地机的生产率(m^3/h)；

A——刮刀每次铲削土壤的面积(m^2)；

L_1——平地机每一工作行程的长度(m)；

φ——两行程之间重叠系数，一般取 1.15～1.7；

K_{B}——时间利用系数，一般取 0.85～0.9；

K_{S}——土壤松散系数；

t_{T}——平地机一个循环的时间(min)。

刮刀每次刮土的面积 A 与刮刀长、平面角和切土深度有关，它应是刮刀纵向投影面上的一个小三角形面积，如图 2-141 所示。

一般情况下，铲土时刮刀切入土中的宽度相当于刀身的 1/3～1/2，因此，刮刀的铲土面积 A 为：

$$A=\left(\frac{1}{6}\sim\frac{1}{4}\right)lh\sin\alpha\cos\beta \tag{2-16}$$

式中：l——刮刀长度(m)；

h——刮刀切土深度(m)；

α——刮刀的平面角(°)；

β——刮刀的倾斜角(°)。

平地机一个循环的时间应为：

$$t_{\mathrm{T}}=\frac{L}{v}+t_1 \tag{2-17}$$

式中：t_T——平地机一个循环时间(min)；

L——平地机刮土路段长度(m)；

v——平地机工作过程行驶速度(m/min)；

t_1——平地机终点掉头时间(min)。

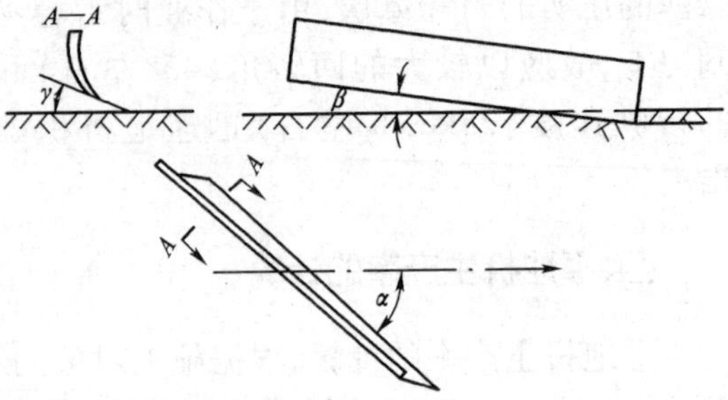

图 2-141　平地机刮刀铲土面积图

下面根据平地机施工作业不同，计算其生产率。

1. 平地机修整路形时生产率的计算

如前述平地机修整路形时的作业有铲土、送土和整平三道工序。而三道工序的作业行程也是不同的。

铲土作业行程数为：

$$n_1 = \frac{A\varphi}{2A'} \tag{2-18}$$

式中：n_1——铲土作业行程数；

A——两侧取土坑的断面面积(m^2)；

A'——刮刀每次铲土面积(m^2)；

φ——两行程中的重叠系数，一般取 1.1 ~1.2。

移土行程数为：

$$n_2 = \frac{L_0\varphi_2}{L_n} \tag{2-19}$$

式中：n_2——移土行程数；

L_0——路基一侧需移土的平均距离(m)；

L_n——平地机刮刀一次可移送的距离，由刮刀调整的平面角 α 而定(m)；

φ_2——移土中两行程重叠系数，一般取 1.1 ~1.2。

最后平整过程的行程数，只考虑刮平，所以一般取平整过程行程数 $n_3 = 2 \sim 3$ 次即可。

由于平地机在修整路基时，每走完一个行程有两次掉头，因此在完成 L 长的一段路基的全部整形工作时，所用时间为：

$$t_T = 2L\left(\frac{n_1}{v_1} + \frac{n_2}{v_2} + \frac{n_3}{v_3}\right) + 2t_1(n_1 + n_2 + n_3) \tag{2-20}$$

式中：v_1、v_2、v_3——平地机铲土、运土、平整三过程的运行速度(km/h)；

t_1——每次掉头时间(min)。

所以平地机修整路形时的生产率为：

$$Q = \frac{1\,000LAK_B}{2L\left(\frac{n_1}{v_1} + \frac{n_2}{v_2} + \frac{n_3}{v_3}\right) + 2t_1(n_1 + n_2 + n_3)} \tag{2-21}$$

式中：L——修整的路段长度(km)。

2. 平地机平整场地时的生产率计算

平地机平整场地时，只考虑刮刀的平面角，而不考虑倾斜角，其生产率计算如下：

$$Q=\frac{60L(l\sin\alpha-0.5)K_B}{n\left(\frac{L}{v}+t_1\right)} \tag{2-22}$$

式中：Q——平地机的生产率（m^2/h）；

L——平整路段长度（m）；

l——刮刀宽度（m）；

K_B——时间利用系数，一般取 0.85 ~ 0.95；

n——平好一段所需行程数；

α——刮平的平面角（°）；

v——平整时的行驶速度（m/min）；

t_1——掉头所需时间（min）。

五、提高平地机生产率的措施

平地机的合理使用，是提高其工效的有效措施。下面介绍一下提高平地机生产率的措施。

1. 增大每一工作行程的长度

从上述平地机生产率的计算公式可以看出，影响平地机生产率的一个重要因素是每一工作行程的长度 L。若此行程越长，则单位时间内的行程数也就越少，掉头的时间也可节省。在作路基整形时，要求每一个工作行程的长度不小于 800 ~ 1 000m。

2. 正确调整刮刀的位置

为了提高平地机的生产率，应根据土质及作业项目正确调整刮刀的位置。刮刀的平面角 α、铲土角 γ 和倾斜角 β 的调整和操作项目的关系见表 2-51。

不同操作过程中平地机的铲刀位置　　表 2-51

操作项目		平面角（α）	铲土角（γ）	倾斜角（β）
挖土	耕犁松土	<30°	<40°	<11°
	路犁松土	30° ~ 50°	<40°	<13°
	未翻松土	<45°	<35°	<15°
运土	重质土	35° ~ 40°	<35°	<11°
	轻质土	<50°	<40°	<13°
整修	摊铺	45° ~ 55°	40° ~ 68°	<18°
整形		55° ~ 90°	<40°	<13°

3. 采用多机联合作业

用平地机修整路形时，在不同的施工工序中对刮刀的三种角度都有不同的要求。除倾斜角在机械行驶中可随时调整外，其他两种角度都必须停机调整。如果只用一台平地机同时承担三个不同的施工工序，势必使停机调整角度所耗的时间加长。若用多台平地机联合作业（最好用2~3台平地机同时施工，以一台担任铲土作业，另两台担任移土作业），密切配合，工效就可以大大提高。

4. 减少行程总数

平地机在作业时，减少其行程总数，对提高其工效十分有利。如采用"四边形断面"的铲土方法（如图2-142）可以获得最大的铲土横断面积，以减少铲土的行程数；加装延长刀，可增图大刮刀的移土距离，从而减少其行程数等。

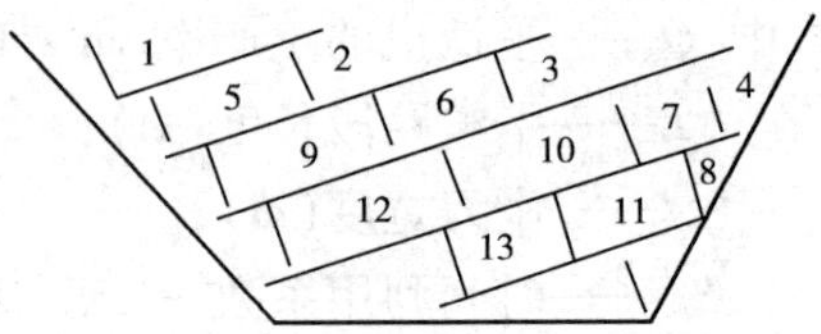

图2-142　四边形断面铲土法

六、平地机安全操作要点

为了确保施工现场的安全，对平地机的安全操作有严格的要求。

1. 作业前的准备

（1）详细了解使用内容和施工技术要求，并详细检查作业区内各种桩号的所在位置。

（2）检查平地机四周有无障碍物及其他危及安全的因素，并让无关人员离开作业区。

（3）检查各连接部件的紧固情况。应特别注意车轮轮毂、传动轴等处的连接螺栓有无松动。

（4）操纵手柄、变速器操纵杆必须置于空挡位置，其他各手柄均置于中间位置。

（5）检查转向装置和制动装置是否灵活可靠。

（6）检查各仪表、灯光、喇叭等信号装置是否正常。

（7）检查液压系统是否完好。

（8）将刮刀、齿耙等作业装置、置于运输状态，并检查其是否完好。

（9）铰接式平地机，检查其铰接转向装置是否完好，并在运输前将前后轮调整在一条直线上。

（10）检查轮胎是否完好，气压是否符合规定标准。

2. 作业与行驶要求

（1）平地机发动后，先挂低速挡小油门缓驶，待确认各部位一切正常后方可升挡行驶。

（2）行驶在平坦道路上可用高速挡，行驶在条件较差的道路或坡道时宜用低速挡，作业时均采用低速挡。

（3）平地机掉头或转弯时，应使用最低速度。

（4）平地机在低速行驶或改变行驶方向时，一般应停车换挡，高速行驶可在行进中换挡。

（5）下坡时必须挂挡，禁止空挡滑行。

（6）行驶时，必须将刮刀与齿耙升到最高处，并将刮刀斜置，刮刀两端不得超出后轮外侧。

（7）行驶时，一般只用前轮转向，在场地特别狭窄的地方可同时采用后轮转向，但小于平地机最小转弯半径的地段，不得勉强转弯。

（8）制动时要先踩下离合器踏板，在变矩器处于刚性闭锁状态时，不能用制动器。

（9）不论作业或行驶，都应随时注意各仪表的读数是否正常，变矩器油温超过120℃时，应及时停车,待油温下降后再继续运行。

(10)以推土作业为主时,应用较小的铲土角。

(11)以摊铺及平整作业时,应用较大的铲土角。

(12)操纵刮刀引出杆,可以将刮刀引出,对机器侧边较远的地方加以平整。

(13)在曲折的工线上,可以利用全轮转向,机动灵活地进行工作。

(14)将刮刀斜置,用刮刀前端着地即可进行挖沟作业。

(15)修边坡时,应根据边坡坡度调整刮刀倾斜度。

(16)用齿耙破碎旧路基、摊铺石子等作业,遇到较大阻力时,可以减少齿数。

3. 作业后的要求

(1)应将平地机停放在平坦安全的地方,不得停放在坑洼有水的地方或斜坡上。

(2)停放时,应将所有作业装置落地或刚性固定。

(3)停机后,如需升起作业装置进行保修作业,该装置必须被牢固固定。

(4)停机后,必须将铰接式平地机的铰接转向机构锁定。

(5)每天完成作业后,清除附留在机身上的泥土、杂物,并进行例保工作。

(6)将工作装置置于地面。

七、部分常见机型的技术参数

部分常见机型的技术参数见表 2-52、表 2-53、表 2-54。

平地机常见机型技术参数　　表 2-52

项目 \ 型号			PY200H	PY200	PY180(高原型)	PY180H
整机质量(kg)			15 400	15 400	15 400	15 400
发动机		厂家	上柴	上柴	上柴	康明斯
		型号	D6114ZG17A	D6114ZG14AB	D6114ZG17AB	6CTA8.3
		功率/转速[kW/(r/min)]	147/2 300	147/2 000	136/2 300	160/2 200
工作性能		最大铲切横倾角(°)	90	90	90	90
		最小转弯半径(mm)	7 800	7 800	7 800	7 800
		轴距(mm)	6 216	6 216	6 216	6 216
		离地间隙(mm)	116	116	116	116
行走速度	前进	1 速(km/h)	8.5	5.23	5.23	5.23
		2 速(km/h)	18	7.94	7.94	7.94
		3 速(km/h)	36	11.84	11.84	11.84
		4 速(km/h)	—	17.85	17.85	17.85
		5 速(km/h)	—	25	25	25
		6 速(km/h)	—	36.08	36.08	36.08
	最大后退速度(km/h)		18	25	25	25

续上表

项目		PY200H	PY200	PY180(高原型)	PY180H
刀片尺寸	宽度(mm)	2 740	3 965	3 965	3 965
	高度(mm)	920	650	650	650
	最大切土深度(mm)	205	500	500	500
尺寸	长(mm)	8 700	8 700	8 700	8 700
	宽(mm)	2 595	2 595	2 595	2 595
	高(mm)	3 340	3 480	3 340	3 340

平地机常见机型技术参数 表 2-53

项目			PY160B	PY160	PY180	670C
整机质量(kg)			14 200	13 500	13 600	13 608
发动机		厂家	上柴	上柴	上柴	John Deere
		型号	6135K－10a	D6114	6110Z－2J	6068H
		功率/转速[kW/(r/min)]	128.7/2 000	140/2 300	132/2 600	104/2 000
工作性能		最大铲切横倾角(°)	90	90	—	90
		最小转弯半径(mm)	8 200	7 500	7 800	6 700
		轴距(mm)	6 000	5 985	—	5 970
		离地间隙(mm)	—	116	—	610
行走速度	前进	1 速(km/h)	4.3	5.31	6.2	3.5
		2 速(km/h)	7.1	8.21	9.4	4.8
		3 速(km/h)	10.2	13.33	14.1	6.9
		4 速(km/h)	14.8	20.47	21.2	9.7
		5 速(km/h)	24.3	30.55	30.3	14.5
		6 速(km/h)	35.1	44.90	42.3	20.4
		7 速(km/h)	—	—	—	28.5
		8 速(km/h)	—	—	—	40.2
		最大后退速度(km/h)	15.1	30.55	30.3	40.2
刀片尺寸		宽度(mm)	3 660	3 660	—	3 660
		高度(mm)	610	650	—	610
		最大提升高度(mm)	—	—	—	444
		最大切土深度(mm)	490	500	—	—
		到达路肩的最大限度(左/右,mm)	—	—	—	2 160/2 110
尺寸		长(mm)	8 146	8 400	8 696	8 580
		宽(mm)	2 575	2 595	2 601	2 490
		高(mm)	3 340	3 480	3 170	3 100

平地机常见机型技术参数 表 2-54

项目		厂家与型号	卡特彼勒 24H	卡特彼勒 16H	沃尔沃 G780B	小松 HD750A-1
整机质量(kg)			61 950	24 740	19 618	19 050
发动机		厂家	Caterpillar	Caterpillar	Volvo	Cummins
		型号	3412E HEUI	3196	D10BGAE2	M11-C
		功率/转速[kW/(r/min)]	373/2 000	198/2 000	186/2 200	168/2 000
		活塞排量	27	11.9	9.6	10.8
工作性能		最大铲切横倾角(°)	—	—	90	—
		最小转弯半径(mm)	12 000	8 200	7 750	7 900
		铰接角度(°,每侧)	25	20	22	22
		轴距(mm)	1 023	6 960	6 248	6 450
		离地间隙(mm)	—	—	698	635
行走速度	前进	1速(km/h)	3.2	4.2	3.7	4.2
		2速(km/h)	4.9	5.9	5.1	5.8
		3速(km/h)	8.5	8.0	7.1	8.2
		4速(km/h)	13.1	11.6	10	11.4
		5速(km/h)	24.3	17.5	14.1	16.4
		6速(km/h)	37.7	24.6	19.7	23
		7速(km/h)	—	33.2	27.3	32
		8速(km/h)	—	48.1	38.1	44.9
	最大后退速度(km/h)		36.1	43.2	27.3	32
刀片尺寸		宽度(mm)	7 320	4 880	4 267	4 267
		高度(mm)	1 067	787	787	686
		最大提升高度(mm)	634	634	432	473
		最大切土深度(mm)	—	—	838	755
		到达路肩的最大限度(左/右,mm)	3 220	2 310	2 311/2 299	19 99/2 075
尺寸		长(mm)	14 160	9 990	9 322	9 220
		宽(mm)	4 230	3 080	2 794	2 743
		高(mm)	4 350	3 520	3 505	3 353
容量		燃油箱(L)	1 207	492	454	379
		液压油箱(L)	—	—	134	—

思考题

一、推土机思考题

1. 推土机有哪几种类型？各有什么优缺点？

2. 试以某种机型为例分析其工作过程、常用的施工方法？

3. 推土机在施工过程中应注意哪些安全操作问题？

二、铲运机思考题

1. 描述铲运机和推土机在施工中有什么异同？

2. 描述铲运机和推土机联合作业的特点。

3. 描述下列施工作业法：穿梭法、环形法、椭圆法、"8"字形法及"之"字形法。

三、装载机思考题

1. 在公路建设中，装载机能完成哪些工作？

2. 装载机有哪些仪表？如何读识？

3. 装载机有哪些操纵机构？如何操作？

4. 装载机的施工方法有哪些？

5. 结合生产实习，你认为哪种装卸方式作业效率最高？为什么？

6. 结合生产实习，简述装载机安全注意事项。

四、挖掘机思考题

1. 叙述挖掘机的功用、分类及适用范围。

2. 叙述单斗挖掘机常用的正铲、反铲、拉铲和抓斗四种基本工作装置的工作过程及使用范围。

3. 叙述单斗挖掘机的基本作业方法及施工方法。

4. 叙述提高挖掘机生产率的措施。

5. 挖掘机施工时应注意哪些安全操作要点？

五、平地机思考题

1. 平地机的常用机型有哪些？

2. 描述平地机常用机型的工作过程、常用的施工方法及适用范围。

Danyuansan

单元三

压实施工机械

知识点

1. 描述土壤的物理力学性能和压实机理过程；
2. 分析影响压实效果的因素；
3. 描述压实机械的类型、用途与使用范围；
4. 计算压实机械的生产率，分析影响生产率的因素和提高生产率的措施；
5. 描述压实机械的选择要点；
6. 描述压实机械安全操作要点和部分常见机型的技术参数；
7. 描述夯实机械的类型、使用范围，计算部分夯实机械的生产率；
8. 描述夯实机械的使用要点和部分常见夯实机械的技术参数。

技能点

1. 进行压实机械的操作和基本作业；
2. 进行路基碾压的技术施工；
3. 进行沥青混凝土铺砌层碾压的技术施工。

课题一　压实机理

一、土壤的物理力学性能

土壤由各种大小颗粒和水分混合而成，在大小颗粒之间存在孔隙和空气。土壤的物理力学性能与其颗粒大小、级配情况、含水量及其内力等有着密切的关系。土壤的物理力学性能是研究土石方压实方法、压实能量消耗形式的主要依据。

为了研究压实机械的夯实板或碾压轮与土壤相互作用的过程，充分利用压实能量，提高压实效果和压实质量，必须了解土壤的物理机械性能。

1. 土的粒度、成分与分类

土是由各种不同大小颗粒矿物质所组成的，其粒径差异甚大。为了区分不同颗粒的土壤性质，通常按颗粒大小加以归类。土的质点颗粒大小分类见表 3-1。

土的质点颗粒大小分类　　表 3-1

质点名称	颗粒直径(cm)	质点名称	颗粒直径(cm)
块石	>20	砂土	0.005 ~ 0.2
卵石、碎石	2 ~ 20	粉土	0.0005 ~ 0.005
砾石	0.2 ~ 2	黏土	<0.0005

土壤中的黏土质点多少决定了地面的附着能力，因此地面也可以按黏土质点的含量多少来分类。土的质地分类见表 3-2。

土 的 质 地 分 类　　表 3-2

分类指标 / 分类名称	>0.2cm 颗粒含量（质量百分比）	0.005 ~ 0.2cm 颗粒含量	<0.0005cm 颗粒含量	塑性指数
砾石质土类	>10	—	—	
砂石类	<10	—	0 ~ 3	<1
亚砂石类	<10	>50	3 ~ 10	1 ~ 7
粉土类	<10	<50 <40	3 ~ 10 10 ~ 30	1 ~ 7 1 ~ 17
亚黏土类	<10	>40	10 ~ 30	7 ~ 17
黏土类	<10	<50	>30	>17

2. 土壤的收缩性与膨胀性

土壤的收缩和膨胀性一般指土壤吸水和失水的特性。在变负荷的作用下，土壤同样会表现出这种特征。如车轮沿地面滚动，受力土壤气孔中的水分受到挤压，有一些气孔流向另一些气孔，同时把气孔内的空气压缩并排除土体之外。荷载越大，则土壤中的湿度越低，土壤的多孔度也越低，因而土壤被压实的程度越高。

当荷载消失后，虽然地面将重新吸回被排走部分的水分，多孔度也将有所恢复，但毕竟恢复的过程是不完全可塑性的，所恢复的程度只是部分的和有限的。

3. 土壤的承载能力和土壤的密实度

1）土壤的承载能力

土壤的承载能力是指土壤在重载下的承载面积不发生损坏的能力。它用单位支承面积上均匀分布的安全载荷值大小来评价。

土壤支撑机械行走装置的能力可以用土在支承面上的最大容许压力来表示。通常，土在支承面上的最大容许压力由允许行走装置沉入土中 6 ~ 12cm 的条件来决定。干燥的密实黏土最大容许压力为 11 ~ 15MPa；中等含水量的密实黏土为 8 ~ 10MPa；饱和含水量的黏土和松散砂土的最大容许压力为 3 ~ 5MPa；沼泽地的承载能力更低，只有 2 ~ 3MPa。

2）土壤的密实度与压实度

所谓土壤的密实度，是指单位体积内固体颗粒排列紧密的程度，也表示土质密实程度的一项机械特性。

密实度的大小，通常采用单位体积质量或固体体积率来表示。单位体积质量即土体的密度。土体质量有干、湿之分：湿质量为干土和所含水分的质量；干质量指干土质量，不包括所含水分。因此，单位体积所具有的湿质量称为湿密度；单位体积所具有的干土质量则称为干密度。湿密度 ρ_w 和干密度 ρ_d 可分别由式（3-1）和式（3-2）求出：

$$\rho_w = m_w / V \tag{3-1}$$

$$\rho_d = m_s / (1 + w/100) = m_s / V \tag{3-2}$$

式中：m_w——土体或路面材料的湿质量（g）；

m_s——干土质量（g）；

V——土体或路面材料的体积（cm^3）；

w——土体或路面材料的含水量（%）。

固体体积率是指单位体积内土体或路面材料的干密度与其颗粒密度的比值，土体颗粒密度为土体三相体的密度。固体体积率用百分率表示：

$$\text{固体体积率} = \frac{\rho_d}{\rho_s} \times 100\% \tag{3-3}$$

式中：ρ_s——土体或路面材料的三相颗粒密度。

显然，对同一土体或路面铺筑材料而言，其干密度越大，则固体体积率也越大。

实际上，干密度与被压材料的性质有关，不同的被压材料其比重不同，因此在相同压实条件下，其干密度大小也有差异，故干密度大小不能作为压实程度的绝对标准。

土壤压实的程度用压实度来评价，它是衡量压实质量的标准，也是检验压实效果的重要指标。应用压实机械对路基、路面进行压实时，必须达到设计所规定的压实度的要求。

土体在压实力作用下，会得到相应的干密度。压实功能大、碾压遍数增加，干密度也相应增大。当干密度达到某一值时，压实度即可达到标准压实度（百分之百），此时的干密度则称之为标准干密度。标准干密度在工程单位可通过击实试验测得，不同的土体和路面铺筑材料，其标准干密度也不相同，因而不同性质的被压材料，其标准压实度也不相同。

压实度可定义为土体或其他被压材料经压实后，其干密度与该土体或路面材料的标准干密度之比，即

$$\text{压实度} = \left(\frac{\text{干密度}}{\text{标准干密度}}\right) \times 100\% \tag{3-4}$$

式中的标准干密度，是按规定击实试验法得到的土体或路面材料的最大干密度。

对于某些路面材料，特别是不宜用击实试验法确定其最大干密度的材料，也可用固体体积率表示其压实的程度，或用规定的施工方法来控制压实度。

二、压实机理过程

用压实机械对路基或路面结构层材料进行压实时，在压实机具的短时静荷载、振动荷载或冲击荷载的作用下，将产生几种不同的物理过程。

用有黏性的细粒土(不含或含有很少量砾石颗粒的土)填筑路堤时,土通常包括两部分,一部分是由单个土颗粒黏聚在一起形成的大小土团或土块;另一部分是单个土颗粒。在黏性大的土中,往往主要是大小不一的土块。单个土颗粒也有大有小。因此,在通常情况下对这种路基土进行碾压时,产生的物理现象有:

(1)使大小土块重新排列和互相靠近。

(2)使单个土颗粒重新排列和互相靠近。

(3)使土块内部的土颗粒重新排列和互相靠近。

(4)使小颗粒进入大颗粒的孔隙中。

多种路面结构层材料通常主要是由各种不同粒径的单个颗粒组成的。在碾压过程中,主要发生的现象是颗粒重新排列、互相靠近和小颗粒进入大颗粒的孔隙中。

产生这些不同物理过程的结果是增加单位体积内固体颗粒的数量,减少孔隙率,这个过程称作压实。各种细粒土、天然砂砾土、红土砂砾、各种级配集料、填隙碎石以及无机结合料稳定土等路面材料,经过压实后,在单位体积内通常包括固体颗粒、水和空气三部分,常称为三相体。沥青混凝土实际上是三相体,只是以沥青代替了水。

在此三相体中,水和单个土颗粒是不可压缩的,空气只有在密闭容器内才是可压缩的,它在土体内也是不可压缩的。因此,要使单位体积内的固体颗粒增加,只有采取措施使土体内的空气和水排出。用机械碾压就是施工现场所采用的主要措施。

对于黏性细粒土的压实,仅是从孔隙中将空气挤出来,而不是将水挤出来。因为,一般碾压机械的短时荷载或振动荷载是不能将黏性土中的水挤出来的。碾压得愈密实,单位体积内的固体颗粒愈多,空气愈少。这些三相体的压实过程可以一直进行到几乎土中的全部空气被排挤出。因此,在某一含水量时,土的理论最大密实度就是土中空气等于零,土接近于两相体。但实际上不可能通过压实完全消除土中的空气。

在砂的碾压过程中,砂颗粒组成的均匀程度对所能达到的密实度起着很大作用。由相同粒径颗粒组成的均匀砂的密实度与互相接触的砂粒的排列位置有关。

对粗粒料进行压实,其物理过程更为明显。当石块带有棱角时,压实前,其棱角相互支撑,孔隙较大(见图3-1a))。压实时,由于产生交变应力,一些棱角将被碾碎嵌入孔隙内,使其密实度增加。如果是砂粒土,其粒径相同且呈球状,当处于最松排列时,每一颗砂粒与相邻颗粒有6个空间接触点,此时有48%的孔隙(见图3-1b))。排列最紧密时,其相邻空间接触点将增加一倍,孔隙则降至26%(见图3-1d))

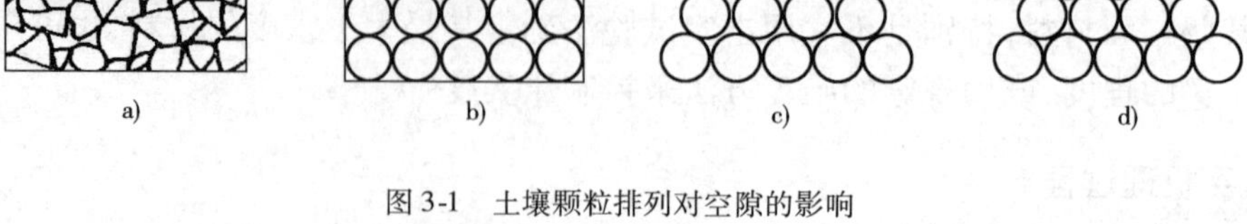

图3-1　土壤颗粒排列对空隙的影响

a)石块棱角相互支撑;b)相同粒径颗粒6个接触点排列示意图;c)相同粒径颗粒8个接触点排列示意图;d)相同粒径颗粒有12个接触点排列示意图

选用级配良好的砂质黏土，压实时，其细颗粒容易填充到粗颗粒的孔隙中，其密实度增长速度较快，土体内的空气和多余水分也容易有效排除。

三、影响压实效果的因素

(1)影响压实效果的因素(表3-3)。

影响压实效果因素表　　表3-3

影响因素	影 响 原 因
被压材料及其级配情况对压实度的影响	1. 粗粒料易于压实，而且有足够的稳定性。粉砂的压实性能差些，但比黏土要好，只是水稳定性较差。最难于压实的土壤是黏土，它有高的黏聚性和不透水性。含有大量有机物的腐殖土，弹性很强，无法压实，不宜作为工程建筑材料使用。 2. 集料的级配对碾压后所能达到的密实度有着明显的影响。为了提高工程结构物基础和路面结构层的强度和减少孔隙率，增加其在使用过程中的稳定性，则要求材料具有好的级配。特别是对用作基础层的集料，常规定有严格的级配范围。 3. 另外，对路面各结构层的集料成分要求有足够的强度和硬度，以使能够抵抗碾压施工和行车荷载的破坏，要防止集料中的粗集料被细化而导致路面变形
含水量对压实过程的影响	1. 土壤的含水量小时，土颗粒间的内摩擦阻力就大。当压实到一定程度后，此压实功便不能继续克服土壤的变形抗力，压实所得的密实度也是有限的。若增加含水量时，由于水在颗粒间起到的润滑作用而使土壤的内摩擦阻力下降，因此用同样的压实功可得到较大的密实度，当含水量增加到超过某一界限后，虽然土壤的内摩擦阻力还会下降，但土壤中水的体积却在增加。由于水的不可压缩性，致使土壤的密实度反而下降了。 2. 各种土壤的最佳含水量和最大干密度可参见表3-4
压实能量及施工方法对压实度的影响	1. 通过击实试验证明，对于某一种土壤或路面材料，其最佳含水量和最大干密度也不是固定不变的。增加锤击次数能够使土壤的最佳含水量下降，而最大干密度增加。增大击锤重量，其压实能量大，所得的密实度要比标准击实法高，对于粒状料约高5%，黏性土壤约高10%，有时会更多，最佳含水量，重型击实比标准击实一般要低3%～8%(高等级公路，目前常采用重型标准击实法来测定土的最佳含水量和最大密实度)。 2. 在工地用压路机碾压时，能得出与击实试验相同的规律。随着压实功的加大(增加压路机质量或压实遍数)，铺层材料的最佳含水量降低，最大干密度提高。 3. 采用静力压实时，土体密实度增长到一定程度后，将不再发生明显的变化。这是因为土体压实到一定程度，即达到一定的压实效果后，无法将压力波向深层继续延伸传递。只有选用振动压路机进行振动压实时，由于激振器高频振动能量的作用，所产生的振动压力波具有地震波的传播特性，可有效提高压实深度

(2)各种土壤的最佳含水量和最大干密度(表3-4)。

(3)压实能量及施工方法对压实度的影响。

通过击实试验证明，对于某一种土壤或路面材料，其最佳含水量和最大干密度也不是固定不变的。增加锤击次数能够使土壤的最佳含水量下降，而最大干密度增加。增大击锤质量，其压实能量大，所得的密实度要比标准击实法高，对于粒状料约高5%，黏性土壤约高10%，有时会更多，最佳含水量，重型击实比标准击实一般要低3%～8%（高等级公路，目前常采用重型标准击实法来测定土的最佳含水量和最大密实度）。

各种土壤的最佳含水量和最大干密度 表3-4

土壤类别	最佳含水量（%）	最大干密度（g/cm³）	土壤类别	最佳含水量（%）	最大干密度（g/cm³）
砂土	8～12	1.80～1.88	亚黏土	12～15	1.85～1.95
亚砂土	9～15	1.85～2.08	重亚黏土	16～20	1.67～1.79
粉土	16～22	1.61～1.80	黏土	19～23	1.58～1.70
粉质亚黏土	18～21	1.65～1.74			

在工地用压路机碾压时，能得出与击实试验相同的规律。随着压实功的加大（增加压路机质量或压实遍数），铺层材料的最佳含水量降低，最大干密度提高。

采用静力压实时，土体密实度增长到一定程度后，将不再发生明显的变化。这是因为土体压实到一定程度，即达到一定的压实效果后，其铺层已形成一层硬化层，该硬化层将深层隔离，无法将压力波向深层继续延伸传递。只有选用振动压路机进行振动压实时，由于激振器高频振动能量的作用，所产生的振动压力波具有地震波的传播特性，可大大削弱硬化层对深层传播的阻力，有效提高压实深度。

课题二　压实机械及其选用

一、压实机械的用途

压实机械是一种利用机械自重或通过某种诱发力，在垂直或水平方向对地面持续重复加载，排除土内部的空气和水分，使之密实并处于稳定状态的作业机械。

在国民经济建设中，压实机械广泛用于公路、城市道路、铁路路基、机场跑道、港口、堤坝及建筑物基础等基本建设工程的压实作业。

在建设公路时，路基土壤和路面铺层都要进行逐层压实，公路才能使用。路基土壤压实的目的在于减小土壤的间隙，增加土壤的密实度，提高路基的抗压强度和稳定性，使其达到规定的承载能力。路面铺层压实的目的在于提高被压材料的密实度，使其达到规定的压实度，以抵抗在其上行驶车辆等物体的动力影响，以及雨雪的侵蚀。

在筑路过程中，路基和路面压实效果的好坏，将直接关系到公路的质量和使用寿命。

二、压实机械的分类、压实性能与使用范围

（1）压实机械的分类、压实性能与使用范围可参见表3-5。

（2）滚压工作机构简图（图3-2）。

压实机械的分类、压实性能与使用范围 表 3-5

<table>
<tr><th>类别</th><th colspan="2">种别</th><th>形式</th><th colspan="2">压实性能</th><th colspan="2">使用范围</th></tr>
<tr><td rowspan="12">压实机械</td><td rowspan="6">静力作用式</td><td rowspan="2">光轮压路机</td><td>拖式</td><td rowspan="6">是靠辗压轮自重及配重所产生的静压力直接作用于铺筑层上，使土壤等被压材料的固体颗粒相互靠紧，形成具有一定强度和稳定性的整体结构。但其压实功能有一定局限性，压实厚度亦受到一定限制；
一般不超过 20 ~25cm</td><td rowspan="2">其滚轮是一个圆柱形筒体，以压路机的自重保证压实作用，还可以通过增减配重适当调整其线压力，扩大其应用范围</td><td colspan="2" rowspan="2">轻型：压实人行道和修补路面，路基和路面的初步预压实。
中型：路基和路面的中间压实及简易路面的最终压实。
重型：中等级公路的路基和路面及沥青混凝土路面最终压实。
超重型：高等级公路的路基及黏土和坚硬石料的压实</td></tr>
<tr><td>自行式</td></tr>
<tr><td rowspan="2">羊足压路机</td><td>拖式</td><td rowspan="2">有较大的单位压力与羊足的挤压力，压实深度大而均匀，并能挤碎土块，因而有很好的压实效果和较高的生产率</td><td colspan="2" rowspan="2">高等级公路的路基及黏土和坚硬石料的压实；不适用于砂土和砂砾土</td></tr>
<tr><td>自行式</td></tr>
<tr><td rowspan="2">轮胎压路机</td><td>拖式</td><td rowspan="2">机动性好，便于运输，进行压实工作时土壤与轮胎同时变形，全压力作用时间长，接触面积大，并有揉和的作用，压实效果好，不损坏被压材料的棱角，不压碎材料</td><td colspan="2" rowspan="2">适用于压实黏性土及非黏性土，如黏土、砂黏土、砂土和砂砾土等</td></tr>
<tr><td>自行式</td></tr>
<tr><td rowspan="6">动力作用式</td><td rowspan="2">振动压路机</td><td>自行式</td><td colspan="2">工作质量较大，通常由机车牵引作业。并具有结构简单，维修方便、激振力大、爬坡能力强、生产效率高等特点</td><td colspan="2" rowspan="2">见表 3-6</td></tr>
<tr><td>拖式</td><td colspan="2">机动灵沽，工效高，压实效果好</td></tr>
<tr><td colspan="2">振荡式</td><td colspan="2">是一种振动与搓揉相结合的压实，其振动能量主要在被压层面内沿水平方向传播，垂直深度压实效果不如振动压路机，但在一定深度范围内的表层压实效果明显优于振动压路机</td><td colspan="2">适用范围广，特别适用于对黏性土和沥青路面的压实</td></tr>
<tr><td colspan="2">冲击式</td><td colspan="2">对压实表层具有独特的搓揉、翻松和拌和作用，对土壤的含水量没有严格的要求，压实后整体性好，不容易出现裂纹</td><td colspan="2">特别适合碾压软土地基、原始地基、深铺层土石方和含水量较高的黏性土；还可以用来破碎旧水泥混凝土路面和旧沥青路面</td></tr>
<tr><td rowspan="2">夯实机械</td><td>振动式</td><td colspan="2" rowspan="2">体积小，质量轻</td><td rowspan="2">主要用于狭窄工作面的土层、石渣的压实</td><td>用于非黏性土、砾石、碎石的压实</td></tr>
<tr><td>冲击式</td><td>适用黏土、砂质黏土和灰土的夯实作业</td></tr>
</table>

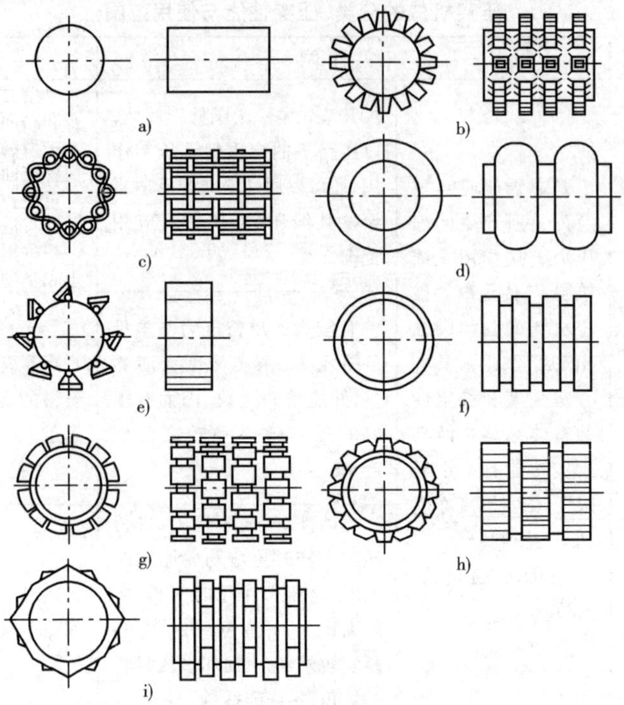

图 3-2　滚压工作机构简图

a)光滚轮；b)羊角轮；c)格栅轮；d)气胎轮；e)铰接块板式滚轮；f)圆盘式滚轮；g)扇形块式滚轮；h)凸块式滚轮；i)多角圆片式滚轮

(3)道路建筑材料和土壤用压实机械的分类(图 3-3)。

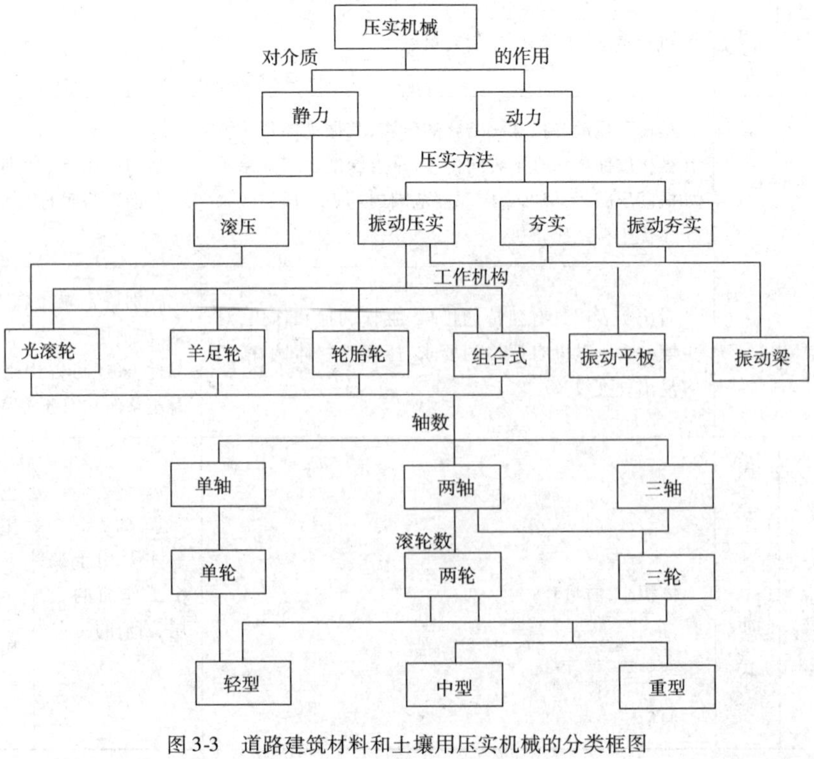

图 3-3　道路建筑材料和土壤用压实机械的分类框图

(4)振动压路机的应用范围(表3-6)。

振动压路机应用范围　　　　表3-6

质量和形式	块石	沙砾石		粉土、粉质土		黏　土	
		优良级配	均匀粒级	粉质砂、粉质砾石、冰土	粉土、砂质粉土	低、中强度黏土	高强度黏土
3t以下光轮		□	□	□	□		
3~5t光轮		○	○	□	□	□	
5~10t光轮	□	○	○	○	□	□	□
10~15t光轮	○	○	○	○	□	□	□
振动凸块式			□	□	○	○	○
振动羊足式			□	□	□	○	○

注:○表示"适用",□表示"可用"。

(5)常用压实机械(图3-4)。

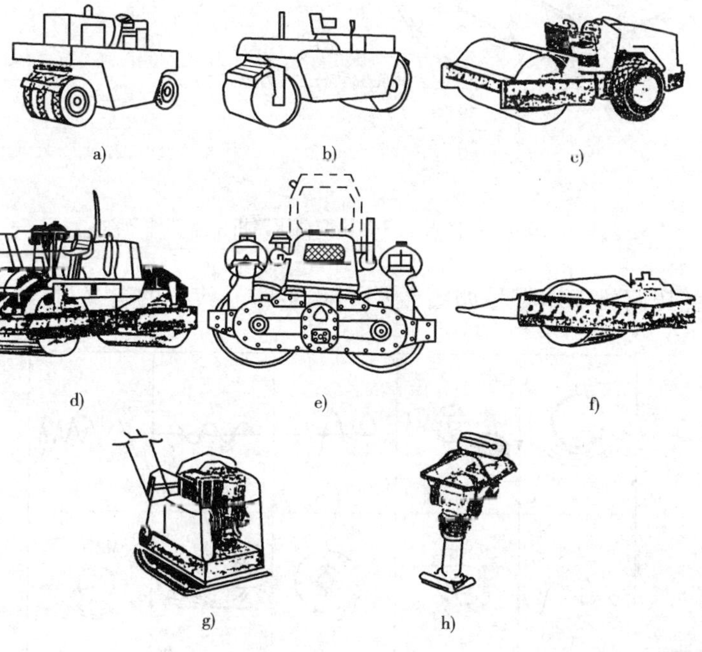

图3-4　常用的压实机械

三、压路机的驾驶

在驾驶压路机之前,必须熟悉驾驶室内的仪表和操纵装置,这些仪表和操纵装置因机型而异,但其功能和使用方法基本相同。下面以英格索兰双钢轮振动压路机(图3-5)为例进行阐述。

图3-5　英格索兰双钢轮振动压路机

(1)英格索兰双钢轮振动压路机主要部件名称见图 3-6。

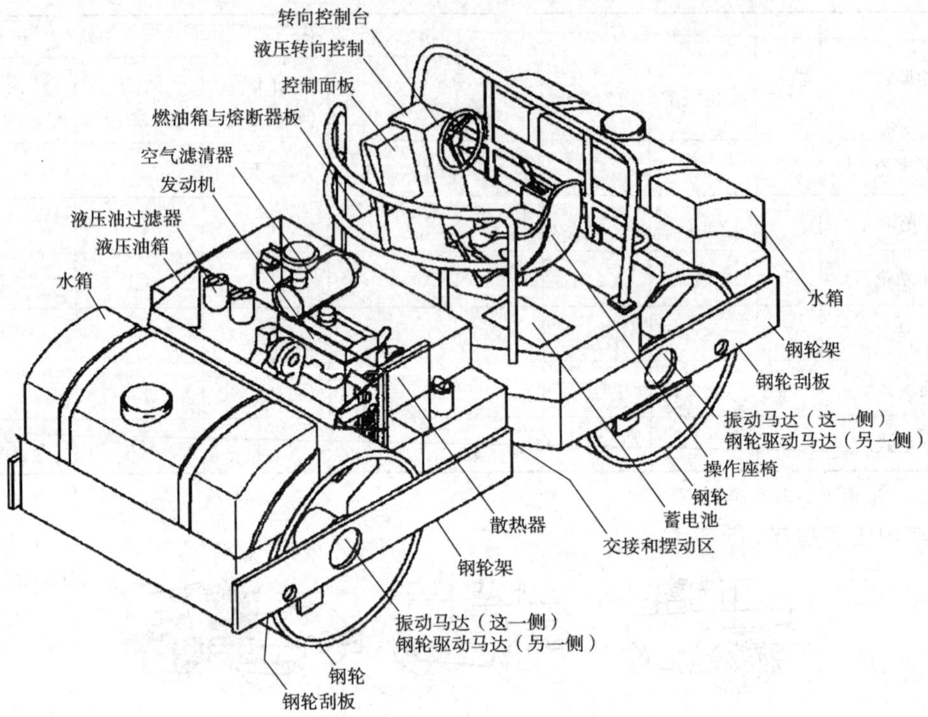

图 3-6　英格索兰双钢轮振动压路机主要部件名称

(2)英格索兰压路机专用符号如图 3-7 所示，各符号代表的含义见表 3-7。

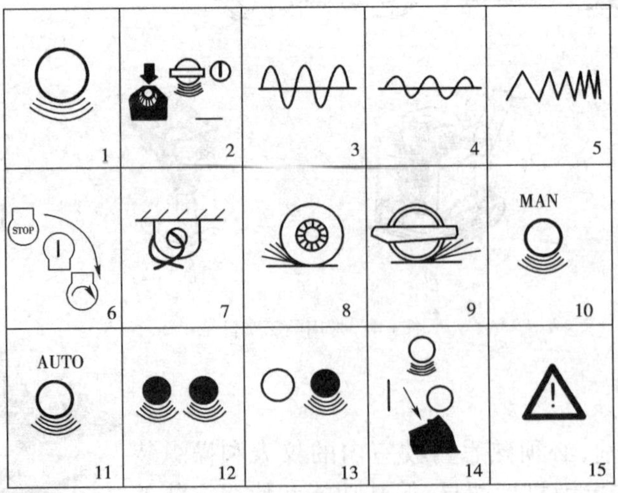

图 3-7　英格索兰压路机专用符号

英格索兰压路机专用符号的含义　　表 3-7

钢轮振动　1	钢轮振动控制　2	高振幅　3	低振幅　4	频率(振动)　5
起动开关　6	栓系点　7	车轮防滑转　8	钢轮防滑转　9	手动振动控制　10
自动振动控制　11	双钢轮振动模式 12	单钢轮振动模式 13	振动控制模式　14	小心　15

(3)英格索兰双钢轮振动压路机的仪表盘和操纵装置如图 3-8、图 3-9、图 3-10、图 3-11 所示,各仪表和操纵装置功用见表 3-8。

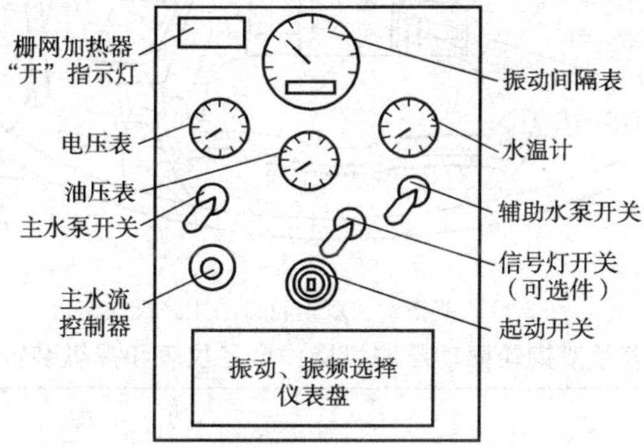

图 3-8　英格索兰双钢轮振动压路机仪表盘

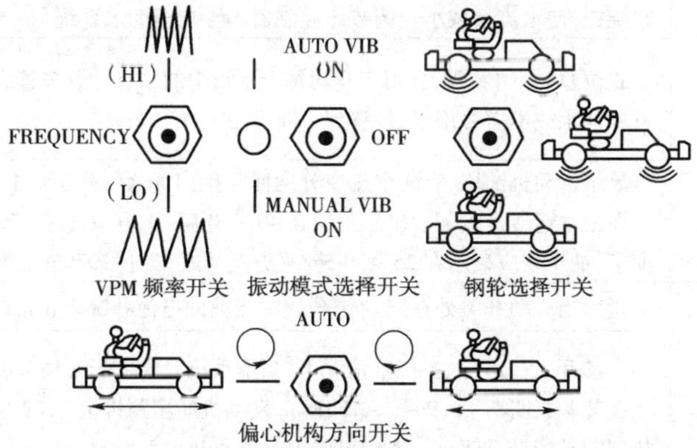

图 3-9　英格索兰双钢轮振动压路机振动、振频选择仪表盘

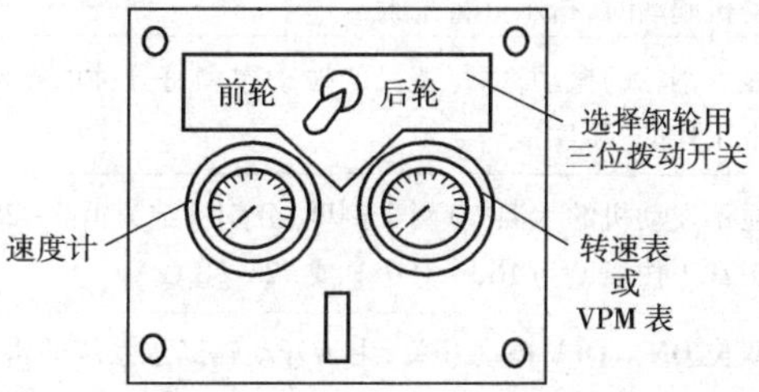

图 3-10　英格索兰双钢轮振动压路机可选装仪表盘

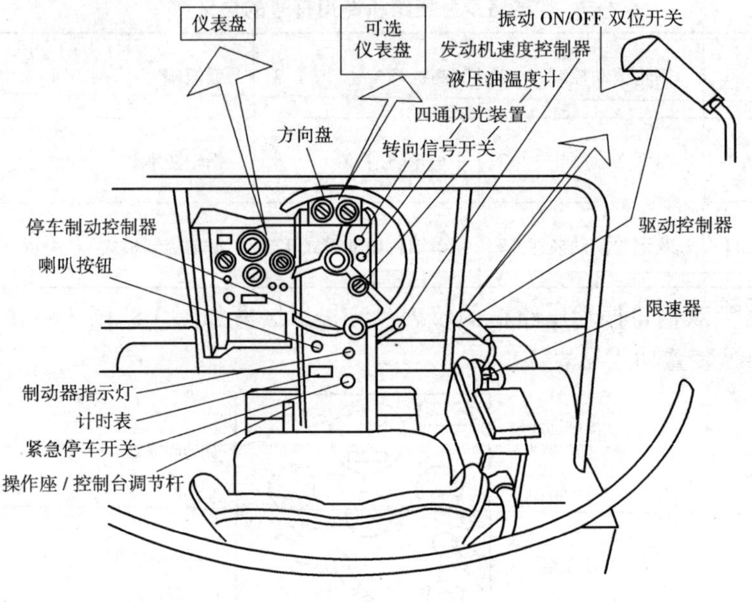

图 3-11　英格索兰双钢轮振动压路机操作台

英格索兰双钢轮振动压路机操作台各仪表和操纵装置功用表　　表 3-8

序号	名称	功　　能
1	主水流控制器	可调旋转控制器，操作者可以调节从水系统到钢轮的水流量。顺时针方向离开“关”位置转动控制旋钮，使来自主水系统的水流量增至最大。逆时针方向朝着“关”位置转动控制旋钮，使水流量减小。调节此控制器不影响辅助水系统
2	主水泵开关	双位 ON / OFF 开关，用于开动每个水箱中的水泵。开关移到 ON 位置时开泵；当给水箱重新加水或不需要用水时，移到 OFF 位置
3	油压表	显示发动机油压，有两个刻度分别标定 0 ~ 100 磅/平方英寸和 0 ~ 700kPa。 在正常运转速度下读出压力应在 40 ~ 60 磅/平方英寸或 276 ~ 414kPa 之间。在空转速度下，油压表应显示在 25 ~ 30 磅/平方英寸或 172 ~ 207kPa 之间
4	电压表	指示当启动开关处在“运行”位置时当前的电池状况。正常的工作范围为 13.5 ~ 14.5V
5	栅网加热器“开”指示灯	启动开关在运行 ① 位置情况下，当发动机温度低于起动温度时，指示灯亮。 在装备康明斯 B5.9 ~ C ~ 185Elite 发动机的压路机上，不要使用乙醚。进气总管火焰加热器起动辅助有明火。乙醚可能引起爆炸和重大伤害。 指示灯亮表明栅网加热器正在加热发动机进气室中的空气。当进气温度很高足以促使发动机起动时，指示灯将熄灭
6	振动间隔表	显示钢轮的振动，以每英尺的振动数和每分钟的振动数标定。表盘上的绿色区域指示正常工作的“压实区”
7	水温计	显示发动机的水温，有两个刻度，分别标定为 100 ~ 280°F 和 38 ~ 138℃。 正常工作温度为 160 ~ 190°F 或 72 ~ 88℃
8	辅助水泵开关	双位 ON / OFF 拨动开关，用于开动辅助水系统的水泵。 开关拨到 ON 位置，开动辅助水泵；当不需要用泵时拨到 OFF 位置。辅助水泵在主水泵出现故障时，用作备用系统

续上表

序号	名称	功　能
9	起动开关	钥匙操纵的三位置(停机、运行、起动) 开关,控制发动机停机、起动和运行操作。  将开关顺时针方向从停机位置转到运行位置给电气系统通电。继续将开关转到起动位置起动发动机。发动机一起动,立即放开开关,它将自动到运行位置。如果发动机不起动,应等 3 ~ 5min 后再起动试试,如三次起动不成功,应检修后再起动
10	VPM 频率开关	二位置开关,用于选择作业所需的钢轮振动频率。 开关可以转到最低(LO)频率、最高(HI) 频率或关(OFF)位置。最低频率设定对于 DD 90 和 DD100 型为每分钟振动 1850 次,对于 DD 90HF 型为每分钟振动 2850 次,对于 DD 110HF 型为每分钟振动 2500 次。最高频率设定对于 DD 90 和 DD 110 型为每分钟振动 2500 次,对于 DD 90HF 型为每分钟振动 3800 次,对于 DD 11OHF 型为 3350 次。如果不需要钢轮振动,将开关移到 OFF 位置
11	振动模式选择开关	三位置开关,用于选择自动或手动钢轮振动和关闭位置。 在 AUTO VIB (自动振动)位置,当压路机行进速度达到预先设定的速度时,钢轮自动地开始振动,而当行进速度降到同一预定速度时即停止振动。该速度可以设定为 2/4、11/4、13/4 和 21 哩/小时(1.2、2.0、2.8 和 3.2 公里/小时)。 将开关置于 MANUAL VIB(手动振动)位置,当发动机运转时钢轮将振动。 将开关置于 OFF (中间)位置,所有振动停。 注:振动模式选择开关必须与钢轮选择开关一起使用
12	钢轮选择开关	三位置开关,用于选择单独或两个钢轮振动。 将开关置于 BOTH (二个)位置,前、后钢轮将都振动。选择 FRONT (前)或 REAR (后)将分别得到前钢轮或后钢轮振动
13	偏心机构方向开关	三位置开关,控制偏心机构运转的方向。 开关置于左边,钢轮将顺时针方向转动(从钢轮偏心机构一侧看)。 开关置于右边,钢轮将逆时针方向转动(从钢轮偏心机构一侧看)。 开关置于 AUTO (中间)位置,在压路机方向反过来时,偏心机构自动转动(改变旋转方向)
14	转向盘	用于在作业时改变压路机方向
15	发动机速度控制杆	用于调节发动机速度(转/min)。逐渐往上拉控制杆,使发动机减速,往下压使发动机加速。 注:不要用发动机速度控制器控制压路机的行进速度
16	驱动控制器	控制压路机的方向、行进速度和制动功能。 警告!快速移动驱动控制器可能导致压路机失去控制、摇摆或严重损伤。 无论是要往前或往后驱动压路机,都要逐渐地往所要的方向移动手柄要减慢和停止压路机的行进,应将控制器慢慢地朝"停止"位置移动。到达"停止"位置时,压路机行进完全停止。 注:驱动控制器除了在"停止"以外的任何位置上都不能起动发动机

续上表

序号	名称	功能
17	振动 ON / OFF 双位开关	按振动控制器的选择开始和停止振动，按下开关，开始振动，再按一下开关，停止振动。 注：仅在压路机行进时打开振动。在压路机停下前关掉振动。不允许在压路机静态时振动
18	带起动开关的操作座	操作座可通过移动座椅左边的拉杆而向前、向后调节，并往所希望的方向滑动 注：座椅下有一个开关，只有在对座椅施加压力下才能起动
19	操作座/控制台调节杆	调节杆用于将控制台和操作座作为一个单位旋转180°。控制台和操作座可以锁定在五个位置中的任一位置，以便于操作和观察进行中的工作要改变操作座/控制台的位置，往后拉调节杆并继续拉住它。操作座/控制台旋转到五个位置之一时放开调节杆，这样操作座/控制台既锁定在所希望的位置
20	紧急停车开关	在紧急时按动，用来停止压路机的所有操作。 将红色旋钮推进去，关掉发动机和所有的压路机功能；旋转红色旋钮到它啪的一声退出，开关即复位。这个动作可使开关以后再使用
21	计时表	以小时数显示发动机的运行时间
22	制动器指示灯	当停车制动器被刹住并且启动开关在“运行”位置时，此指示灯亮。一旦制动器放开，指示灯应熄灭
23	喇叭按钮	用于提醒人们压路机来了或者它要改变方向
24	停车制动器控制器	用于刹住或放开停车制动器。往外拉控制器刹住制动器，推入则放开制动器。 在紧急情况下使用此控制器时，应先将驱动控制器置于“停止”位置，再刹住停车制动器停下压路机
		可　选　件
25	工作照明灯开关	双位(ON / OFF)开关，用于操纵装在操作围栏和液压油箱支架上的四个工作照明灯
26	信号灯开关	双位(ON/OFF)开关，以操纵旋转信号灯。信号灯为操作机器增加了能见度和安全性
27	速度计/转速表	速度计：可用来测量压路机的地面速度(哩/h，km/h)。 转速表：以 r/min × 100 标定，量程为 0 ~ 30。发动机低速空转时，对于所有型号均为950r/min。发动机高速空转时，对于DD90型为2420r/min，对于DD 90HF型为2457r/min，对于DD110型为2457r/min。如果转速表显示不是这些读数，可能需要调整发动机的速度控制
28	速度计/ VPM(每分钟振动数)表	速度计：可用来测量压路机的地面速度(哩/h，km/h) VPM(每分钟振动数)表：可用来测量和显示选定的钢轮每分钟振动数。钢轮的选择用三位拨动开关(图3-9)进行。开关置于左边选择前钢轮，置于右边选择后钢轮。中间位置则去除表的一切输入
29	转向信号开关	三位置选择开关，转到右边或左边可使转向信号灯闪亮，指示压路机的转向
30	四通闪光装置	二位置选择开关，转到ON位置使四通闪光装置信号灯闪光
31	液压油温度计	提供液压油温度的可见指示 在正常工作时，温度计读数应为180 ~ 200°F 和 82 ~ 93℃
32	限速器	位于驱动控制器上，用于防止压路机在前进或倒退时以高于所要求的速度作业。限速器可调整到不同位置以改变最大速度
33	声响报警(油压/水温)	报警系统，由一油压开关、水温开关和一个报警器组成，报声提醒操作者发动机油压过低 / 发动机水温过高 开关装在发动机上，报警器装在操作者座椅底下的右侧

(4)压路机的基本操作内容及步骤见表3-9。

压路机的基本操作内容及步骤 表3-9

项 目	操 作 步 骤
驾驶前的准备	1. 安全驾驶常识、设备使用说明书的学习； 2. 周围环境检查和周围障碍物的清除； 3. 机况检查：三油一水及电解液的高度位置和有无泄露、各部连接有无松动等； 4. 将铰接锁条放入收藏位置，调整好振幅调节盘； 5. 起动发动机并使其进入正常运转状态； 注意：起动发动机时，必须将驱动控制器和振动控制器置于OFF（关）位置，停车制动器置于ON（刹住）位置
起步行驶	1. 加大油门使柴油机转速至规定转速（参见表3-8）； 2. 试转动方向盘，检查转向功能是否正常，检查喇叭按钮的动作，看喇叭是否响； 3. 松开停车制动器（手制动），同时手制动信号熄灭； 4. 检查压路机前后两轮处及路面上是否有障碍物，然后根据所需行驶方向，向前或向后扳动驱动控制器，压路机起步行驶； 5. 检查制动系统是否可靠； 6. 行驶过程中要经常检查各仪表指示值是否正常（参见表3-8）
振动行驶	1. 机械静止时不能开启振动。轮子振动时切勿改变其振幅，只能在关掉振动开关且停车后，才能转动振幅选择器； 2. 压路机在运动时，操作振动开关进行振动。既：先行驶，后起振，先停振，后停驶； 3. 当需要改变压路机前后行进方向时，应先断开振动开关（有的机型能自动实现此过程）使振动停止，当方向改变后继续行驶时，再接通振动
制动和驻车	1. 英格索兰双钢轮振动压路机设有静液压制动、紧急制动开关和手制动。正常情况下制动压路机应使用静液压制动装置，即将驱动控制器放在中间位置，静压制动使压路机减速而停止（靠液压马达制动）； 2. 在危急情况下制动压路机使用紧急制动开关。在制动过程中，要牢牢掌握转向盘，等机子停稳后松开紧急制动； 3. 当压路机驻车后，特别是停在坡道上时必须拉紧手制动，对压路机实行制动的具体操作如下； (1)操作振动开关停止振动； (2)将驱动控制器定到中间位置，使压路机停止； (3)按下油门使发动机在800～1000r/min的转速下运转几分钟； (4)拉起停车拉钮，使发动机熄火； (5)将电锁转至关闭位置，拔下起动钥匙，拉紧手制动
吊装	1. 在吊装压路机前，必须锁死铰接头以防在吊装时压路机转动； 2. 将吊装铁链装在压路机的吊耳（四个）上，但要保证当通过吊链起吊时，压路机上所有零件将不被挤压； 3. 钢丝绳或铁链等都必须符合规定； 4. 吊装结束后，起动发动机前不要忘记把锁紧件松开

(5)振幅调节盘的调整如图3-12所示。

调节盘位于每个钢轮的左边,调节盘有8个位置(1~8)可调,通过重置偏心机构控制不同的振幅。每个钢轮都是独立控制的。

调整时,必须确保在发动机关掉、压路机被楔住、铰接锁条锁住位置的情况下进行。调整方法:向外拉弹簧压紧的调节盘,使之解除闭锁;顺时针方向转动调节盘,增大钢轮振幅(动态力),逆时针方向转动,减小振幅。在调整到所需要的钢轮振幅后,放开调节盘,在弹簧力的作用下机构啮合。

图3-12 振幅调节盘

调整时要根据密度测试结果和生产要求进行,表3-10给出了推荐的使用设定值。

振幅调节盘推荐的使用设定值 表3-10

对热混沥青推荐各种振幅设定(DD—90/DD—110)			
	上 层	中 间 层	底 层
填料层厚度	1.0~2.5英寸 1.0~2.5Inches 25.4~63.5毫米 25.4~63.5mm	2.5~4.0英寸 2.5~4.0Inches 63.5~101.6毫米 63.5~101.6mm	4.0~6.0英寸 4.0~6.0Inches 101.6~152.4毫米 101.6~152.4mm
振幅设定	1,2,3	2,3,4	4,5,6,7
对热混沥青推荐各种振幅设定(DD—90HF/DD—110HF)			
	上 层	中 间 层	底 层
填料层厚度	1.0~2.0英寸 1.0~2.0Inches 25.4~50.8毫米 25.4~50.8mm	2.5~3.0英寸 2.5~3.0Inches 50.8~76.2毫米 50.8~76.2mm	3.0~4.0英寸 3.0~4.0Inches 76.2~101.6毫米 76.2~101.6mm
振幅设定	1,2,3	2,3,4	4,5,6,7

四、压路机的基本作业方法

1. 压路机压实运行程序

(1)道路碾压程序。压路机压实作业时应以路基或路面中心线为目标,从左右两边线开始逐趟压向中心线(压路机在纵向长度运行一次为一趟),直至压路机的主轮压到中心线为止,最后在路中加压那些主轮仍未按要求压到的地方。即“先两边,后中间”。

(2)坡度碾压程序。自低向高处压实。

(3)大面积压实方法。自高向低处压实。

(4)每次碾压重叠量。二轮二轴:25 ~ 30cm,其碾压程序如图 3-13 所示。三轮二轴:1/3 ~1/2 压实轮宽度。三轮三轴:1/3 压实轮宽度,其碾压程序如图 3-14 所示。

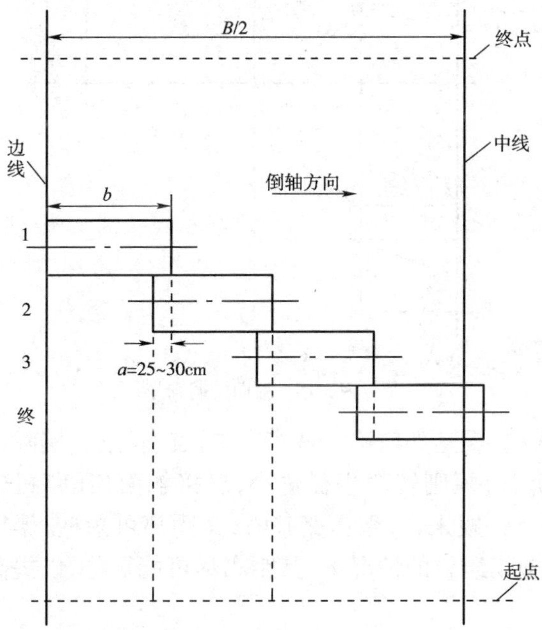

图 3-13　二轮压路机碾压程序

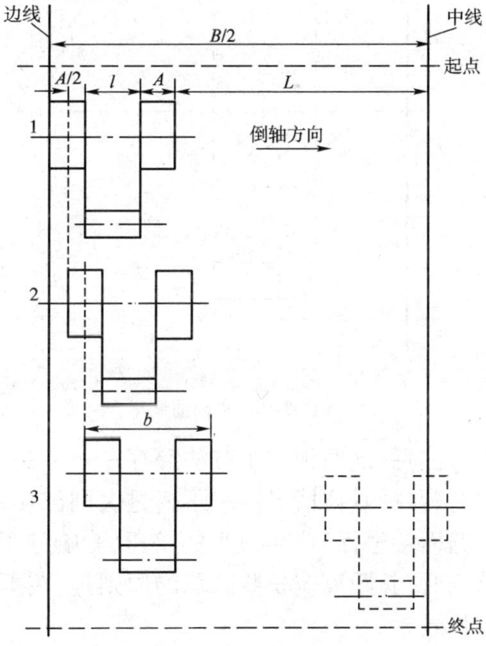

图 3-14　三轮压路机碾压程序

2. 压路机的调车方法

使用压路机进行压实作业时,为进行下一个压实循环而进行的压路机横向移位叫倒轴。压路机的调车换向必须在碾压段以外进行。

1)换向前调车

指压路机碾压运行到接近路段外时,在一定的距离内将压路机按主轮重叠宽度的要求向左或右移动,以达到倒轴的目的。具体做法是(以向左倒轴为例):在压路机接近路段终点时,向左打转向盘,待压路机向左侧移到规定距离后,向右回转转向盘,直到车身回正后,再向左移动转向盘将转向轮回正。停车之后,车身和转向轮都已经处于直线行驶状态。操纵换挡,起步直线行驶再开始压实作业,即完成了倒轴调车,如图 3-15 所示。

2)换向后调车

换向后调车是指压路机运行至本压实路段外后，先停车变换方向后再经过三次调整转向盘使压路机至倒轴位置，如图3-16所示。

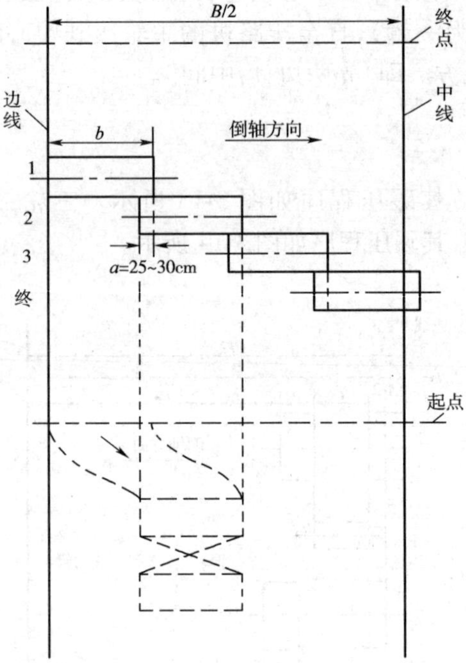

图3-15　换向前调车

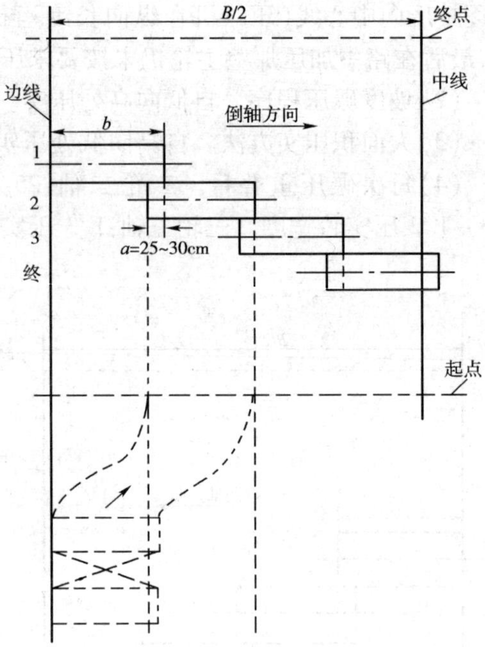

图3-16　换向后调车

注意：这两种调车方法都存在一个共同的问题，就是如何确定调车工作段的长度。实际作业时，要视具体情况定。距离过大则碾压效率低；过短则转弯半径过小，对接触面（压路机轮与路面接触面）产生过大的挤压，影响施工质量。一般来讲，碾压路基时，其距离可短些，碾压路面时，其距离应长些。总的原则是：在不影响施工质量的情况下，其距离尽可能短些，以提高工作效率。

五、压路机生产率的计算

压路机生产率大小主要决定于压路机的作业速度、每次滚压带宽度、重叠宽度、同一处的滚压遍数和每层压实后的铺层厚度，生产率可以用单位时间内的压实面积或用单位时间内的压实体积表示。

不同的压实机械，其生产率的计算公式和内容也不同，见表3-11。

轮胎压路机对土壤的碾压遍数主要取决于土壤的种类，随土壤黏性度的提高而增加（表3-12）。

1. 路基压实生产率

压实厚度的取值决定压实生产率计算的准确性。压实厚度由材料的类别和规定必须达到的压实度大小决定。

压实机械生产率的计算公式　　表 3-11

机型	静力式压路机	轮胎压路机	振动压路机
公式	$Q=\dfrac{3\,600(B-C)LHK_B}{(L/v+t)n}$	$Q=\dfrac{L(B-A)H_0K_B}{\left(\dfrac{L}{v}+t\right)n}$	$Q=C\dfrac{WvH1\,000}{n}$
参数含义	Q——压路机生产率(m^3/h) B——碾压带宽度(m); C——碾压带重叠宽度(m);一般 $c=0.15\sim0.25$ m L——碾压作业路段长度(m); H——铺层压实后的厚度(m); v——碾压行驶速度(m/s); t——转弯掉头或换挡时间,一般情况转弯 $t=15\sim20$s,换挡 $t=2\sim5$s; n——碾压遍数; K_B——时间利用率	Q——压路机生产率(m^3/h); L——碾压区段长(m); B——碾压带宽度(m); A——次一遍与前一遍的重叠量,$A=0.2$m; H_0——压实深度(m); K_B——工作时间利用系数; v——压路机的运行速度(m/h); t——自行式轮胎压路机的换向时间,$t_1=1\sim2$s;或拖式轮胎压路机的掉头时间,$t_2=0.02$h; n——压路机沿同一地点碾压的遍数	Q——压路机生产率(m^3/h); W——轮宽(m); v——压实速度(km/h); H——压实后厚度(m); n——压实遍数; C——效率系数,$C=\dfrac{实际生产率}{理论生产率}$。 如果压路机每小时工作 50min,标准重叠压实,效率系数 $C=0.75$

碾压各种土壤压路机的碾压遍数和胎内气压　　表 3-12

参数名称	土壤名称		
	砂土	亚砂土	黏土
胎内气压	0.2	0.3~0.4	0.5~0.6
所需碾压遍数	2~3	3~4	5~6

表 3-13 给出了压实路基材料时,用不同振动压路机压实达到最小压实度为 90% 修正的葡氏压实度(对颗粒材料)或达到最小压实度为 95% 标准简化压实度(对黏性土)时的实际最大压实厚度。

压实厚度(压实后)表　　表 3-13

压路机工作质量(括号内为振动轮分配质量)		路基				路面基层	底基层
		回填石	砂、砾石	粉土	黏土		
拖式振动压路机	6t	0.75	▲0.60	▲0.45	0.25	▲0.30	▲0.40
	10t	▲1.50	▲1.00	▲0.70	▲0.35	▲0.40	▲0.60
	15t	▲2.00	▲1.50	▲1.00	▲0.50	☆	▲0.80
	6t(带凸块)	☆	0.60	▲0.45	▲0.30	☆	0.40
	10t(带凸块)	☆	1.00	▲0.70	▲0.40	☆	0.60
轮胎驱动振动压路机	7t(3t)	☆	▲0.40	▲0.30	0.15	▲0.25	▲0.30
	10t(5t)	0.75	▲0.50	▲0.40	0.20	▲0.30	▲0.40
	15t(10t)	▲1.50	▲1.00	▲0.70	▲0.35	▲0.40	▲0.60
	8t(4t)(带凸块)	☆	0.40	0.30	▲0.20	☆	0.30
	11t(7t)(带凸块)	☆	0.60	0.40	▲0.30	☆	0.40
	15t(10t)(带凸块)	☆	1.00	0.70	▲0.40	☆	0.60

续上表

压路机工作质量（括号内为振动轮分配质量）		路基				路面基层	底基层
		回填石	砂、砾石	粉土	黏土		
两轮串联振动压路机	2t	☆	0.30	0.20	0.10	▲0.15	0.20
	7t	☆	▲0.40	0.30	0.15	▲0.25	▲0.30
	10t	☆	▲0.50	▲0.35	0.20	▲0.30	▲0.40
	13t	☆	▲0.60	▲0.45	0.25	▲0.35	▲0.45
	18t（带凸块）	☆	0.90	▲0.70	0.40	☆	0.60

注：▲-表示最适合采用标记；☆-表示不适合采用标记；表中单位为 m。

图 3-17 给出了不同形式的振动压路机连续工作时正常的生产率范围；提供了双轮振动的两轮串联振动压路机（压实 1～6 遍）和单轮振动的两轮串联振动压路机（压实 6～9 遍）的生产率，供选用压路机参考。

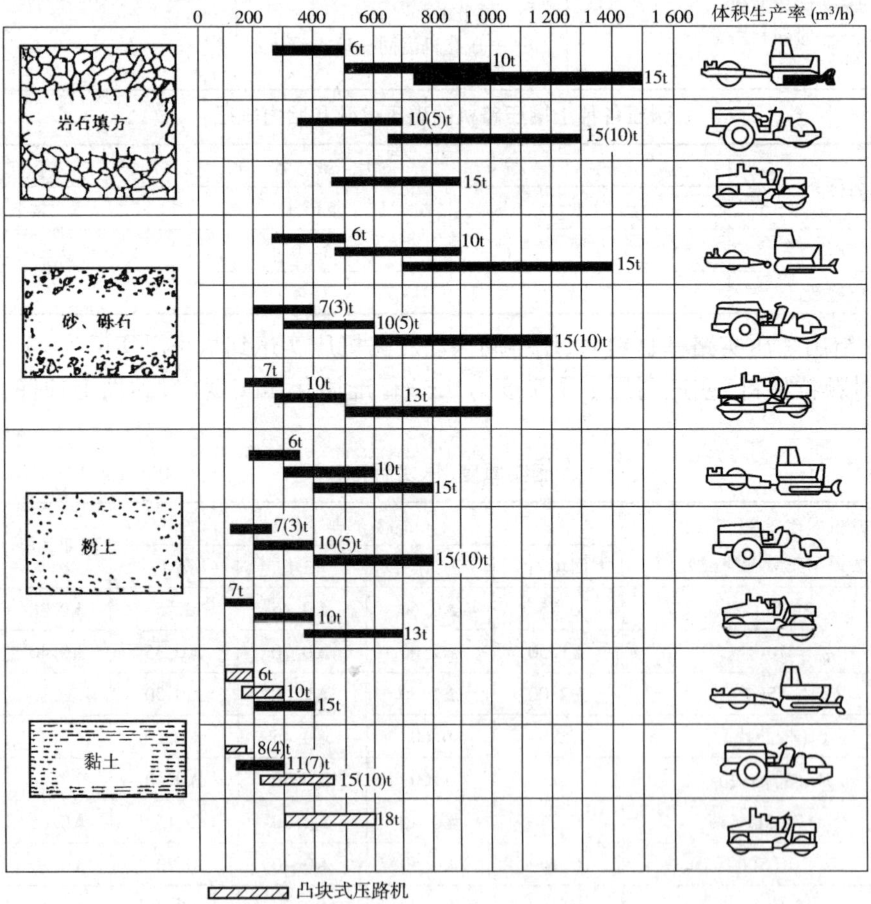

图 3-17 压实路基生产率

2. 基层和底基层压实生产率

图 3-18 表示连续压实基层和底基层时的生产率范围。

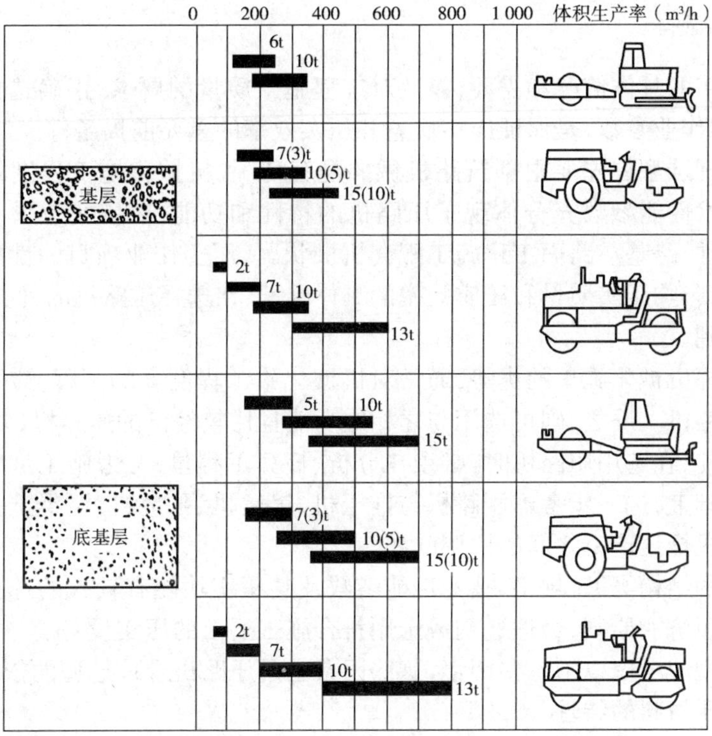

图 3-18　压实基础层和次基层生产率

3. 小型压实设备生产率

表 3-14 给出了小型压实设备的压实厚度和相应的生产率。使用表 3-14 时，必须考虑土的性能多变的特点。

小型压实设备压实厚度（m）及生产率（m^3/h）　　表 3-14

类　型	工作质量（kg）	回 填 石		砂、砾石		粉 土		黏 土	
		压实层	生产率	压实层	生产率	压实层	生产率	压实层	生产率
振动平板夯	50～100	—	—	0.15	15	—	—	—	—
	100～200	—	—	0.20	20	—	—	—	—
	400～500	—	—	0.35	35	0.25	25	—	—
	600～800	0.50	60	0.50	60	0.35	40	0.25	20
振动冲击夯	75	—	—	0.35	10	0.25	8	0.20	6
手扶双轮振动压路机	600～800	—	—	0.35	10	0.25	8	0.20	6
两轮串联振动压路机	1 200～1 500	—	—	0.20	80	0.15	50	0.10	30

注意：在计算压实生产率时应考虑压路机的连续碾压能力，同时应考虑纵向和横向碾压的重叠度，以及铺层接头引起压实作业效率的降低等因素。

六、压路机的选择

根据工程施工的具体情况和需要，以及对工程施工质量的要求，正确选择压路机的类型、型号、规格及压实作业参数，是保证压实质量和压实效率的重要前提条件。

压路机的合理选型首先要根据筑路机械的配套情况，机械化施工程度的高低进行选用。压路机的主要技术性能参数充分体现了压路机的特性和功能，对压实效果有决定性的影响。压路机的运输条件、路基与路面工程施工配套机械状况、压实作业项目的性质、土质和被压材料特性等等，都是影响压实质量和压实效率的具体因素，在选择压路机的种类、型号、规格和数量时应充分考虑到。

为了充分发挥机械化施工的优势，通常对机械化施工程度高的工程，应选择压实功能强、作业效率高的压路机。反之，则可选用与之相应功能且比较经济的压路机，以充分利用压路机的压实功能。因此，在选用压路机时，必须在分析、核算工程量，考虑施工进度、工程质量和施工组织形式的基础上，进一步考虑压路机与推土机、铲运机、平地机、混凝土拌和机、混凝土摊铺机等配套施工机械生产率之间的协调问题。

现代压路机的结构类型、规格、技术性能参数及其压实功能有较大的选择余地，施工单位必须按照适用和经济的原则，合理选购或选用符合施工要求的压实设备。

压路机的选型应考虑以下一些因素，这些因素也是压路机合理选型的依据。

1. 土壤和被压材料的特性

工程材料及其含水量不同，其孔隙率大小与力学特性也不同。选用不同类型和规格的压路机，其压实效果也会大不相同。

经验证明，不同土质的被压材料，选用合理的压路机机种可获得理想的压实效果。依据土壤和被压材料的特性选用压路机时可参考表 3-15。

压路机选用参数表 表 3-15

压路机种类	土壤或材料类型					
	黏土	砂土	砾石	混合土	碎石	块石
静光轮压路机	-	1	+	+	1	-
轮胎压路机	1	1	+	+	-	-
振动压路机	1	-	+	+	+	+
羊角(凸块)轮压路机	+	-	1	1	-	-
说明	压实效果理想(+)；压实效果一般(1)；压实效果不理想(-)					

被压材料不同，其压实特性也不同，必须选用合适的压路机才能获得理想的压实效果。被压材料的种类及成分也是选择振动压路机最佳振动频率和振幅的主要因素。

砂土和粉土，黏结性较差，水易侵入，不易被压实。此类土必须掺入黏土或其他材料进行改良处理，并选用压实功率大的静压式压路机压实。此类改良土壤铺筑路基，不宜采用振动压路机和凸块式碾滚进行碾压。

对于黏土，由于黏结性能好，内摩擦阻力大，含水量较多，压实时需要提供较大的作用力和较长的有效作用时间，以利排除空气和多余水分，增大密实度。一般选用凸块压路机和轮胎式压路机压实黏性土铺筑的路基，可获得较好的压实效果。如果铺层较薄，则可选用超重型静压式光轮压路机，以较低的速度碾压，效果更佳。黏性土路基一般不采用振动压实，因为振动压路机易使土中水分析出，形成“弹簧”土，难以彻底压实。

介于砂土和黏土之间的各种砂土性土、混合土有较好的压实特性，采用各种压路机进行压实均能获得理想的压实效果。选用振动压路机压实这类混合土则具有更强的压实功能和更高的作业效率。

对于碎石、砾石级配的铺筑层，选用振动压路机碾压，可使石料和粒料之间更好地嵌紧，形成稳定性较好的整体。

对于沥青混合料，由于沥青有一定的润滑作用，且铺筑层一般较薄，可选用中、重型静力压路机，也可选用振动压路机压实，以便大小颗粒掺和均匀，提高压实质量。为了提高沥青路面的平整度，应选用光面碾滚压路机碾压。

在选用压路机时，还应考虑被压材料的抗压强度。终压时，如果被压材料所承受的压力为抗压强度的80% ~90%，则可获得最佳压实效果。如果终压时接触应力大于被压材料的抗压强度极限时，上层将出现松散现象，集料将进一步被压碎，铺筑层的级配反而被破坏。如果受机型的限制，压路机的单位压力过大或过小时，则应合理控制碾压遍数，以免影响压实效果。

对于匀质砂土，则选用轮胎式压路机较好，因轮胎在碾压过程中可与土壤同时变形，压实力作用时间长，接触面大，揉合性好，密实度均匀。

各种类型的压实机械所适应的各类被压材料见图3-19。

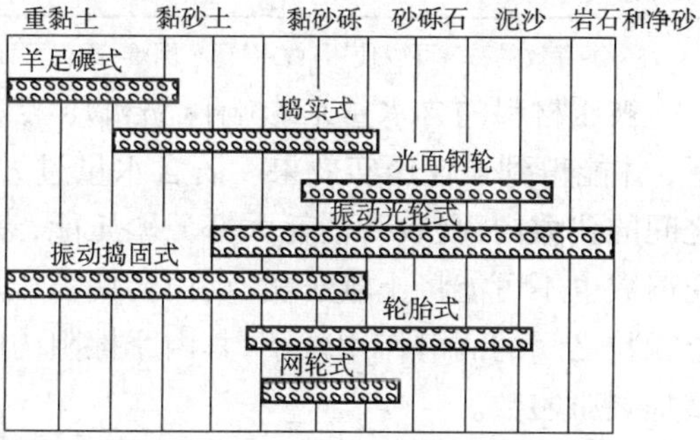

图3-19　各类型压实机械压实各种材料的适用范围

按照土质的特性选用各类压实机械也可参照表3-16。

按照土质种类选择压实机械表

表3-16

压实机械 / 土质种类	静作用压路	轮胎压路机	大型振动压路机	牵引式凸块压路机	推土机		小型振动压路机	振动平板夯	备注
					普通型	湿地型			
岩块等，经过挖掘，压实也不容易成细粒化的岩石			○				▲		硬岩
风化岩、泥岩，已成为细粒化，但很紧密的岩等		◎	○	◎			▲		软岩
单粒度砂、碎石、砂丘的砂等			◎				▲	▲	砂及含砾石砂
含适当量的细粒粉而粒度良好的容易密实的土、细砂、碎石		○	◎				▲	▲	砂质土及含砾石砂质土
细粒多但灵敏性低、含水量低的罗姆土，容易坍的泥岩等		◎		○				▲	黏性土及含砾石黏性土

续上表

压实机械 / 土质种类	静作用压路	轮胎压路机	大型振动压路机	牵引式凸块压路机	推土机		小型振动压路机	振动平板夯	备注
					普通型	湿地型			
含水量调节困难,不容易用来作交通的土,细砂质土等					●				含水分过剩的砂质土
高含水量的罗姆土;灵敏性高的土;黏土;黏性土				○	●	●		▲	灵敏的黏性土
黏度分布好的土	◎	○	○				○	▲	颗粒材料
单粒度的砂及黏度差混有碎石的砂	◎	◎	○					▲	砂及混有碎石的砂
砂质土			◎	◎	◎		○	▲	细料
黏性土			◎	◎	◎		◎	▲	细料

注:○-有效的;◎-可以使用;●-因行车困难,不得已而使用;▲-因施工规模所限而选用。

被压材料的含水量是影响压路机压实效果的重要因素。被压层只有在最佳含水量状态下,才能得到最佳压实效果。若含水量过大,压实到一定程度时,水分将聚集在土体固体颗粒之间的孔隙内,吸收和消耗大部分碾压能,衰减了碾压作用力的传递。即使增加压实质量和碾压遍数也不可能将土壤压实,反而会使被压层出现反弹现象,成为压实的顽症;若含水量过小,土颗粒之间的润滑作用减小,其内摩擦阻力将随之增大,可选用重型压路机进行压实,或适当增加碾压遍数。

含水量过高可采用翻晒等措施,使其含水量降低,达到压实规范的要求。一般当实际含水量比最佳含水量高2% ~3%,就不宜选用振动压路机进行压实。

当土壤或被压材料的实际含水量低于最佳含水量3% ~5%以上时,应在施工现场进行洒水,以补充水分。如果现场难于补充水分,则可选用超重型静压式压路机,或选用重型压路机进行压实,并适当增加碾压遍数。

对岩石填方的压实,应选用大吨位压路机进行碾压,以使大型块料产生位移,并使中小型石料嵌紧在其间。

2. 压实作业项目内容与机械化施工程度

压实作业项目不同,选用的压路机的种类和规格也应不同。

一般来说,路基和底基层压实多选用压实功率大的重型和超重型静压式压路机、振动压路机和凸块式压路机。这类重型压实设备的压实效果好,能有效排除铺层中的空气和多余的水分,将被压层的固体颗粒嵌合楔紧,形成坚固稳定的整体,为上层打下高强度的基础。

进行路面压实作业时,则多选用中型静压式或振动压路机,也可选用轮胎式压路机。这类中型压实设备既可获得表层的高密实度,又可达到路面平整度的要求。

路肩、桥涵的填方、人行道、园林道路的压实作业和小面积路面修补,则可选用轻型、小型振动压路机或夯实机械,以防路缘崩塌,毁坏构筑物。

振动压路机也可对干硬性水泥混凝土进行有效压实。

按作业项目内容选用压路机,可参照表3-17所推荐的范围进行选用。

按作业内容选定压实机械参考表　　表3-17

作业内容	使用机械	摘　　要
道路填土，江河筑堤，填筑堤坝等的压实	轮胎压路机凸块压路机，轮胎驱动振动压路机	适用于大面积而较厚的填土层的压实。振动压路机在砂质成分多的地方使用效果特别好，凸块压路机适用于黏性土质多的地方
填土坡面的压实	夯实机，振捣棒，拖式振动压路机，专用斜坡压路机	沿着坡面进行压实时使用。规模小的时候使用夯实机或振捣棒等，规模大的时候用拖式振动压路机
桥、涵的里填侧沟等基础的压实	夯实机，振捣棒	在面积受到限制的地方用来压实
沥青路表层的压实	静碾两轮压路机，轮胎压路机，双钢轮振动压路机	大规模铺路工程，先用轮胎压路机进行粗压，然后用光轮压路机进行碾压，最后用轮胎压路机封层。简易铺路等小规模作业时，只用振动压路机来进行碾压
道路基层与稳定土	振动压路机，三轮压路机，轮胎压路机	大型铺路工程应使用振动压路机和轮胎压路机联合作业，小型工程可用静碾三轮压路分层压实
港口、码头及深层填方	拖式振动压路机，冲击式压路机	填土层深，含水量大，有开阔的作业面积，用履带式牵引车配合施工
人行道，园林小道，边角及小面积修补	冲击夯，振动平板夯，小型振动压路机	小规模压实作业

工程项目的机械化施工程度也是压路机选型应考虑的因素。通常，机械化程度高的施工项目，机械化配套的程度高，施工效率也高，工程进度快，则应选用压实能力强、作业效率高的压路机；而机械化程度较低的施工项目，则可选用经济型的压路机，高性能的压路机在此类工程中难以充分发挥其压实功能；对小型压实作业项目，一般选用静力式光面钢轮压路机进行压实。

3. 压实作业参数与压实生产率

为了提高压实质量，获得最佳压实效果和最佳作业效率，除了根据上述原则选定压路机外，还应根据施工组织形式、对工程质量和技术要求以及作业内容、压路机的性能，正确选择和确定压路机的压实作业参数。

这些压实作业参数包括压路机的单位线压力、平均接地比压，碾压速度、碾压遍数、压实厚度、轮胎式压路机的轮胎气压和振动压路机的振频、振幅和激振力等。这些压实作业参数应在作业前预先确定好。下面介绍几种主要压实作业参数的选择原则和应考虑的一些因素。

1）应满足工程质量和生产率的要求

路基和路面施工对密实度、密实度的均匀性、路面的平整度、抗弯强度、排水性能都有一定的要求。选用轮胎式压路机可提高密实度的均匀性；选用重型和超重型压路机（包括振动压路机）可获得高密度，提高路基的强度；要提高路面的平整度，还必须选用全轮驱动的压路机进行碾压,这样可以消除由于从动轮向前挤压路面而形成的微型波浪。

压路机的生产率是指每小时所完成的土石填方压实的体积。压路机的生产率应与其相关设备的生产率相适应。

体积生产率通常适合对路堤、基层和底基层的压实生产率的计算。影响体积生产率的主要因素有碾磙宽度、碾压速度、碾压遍数和铺层厚度等。

沥青路面的压实生产率通常按面积生产率进行计算。影响面积生产率的主要因素有碾磙的宽度、碾压速度和碾压遍数等。

计算压实生产率时应考虑压路机的连续碾压能力,同时应考虑纵向和横向碾压的重叠度,以及铺层接头引起压实作业效率的降低等因素。

为了提高施工进度,缩短工期,可以考虑适当提高压路机的吨位,选用大吨位压路机进行碾压,以减少碾压遍数,或适当增加铺层厚度,提高压实生产率。

2)碾压速度

碾压速度取决于土壤和被压材料的压实特性、压路机的压实性能与功能、对工程质量的要求以及压层的厚度和作业效率等。例如,黏性土变形滞后现象明显,故碾压速度不宜过高。对新铺层的压实,由于初压铺层变形量大,压路机的滚动阻力亦大,碾压速度低则有利于碾压作用力向深处传递。碾压速度高,虽然作业效率高,在一般情况下往往会降低压实质量;碾压速度低,压实厚度增大,压实质量提高,但作业效率低。

研究资料表明,对沥青混合料进行振动压实,在一定的碾压速度范围内,振动压路机的作业速度对混合料的压实度影响甚微。图3-20为沥青混合料应用振动压路机进行碾压时,选用不同的作业速度得到的压实度与碾压遍数的关系曲线。试验被压层为5cm厚的沥青混合料,压路机为6t双轮振动压路机。当碾压速度从2.5km/h增至10km/h后,压实度减小2%左右,但压实效率则大大提高。当然,如果压实度尚未达到工程质量的要求时,还是应降低碾压速度或者增加碾压遍数,以达到提高压实度的目的。

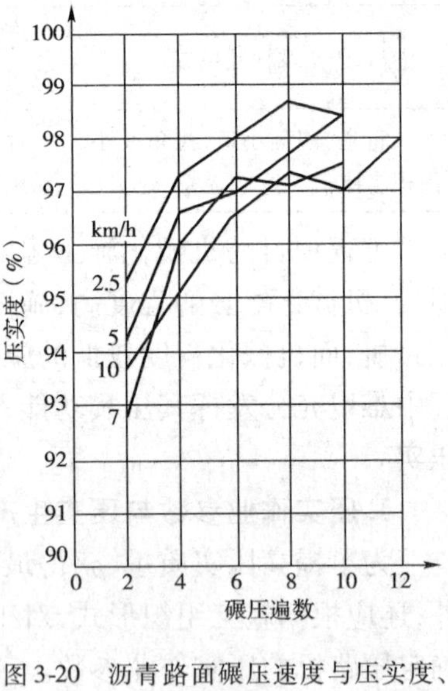

图3-20 沥青路面碾压速度与压实度、碾压遍数的关系

通常,压路机进行初压作业时,可按下面推荐的作业速度范围进行碾压:

静压式光轮压路机为1.5~2km/h;轮胎式压路机为2.5~3 km/h;振动压路机为3~4km/h。

随着碾压遍数增加,密实度提高,在进行复压和终压时,压路机的碾压速度应适当提高。通常,静压式光轮压路机的碾压速度可增加到2~4km/h;轮胎式压路机可增至3~5km/h;而振动压路机的碾压速度则可增加到3~6km/h。

总之,压路机的碾压速度既不能过高,也不宜过低。碾压速度过高,会降低压实质量;碾压速度过低会降低生产效率,增加施工成本。通过反复试验,不断总结经验,即可确定最佳碾压速度。

3)碾压遍数

所谓碾压遍数，是指压路机依次将铺筑层全宽压完一遍（相邻碾压轮迹应重叠 0.2 ~ 0.3m），在同一地点碾压的往返次数。

碾压遍数的确定应以达到规定的压实度为准。一般情况，压实路基和路面基层，碾压遍数大约为 6 ~ 8 遍；压实石料铺筑层大约为 6 ~ 10 遍；压实沥青混合料路面大约为 8 ~ 12 遍。如采用振动压机进行碾压。碾压遍数则可相应减少。

为了使被压材料获得最佳的压实度，碾压遍数通常由式(3-5)计算确定。

$$n = \frac{\varepsilon}{\varepsilon_1 \varphi} \tag{3-5}$$

式中：ε——从初始压实度提高到最佳压实度所需的相对变形（即绝对变形与厚度之比）；

ε_1——第一次碾压时的不可逆相对变形；

φ——由重复碾压引起的不可逆相对变形的影响系数，查表 3-18。

不可逆变形影响系数 φ、当量变形模量 E' 和比例系数 a 值　　表 3-18

土的状态	变形前的土特性		系数 φ	E'（MPa）	α
	变形模量 E（MPa）	土的压实度之比方 δ/δ_{max}			
完全松散的土	0.5 ~ 1	0.62	1.20	3	0.90
很松散的土	1 ~ 2	0.75	1.25	5	0.80
松散土	2 ~ 4	0.80	1.30	6.5	0.75
未充分压实的土	4 ~ 8	0.85	1.40	8.5	0.60
压实的土	8 ~ 10	0.90	1.50	12	0.50

(3-5)式中的相对变形 ε 和 ε_1 值分别由式(3-6)和式(3-7)计算求出。

$$\varepsilon = 1 - \frac{\delta_H}{\delta_0} \tag{3-6}$$

$$\varepsilon_1 = \frac{20\alpha q}{E' H R^{0.5}} \tag{3-7}$$

式中：δ_H——压实前的土密度；

δ_0——压实要求达到的土密度；

E'——土层的当量变形模量，查表 3-18；

α——考虑不可逆变形在总变形中所占的比例系数，查表 3-18；

H——松土铺层厚度，$H = H_0/(1-\varepsilon)$，其中 H_0 为压实土层厚度(mm)；

q——单位线压力(N/cm)；

R——压轮半径(cm)。

轮胎压路机的碾压遍数不仅与土质有关，还与轮胎的气压有关。根据统计规律，轮胎压路机的碾压遍数可参照表 3-19 确定。

各种土壤的压实遍数和轮胎气压　　表 3-19

土质 / 参数	砂 土	亚 砂 土	黏 土
轮胎气压	0.2	0.3 ~ 0.4	0.5 ~ 0.6
压实遍数	4 ~ 6	6 ~ 8	10 ~ 12

智能型压路机则可通过机载压实度检测仪进行随机检测，并将数据输入微机，确定还需要碾压的遍数。必要时，可将各项检测数据随时打印出来，供操作手和施工技术人员参考。

4）压实厚度

压实厚度是指铺筑层压实后的实际厚度。压实厚度是靠铺筑层松铺厚度来保证的，其厚度关系为：松铺厚度 = 松铺系数 × 压实厚度。其中松铺系数为压实干密度与松铺干密度的比值，该值需通过试验方法确定。根据土壤特性和施工作业方式，土壤的松铺系数一般为1.3 ~ 1.6。

压实厚度的确定与压路机的压实能力和作用力的影响深度有关。由压路机作用力的最佳作用深度决定的各种类型压路机适宜的压实厚度见表3-20。

几种类型压路机适宜的压实厚度 表3-20

压路机类型	适宜的压实厚度（cm）	碾 压 遍 数	适应土壤种类
8 ~ 10t 静光轮压路机	15 ~ 20	8 ~ 12	非黏性土
12 ~ 15t、18 ~ 21t 静光轮压路机	20 ~ 25	6 ~ 8	非黏性土
9 ~ 16t、18 ~ 21t 轮胎压路机	20 ~ 30	6 ~ 8	亚黏土 非黏性土
30 ~ 50t 拖式轮胎压路机	30 ~ 50	4 ~ 8	各类土壤
2 ~ 6t 拖式羊足碾压轮	20 ~ 30	6 ~ 10	黏性土
14t 拖式振动压路机	100 ~ 120	6 ~ 8	砂砾土、碎石
10t 振动压路机	50 ~ 100	4 ~ 6	非黏性土

5）振频和振幅

振动压路机的最佳压实效果主要依赖于振动轮产生的振动波迫使土壤产生共振，此时，土颗粒处于高频振动状态，被称为土壤的"液化现象"。土壤处于"液化"状态，土颗粒将向低位能方向流动，从而为压实创造了最有利的条件。

振频和振幅是振动压路机压实作业的重要性能参数。振动轮在单位时间内振动的次数称为振动压路机的振频。振幅是激振时振动轮跳离地面的高度。振频高，被压层的表面平整度较好；振幅越大，激振力就越大，压力波传播的深度也越大。振动压实时，振频和振幅必须合理组合协调工作，才能获得最佳的压实效果。

实践证明：压实厚铺层路基，选择低振频（25 ~ 30Hz）和高振幅（15 ~ 2mm），可获得较大的激振力和压实作用深度，提高作业效率。对薄铺层路面进行振动碾压，则应选择高振频（33 ~ 50Hz）和低振幅（0.4 ~ 0.8mm）组合，这样可以提高单位长度上的冲击次数，提高压实质量。碾压沥青路面时，若铺层厚度小于 60 mm，采用 2 ~ 6t 的中小型振动压路机，其振幅控制在0.35 ~ 0.6mm 范围内效果更佳。这样可以避免混合料出现堆料、起波、粉碎集料等现象。如果沥青混合料铺层的压实厚度超过 100mm，则应选用高振幅（1.0mm）压实。为了防止沥青混合料过冷，错过最佳压实时间，应在摊铺作业后紧随进行碾压。

通常，在单位线压力相同的情况下，如果碾压轮的直径小，则单位作用压力大，压实功能就高；而碾压轮直径大，则不容易使压实表层产生波浪和裂纹。同吨级的压路机，三轮压路机的单位线压力比两轮压路机要大，压实功能也稍高一些。在其他条件相同的情况下，采用全轮驱动的压路机进行碾压，由于驱动轮前的被压材料在驱动力矩作用下被不断楔紧在碾压轮下方，因而有效地增大了压实作用力，进一步提高了压实质量。

在公路等建设工程施工前，正确选择压实机械对于保证工程压实质量和工程进度是极为重要的。压实机械选择主要考虑的因素：被压材料的种类、性质、颗粒组成、含水量和施工试验所确定的铺层厚度，还有工程量、工期、施工条件、要求的压实度和各种压实机械的技术性能等。

课题三 压路机施工技术

道路是在路基上铺设基础层和面层，并经分层摊铺和压实而修建成的。路基建筑在原始地面上，是整个工程的基础。

一、路基的压实技术

路基是道路的基础，它是在天然地面上，利用土方施工机械挖、填，并经整平、压实后形成的具有足够强度和稳定性的线形道路基础。

路基的纵断面是弯曲起伏的线形结构。路基的横断面根据原地貌可修筑为路堤、路堑和半堤半堑三种基本结构类型，见图3-21。

路基的修筑材料多为就地取材，以石块和自然黏土为主。施工方法以挖、铲、运、填、平、压为主，工艺并不复杂，但土方工程作业量大，其投资比例约占总投资额的50% ~60%。路基是公路工程的基础，路基的强度和稳定性将直接影响路面的使用寿命。

为了提高土体的密度，降低填土的透水性，防止水分的聚集和对路基的侵蚀，避免土基软化和冻胀引起不均匀变形，必须对路基进行有效压实，以提高其对外荷载和对自然因素影响的抵抗力。

利用运载工具行驶加载和土体的自然力沉降也能达到路基密实的目的，但需要较长的时间，且难达到所要求的密实度标准，很容易形成路基病害。在实际施工中，通常都要进行机械压实，使之达到不同等级路面的路基压实标准。

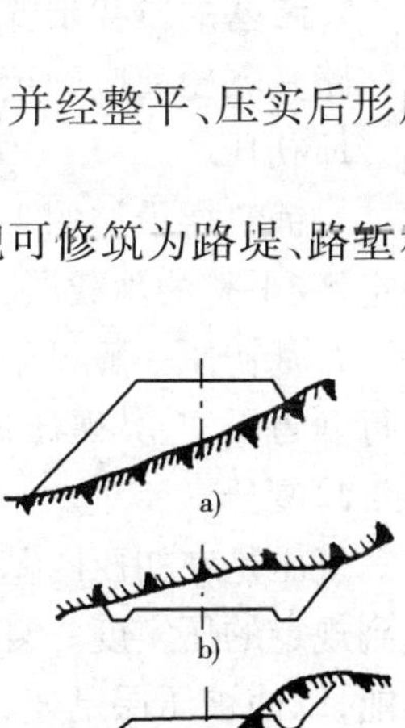

图3-21 路基横断面的结构类型
a)路堤；b)路堑；c)半堤半堑

对于石质路基，应选用重型振动压路机进行振动压实，以提高压实效果；对于土质路基，各类压路机均有较好的适应性。

路基及基层的铺筑材料不同，所选用的振动压路机的型号规格不同，最大压实厚度也不同。在要求对颗粒材料的压实度不低于90%、对黏性土的压实度不低于95%的前提下，各类振动压路机压实不同填筑材料的最大压实厚度见表3-13。

从表3-13中可以看出，振动压路机能适应各种工况的压实，特别是对砂质土壤压实效果最好。大型振动压路机对深层的压实效果是其他机型无可比拟的。

小型振动压路机和夯实机械适用于小规模工程和狭窄场合的压实，对构筑物的回填土压实效果也比较好。

对于重大工程的施工，正确地拟定压实工艺和配备适宜的压路机，往往是保证压实质量与节省开支的关键。例如压实基础层时，采用静碾压路机预压，采用振动压路机压实，采用轮胎压路机封顶，可以获得满意的压实质量，并且能适当减少设备投资费用。

无论选用何种压路机碾压路基，一般都是采用在整个路基宽度上按规定的碾压道顺序进行碾压的方式，从路基边缘逐渐向中间重叠碾压，其碾压道应相互重叠 20 ~ 30mm。

压路机选型后，确定适宜的压实厚度，还要测定土壤的含水量。含水量应控制在最佳含水量的 ±2% 范围之内。表 3-21 为各类土壤的最佳含水量。在施工现场，有时也可凭经验判断含水量，这就是“手握成团、没有水痕；离地 1m、落地散开”的最佳含水量近似经验判断法。

几种土壤的最佳含水量和最大干密度　　表 3-21

土壤种类	砂土	亚砂土	粉土	亚黏土	黏土
最佳含水量（%）	8 ~ 12	9 ~ 15	16 ~ 22	12 ~ 15	19 ~ 23
最大干密度（g/cm^3）	1.80 ~ 1.88	1.85 ~ 2.08	1.61 ~ 1.80	1.85 ~ 1.95	1.58 ~ 1.70

1. 路基的压实步骤

路基碾压前应确定和调整好作业参数，并按初压、复压和终压三个步骤进行。

1）初压

对铺筑层最初的 1 ~ 2 遍的碾压作业称为初压。初压的目的是为了在铺筑的表层形成较稳定、较平整的承载层，以利复压时承受较大的压实作用力。

路基初压一般可采用重型履带式拖拉机和羊足（凸块）碾进行碾压，也可选用中型压路机进行静力压实，其碾压速度应不超过 1.5 ~ 2km/h。初压后，应用平地机对铺筑层进行整平。

2）复压

复压是在初压的基础上连续进行的压实作业。复压通常碾压 5 ~ 8 遍，其目的是使铺筑层达到规定的压实度。复压是主要的压实阶段，在复压作业中，应尽可能发挥压路机的最大压实功能，以使被压层迅速达到规定的压实度。增加压路机的配重或调节轮胎式压路机的气压，使之单位线荷载和平均接地比压达到最佳状况，调节振动压路机的振频和振幅；都可充分发挥压路机的压实功能，提高压实效果。

复压作业的碾压速度应逐渐增大，在确保压实质量的前提下，最大限度地提高作业效率。复压时，应随时测定压实度，做到既符合规定的压实标准，又不过度碾压。

3）终压

在竣工前对铺筑层进行的最后 1 ~ 2 遍碾压作业称为终压。分层修筑路基时，只在最后一层实施终压作业。终压的目的是为了使压实层表面达到平整的要求，因而适宜采用中型静压或振动式压路机，以静力碾压方式进行碾压，碾压速度可适当高于复压速度。

如果采用振动压路机或羊足（凸块）碾碌压路机进行分层压实时，由于表层存在松散现象，因此可将各分层表层 10cm 左右厚度作为下一铺筑层范围进行压实，这样就可使相邻铺层结合更为紧密。

2. 路基压实应遵循的原则

路基压实应遵循“先轻后重、先慢后快、先两边后间中”的碾压原则。

(1)“先轻后重”即初压轻,复压重;先静力碾压,后振动碾压。这也是路基分层压实压路机选型的原则。

(2)“先慢后快”是指压路机的碾压速度随着碾压遍数增加应逐渐加快,也即初压时要以较低的速度进行碾压,这样可以延长碾压力作用时间,增加影响深度,加快土体变形,避免产生碾压轮拥土现象,防止压路机陷车等异常情况发生。随着碾压遍数增加,铺筑层的密实度也迅速地加,加快碾压速度则有利于提高铺筑层表层的平整度和提高压路机的作业效率。

(3)“先两边后间中”的碾压顺序,是压路机在压实作业过程中应始终坚持的一条规则。也就是说,作业时压路机必须先从路基的一侧(距路基边缘 30 ~ 50cm 处),沿路基延伸方向,逐渐向路基中心线处进行碾压,在越过路基中心线 30 ~ 50cm 后,再从路基的另一侧边缘开始向路基中心线处碾压。

值得注意的是:实施弯道碾压作业时,应先从路基内侧逐渐压向路基外侧,也即从路基低处压向路基高处。碾压一遍后,再从内侧开始向外侧碾压,如此循环;对傍山路基的碾压,则应先从靠山坡的一侧开始,逐渐向沟谷一侧碾压。为防止发生陷车和翻车事故,在碾压山区公路路基沟谷一侧时,碾压轮应距离路基边缘 100cm 左右。

二、基层的压实技术

基层是路面的直接基础。基层的修筑质量对路面的强度、使用质量和使用寿命有直接的影响。基层首先应具有足够的强度和刚度,在行车荷载的反复作用下,不产生残余变形,不出现前切和弯拉破坏;其次应具有足够的水稳定性和平整度,防止水分侵入基层深处,保证上基层、底基层、路基的强度稳定性和路面的平整性。

1. 基层材料

我国采用的基层材料及类型较多,广泛采用的基层材料类型有下面三种。

(1)无机结合料稳定类整体型(也称半刚性型)。该类型基层包括:水泥稳定土基层、石灰稳定土基层和石灰工业废渣基层。这类基层具有良好的力学特性,板体性、水稳定性和抗冻性。

(2)级配型和粒料类嵌锁型。此类基层包括级配型集料基层和填隙碎石基层。它具有结构密实、孔隙率和透水性较小、强度比较稳定等特点。

(3)有机结合料稳定石料基层。此类基层材料有拌和沥青碎石混合料、沥青贯入式碎石料两类,具有较高的抗疲劳破坏能力,成本较高,施工工艺也较复杂,主要用于一级和高速公路的基层。

2. 两种常用基层材料的碾压技术

1)稳定土基层的碾压工艺

目前常用的稳定土主要有水泥稳定土和石灰稳定土两类,其施工方法可采用路拌法,也可采用中心站集中拌和法(即厂拌法)。

其中,路拌施工的施工程序为:摊铺集料→洒水焖料→水泥卸料、摊铺→路面干拌→洒水和湿拌→整形→碾压→养生。

稳定土的碾压应在混合料拌和均匀并用平地机初平和整形之后进行。最初可用轮胎式压路机、履带式推土机、拖拉机或平地机快速初压一遍。在暴露出铺筑层潜在的不平整度后，应快速进行整平，直至符合平整度要求为止。整形应达到断面和坡度的设计要求，整形后，应随即用12t以上的三轮压路机、重型压路机或振动压路机在路基全宽度范围内进行碾压。如果稳定土采用人工摊铺和整形，由于土层松散，则应先用6～8t两轮压路机、振动压路机（静压）或履带式推土机预压1～2遍。

当混合料的含水量为最佳含水量（最多不超过最佳含水量的1%～2%）时，正常压实必须碾压6遍以上才能达到密实度的要求，也即基层的压实度应不小于98%，底基层应不小于96%。

基层的碾压顺序与路基相同；直线段由路肩向中心线碾压；曲线段（弯道）由内侧路肩向外侧路肩碾压。碾压时应有重叠度，稳定层的边部和路肩应多压2～3遍。碾压速度应先慢后快：前两遍为低速（1.5～1.7km/h），后为快速（2～2.5km/h）。在碾压过程中，压路机不能在已碾压或正在碾压的路段上掉头、紧急制动，以免损伤基层表面。终压时要达到表面平整度的要求。

实践证明：振动压路机对水泥和矿渣稳定土碾压具有理想的压实效果。采用静线压力为250N/cm的振动压路机碾压水泥稳定土基层，通常只需碾压3～4遍就能达到密实度的要求。选用振动压路机应优先选用双轮振动压路机，其振频可在30～50Hz之间，振幅可在0.4～1mm之间调整。

石灰稳定土的密实度对其强度影响的程度大于水泥稳定土，密实度越高，强度增长越明显，其抗冻性与水稳性也越好，因此对石灰稳定土基层必须充分压实。石灰稳定土从拌和到压实允许有较长的时间（对其密实度和强度影响甚微），因此有充足的时间进行拌和与压实。对石灰稳定土的强度和耐久性产生影响的因素还有养生条件，养生温度高，强度也高；环境温度过低，则强度增长缓慢。

2）级配型集料的压实技术

级配型集料包括碎石级配料、碎砾石级配料和砾石级配料。采用此类材料铺筑上基层和底基层，可获得理想的密实结构。密实度越高，其强度和稳定性也越高。

采用振动压路机碾压级配集料基层效果最佳，通常选用中型振动压路机，振动轮5t左右，静线压力为250N/cm，能将铺层厚为150～300mm的集料基层压实到规定的密实度。

级配集料基层属于自由排水基层，即使有一定的含水量，仍能进行有效压实，但为了避免产生粗细颗粒离析现象，仍然要控制混合料的含水量，使之达到最佳含水量时再行压实。有关碾压方法与稳定土基层的碾压方法相同，此处不再赘述。

3. 对基层材料及其压实质量的要求

道路基层与底基层通常由粒径0～50mm并掺加黏结剂的混合料铺筑，其压实度要求达到95%～98%，而且要有较好的平整度。

砾石基层采用振动压实已成为一种标准的工艺方法，被各国公路质量监理所公认。用振动轮分配质量为5t的自行式振动压路机（相当于CA25），能够把铺层厚度300mm的砾石基层压实到规定的压实度。

底基层介于路基和基层之间，亦称垫层，可以用细屑含量较高的粒料铺筑，还可用最大尺寸 80~200mm 的毛石子封顶铺筑，并喷洒沥青使其黏结于表面上。采用中等重型振动压路机能有效地压实 0.8m 厚的碎石底基层，可以得到一个很稳定的道路基层。

在许多国家和地区，还习惯于用振动压路机和轮胎压路机联合碾压粒料基层和底基层，如果改用组合式振动压路机就可以兼有两种机械的优点。

由于沥青价格的上涨和自然石料的来源有限，现在越来越多地采用由水泥、右灰、矿渣及炉灰作稳定剂的混合稳定土作基层和底基层铺筑。由于土壤性能和气候条件的限制，自然土的压实性能差别很大，用稳定剂改善土壤的压实性能，可以大大提高压实质量。

水泥可用作多种性能土壤的稳定剂，可以是含有粉土与黏土的级配土壤，更可以是粗颗粒材料。采用石灰稳定法，胶体矿物会与黏土起化学反应，有利于稳定土的固结。稳定土加入水泥或石灰的比例，一般取干土质量的 3%～7%。用矿渣作为道路基层铺筑材料的日益增多，有良好级配的矿渣可单独用作基层材料。另外，炉灰也可以用来稳定粒状材料。

采用路拌法压实稳定土基层，由于在露天现场工地拌和作业，其含水量难于控制，拌和均匀度较差，稳定土基层质量欠佳，可用于一般等级公路的基层施工。此种施工工艺所使用的机械设备较便宜，还可节省一些运输费用，施工成本相对较低。

采用厂拌稳定土基层施工工艺，稳定土拌和工序比较集中，含水量易于控制，拌和均匀，压实质量较高，常用于高等级公路基层的施工。采用此法施工，因其设备费用较高，故成本也相对较高。

应当指出，压路机的变幅振动和采用振动驱动轮，对提高基层和底基层的压实质量具有重大的意义。大振幅能有效地压实铺层底部，压过几遍之后改用小振幅，可提高表层的密实度。因为铺层材料压实度提高后有硬化的趋势，如果仍使用大振幅会使振动轮“弹跳”，不利于表层压实。压路机的振动轮自我驱动与振动轮被动驱动相比，其作用于面层材料的水平推力小，因此所引起的材料平移和龟裂趋势大大减少。

三、沥青路面的压实技术

沥青混凝土由级配粒料（集料）、石粉（填料）和沥青（黏结剂）经脱水、加温和拌和而成，它是公路与机场跑道路面的主要铺筑材料。

沥青碎石路面和沥青混凝土路面属柔性路面，要提高沥青路面的承载能力、稳定性和使用寿命，必须对沥青路面进行充分压实。沥青路面压实不充分，就达不到交通承载能力所需要提供的足够的抗剪强度，容易失去密水性、过早氧化并出现裂缝和松散等早期破坏。降低沥青混合料的孔隙，可防止水对路面下卧层的侵蚀。沥青混合料的氧化，会使混合料变脆，导致松散、开裂。

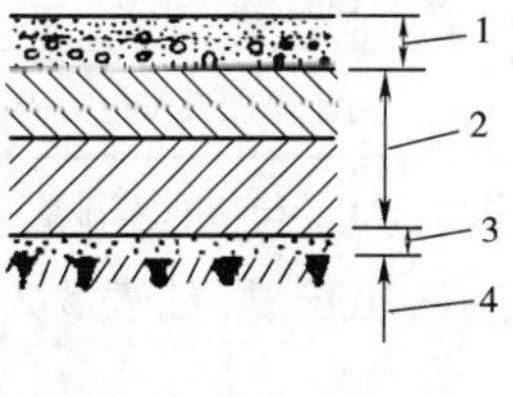

图 3-22 路面结构层示意图
1-面层；2-基层；3-垫层；4-路基

柔性路面一般由面层、基层、垫层等结构层所构成，参见图 3-22。

根据交通流量和铺筑材料的不同，沥青路面有高级路面和次高级路面之分。高级沥青路面的面层结构有沥青混凝土和热拌沥青碎石两种；次高级沥青路面有沥青贯入式碎、砾石和沥青碎、砾石表面处治两类。

沥青混凝土铺层厚度较薄，最厚也不超过 25cm，需要用沥青混凝土摊铺机摊铺并熨平之后进行压实。

下面重点介绍热拌沥青碎石和沥青混凝土面层的压实技术。

沥青碎石和沥青混凝土面层都是用沥青作结和料，与一定极配的矿料均匀拌和而成的混合料，经摊铺和压实形成的沥青路面结构层。它们的主要区别在于矿料的级配不同：沥青碎石混合料中所含细矿料和矿粉较少，压实后表面较粗糙；沥青混凝土混合料的矿料则级配严格、细矿料和矿粉含量较多，压实后表面较细密。

沥青路面面层的施工方法有热拌热铺、热拌冷铺、冷拌冷铺几种，我国目前多采用热拌热铺法进行施工。采用热拌热铺法，沥青混合料的压实温度对压实质量有很大的影响。通常，沥青碎石面层开始碾压的最佳温度应为 70 ~ 85℃；沥青混凝土面层的最佳碾压温度则为：石油沥青混凝土 110 ~ 150℃，煤沥青混凝土 90 ~ 110℃。如果温度过低，混合料难以压实；混合料温度过高，沥青则容易老化。

沥青路面面层的压实工序为：紧随摊铺工序，先进行接缝碾压，然后沿作业路段，按初压 → 复压 → 终压顺序进行压实作业。

压路机开始碾压的时间不得迟于混合料摊铺后的 15min，这是因为高温的沥青混合料在大气环境温度条件下容易产生温降，故必须控制温降范围。实践证明，当沥青混凝土拌和设备的出料温度控制在(150 ± 5)℃范围内，大气环境温度为 5 ~ 10℃时，运送距离 10km 混合料的温度约下降 10 ~ 20℃。因此，远距离运送沥青混凝土必须做好保温措施，或者使用封闭式自卸卡车运输。

沥青混凝土在施工过程中的温度约每分钟平均下降 1 ~ 5℃。从摊铺到碾压开始，一般需 1 ~ 8min，能下降 5 ~ 40℃，因此必须有熟练操作技术的摊铺机手和合理的施工组织。

沥青混合料运达摊铺施工工地的温度应符合表 3-22 的要求。

沥青混合料施工温度 表 3-22

混合料种类	到达工地温度(℃)		
	气温 25℃以上	气温 25 ~ 10℃	气温 10℃以下
热铺石油沥青混凝土	135	140	140
热铺煤沥青混凝土	100	100	105
热铺石油沥青黑色碎石	100	105	105
热铺煤沥青黑色碎石	75	80	80

为了使沥青混凝土在碾压过程中不至于温度降得过低，应根据气温的变化来确定压路机的碾压长度，如表 3-23 所列。

施工中环境温度与碾压长度值 表 3-23

环境温度(℃)	碾压长度(m)	环境温度(℃)	碾压长度(m)
<10	20 ~ 40	20 ~ 30	50 ~ 80
15	40 ~ 50	>30	100

沥青混合料的特性不同，对碾压作业有着不同的影响，往往在施工过程中需采取不同的对策，如表 3-24 所列。

沥青混合料的性能对压实作业的影响及应采用的对策　　表 3-24

混合料成分及性质			对压实的影响	对 策
矿料	表面光滑		粒间摩擦力小	使用轻型压路机和较低的混合料温度
矿料	表面粗糙		粒间摩擦力大	使用重型压路机
矿料	硬度不足		会被钢轮压路机压碎	使用坚硬矿料，使用充气轮胎压路机
沥青	黏度	高	限制颗粒运动	使用重型压路机，提高温度
沥青	黏度	低	碾压过程中颗粒容易移动	使用轻型压路机，降低温度
沥青	含量	高	碾压时失稳	减少沥青用量
沥青	含量	低	降低了润滑性，碾压困难	增加沥青用量，使用重型压路机
混合料	粗粒过量		空隙比大，不易压实	减少粗粒矿料，使用重型压路机
混合料	砂子过量		工作度过高，不易碾压	减少砂用量，使用轻型压路机
混合料	矿粉过量		混合料软黏，不易碾压	减少矿粉用量，使用重型压路机
混合料	矿粉不足		黏性下降，混合料可能离析	增加矿粉用量

对于沥青混凝土路面，各种压路压路机都能使其得以有效地压实。但压实效果稍有不同，图 3-23 所示为不同压实原理的压路机，压实沥青混合料的比较试验结果。被压实材料是 3.5cm 厚的沥青混凝土，其中 a 为 10t 双轮串联振动压路机的试验曲线，b 为 10t 静碾光轮压路机的试验曲线，c 为 17t 轮胎压路机的试验曲线。该图表明，振动压路机的压实效果最好，光轮压路机次之，轮胎压路机的压实效果较差。

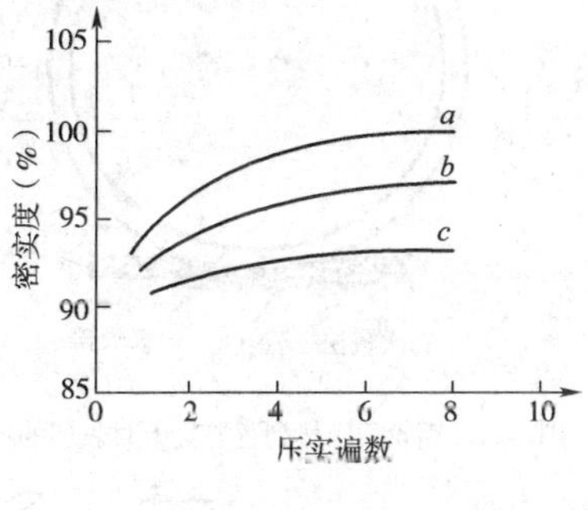

图 3-23　不同压路机压实效果比较试验曲线

在碾压沥青混凝土路面的过程中，应对压轮表面喷洒乳化剂或水，以免沥青混合料黏附在轮面上影响路面质量。

目前，振动压实已被纳入了沥青混凝土路面的标准施工工艺，一般可选用中等静线压力的全轮驱动全轮振动串联压路机，能获得很好的压实效果和面层质量，并且具有很高的生产率。压实沥青混凝土的振动频率为 45 ~ 55Hz，对铺层厚度不超过 15cm 的可使用小振幅（0.35 ~ 0.6mm），较厚的铺层材料可选用较大振幅（直到 1mm）。

轮胎压路机在压实沥青混合料时能发挥其独特的优点。由于轮胎的揉搓作用，能使集料相互嵌紧而不被破坏，各种级配材料能相互柔和而密实度均匀。因为当使用刚性压轮滚压热沥青混凝土时，在近表层部位会出现如图 3-24 所示的现象：当压轮进入料层压实时，轮的前下方挤压料层，产生第一次松弛。当压轮通过料层上面时，料层受到垂直荷载的作用而压实。压轮通过以后，料层受到压轮的反向作用力，在表层产生第二次松弛。这种情况随料层的性质、压轮的线荷载和路基的刚度不同而变化。由次可见，刚性压轮滚压后的表面是不密实的，而使用揉性压轮滚压可以克服此缺点。

比较合理的沥青混凝土路面压实方案是使用双钢轮振动压路机压实，而配合使用串联静碾压路机预压和使用轮胎压路机作封顶压实。这样既增加了路面的抗渗透能力和气候稳定性，又能保护集料以增加路面的抗滑性能。

1. 沥青混凝土摊铺层的碾压原则

（1）压实路面应从道路两侧边缘开始，逐步碾压移向道路中心。先后两次的滚压带要有一定的重叠宽度，串联压路机和单轮振动压路机的重叠宽度取250～300mm，静碾三轮压路机的重叠宽度可取主压轮的一半。

（2）开始第一遍碾压的最佳温度石油沥青为80～150℃之间（渣油沥青为90～110℃），若碾压温度过高，材料会在滚轮前受到挤压，出现沿滚筒边缘膨胀产生横向裂纹和黏附于滚筒上的现象，如图3-25所示。

（3）压路机要尽量靠近摊铺机碾压，并采取先轻后重的施压方法，以确保在混合料冷却到低于所需最低温度前达到密实度要求。

（4）在碾压新铺混合料时，操作人员应先将驱动轮驶入新鲜混合料场，以减少波纹和断裂现象（如图3-26所示）。

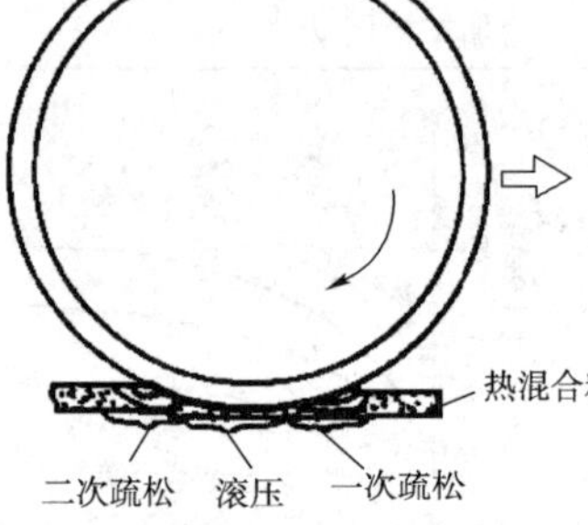

图3-24　钢轮滚压热沥青混凝土时表层的疏松状况

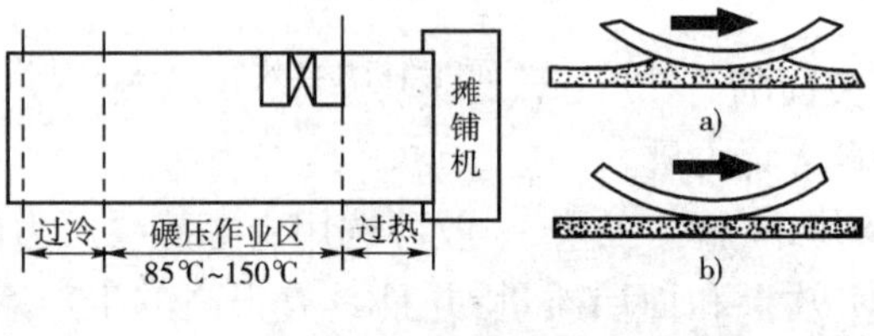

图3-25　碾压最佳温度

a）温度过高的；b）温度最佳

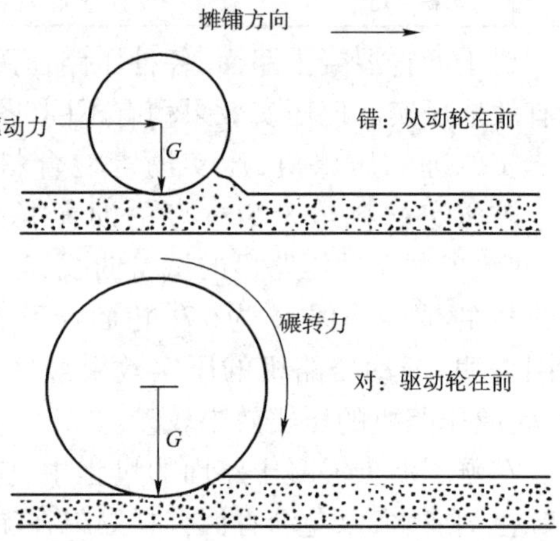

图3-26　碾压方向

（5）保持碾压速度恒定（如图3-27所示），热料面层上不要任意停车；转向或起步时应缓慢，这样可以把压痕减到最小。

（6）振动压路机转移、换向或停驶时要断开振源，等到压实作业时再接通。

（7）碾压时变更碾道（倒轴调车）要在碾压区较冷的一端进行；要避免在热沥青料层上停机；压路机停放时要与行驶方向成一角度（如图3-28所示）。

2. 常规碾压方法

1）普通碾压方法

压路机以与道路中心线平行的方向行驶，从路边缘开始逐渐移向路中，每一次的碾压应与前一次的碾压带大约重叠10～20cm。

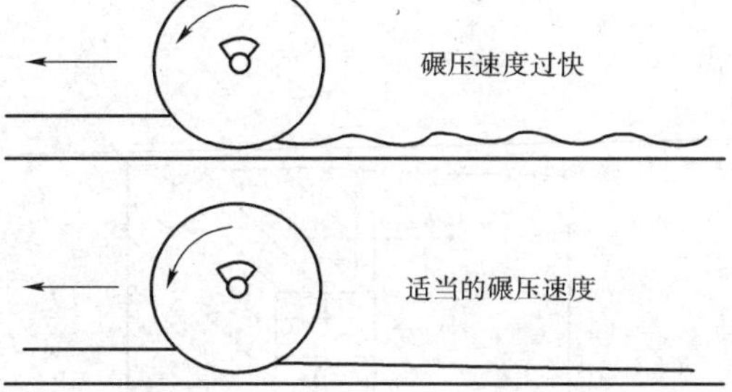

图 3-27　碾压速度恒定

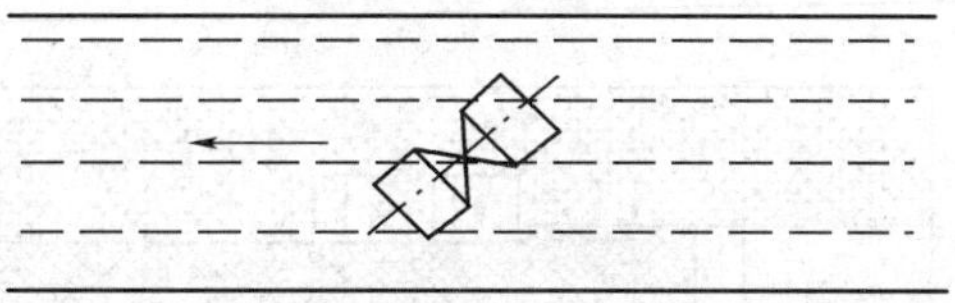

图 3-28　压路机的停放

2）交替碾压方法

同普通碾压方法基本相同，压路机也是从路边开始向中心线移动，不同的是碾压带重叠宽度为压路机滚轮宽度的 50%。此种方法可减少混合料的推挤或出现波纹等碾压缺陷。

碾压施工中，采取何种方法、何种参数进行碾压，一般都由施工技术人员指定。在碾压过程中，为了确保正常的碾压温度范围，每碾压一次要向摊铺机靠近一次，这样可防止在整个铺层宽度上相同地段换向造成压痕（如图 3-29 所示）。在路拱或横坡上进行碾压，压路机一定要从最低边开始压，直到最高边结束，其目的是为保证压路机以压实后的材料作为支承边。

3. 接缝的碾压

沥青混合料摊铺和压实的接缝有纵接缝和横接缝两种。

1）纵接缝的碾压

纵接缝的形成与摊铺工艺有关，纵接缝的形成情况不同，采用的碾压方法也不同。

（1）两台以上摊铺机呈梯形队进行全幅摊铺时，因相邻摊铺带的沥青混合料温度相近，纵接缝无明显界限，碾压时，压路机沿纵缝往返各压一遍即可。此种纵接碾压效果较好，如图 3-30 所示。

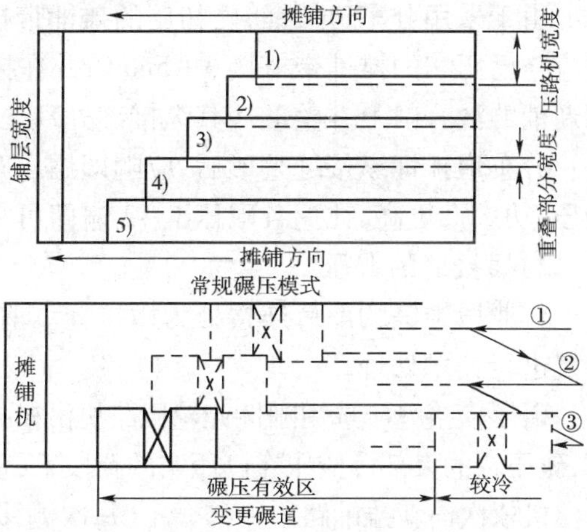

图 3-29　碾压模式

（2）采用一台摊铺机沿作业段进行摊铺，然后再返回摊铺相邻车道。或采用两台摊铺机前后保持较远距离，沿同一车道作业段进行摊铺。此种摊铺作业方法形成的摊铺带，其内侧无侧向限位，沥青混合料容易在碾压轮的挤压下，产生侧向滑移。此时，压路机应先从距内侧边缘 30～50cm 处沿纵接缝线往返各预压一遍，然后掉头至外侧的路缘石或路肩处开始初压，每压实一遍只侧移 10～15cm，依次压至内侧距内侧边缘 5～10cm 处为止。待相邻摊铺带铺好后，再从已碾压好的原内侧位置开始，依次错轮碾压到越过纵接缝线 50～80cm 处为止。

这种纵接缝碾压方法，考虑相邻摊铺带温差不宜过大，要求前后摊铺时间不能过长，其时间间隔一般不得超过一个规定作业路段的摊铺时间。

（3）与一台摊铺机进行摊铺配套纵接缝压实。由于受机械或其他条件限制，相邻摊铺带摊铺与压实的时间间隔过长时，可先将压路机沿无侧限一侧距离边缘 30～50cm 处往返各碾压一遍，然后再从有侧限一侧开始进行初压，直至最初碾压的接缝侧轮迹，再依下次错轮越过无侧限边缘 5 ~ 8cm 处为止。

分车道摊铺无侧限边缘处碾压方法见图 3-31。

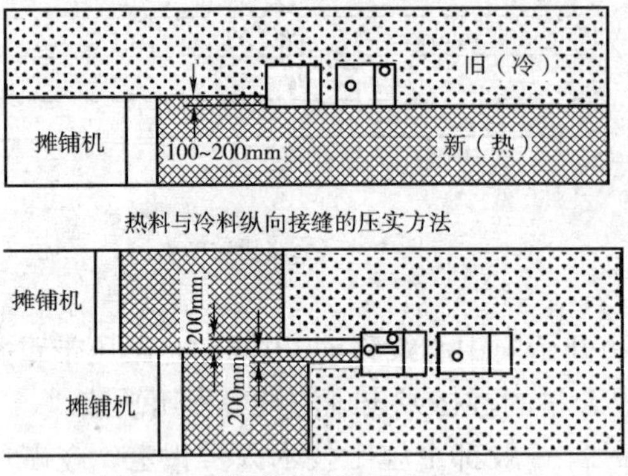

图 3-30　分车道摊铺纵接缝处理工艺

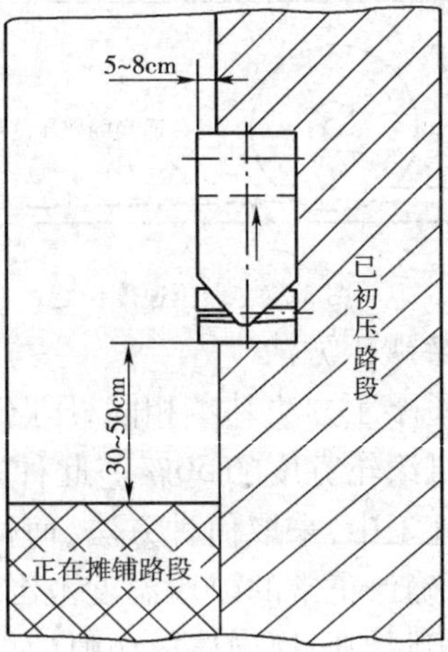

图 3-31　分车道摊铺无侧限边缘碾压纵接缝

由于采用分车道摊铺，已初压的摊铺带接缝处混合料逐渐冷却，新摊铺的相邻摊铺带混合料应与已压实的摊铺带搭接 3 ~ 5cm。并在接缝处作加温处理，然后再将搭接的沥青混合料推回新铺的混合料上并整形。其纵接缝处理工艺如图 3-32 所示。

分车道摊铺纵接缝整形后，应随即用压路机将纵接缝压平。若采用振动压路机进行振动碾压，功效会更高，往返各碾压 1 ~ 2 遍即可将纵接缝压平到位。

2）横接缝的碾压

作业段摊铺的前后连接处为横接缝。前作业段摊铺结束后，在后作业段摊铺之前，应对横接缝进行技术处理。

碾压横接缝应选用刚性光轮压路机沿横接缝方向进行横向碾压，如图 3-33 所示。开始碾压时，碾压轮的大部分应压在已压实的路段上，仅留 15cm 左右轮宽压在新摊铺的混合料上。然后压路机依次向新摊铺路段侧移碾压（每次侧移量为 15 ~ 20cm），直至完全越过横接缝为止。

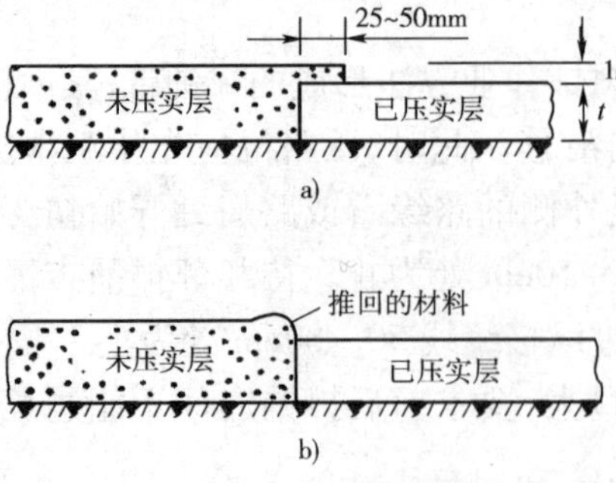

图 3-32　纵向接缝的处理工艺

a）搭接；b）整形

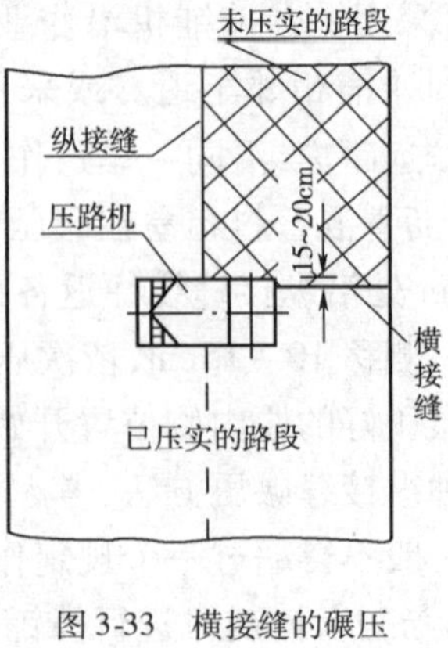

图 3-33　横接缝的碾压

如果相邻车道尚未摊铺，碾压横接缝时应在未摊铺的横接缝一侧垫上供压路机驶出的材料（如木板等），以免压坏摊铺带边缘如图 3-34 所示。

在处理纵接缝和横接缝的压实工艺时，通常应先碾压横接缝，后碾压纵接缝，这样可以避免横接缝的接合面分离。

接缝处出现不平现象，可在不平处作疏松处理后，进行补压。

4. 弯道及交叉路口的碾压（图 3-35）

碾压弯道或交叉路口时，容易在铺料层上产生剪切力，剪切力会导致材料产生位移，因此可采用下列方法碾压。

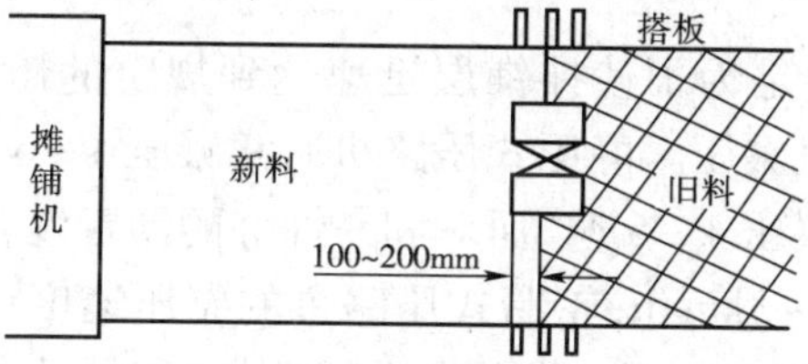

图 3-34　横接缝的碾压

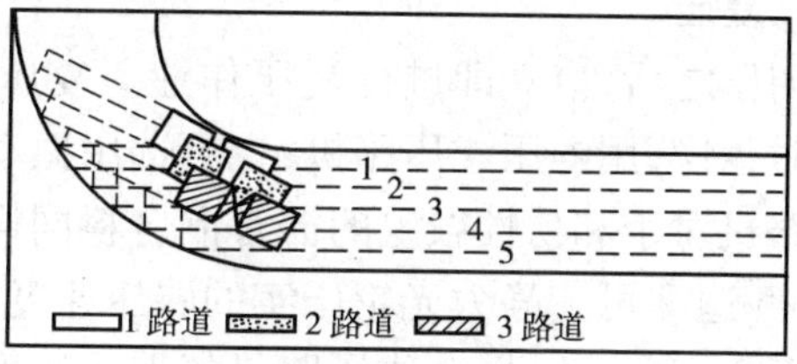

图 3-35　弯道及交叉路口的碾压

（1）从弯道内侧或较低的一边开始碾压，以利于形成一个良好的支承面。

（2）尽可能直线碾压，避免在弯道上换向。

（3）可采用缺角式碾压，并逐一转换压道。

（4）不要在没有压实的混合料上换向。

（5）转向应与速度配合，行驶很慢时不应较快转向。

（6）尽可能采用振动碾压以减少剪切力。

5. 坡道的碾压

上坡碾压时压路机的驱动轮应在后面（串联式压路机），以承受坡道传递的驱动力，前轮起预压作用，使混合料能够承受驱动轮产生的剪切力。压路机起步、停车和加速都要平稳，避免速度过高过低；此外先用静力预压，等到混合料温度降到接近下限（120℃）时，才能使用振动压实。下坡碾压时驱动轮应在后面，此外还应避免压路机的突然变速或紧急制动，在很陡的坡上应先使用轻型压路机预压，如图 3-36 所示。

6. 初压

接缝压好后，应立即进行初压。初压具有防止沥青混合料滑移和产生裂纹的作用。

初压应采用静力碾压，通常选用刚性光轮压路机，以 1.5 ~ 2km/h 的碾压速度碾 2 遍。相邻轮迹重叠 30cm，按“先边后中”的原则顺序碾压。

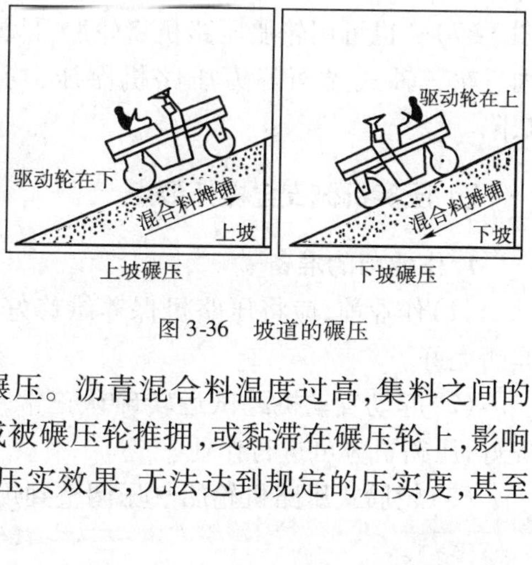

图 3-36　坡道的碾压

初压作业中还应掌握以下压实技术：

（1）掌握好开始碾压时沥青混合料的温度，参照碾压各种沥青混合料铺筑层初始温度推荐范围进行碾压。沥青混合料温度过高，集料之间的黏结力不足，碾压时混合料容易从碾压轮两侧挤出，或被碾压轮推拥，或黏滞在碾压轮上，影响平整度。沥青混合料温度过低，则影响复压和终压的压实效果，无法达到规定的压实度，甚至出现松散和麻坑。

(2)为了减少或避免出现横向波纹和表面裂缝,碾压沥青混凝土路面最好是选用全轮驱动的压路机。在没有全轮驱动压路机的情况下,应将压路机的驱动轮朝摊铺方向进行碾压,这样可以利用驱动轮的驱动力沿碾磙切线方向将混合料向后楔紧于轮下,防止松散的、温度较高的混合料在碾压轮前拥起。

(3)初压时往返碾压轮迹应尽量重叠,并禁止在作业路段内操作压路机急转弯、变速、制动和停车,以防止路面出现撕裂、划痕、凹痕等现象,防止损坏路面的平整度。弯道碾压,应从内侧低处向外侧高处依次碾压,并尽量采用直线碾压方案。

7. 复压

初压之后,应立即进行复压作业。复压的目的是为了使摊铺层迅速达到规定的压实度。复压时,可选用静压式压路机,也可选用振动压路机碾压。静压式压路机通常碾压4~6遍,振动压路机对于和易性较差的沥青混合料同样需要碾压4~6遍,而对和易性好的沥青混合料碾压3~5遍即可。静力光轮压实的碾压速度约为2~3km/h;轮胎式压路机的碾压速度可适当提高至3~5km/h;振动式压路机的碾压速度可在3~6km/h;范围内进行选择,和易性好的沥青混合料可适当快一些。

如同路基压实作业一样,复压作业也应遵循"先边后中,先慢后快"的压实原则。

复压一般应压至路面无明显轮迹为止,每次换向碾压的停机位置不应在同一横线上,而应沿横向呈阶梯状停机,见图3-29。

碾压纵坡时,如坡度较大,复压的最初1~2遍不宜进行振动压实,以免沥青混合料滑移。采用振动压实时,在停机和换向前应先停振,起步后才能起振。

8. 终压

复压达到压实度标准后,应立即进入终压作业。终压的目的是提高路面表层的密实度,同时清除路面表面的轮压痕迹。

终压应选用静力压实方式,一般碾压2~4遍,碾压速度可稍高于复压。

为了有效地消除路面的横向波纹和纵向轮迹,可采用压路机斜向运行方案,即碾压方向与路面纵向中线成15℃左右夹角碾压1~2遍(如图3-37)。也可用轮胎压路机将轮胎升降机构锁定,更换适当的配重或用三轮三轴式光面静力压路机碾压,均可有效消除微小裂纹和波纹缺陷。

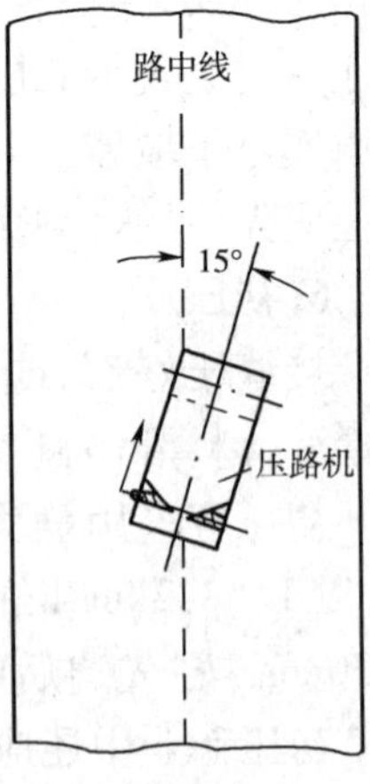

图3-37 终压时消除路面横向波纹和纵向轮迹的方法

四、压实机械安全操作要点

1. 作业前的准备

(1)作业前,应将压路机保养维修好,检查各工作机构及紧固部件是否完好。

(2)起动发动机经试运转确认正常,且制动、转向等工作机构性能完好,压路机方可进行作业。

(3)轮胎式压路机轮胎气压调整到规定作业压力范围,全机各个轮胎气压应一致。

(4)用增加或者减少配重的方法,将压路机的作业线压力调整到规定数值。

(5)对松软的路基及傍山地段的初压,作业前须勘查施工现场,确认安全后压路机方可驶入作业。

2. 作业中的要求

(1)作业时,操作人员应始终注意压路机的行驶方向,并遵照施工人员规定的压实工艺进行碾压。

(2)作业时,应注意各个仪表的读数,发现异常,必须查明原因并及时排除,严禁带病作业。

(3)作业时,应将振动压路机的振幅及频率控制在规定的范围内。

(4)振动压路机在改变行驶方向、减速或停驶前应先停止振动。

(5)多台压路机联合作业时,应保持规定的队形及间隔距离,并应建立相应的联络信号。

(6)必须在规定的碾压段外转向,应平稳地改变运行方向,不允许压路机在惯性滚动的状态下变换方向。

(7)必须遵照规定的碾压速度进行碾压作业,在碾压过程中,不得随意改变碾压速度及方向,不得中途停机。

(8)碾压沥青路面时,驾驶员操作应轻柔平顺,不得使压路机产生冲击,以免影响路面碾压质量。

(9)作业时切忌将柴油、机油、液压油滴洒在沥青路面上。

(10)路面边缘、路肩或其他压路机不能压到的地段,应换用机动灵活的轻型振动压路机或其他小型压实机械(如平板振动夯等)进行补压,直至符合压实要求为止。

(11)三轮压路机在正常情况下禁止使用差速锁止装置,特别在转弯时严禁使用。

(12)压路机在坡道上行驶时禁止换挡,禁止脱挡滑行。

(13)严禁用牵引法拖动压路机,不允许用压路机牵引其他机具。

(14)不允许压路机长距离自行转移。

3. 作业后的要求

(1)作业后压路机应停放在安全、平坦、坚实的场地。

(2)每班作业后,应清洗全机污物。沥青路面作业后,应用煤油擦洗碾压轮表面。

(3)按规定进行例保作业。

五、部分常见压实机械的技术参数(表3-25~表3-38)

山东公路机械厂三轮静碾压路机主要技术参数　　表3-25

型号		3Y18/21	3Y12/15	3Y15/18
整机质量(t)		18~21	12~15	15~18
压实宽度(mm)	转向轮	1 320	1 300	1 300
	驱动轮	600×2	500×2	500×2
最大线压力	转向轮(N/cm)	546	451	543
	驱动轮(N/cm)	1 115	883	1 058

续上表

型　　号		3Y18/21	3Y12/15	3Y15/18
行走速度(km/h)		2.3:4.2:8.9	2:4:8	2:4:8
爬坡能力(%)		20	20	20
发动机	型号	4135 AK-2	4135 K-2	4135 AK-2
	功率(kW)	73.5	58.8	73.5
外形尺寸	长(mm)	5 180	4 738	4 738
	宽(mm)	2 420	2 100	2 100
	高(mm)	2 926	2 750	2 750
企业名称 通信地址 电话传真		山东公路机械厂 山东省德州市东风西路 147 号;邮编:253001 电话:0534-2432540,2481788;传真:0534-2424586		

山东公路机械厂双轮静碾压路机主要技术参数　　表 3-26

型　　号		2Y6/8	2Y8/10	2Y3/4	2Y4/5
整机质量(t)		6~8	8~10	3~4	4~5
压实宽度(mm)	转向轮	900×1 250	900×1 250	750×900	750×900
	驱动轮	1 100×1 250	1 100×1 250	750×1 010	750×1 010
最大线压力	转向轮(N/cm)	256	314	174	218
	驱动轮(N/cm)	377	470	234	291.4
行走速度(km/h)		2.5:5	2.5:5	2.2:5.6	2.2:5.6
爬坡能力(%)		20	20	20	20
发动机	型号	2135K-1	2135K-1	295L	295L
	功率(kW)	29.4	29.4	18.4	18.4
外形尺寸	长(mm)	4 160	4 160	2 780	2 780
	宽(mm)	1 647	1 647	1 308	1 308
	高(mm)	2 680	2 680	2 420	2 420
企业名称 通信地址 电话传真		山东公路机械厂 山东省德州市东风西路 147 号;邮编:253001 电话:0534-2432540,2481788;传真:0534-2424586			

徐工工程机械厂静碾光轮压路机主要技术参数　　表 3-27

型 号	最小工作质量(t)	最大工作质量(t)	驱动轮质量分配比(%)	驱动轮单轮负荷(kg)	压实宽度(mm)	行车速度(km/h)	标定功率(kW)
2YJ10	8	10	60	455	1 400	2/4/8	36
3Y6/8	6	8	65	470	1 894	1.8/3.51/7.4/14.3	30
3Y8/10	8	10	65	588	1 894	1.8/3.51/7.4/14.3	30
3Y6/8B	6	8	65	471	1 894	1.8/3.51/7.4/14.3	36
3Y8/10B	8	10	65	588	1 894	1.8/3.51/7.4/14.3	36
3Y8/12	8	12	60	825	1 974	2.1/3.9/7.2	43
3Y10/12	10	12	60	825	2 120	2/4/7	59
2Y6/8	6	8	60	392	1 250	1.8/3.6/7.2	30
2Y6/8B	8	10	65	410	1 250	2/4/8	36.75
2Y8/10	8	10	60	510	1 250	1.8/3.6/7.2	30
2Y8/10	8	10	65	500	1 250	2/4/8	36.75
2Y8/10B	12	15	65	960	2 120	2/3.8/6.9	59
3Y12/15A	15	18	70	1 120	2 220	2.1/4/7.4	73.5
3Y15/18	18	21	60	1 170	2 320	2.3/4.4/7.9	73.5
企业名称 通信地址 电话传真	徐州工程机械制造厂 江苏徐州市矿山东路 4 号;邮编:221006 电话:0516－5758931;传真:0516－5753168						

德国维特根 HAMM 三光轮静压压路机主要技术参数　　表 3-28

型 号		HW90			HW90B		
		8/10t	10/12t	12/14t	8/10t	10/12t	12/14t
不带驾驶室质量(kg)		7 450	9 450	11 450	7 500	9 500	11 500
工作质量(kg)		8 000	10 000	12 000	8 100	10 100	12 100
负 荷	前轴(kN)	32	40	48	32	40	48
	后轴(kN)	48	60	72	49	61	73
前轮静线荷载(N/cm)		291	364	436	291	364	436
后轮静线荷载(N/cm)		436	545	655	445	555	664
加水及驾驶室后工作质量(kg)		9 700	11 700	13 700	9 800	11 800	13 800

续上表

型号		HW90			HW90B		
		8/10t	10/12t	12/14t	8/10t	10/12t	12/14t
负荷	前轴(kN)	39	47	55	39	47	55
	后轴(kN)	58	70	82	59	71	83
前轮静线荷载(N/cm)		355	427	500	355	427	500
后轮静线荷载(N/cm)		527	636	745	536	645	755
工作宽度(mm)		1 900	1 900	1 900	1 900	1 900	1 900
振动轮直径(mm)		1 250/1 550			1 250/1 550		
转弯半径(内/外)(m)		3.95/6.2			3.95/6.2		
爬坡度(%)		25/40			25/40		
发动机	型号	BF4L1011F			BF4L1011F		
	功率(kW)	51.5			51.5		
	转速(r/min)	2 500			2 500		
工作速度(km/h)		0~10			0~10		
企业名称 通信地址 电话传真		维特根公司北京办事处 北京市西城区金融街33号通泰大厦C座907室;邮编:100032 电话:010-88086659;传真:010-88086662					

山东公路机械厂轮胎压路机主要技术参数 表3-29

型号		YL16/20	YL20/26
工作质量(t)		16~20	20~26
碾压宽度(mm)		2 450	2 450
轮胎布置(个)		前5后6	前5后6
行走速度(km/h)		3.1、5.7、12.1、23	3.1、5.7、12.1
爬坡能力(%)		20	20
发动机	型号	4135AK-2	6135AK-1B
	功率(kW)	73.5	110.3
外形尺寸	长(mm)	5 470	5 900
	宽(mm)	2 660	2 660
	高(mm)	3 190	3 190
企业名称 通信地址 电话传真		山东公路机械厂 山东省德州市东风西路147号;邮编:253001 电话:0534-2432540,2481788;传真:0534-2424586	

一拖(洛阳)建机轮胎压路机主要技术参数 表 3-30

型 号		YL16G	YL25	型 号	YL16G	YL25
最小工作质量(kg)		9 000	16 000	轮胎数量	4 +5	5 +6
最大工作质量(kg)		16 000	25 000	轮胎规格	11.00 -20.16	11.00 -20.16
前轮分配质量(kg)		7 000	11 364	轮胎充气压力(kPa)	200 ~800	200 ~800
后轮分配质量(kg)		8 889	13 636	平均接地比压(kPa)	150 ~300	200 ~400
外形尺寸	长(mm)	4 770	4 700	最小转弯半径(mm)	7 500	9 000
	宽(mm)	2 290	2 790	碾压宽度(mm)	2 290	2 790
	高(mm)	3 100	3 250	轴距(mm)	3 700	3 630
轮距(mm)		500	500	轮胎重叠宽度(mm)	40	3 630
前进速度	一速(km/h)	0 ~10	3.5	爬坡能力(%)	20	20
	二速(km/h)	0 ~20	7.8	前轮垂直浮动(mm)	±100	±100
	三速(km/h)		13.2	柴油机型号	4BT3.9	6BT5.9
	四速(km/h)		23	柴油机功率(kW)	75	100
后退	一速(km/h)	0 ~10	3.5	柴油机转率(r/min)	2 400	2 000
	二速(km/h)	0 ~20				
企业名称 通信地址 电话传真		一拖(洛阳)建筑机械有限公司 洛阳市中洲中路 72 号;邮编:471009 电话:0379 -3972048;传真:0379 -3953684				

徐工工程机械厂轮胎式压路机主要技术参数 表 3-31

型 号	最小工作质量(t)	最大工作质量(t)	驱动轮质量分配比(%)	驱动轮单轮负荷(kg)	压实宽度(mm)	行驶速度(km/h)	标定功率(kW)
YL16	9.4	16	55	1 770	2 000	3/6/12/24	59
YL16C	9.4	16	55	1 770	2 000	3/6/12/24	59
YL20	11	20	55	2 220	2 250	4/7.5/14	73.5
YL20A	11	20	55	2 220	2 250	4/7.5/14	73.5
YL30	14	30	55	3 330	2 290	6.5/165	125
企业名称 通信地址 电话传真	徐州工程机械制造厂 江苏徐州市矿山东路 4 号;邮编:221006 电话:0516 -5758931;传真:0516 -5753168						

美国英格索兰轮胎压路机主要技术参数　　表 3-32

运输质量(kg)	4 015	行走控制		双速
最大压载质量(kg)	12 642	驱动轮		后排 4 个轮胎
湿砂压载质量(kg)	11 258	发动机	制造厂商	约翰迪尔
轮胎最大负荷(kN)	14.05		型号	4039D
湿砂压载轮胎负荷(kN)	12.51		额定功率	56kW
压载仓容积(m^3)	3.5		电气系统	12V 直流,负极搭铁
总长(mm)	3 890	制动系统	行车制动器	动力液压制动系统
总宽(mm)	1 980			
总高(至方向盘顶部)(mm)	2 185		停车制动器	弹簧制动液压释放
总高(至防滚翻架顶部)(mm)	3 225			
轴距(mm)	2 920	转向系统	形式	全液压动力转向
外侧转弯半径(mm)	6 195			
压实宽度(mm)	1 725	压力水系统	三级过滤防腐蚀压力喷水系统,电子流量控制,镀锌钢质喷杆	
轮胎数量(个)	9			
轮胎配制	前 4 后 5			
轮胎尺寸	7.50~15.6PR			
前后轮胎搭接宽度(mm)	13			
驱动形式	静液压驱动	其他	液压油箱容积(L)	57
行驶速度(km/h)	0~15		水箱容积(L)	379
	0~24		燃油箱容积(L)	106

徐工工程机械厂轮胎驱动单钢轮振动压路机主要技术参数　　表 3-33

型号	工作重量(kg)	前轮承重(kg)	频率(Hz)	振幅(mm)	激振力(kN)	发动机功率(kW)	振动轮宽度/直径(mm)
YZAA	4 500	2 100	40	0.9/0.4	42/22	26.4	100/1 370
YZ8	7 600	3 620	29/40	1.7/0.8	100/95	80	1 680/1 220
YZ10S	9 100	4 900	30	1.74/0.82	198/93	80	2 134/1 523
YZ10D	9 400	5 200	30	1.74/0.82	198/93	80	2 134/1 523
YZK10	10 900	6 700	29	1.56	255	80	2 134/1 723
YZ10C	9 800	5 000	30	1.74/0.82	198/93	80	2 134/1 523
YZ12	11 500	7 000	30	1.56	254	80	2 134/1 550
YZK12	11 800	7 300	30	1.56	252	80	2 134/1 723
YZ14	14 000	9 000	30/33	1.8/0.9	284/172	112	2 130/1 554
YZ14A	14 000	9 000	30/33	1.8/0.9	284/172	118	2 130/1 554
YZ16B	15 000	19 500	29/32	1.5	315/185	116	2 130/1 552
YZK16	16 000	10 800	29/30	1.5	315	118	2 130/1 552
YZ18	17 500	12 000	33/30	1.8/1.0	328/220	118	2 351/1 552

续上表

型 号	工作重量（kg）	前轮承重（kg）	频率（Hz）	振幅（mm）	激振力（kN）	发动机功率（kW）	振动轮宽度/直径（mm）
YZ20	20 000	13 500	27/29	1.8/1.0	340/260	118	2 350/1 600
YZ10J	10 000	4 900	30	1.74/0.82	198/93	73.5	2 134/1 523
YZC10J	10 000	4 700	45	0.5	100	73.5	1 680/1 220
YZ12JA	12 000	5 400	31.7	1.74/0.82	243.4/114.6	73.5	2 134/1 523
YZK12J	12 000	5 700	31.7	1.75	230	73.5	2 134/1 523
YZ14JA	14 000	6 700	28	2.0/1.0	270.5/137.5	73.5	2 134/1 523
YZ14JG	14 000	6 700	28	2.0/1.0	270.5/137.5	90	2 134/1 523
YZ14JD	14 000	6 700	28	2.0/1.0	270.5/137.5	88.2	2 134/1 523
YZ14JK	14 000	6 700	28	2.0/1.0	270.5/137.5	88.2	2 135/1 523
YZ16J	16 000	7 700	28	2.0/1.0	300/150	115	2 178/1 523
YZ18J	18 000	8 800	28	2.0/1.0	315	120	2 134/1 523
企业名称 通信地址 电话传真	徐州工程机械制造厂 江苏徐州市矿山东路4号;邮编:221006 电话:0516－5758931;传真:0516－5753168						

徐州工程机械厂双钢轮串联振动压路机主要技术参数　　表3-34

型 号	工作质量（kg）	前轮承重（kg）	频率（Hz）	振幅（mm）	激振力（kN）	发动机功率（kW）	振动轮宽度/直径（mm）
YZC0.5	500	400	75	0.3	12.07	3.7	700/580
YZC2A	2 000	1 372	50	0.5	20	14.7	900/750
YZC2.5	2 500	1 300	55	0.6	25	20	1 100/650
YZC4	4 000	2 000	50	0.5	34	30	1 300/800
YZC7	7 000	3 600	48	0.35/0.71	35/37	51	1 450/1 040
YZC7BK	7 000	3 600	48	0.35/0.71	35/71	51	1 450/1 040
YZC10A	10 000	5 000	40～48	0.4～0.8	62/120	80	1 680/1 220
YZC10B	10 000	5 000	40～48	0.4/0.8	60/120	80	1 680/1 220
YZC10C	10 000	5 000	30～48	0.4～0.8	60/120	80	1 680/1 220
YZC12	12 000	6 000	25～48	0.4～0.8	80/140	80	2 130/1 250
YZC12A	12 000	6 500	25～48	0.36～0.72	80/160	80	2 130/1 250
YZC16	16 000	8 000	25～32	1.41/0.74	200/180	118	2 130/1 250
YCC10	9 500	4 750	42	0.7/1.4	100/200	80	1 680/1 150
YCC12	11 400	5 700	39	0.8/1.6	120/240	80	2 130/1 150
企业名称 通信地址 电话传真	徐州工程机械制造厂 江苏徐州市矿山东路4号;邮编:221006 电话:0516－5758931;传真:0516－5753168						

美国英格索兰(Ingersoll-Rand)重型单钢轮振动压路机主要技术参数 表 3-35

型号		SD115	SD150	SD175	SD180
钢轮承载静重(kN)		63.40	95.40	122.87	110.40
后桥承载静重(kN)		41.60	53.60	66.83	70
运输质量(t)		10.375	14.771	18.636	17.706
外形尺寸	长(mm)	5 945	6 010	6 325	6 215
	高(mm)	3 100	3 100	3 100	3 100
轴距(mm)		3 305	3 305	3 530	3 530
钢轮架离地间隙(mm)		515	455	475	475
外侧转弯半径(mm)		5 665	5 720	7 675	8 150
钢轮直径(mm)		1 500	1 600	1 600	1 600
钢轮宽度(mm)		2 135	2 135	2 120	2 540
钢轮板厚度(mm)		25	38	40	40
频率(Hz)		18.3~31.5	18.3~27.7	21.7~30.4	21.7~30.4
激振力	高(kN)	244.6	267	319	180
	低(kN)	122	134	159.5	180
名义振幅	高(mm)	1.7	1.77	1.65	1.66
	低(mm)	0.85	0.89	0.82	0.83
制造长和型号		康明斯 6BTA5.9	康明斯 6BTA5.9	康明斯 6CTA8.3	康明斯 6CTA8.3
额定功率[kW/(r/min)]		129.8/2 200	138/2 200	151/2 000	172/2 000
操作重量(kN)		105	149	189.70	180.40

178

美国英格索兰单、双钢轮振动压路机主要技术参数 表 3-36

型号	工作质量(kg)	激振频率(Hz)	激振力(kN)		振幅(mm)		发动机		
			高	低	高	低	型号	功率(kW)	转速(r/min)
SD-100	9 980	0~30	222.4	111.2	1.70	0.85	康明斯 4BT3.9	71.6	2 300
SD-100D	10 170	0~30	222.4	111.21	1.70	0.85	康明斯 4BT3A3.9	93.2	2 200
SD150D	15 060	18.3~27.2	266.9	133.4	1.78	0.89	康明斯 6BTA5.9	138	2 200
SD175D	18 970	21.7~30.4	319	159	1.65	0.82	康明斯 6CT8.3	151	2 000
DD-90	9 559	31~42	115.6	26	1.20	0.41	康明斯 4BTA3.9	82	2 200
DD-110	11 365	31~42	133.4	35.7	0.94	0.46	康明斯 4BTA3.9	93	2 200
DD130	12 898	42	160	71.2			康明斯 6BTA5.9	130	2 200
企业名称 通讯地址 电话传真	英格索兰北京办事处 北京市朝阳区东三环北路 19 号华鹏大厦南楼二层;邮编:100020 电话:010-65925090;传真:010-65925099								

徐工工程机械厂振荡压路机主要技术参数　　表 3-37

型号	工作质量(kg)	前轮承载(kN)	频率(Hz)	振幅(mm)	振荡力矩(k·Nm)	频率(Hz)	振幅(mm)	激振力(kN)	发动机功率(kW)	振动轮宽度/直径(mm)
YDC10	10 000	50	33	0.85/1.6	21/41	33			80	1 680/1 220
YDZ10	10 000	49	30	1.6	106	30	1.7	209	80	2 134/1 523
YDZ12	12 000	67	30	1.6	106	30	1.7	209	80	2 134/1 523
YDZ12A	12 000	67	30	1.6	106	30	1.7	209	80	2 134/1 523
YDZC14	14 000	70	30	1.6	80	45	0.71	180	118	2 134/1 523
YDZC16	16 000	80	30	1.6	100	45	0.73	210	118	2 134/1 523
企业名称 通讯地址 电话传真	徐州工程机械制造厂 江苏徐州市矿山东路4号;邮编:221006 电话:0516－5758931;传真:0516－5753168									

德国维特根振荡压路机主要技术参数　　表 3-38

型　　号		2320DO	2420DO
整机质量	不带驾驶室(kg)	6 200	10 750
	带驾驶室(kg)	6 700	11 300
振动轮负荷(kN/cm)		34.50	62.50
轮胎负荷(kN/cm)		32.50	50.50
工作宽度(mm)		1 680	2 140
振动轮直径(mm)		1 200	1 500
轮弯半径(内/外)(m)		3.25/4.93	6.34/4.20
发动机	型号	BF4M1012E	BF6M1012E
	功率[kW/(r/min)]	66/2 500	100/2 500
工作速度(km/h)		0～7.5	0～7
行驶速度(km/h)		0～16	0～13.6
爬坡度(%)		35/45	35～40
振荡频率(Hz)		30/35	30～35
振幅(mm)		2.31/2.31	1.9/1.9
总压实力(kN)		224/281	396/498
企业名称 通讯地址 电话传真		维特根公司北京办事处 北京市西城区金融街33号通太大厦C座907室;邮编:100032 电话:010～88086659;传真:010～88086662	

课题四　夯实机械

一、概述

夯实机械是一种利用冲击或高频振动能量产生压实力来完成压实作业的轻便型压实设备，是除压路机以外的另一类压实机械，广泛应用于公路、铁路、建筑、水利等工程施工中。在公路修筑施工中，可用于桥背涵侧路基的夯实、路面坑槽的夯实和公路养护维修的夯实、平整，是筑路工程中不可缺少的设备之一。

夯实机械有冲击式和振动式两种，前一种是利用其工作装置（夯板或夯足）提升到一定高度，然后落下产生的冲击力来夯实土壤的，后一种是利用机械产生的高频振动，通过夯板传入地面，使土壤颗粒产生振动而密实土壤的。如图3-38和图3-39所示。

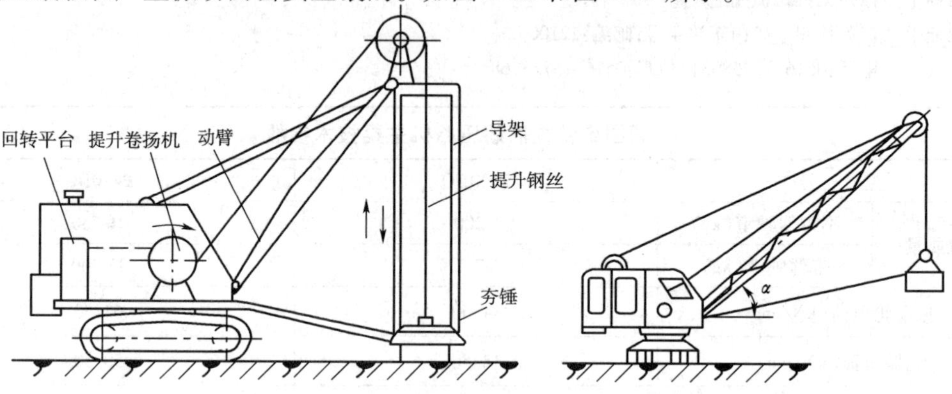

a)　　　b)

图3-38　自由落锤式打夯机

a）装有导向架；b）无导向架

冲击式夯实机械适用于夯实黏性土和非黏性土，铺层厚度可达1～1.5m或更多，还可用于夯实自然土层。

现代夯实机械按其一次打击能量可以分为以下三级：

重级——打击能量10～50kJ或更高；

中级——打击能量1～10kJ；

轻级——打击能量0.8～1kJ。

自由落锤式夯实机械属于第一类。这种机型具有很高的打击能量，夯实板重力10～30kN，提升高度1.0～2.5m，在夯实板自重作用下夯击土壤；夯击频率比较低，它取决于夯锤的提升高度。

重型机械夯、内燃爆炸夯、蒸汽锤夯和振动夯等属于第二类。这类夯实机械一般作成拖式、半拖式以及轮式或履带式牵引车的悬挂装置；也可悬挂在挖掘机动臂

图3-39　LB－92B双向振动平板夯

上或作成专用的自移式夯实机。

各种手扶式夯实机属于第三类，其中有内燃机驱动、电机驱动和以压缩空气为动力驱动的多种形式。这些机型自身的重力不大于 2t，由一个或两个驾驶员操纵。重力为 0.5 ~ 2t 的夯实机械通常都制成自移式的。这种质量轻和外形尺寸小的夯实机适用于沟槽、基坑回填土的夯实，特别适用于墙角等狭窄地带，以及小面积的土方夯实工作。

振动式打夯机是一种利用机械本身产生的高频振动来密实土壤的打夯机，它没有冲击式打夯机那样大的跳起高度（最大振幅仅为 16mm 左右），但却有相当大的振动频率（可达 200Hz）。因此，它密实土壤是靠高频振动效应来进行的。在我国，振动式打夯机的主要形式是各种规格（主参数为机重，以 kg 表示）的振动平板夯（平板振动夯），有内燃机驱动和电动机驱动的两种。振动式打夯机适用于颗粒性土壤（砂性土壤等）的夯实。

二、几种典型夯实设备

1. 自由落锤式打夯机

图 3-38 所示为夯实板悬挂在起重机上的自移式打夯机。这种打夯机由于在夯锤开始提升和夯击土壤时产生很大的动负荷，使起重机的传动机构过早损坏，不经济，使用受到限制。但它能产生较大的冲击力，对深回填一次性压实，有较好的夯实效果。

2. 拖式打夯机

图 3-40 所示为装有自由落锤的压路碾是一种结构新颖的拖式夯实机械。滚轮在前进、后退两个方向均能工作。这种机型在松土上工作时，由于土壤变形大，落锤会从导向槽中脱出而破坏正常工作。因此不适于压实松土，而适用于最后的压实工作。

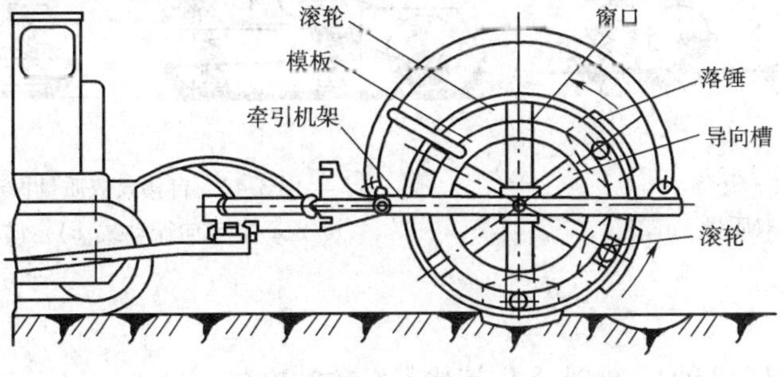

图 3-40　装有自由落锤的压路碾

3. 内燃式打夯机

内燃式打夯机俗称爆炸夯或火力夯，它直接利用燃料在机体（汽缸）内燃烧产生的燃气压力，推动缸内活塞作无行程限制的运动，而使夯头产生冲击能量的打夯机。其单位时间夯击土壤的次数比蛙式的少，但夯击能量比蛙式大。对于夯实沟槽、穴坑、墙边、墙角比较方便，尤其适用于电力供应困难的场所。

4. 多头打夯机

多头打夯机是一种可以快速冲击土壤的打夯机，其单位时间冲击土壤的次数比内燃式打夯机高，可达 400 ~ 700 次/min，故有时称其为快速冲击夯或振动冲击夯。因其工作头（夯板或夯头）可更换不同形式和规格，以适应不同的施工要求，故称多头式。

这种打夯机按动力类型不同,有内燃机式(简称内燃式)和电动机式(简称电动式),前者以小功率的汽油机驱动,后者以普通三相异步电动机驱动。两者的内部结构相同,都是由曲柄连杆机构带动滑套活塞作往复运动来冲击土壤的。

快速冲击式打夯机,因有冲击和振动的联合作用,不仅可夯实黏性土壤,还可夯实散粒壮土壤,故其适用范围较为广泛。

5. 振动平板夯

振动平板夯按其质量可以分为:轻型(0.1 ~2t)、中型(2 ~4t)和重型(4 ~8t);按其结构原理可分为单质量如图 3-41a)所示和双质量如图 3-41b)所示。单质量的平板夯,全部质量参加了振动运动;而双质量的平板夯仅下部振动,弹簧上部不振动,但对土壤有静压力。试验表明,当弹簧上部的质量为机械总质量的 40% ~50% 时,可以保证机械稳定地工作,而且消耗功率少。当质量大于 100kg 时,通常都制成双质量的,其结构简图如图 3-41b)所示。

按照振动特征,振动平板夯可分为非定向振动式和定向振动式两种;如图 3-42 所示。按照移动的方式可分为自移式和非自移式,自移式得到最广泛地使用。振动平板夯自移的原理是,依靠振动器的总激振力与垂直线偏斜所产生的水平分力,或振动器相对于全系统惯性中心偏移的激振力的作用而进行的。

振动平板夯与被压材料的接触为一平面,在工作量不大的工程中,尤其在狭窄地段工作时,得到广泛地使用。

a)　b)

图 3-41　振动平板夯

a)单质量;b)双质量

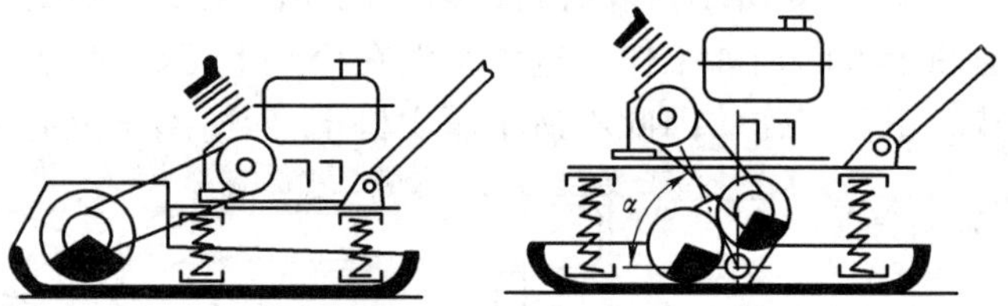

a)　b)

图 3-42　自移式双质量振动平板夯

a)非定向振动式;b)定向振动式

三、代号编制

(1)夯实机械的组(机种)、型划分及其代号(表 3-39)。

夯实机械的组、型划分　表 3-39

机种	形式	特性	代号含义	主参数
打夯机(H)	内燃冲击式(N 或 B)	缸内燃气直接驱动	HN(HB)—内燃式打夯机(爆炸夯)	整机质量(kg)
	多头式(D)	电驱动和内燃机驱动	HD—多头打夯机	整机质量(kg)
振动打夯机(H)	振动式(Z)	电驱动	HZ—振动夯实机	整机质量(kg)
	内燃振动式(Z)	内燃机驱动(R)	HZR—内燃振动夯实机	整机质量(kg)
HB -80,即为 80kg 的内燃冲击打夯机				

(2)蛙式打夯机的型号编制方法(图3-43)。

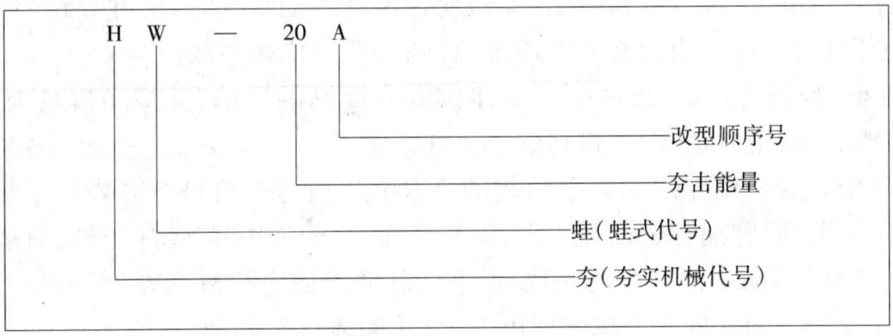

图3-43　蛙式打夯机的型号编制方法

四、生产率计算

1. 自由落锤式打夯机生产率的计算

自由落锤式打夯机的生产率 Q 可按式(3-8)确定。

$$Q = \frac{60n(L-a)BhK_B}{m} \tag{3-8}$$

式中：n——夯板每分钟的冲击次数；

L——夯板的宽度(m)；

a——夯板夯实重叠量(m)，通常取 $a=0.1\sim0.15$m；

B——夯板面积的最小尺寸(m)；

h——夯实深度(m)；

K_B　时间利用系数，K_B – $0.8\sim0.85$；

m——夯板在一处的冲击次数，$m=6$(8或12)。

2. 内燃打夯机生产率的计算

内燃打夯机的生产率 Q 可按式(3-9)确定。

$$Q = (1800\sim2400)\frac{Fnk}{Z} \tag{3-9}$$

式中：F——夯头面积(m^2)；

n——每分钟的夯击次数；

k——使用因素影响系数，包括时间利用系数和操纵影响系数等，视情况而定，一般取 $h=0.7\sim0.9$；

Z——夯实遍数。

说明：式(3-9)中(1800~2400)单位换算系数；每分钟的夯击次数少时，取小值；每分钟的夯击次数多时，取大值。

五、使用要点

1. 内燃冲击式打夯机的使用要求和操作方法

(1)使用之前可用附备的专用装载小车将打夯机送到施工地点附近。

(2)将打夯机立放在平整的地面上，按起动方式上下按动(或提拉)手柄，将机械作"空

183

车”运动，并检查运动是否灵活，连接件有无松动，缸内是否有金属撞击声等。当气门杆锁销脱落，使气门掉入汽缸内，或内弹簧折断、缩短使弹簧呈浮动状况时，均可听到金属撞击声或摩擦声，这时必须拆检打夯机，进行必要的修理，否则会造成机械事故。

(3)当“空车”检查无误后，加注按一定比例混合配制的燃油，并擦净机身上的油渍，将机械移动到夯实地点，摆正停稳，即可进行起动工作。

(4)HB-80型打夯机用专用起动手柄起动，HB-120型打夯机可按压操纵手柄起动。当活塞上下移动2~3次，使燃油形成的混合气进入汽缸，对于HB-80型打夯机，只要按动点火开关就能起动。对于HB-120型打夯机，因操纵手柄联动着磁电机外凸轮，每按压一次手柄均可使磁电机运转而产生电流，缸内火花塞即可发火，从而能自然起动。

(5)开始起动或起动后的工作中，都要特别注意打夯机的起跳和夯击，以免误伤操作者的头部和脚部。

(6)每次夯击后缸内燃气要放出，因而总有“嘭”的一响声，这是机械的自然现象，无须紧张，只要谨慎操作，即可很快地掌握其性能，自如的进行工作。

(7)在工作中当需移动夯击位置时，只需将打夯机向需要移动的方位倾斜，即可使其向前自行跳进。

(8)内燃式打夯机使用的燃油是70号汽油与15号机油的混合物，混合比例为(16∶1)~(20∶1)，当工作时间较长或在炎热的夏季使用时，机油比例可适当提高。在汽油中加入机油的目的是为了润滑汽缸壁，切不可直接使用汽油，否则会造成缸壁的迅速磨损或拉缸、抱缸现象。

(9)工作间歇时应擦净由于振动流落到机身和场地上的燃油，操作时亦不得引入火种，混配燃油或加油时不得吸烟，以免引起火灾。

(10)在使用中还要注意防止水分浸入，保管中亦要防止受潮，如须长期停放，应拆卸保养并涂以防锈油脂后再组装起来存放。

2. 多头式打夯机的使用要求

多头式打夯机（快速冲击夯）在使用前应做好准备工作：选择较为宽敞的起动位置停稳机械（尽可能在夯实地点附近）；各润滑点要进行良好的润滑。其中内燃式多头打夯机在起动前，还要将油箱内加足按比例配好的燃油，然后起动内燃机，注意起动后不要急于起振，应待内燃机进入稳定运转状态，水温达正常工作标准后（一般为40~80℃），再平稳的接合离合器，机械即可冲击土壤。这时可按夯击路线进行工作。在工作中要注意监听各部声音和注意观察机械的运行状态，除内燃机的正常工作声音以外，如发生金属连续振动、敲击声音和机械运行不稳等现象时，应停机检查各连接部分是否有松动，弹簧是否折断，活塞杆是否松脱等。一般在连续工作1~2h以后应停机冷却，并进行工作间歇的检查、调整、紧固、润滑和保养工作。

3. 振动平板夯的使用要点

振动平板夯使用前的准备工作，可参照其他形式打夯机来进行。当工作中，发现振动频率下降、轴承过热、机械走偏等现象时，应及时停机，检查偏心振动子和轴承等部件。偏心块必须牢固地连接在转轴上，轴不得有弯曲，轴承不能松旷，否则必须进行校正或更换。夯板、支撑台板、减振弹簧均不得有变形、裂纹等缺陷，必要时应予平整、补焊，甚至更换。

电动式振动平板夯，可在1 000~1 500工作小时后进行一次全面保养，更换齿轮箱内的润滑油,其传动轴和万向节的润滑可在 50~100 工作小时后进行。

六、部分常见夯实机械的技术参数(表 3-40~表 3-44)

内燃式打夯机的性能参数 表 3-40

性 能	HB-80 型(HN-80、H7-80)	HB-120 型(HN-120、H7-120)
机重(kg)	85	120
夯击中能量(N·m)	300	
夯头面积(m^2)	0.042	0.051
夯头直径(mm)		265
夯击次数(次/min)	60	60~70
跳起高度(mm)	300~500	300~500
汽缸直径(mm)		146
生产率(m^2/h)	55~83	
外形尺寸(mm×mm)(高×宽)	1 230×554	1 180×380(410)
燃料配比(汽油:机油)	70 号汽油:15 号机油(16 : 1)	同左(20:1)~(16:1)
燃料消耗量(kg/h)	汽油 0.5;机油 0.031	
油箱容积(L)	1.7	2
润滑方式	机油混入汽油	机油混入汽油
配用磁电机	C210 型	C21 型

多头式打夯机(快速冲击夯)的性能参数 表 3-41

型号 / 性能	内 燃 式		电 动 式
	HZR-60 型(H7-60、NH3-60)	HC-70 型 快速冲击夯	HD-60 型
整机质量(kg)	60	65/70	60
夯板面积(m^2)	0.09	(0.3×0.28)	0.05
冲击次数(1/s)	10~11.66	7~11.2	11
冲击能量(J)		55	
跳起高度(mm)		45~65	
夯击力(kN)	40	6.5	25
前进速度(m/min)		12	
生产率(m^2/h)	64		
外形尺寸(mm)		690×430×940	
长×宽×高(mm×mm×mm)		665×430×920	771×870×950
动力形式	1E50F 型汽油机	1E50F 型汽油机	
功率(kW)	2.2	2.2	1.5
转速(r/min)	4 000	4 000	2 800
油箱容积(L)	26		
燃料配比(汽油:机油)	20:1		

振动平板夯的性能参数 表3-42

性能 \ 型号	电动式				内燃式		
	HZ-81	HZ-250 HZD-250 HZD-250A	HZ-400 HZ-280	HZ-380A	HZR-70	HZR-100	HZR-250
整机质量(kg)		250/270	400	280	70/90	100	250
夯板面积(m^2)	0.2	0.36	0.28	0.28	0.188	0.188	(0.25)
激振力(kN)	30	20					20
振动频率(Hz)	25	41.66	18.33~200	18.33~200	83.33	66.66	37.33
振幅(mm)		5~6	10~16	10~16	4~11	4~11	5~6
生产率(m^2/h)			336				
长×宽×高(mm×mm×mm)	750×650×500	1 635×640×10			1 160×400×700	1 635×640×1 020	
动力形式		JO_2-32-2电动机	JO_2-32-2电动机	JO_2-32-2电动机	162F汽油机	沪-03汽油机	R-175汽油机
功率(kW)	4	4			2.2	2.2	4.4
转速(r/min)		2 600/2 880/2 800	2 870		4 000		2 600

德国宝马(BOMAG)振动夯的性能参数 表3-43

型号		BT58	BT68	BT68T
工作质量(kg)		62	73	74
夯实宽度(底版宽)(mm)		230	280	280
底版长(mm)		350	350	340
发动机	厂牌	BOMAG		
	型号	BM30 风冷		
	额定功率(kW)	2.2		
	额定转速(r/min)	4600		
	使用燃油	混合油		
	起动方法	绕绳式		
激振器驱动方式		机械	机械	机械
振动频率(Hz)		10~13	10~13	10~13
跳跃高度(mm)		60	60	60
工作速度(最大)(m/min)		13	13	12.5
最大工作面积(m^2/h)		179	218	210
外形尺寸	长(mm)	670	670	670
	宽(mm)	350	350	360
	高(mm)	980	980	980
燃油箱容量(L)		3		

德国威宝(WEBER)平板振动夯的性能参数 表3-44

型 号	激振力(KPa)	振动频率(Hz)	操作质量(kg)	基本振板宽度(mm)	发动机	
					型 号	功率(kW/hp)
VB35-2	900	95	60	37	ROBIN EY154 缸汽油机	2.6/3.5
VB45-2	900	95	66	45	ROBIN EY154 缸汽油机	2.6/3.5
VB50	1 220	95	73	48	ROBIN EY154 缸汽油机	2.6/3.5
VC16R	1 600	86	80	32/52	ROBIN EY154 缸汽油机	2.6/3.5
VC17R	1 700	86	104	48	ROBIN EY204 缸汽油机	3.7/5.0
VC17H	1 800	90	115	48	HATZ 1B20 柴油机	3.4/4.6
VC20H	1 930	81	149	60	HATZ E673 柴油机	4.6/6.3
VC22SL	1 930	81	133	60	LOMB 15LD315 柴油机	4.6/6.3
VC22SL	0 ~ 2 200	96	145	60	LOMB 15LD315 柴油机	4.6/6.3
RC36	1 500	90	87	36	ROBIN EY 154 缸汽油机	2.6/3.5
RC40Y	1 650	70	144	41.5	YANMAR L40E 4 缸汽油机	3.1/4.2
RC40R	1 650	70	104	41.5	ROBIN EY204 缸汽油机	3.7/5
RC48-2	2 570	78	181	48	FARYMANN15D4 缸柴油机	4.3/5.8
RC48R-2	2 570	78	159	48	ROBIN EY204 缸汽油机	3.7/5
RC60-2	2 570	78	187	60	FARYMANN15D4 缸柴油机	4.3/5.8
TC30-2	3 100	67	181	38/58	FARYMANN15D 柴油机	4.3/5.8
TC50-2	3 100	67	199	50/70	HATZ E673 柴油机	4.4/6.0
TC50-2Y	3 100	67	189	50/70	YANMAR L60D 柴油机	4.5/6.0
TC52S	3 800	63	330	46/66	HATZ 1D40 柴油机	5.4/7.3
TC60-2	4 600	58	395	60/80	HATZ ES79 柴油机	5.9/8.0
TC60SE	5 150	63	446	60/80	HATZ 1D60 柴油机	7.8/10.6
TC70S	6 000	55	545	65/95	FARYMANN 43E 柴油机	8.8/12.0
TC70SE	6 000	55	573	65/95	FARYMANN 43E 柴油机	8.8/12.0
WHV6011	6 000	34	640	65/95	HATZ ES786 柴油机	10.3/14
WHV6113	6 000	34	610	65/95	HARYMANN 43E 柴油机	8.8/12

思考题

1. 分析影响压实效果的因素。
2. 简述压实机械的用途、类型、压实性能与使用范围。

3. 简述振动压路机的应用范围。
4. 简述压路机的基本操作内容及步骤。
5. 压路机的基本作业方法有哪些?
6. 结合生产实习中的施工情况,简述选择压路机的合理依据。
7. 结合生产实习中的施工情况,简述路基的压实步骤和原则。
8. 在沥青混凝土的压实中,如何处理以下几种情况:
(1)纵接缝;
(2)横接缝;
(3)弯道及交叉路口;
(4)微小裂纹和波纹。
9. 简述压实机械安全操作要点。
10. 简述几种夯实机械的安全操作要点。

Danyuansi

单元四 路面施工机械

知识点

1. 描述沥青洒布机、沥青混凝土转运车、沥青混凝土摊铺机、水泥混凝土摊铺机、沥青路面铣刨机的功用、分类及适用范围；

2. 分析沥青洒布机、沥青混凝土转运车的工作过程；

3. 描述沥青洒布机、沥青混凝土转运车、沥青混凝土摊铺机、水泥混凝土摊铺机、沥青路面铣刨机的安全操作要点；

4. 计算沥青混凝土摊铺机、水泥混凝土摊铺机、沥青路面铣刨机的生产率，分析影响生产率的因素和提高生产率的措施；

5. 描述部分常见机型的技术参数。

技能点

进行沥青洒布机(重点为智能型沥青洒布机)、沥青混凝土转运车、沥青混凝土摊铺机、水泥混凝土摊铺机、沥青路面铣刨机的操作和技术使用。

课题一 沥青洒布机

一、沥青洒布机的功用、分类与适用范围

1. 功用

沥青洒布机是一种黑色路面机械，它是道路、机场和港口码头建设的主要设备之一。当用贯入法和表面处理法修筑、修补沥青路面时，沥青洒布机可以用来完成液态沥青(包括热沥青、乳化沥青)储存、转运和洒布工作。尤其是大容量的沥青洒布机，还可以作为沥青和乳化沥青的运载工具。

2. 国内外沥青洒布机发展现状

沥青洒布机在国外已成系列产品，大型洒布机的沥青箱容量在12 000L以上，洒布宽度在6.2m以上，可喷洒200℃高温的改性沥青。洒布机动力多采用液压驱动；控制上采用微电子技术，洒布宽度、单位面积沥青洒布量通过键盘输入计算机，洒布机将提示参考车速并自动进行喷洒作业。沥青泵转速、车速信号通过光电或雷达测速系统自动检测，用于自动控制和计算其他洒布参数。洒布作业完成后，计算机可自动打印出作业日期、喷洒量、喷洒路面长度等信息数据。沥青泵的结构形式在不断的发展，为了更加适应黏稠沥青的泵送、国内外生产厂家特别制作了高黏度沥青泵，或根据泵送介质的黏度选择泵的型号和转速适用范围。

我国从20世纪60年代起开始研制沥青洒布机，经40多年的不断改进与发展，目前已形成不同型号多种规格的沥青洒布机。但其操纵性能、关键部件的使用寿命等与国外产品还有一定的差距。高性能的洒布系统及计算机控制操纵系统还有待于完善或开发。

近年来，国内沥青洒布机有了新的技术发展，西安达刚公司等开发了新一代智能型沥青洒布机，该机种实现了洒布全过程由计算机实时控制，可洒布改性沥青、热沥青、乳化沥青等，单位面积洒布量不受车速影响。能三重叠喷洒，布料均匀，实现了全自动导热油加热，沥青泵喷嘴免柴油清洗，模块化控制设计并设有备用控制系统，应用了当代先进技术，创造了国内优秀品牌。

3. 沥青洒布机的类型与适用范围

沥青洒布机的类型与适用范围可参见表4-1。

沥青洒布机的类型与适用范围　　表4-1

分类 功用	小　型	中　型	大　型
沥青储量(L)	$V<2\,000$	$2\,000<V<6\,000$	$V>6\,000$
移动形式	手推式	拖运式	自行式
工作原理	人工手摇沥青泵或手压活塞泵	小型柴油机驱动沥青泵	泵压喷洒或气压喷洒
结构特点	洒布管为手提式，储料箱较小，洒布机结构简单，劳动强度大，工作效率低	动力为小型柴油机，生产效率较小型高	洒布量可以调节，洒布质量好，工作效率高，机动性好
适用范围	老路修补	路面养护和小面积的洒布作业	路面施工及大修工程

二、沥青洒布机的结构及工作过程

自行式沥青洒布机除了汽车本身以外，其洒布工作机构主要有储料箱、加热系统、传动系统、洒布系统和操纵系统及计量仪表等，见图4-1和图4-2。下面以LS3500型洒布机为例对洒布机各部分组成及作用过程作一介绍。

1. 沥青储箱

沥青储箱如图4-3所示，是利用钢板焊接而成的椭圆形封闭长筒，在壳体外包有30～50mm厚的玻璃绒或岩棉等制成的保温隔热层。在保温隔热层外用薄金属板套壳包住，可使沥青的温度缓慢降低。筒体中部有一道模隔板，将筒体分为前后两腔(底部有缺口相通)，这样可以减少沥青由于行驶产生的振动和冲击，同时又增加了箱体的强度。在箱顶的中部有一个带滤网的大圆口，不仅可以加入沥青，而且在维修时便于人员进出。为了加热箱体内的沥青，在箱体的中下部安装了排列整齐的加热管。箱底部开有出油孔、孔内设有总阀门，它由箱顶上的手轮、通过长柄执行机构控制，出油口的下面装有一个主三通阀和沥青泵，箱内还设有进料管和测定沥青量的浮标。溢流管透出箱体外，超量的沥青可以由此流出。

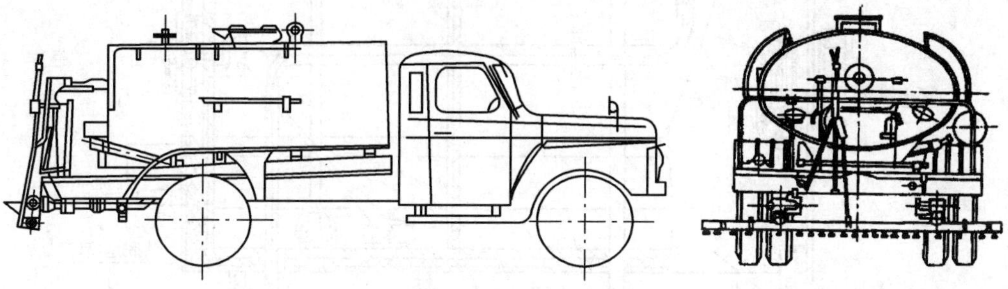

图 4-1 自行式沥青洒布机外形图

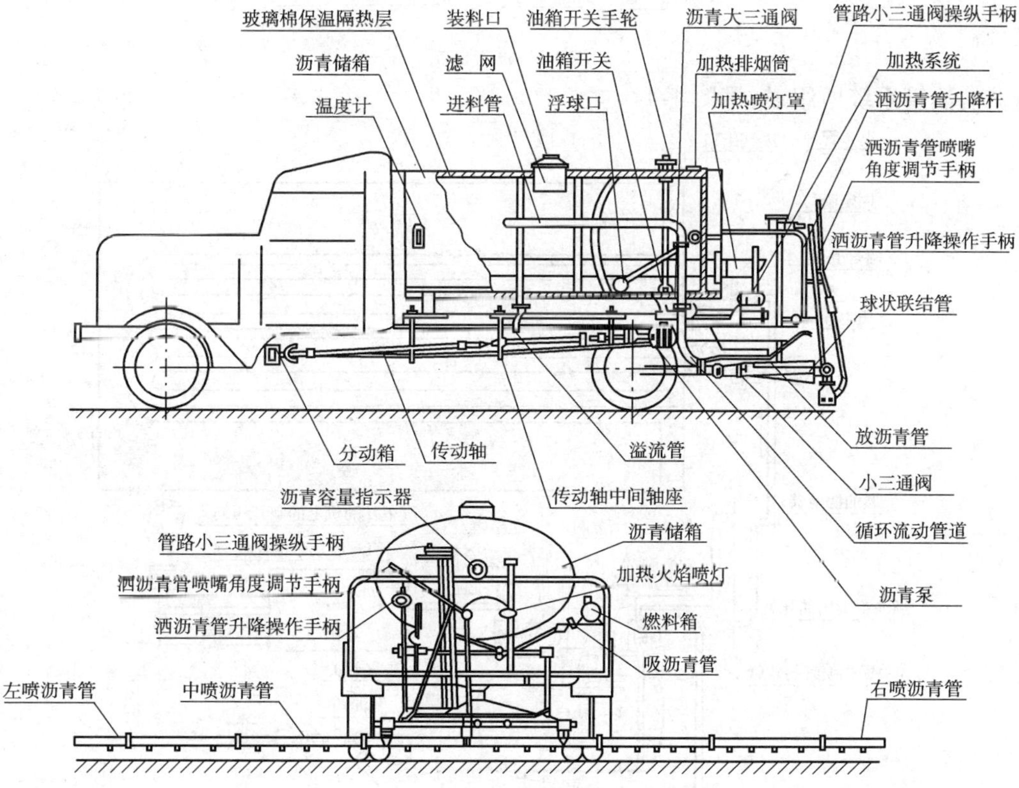

图 4-2 自行式沥青洒布机构造示意图

2. 加热系统

加热系统是为了沥青在运距较长或天气较冷时不使油温降低而设置的。其加热的方式有箱底加热和箱内加热两种方式。箱底加热为火焰直接加热，箱内加热是由燃油燃烧通过 U 形管加热沥青来工作的。它主要由燃油箱、两个固定喷灯、一个手提式喷灯、两根 U 形管和带有

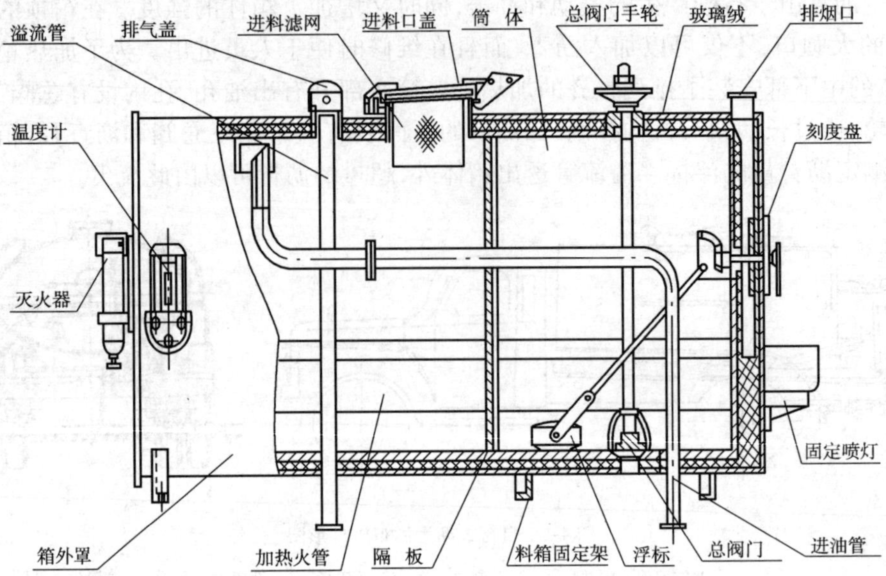

图 4-3 沥青储箱

滤清器的油管系统所组成，见图 4-4。

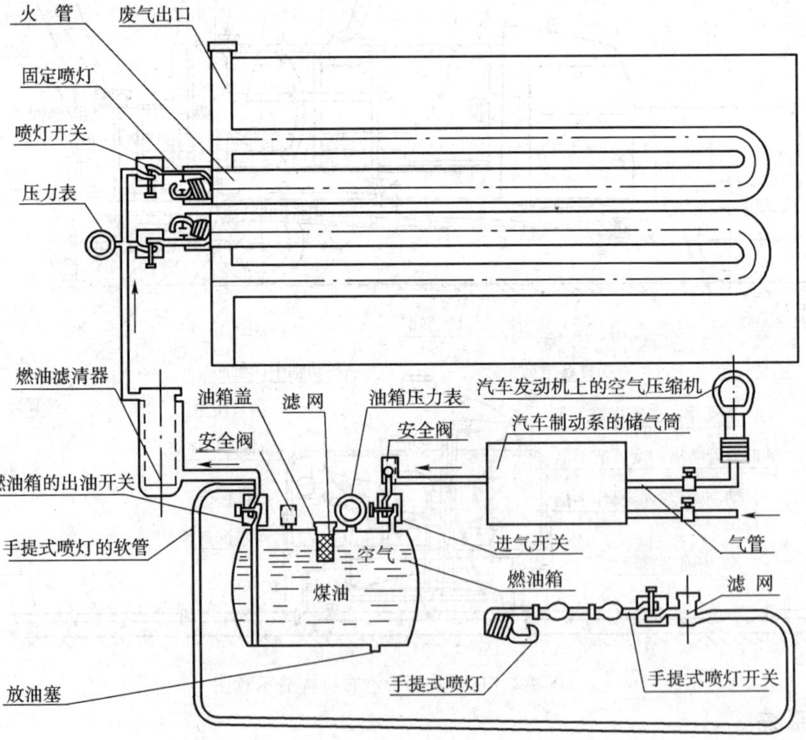

图 4-4 沥青洒布机加热系统

固定式喷灯安装在 U 形管的端部，向火管内喷入火焰加热沥青，废气从排烟口排出，螺旋管的下部设有节油盘，储少量燃油，在点燃前预热喷管，加快燃油汽化。尽快达到正常汽化燃烧的目的。

燃油箱由汽车的储气筒向内提供压缩空气，燃油在一定的压力下，向喷灯供油，箱上安装有压力表等。

固定喷灯是由钢管支撑的喷管和喷嘴，喷管为螺旋状，以利于燃油加热汽化。为了使燃油雾化质量好，管道中设有燃油滤清器，过滤杂质，使其燃烧更充分。

手提式喷灯，除了供修补路面外，还可以在施工之前加热沥青泵及管路，以熔化其内的余留沥青，尽快正常工作。

3. 传动系统

自行式洒布机的传动系统包括有两大部分，一部分是将发动机的动力传递给汽车的驱动轮使车辆行驶的传动系统，它是由汽车底盘部分的传动系统来执行。另一部分是驱动沥青洒布机的沥青泵工作的传动系统，它是由装在汽车右侧的分动箱来完成的。传动的次序是：发动机→离合器→变速箱→分动箱→传动轴及联轴节→沥青泵，在联轴节与泵轴之间安装有安全销，一旦油泵超载而不能转动，安全销首先折断而起到保护作用。

4. 洒布系统

洒布系统是沥青洒布机最基本的部分，它的主要功能是：向沥青储料箱内吸进高温液态沥青，工作完成以后，抽空储料箱和洒布管内的余留沥青；输送液态沥青；完成液态沥青的洒布工作。液态沥青通过管道不断循环，使储料箱内的沥青保持均匀的温度（图4-5）。洒布系统主

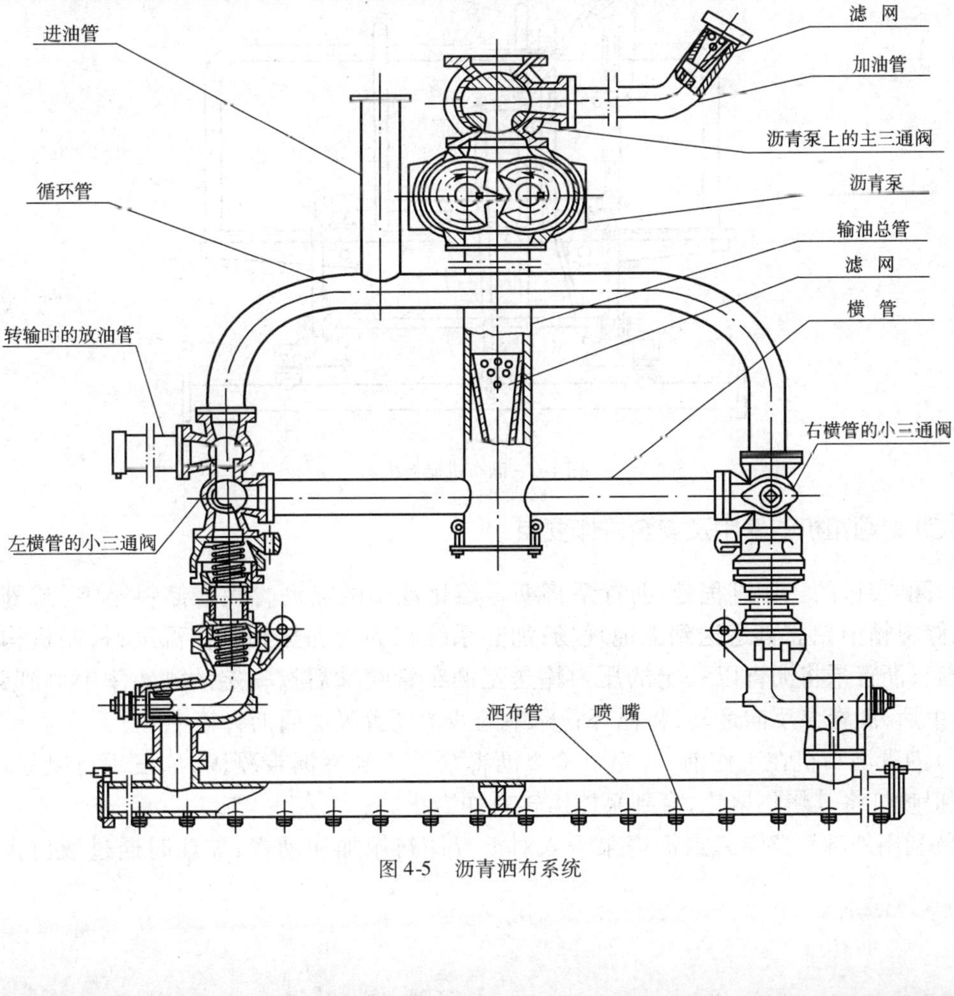

图4-5　沥青洒布系统

要由沥青泵、洒布管道和大小三通三个部分所组成。沥青泵一般为低压式齿轮泵,安装与输油总管上,其转速为150~600r/min,控制转速可控制沥青的洒布量。

循环洒布管道是用不同长度和规格的无缝钢管做成的,它一般由吸油管、输油管、核管、进油管、循环管、洒布管等所组成。其作用是输送高温液态沥青。管道应力求短些,以减少热量损失。洒布管中间被隔开,以控制左右侧洒布沥青、固定洒布管的长度一般为2~2.5m,并每隔100mm开一个小孔,以便配制不同规格的喷嘴。喷嘴可以按其不同的需要选定。为了扩大洒布机的使用范围,在洒布管的两侧可以临时安装活动洒布管。

三通阀是控制液态沥青在管道内流动的方向,如LS3500型洒布机共安装旋塞型三通四只,主三通安装在沥青泵的上方,其余三只安装在横管的两边。通过操纵这三个三通的不同位置,并配合沥青泵的正反转,就可以完成沥青洒布机的吸油、转轮、循环、全洒布、左右洒布、抽空和少量洒布等多种作业。各个操纵的方位在标牌上有说明,可以按标定方位进行操作。

5. 操纵机构

操纵机构如图4-6所示,是由站在机后的操纵台上的人员通过手轮和操纵杆等机构进行操纵的。它的操纵包括三通阀的拨转和洒布管的升降两部分。前者在一般作业中拨动一次即可,后者则在洒布过程中要根据施工的需要经常操作和调整。

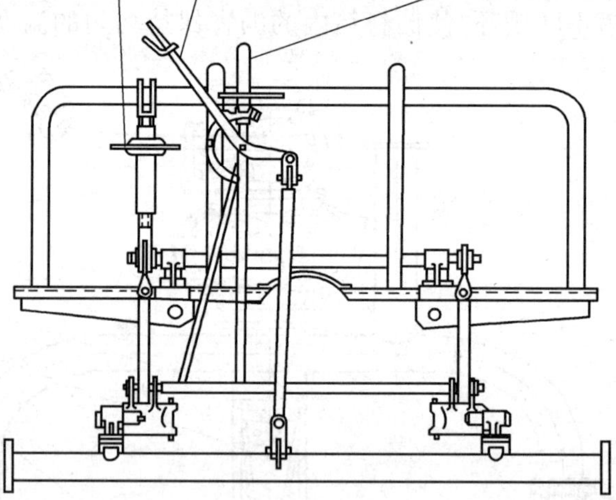

图4-6　洒布机操作机构

三、沥青洒布机的使用及安全操作要点

沥青洒布机的工作过程是:沥青泵将沥青熔化池中的热沥青吸入储料箱中(或外泵将沥青泵入储料箱中),将其运送到工地现场;加热系统将沥青加热到工作温度;控制机构将喷洒阀门开启;沥青泵将沥青以一定的压力输送至洒布管喷嘴后按一定的洒布率喷洒到路面上。作业结束后,沥青泵反向运转,将循环管路中的残留沥青吸送回沥青箱中。

(1)沥青洒布机在工作前,首先要检查沥青泵是否被冷沥青凝固,如发现有凝固现象,则需用手提喷灯将其烤热熔化,直到泵能运转自如为止。

(2)利用外部管路泵入或沥青泵吸入对沥青储料箱加注沥青,加注时通过液位指示器观察箱中油位,充油完毕后,将洒布车开至沥青喷洒地段。

(3)沥青洒布机在作业中质量是第一因素,所以在工作时,行走速度要稳定,汽车驾驶者与喷洒操作者要协调一致。

(4)喷洒前先调整好喷管长度(老式洒布车),将喷管根据作业要求调至合适高度,一般为离地面25cm左右。

(5)操纵主三通阀及左、右三通阀以实现全喷洒或左、右半喷洒。对新式沥青洒布车可通过手动或自动开闭喷嘴开关来完成不同洒布作业要求。

(6)基质沥青的加热温度一般为140~160℃,过低(低于100℃)喷洒困难,过高,沥青会老化变质甚至起火燃烧。SBS改性沥青一般洒布温度为160~180℃,温度过低沥青黏度过大洒布质量难以保证。因此,在工作前,首先检查沥青温度。

工作中若用燃烧器加热沥青时,应经常观察沥青温度,并保证沥青在循环系统中能连续循环。

(7)作业中要使洒布机有稳定喷洒压力。喷雾角是由压力来维持的,压力不稳,会使喷洒的扇形雾化状况有变化,致使喷洒不均。

(8)相邻喷洒带之间有一定的重叠量,一般横缝重叠量为10~15cm,纵缝重叠量为20~30cm。

(9)在工作完成以后或者罐内沥青已喷洒完毕,应立即关闭三通阀,并升起洒布管,使其喷嘴向上,并倒转沥青泵,将管内沥青抽回箱内,并用喷灯熔化喷嘴或部分管道内的沥青,使其全部回收到罐内。

(10)手提喷灯点燃时,不允许接近易燃品。若喷灯的火焰过大或扩散蔓延时,应立即关闭喷灯,使其余燃物烧尽后再点燃。

(11)喷燃器的压缩空气压力一般在0.3~0.4MPa,当喷燃器熄灭以后,应关闭燃油箱的进气开关,并卸除箱内的剩余压力。

(12)沥青洒布机在工作时,严禁使用喷燃系统,满载行驶时,要避免紧急制动,遇有弯道斜坡,应提前减速,尽量避免制动。

(13)喷洒时,洒布车应在距喷洒起点约5~10m处起步,到达喷洒起点时,迅速打开左右管道上的三通阀,洒布作业停止后,沥青洒布车应继续前进4~8m方可停车。

四、沥青洒布机的施工技术

1.合理确定技术参数

在实际施工中合理确定参数十分重要,现作一简要介绍:

根据泵的生产率、洒布宽度及洒布量确定出洒布车的行进速度,如表4-2所示。也可由式(4-1)计算出洒布车的作业速度。

$$v = Q_L/(q \cdot B) \tag{4-1}$$

式中:v——沥青洒布车工作速度(m/min);

Q_L——沥青泵生产率(L/min);

B——沥青洒布宽度(m);

q——每平方米面积洒布量(L/m²)。

对于老式洒布车,因车速与泵速二者相应的增减关系调整配合比较困难,尤其是泵的运转和汽车本身采用同一台发动机的更是如此。为保证喷洒质量应先定出沥青泵在某转速下的流量值,然后再调整相应的车速,并力求其稳定行驶。若洒布车配有第五车轮测速仪和沥青泵转速表,则可通过仪表随时了解车速与泵速的变化,及时分别调整分驱动泵和整机工作的发动机节流阀,使车速及泵速得以协调。工作中测试仪的第五车轮若粘有沥青或磨损超限,应及时清除或更换,以免引起测试的误差。

沥青洒布机工作速度 表4-2

洒布量(L/m^2)	泵生产率(L/min)					
	1090	870	651	560	447	337
	洒布宽度为2.5m时洒布车行驶速度(m/min)					
1.5	290	232	471	150	126	90
2	218	174	133	112	89	68
2.5	174	139	106	90	70	56
7	62	50	38	32	26	19

如果已知沥青洒布宽度 B 和每平方米面积洒布量 q(现场需要),用人工确定撒布车速 v 和沥青泵生产率 Q_L,可有两种思路:

(1)先 Q_L 后 v,其原则是 q 大时应选生产率 Q_L 大的沥青泵;q 小时应选生产率 Q_L 小的沥青泵,以便更好利用有效车速。如果选用不当,车速将无法满足要求。例如,已知洒布宽度 $B=2.5$,洒布量 $q=1$。

设:$Q_L=1\,000$ (L/min)

则:车速 $v= Q_L/(B\cdot q)=400(\text{m/min})=24(\text{km/h})$

显然车速过高,一挡大油门也难以实现。为了降低车速,必须重新设定沥青泵生产率 Q_L。

(2)先 V 后 Q_L,其原则是 q 大时应选小的车速 V;q 小时应选大的车速 V,以便更好利用泵的功能(表4-3)。

沥青泵的生产率($B=2.5$) Q_L(L/min) 表4-3

洒布量(L/m^2)	洒布车速 v (km/h/)(m/min)					
	3 (50)	4 (66.7)	5 (83.3)	6 (100)	7 (116.7)	8 (133.3)
0.8	100	133.4	166.6	200	233.4	266.6
1	125	166.8	208.3	250	291.8	333.3
1.5	187.5	250	312.4	375	437.6	499.9
2	250	333.5	416.5	500	583.5	666.5
3	375	500.2	624.8	750	875.3	999.8

当确定沥青泵生产率 Q_L 后,可计算出沥青泵转速 n_L,见式(4-2)。

$$n_L=Q_L/(q_L\cdot k) \tag{4-2}$$

式中:n_L——沥青泵转速(r/min);

q_L——沥青泵排量(L/r);

k——沥青泵容积效率,新泵可设 $k=1$。

2. 智能沥青洒布机的施工技术

西安达刚公司最新生产的 SX5160GLQ 型智能沥青洒布机,技术先进、性能优越、全自动作业,只需单人操作,对操作程序要求严格。现对其作业过程及注意事项介绍如下。

1)准备

(1)起动车(方法一)

①打开图 4-7(气路系统)中气路阀 1(其他阀均处于关闭状态)。

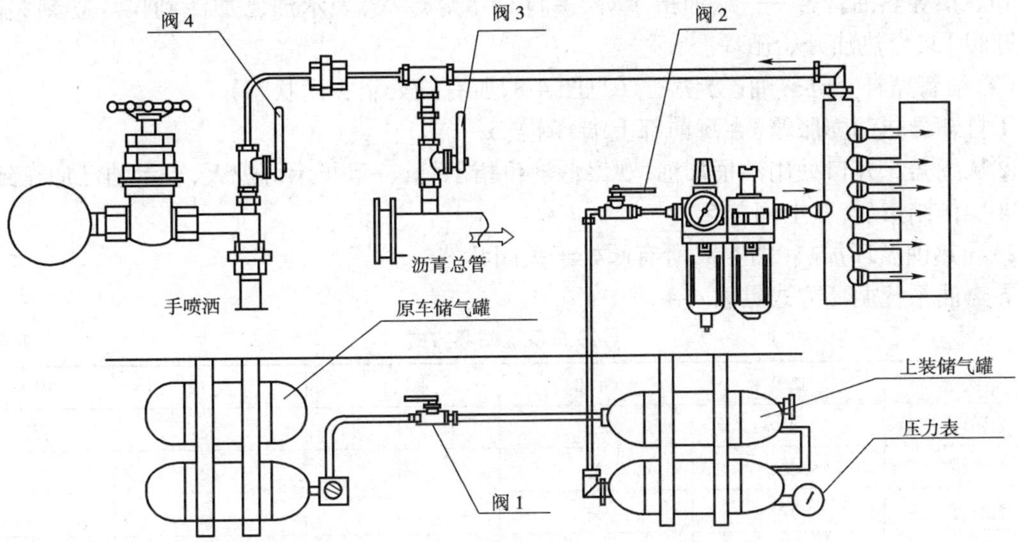

图 4-7　气路系统

②打开汽车电瓶开关。

③打开取力器开关,接合取力器。

④空挡起动车。

(2)给管路加注或补充导热油(方法二)(图 4-8,所有阀处于关闭状态)

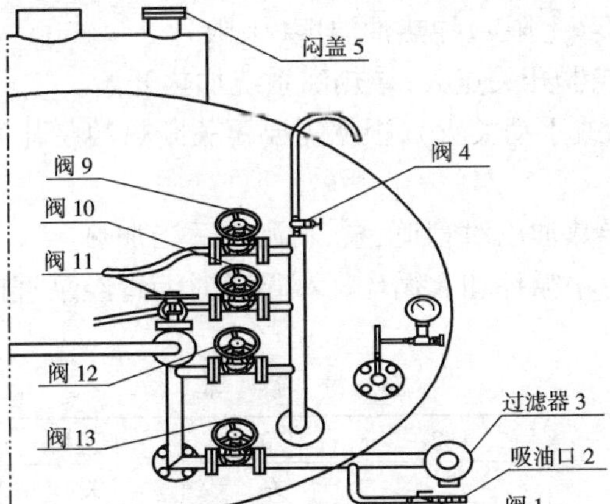

图 4-8　导热油系统

①将吸油胶管连到吸油口2上,将另一端插入油桶中。

②打开阀9、10、11。

③按方法一要求起动车。

④打开热油泵开关,使导热油泵开始转动。

⑤打开阀1,开始给管路加导热油。可以适当旋转沥青泵转速调节旋钮,来调节导热油泵的转速。

⑥观察导热油告警——缺油指示灯,一旦指示灯熄灭,表示油已加注到位。立刻关闭阀1,打开阀13,导热油开始循环。

(3)给管路补充导热油(方法三)(见图4-8,所有阀处于关闭状态)

①打开导热油膨胀箱(在罐前部上端)闷盖5。

②从闷盖5开口处用油桶加油,观察低液位指示灯,一旦指示灯熄灭,表示油已加注到位。

③操作结束后,盖上闷盖5。

2)导热油循环加热(图4-8,所有阀处于关闭状态)

导热油系统循环方式见表4-4。

导热油系统循环方式 表4-4

阀 号	阀9	阀10	阀11	阀12	阀13
全循环	开	开	开	关	开
加热罐	关	关	开	开	开
加热沥青泵	开	关	开	关	开
加热喷洒管	关	开	开	关	开

(1)按方法一空挡起动车。

(2)根据需要的循环方式按上表打开相应的阀门。

(3)开启(或关断)导热油泵开关,导热油泵转动(或停止)。此时导热油按要求进行循环。

(4)适当旋转沥青泵转速调节旋钮,可以调节导热油泵转速。

(5)打开逆变器电源开关(在驾驶室内)。

(6)设定罐内沥青温度(上限)、导热油温度(上限)。

(7)联锁灯亮时按燃烧器开关点火,导热油系统加热开始。

(8)加热结束后(自动或手动关火),根据需要再关断热油泵开关,导热油泵停止。

3)沥青循环加热

循环前,应该先循环导热油以对管道、泵、喷洒管适当加热。

沥青循环有两种方式:小循环和大循环。小循环时沥青经泵直接回罐;大循环时沥青经泵到喷洒管后回罐(表4-5)。

沥 青 循 环 表4-5

沥青阀号	阀01	阀02	阀03	阀04	阀05	阀06
小循环	开	开	关	关	关	关
大循环	开	关	开	开	关	关
自吸沥青	关	开	关	关	开	关
外卸沥青	开	关	关	关	关	开

(1)沥青循环加热(图4-9,所有阀处于关闭状态)

①根据需要的循环方式按上表打开相应的阀门

②按方法四的方法启动泵。并根据要求,调节沥青泵转速。

(2)沥青泵的手动开停(方法四)

①按方法一方法起动车,确认控制方式处于手动状态。

②打开沥青泵开关,沥青泵开始转动。

③适当旋转沥青泵转速调节旋钮,观察沥青泵转速表,来调节沥青泵转速。

④操作结束后,关断沥青泵开关,沥青泵停止。

4)沥青灌装与外卸

(1)用外部设备灌装沥青

①打开罐顶入孔盖,将外部沥青管插入(必须加过滤网),用外部沥青泵灌注沥青。

②灌装沥青时,应特别注意观察沥青液位。

③沥青灌装结束后,关闭入孔。

(2)自吸灌装沥青(图4-9,所有阀处于关闭状态)

①将吸油软管连接到接口1上,另一头放入沥青池中。

②打开外吸阀05。

③打开沥青进罐阀02。

④按方法四起动沥青泵,灌装沥青,并应随时观察沥青液位,防止溢出。

⑤操作结束后,先关阀05,然后停泵。

(3)用泵外卸罐内沥青(图4-9,所有阀处于关闭状态)

①将吸油软管连接到接口4上,另一头放入沥青池中。

②打开阀01和06。

③按方法四起动沥青泵外卸沥青。

④操作结束后,先停泵,然后关闭阀01和06。

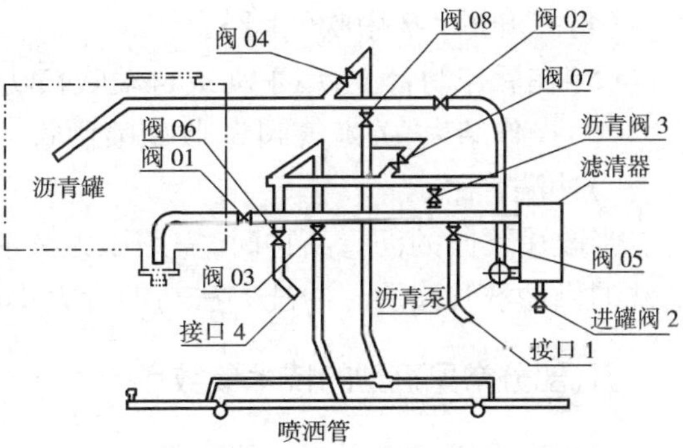

图4-9　沥青循环系统

5)自动喷洒

自动喷洒:根据设定参数(洒布密度、洒布宽度、沥青比重)自动提示行驶速度,并根据实际车速自动控制喷洒过程和喷洒量。注意:

(1)开始喷洒之前,应该打开图4-7中阀2给喷洒系统供气;

(2)自动喷洒前应保证罐内存有沥青;

(3)所有手动沥青管路阀应按沥青大循环要求开关;

(4)沥青温度应满足工艺要求。

6)手喷枪使用(图4-9,所有阀处于关闭状态)

(1)将手喷枪的胶管连接到接头上;

(2)按小循环方式循环沥青,将泵速调低,适当关小阀02;

(3)打开沥青阀3,手喷枪中则充满压力沥青;此时可以打开手喷枪的手柄开关进行喷洒;

(4)喷洒压力可以用沥青阀02的开度来调节；

(5)停止喷洒时，先开大阀02，再关阀3，最后听泵。并用压缩空气将手喷枪吹扫干净。方法：将图4-7中阀4打开，并将手喷枪手柄阀打开，待吹干净后，将阀4关闭。

7)管路吹扫

(1)每次工作结束后，可以用压缩空气吹扫沥青过滤器、管道和喷洒管，(图4-9，所有阀处于关闭状态)；

(2)打开沥青阀03和04；

(3)起动沥青泵；

(4)打开图4-7中吹气阀3，则管路中大部分沥青吹回罐中；

(5)可以反复吹扫几次；

(6)结束后，关闭气阀3，停泵；再关闭沥青阀03和04。

8)吹扫喷嘴

(1)工作结束后，先吹扫管路，再进行以下程序(图4-9，所有阀处于关闭状态)；

(2)单独提升一侧的汽缸，倾斜喷洒管；

(3)打开沥青阀03；

(4)打开图4-7中吹气阀3；

(5)在后控制台上，用手动或自动吹扫功能自高至低逐个吹扫喷嘴；

(6)操作结束，关好气阀3，收回喷洒管。

9)冲洗管路

当改用不同的沥青品种时，需用压力柴油冲洗管路和喷洒管。保证沥青罐中有一定量的清洗油供冲洗管路用。冲洗方法与沥青大小循环时的方法一样。

五、部分常见机型的技术参数

国内沥青洒布机主要性能参数见表4-6。

国内沥青洒布机主要性能参数(不包括智能沥青洒布机)　　表4-6

型号	形式	主要性能参数	制造厂
LST1100A	拖式	沥青罐容量1100L，洒布效率18m²/min，保温性能≤1.5℃/h(常温下降温)，功率3.3kW	湖南省湘潭公路机械厂
TLS－1	拖式	沥青罐容量1280L，最大洒布量50L/min，额定输出压力1MPa，功率4.4kW	河南省公路局筑路机械厂
QRS－1000	气压	乳化沥青洒布，最大洒布量260L/min，洒布宽度2m，功率4.4kW	河南省公路局筑路机械厂
GLQ CZL5040 SB	自行式	沥青罐容量1700L，洒布宽度1.5～3m，洒布量0.5～4L/m²，北京BJ130底盘	交通部郴州筑路机械厂
GLQ CZL5102 SB	自行式	沥青罐容量4500L，洒布宽度1～7m，洒布量0.5～7L/m²，解放CA142底盘	交通部郴州筑路机械厂
GLQ CZL9350 SB	自行式运油车	沥青罐容量22000L，电加热升温，温降＜1℃/h，斯太尔STEYR1291底盘	交通部郴州筑路机械厂

课题二　沥青混凝土转运车

一、概述

沥青混凝土转运车是沥青路面摊铺施工中的配套设备，主要用于高等级沥青路大规模施工作业。它的主要优点有两个：第一是它用于沥青摊铺机和供料自卸汽车之间混凝土材料的转运，能消除摊铺机对运料汽车的顶推作用和碰撞接触，改善了摊铺机牵引状况，使摊铺机能够有稳定的作业速度，提高路面的平整度。有试验证明，使用转运摊铺技术铺筑路面的平整度提高6.5%以上。第二由于转运车受料斗和储料包下均有搅拌输送螺旋，且储料包结构独特，从而使通过转运车的物料能够得到两次搅拌混合，减少了混合料的材料离析和温度离析，对比试验表明，转运车可明显减少混合材料及温度离析现象。当进入转运车受料斗的混合料温度变化范围在103～150℃之间，标准差为12.4℃时，经转运车搅拌混合，出料温度变化范围在136～148℃之间，标准差为3.5℃。

沥青转运车是一种新近开发研制的沥青摊铺的配套产品。发达国家也仅有十几年历史，我国近年才引进该项技术，国内三一重工及徐州工程机械集团均有机种研制，外形图分别为图4-10及图4-11。

图4-10　三一重工路面机械

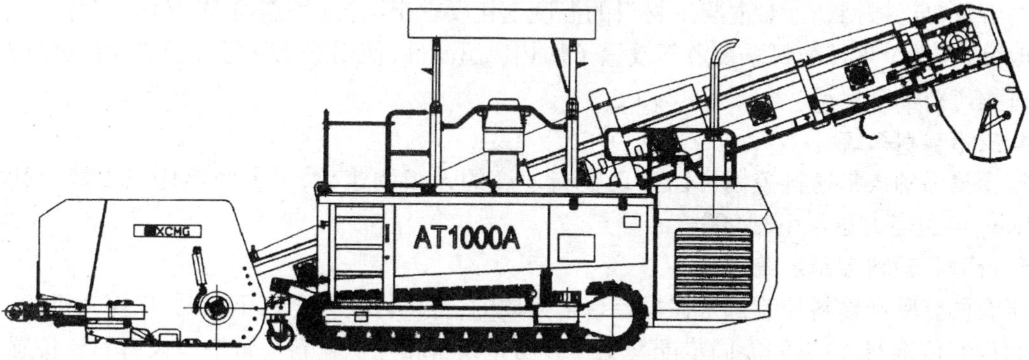

图4-11　AT1000A型沥青混凝土转运车主机外形图

二、主要结构及工作原理

国内产转运车一般由动力系统、行驶驱动系统、(轮胎或履带)机架、受料系统、输料系统、储料搅拌仓、操纵机构、电气系统、液压系统、柴油清洗系统、集中润滑系统、远红外加热系统等组成,较为复杂。而德国福格勒公司生产的 MT1000 - 1 沥青混凝土转运车结构紧凑,是一种典型机型,现将其主要结构及工作原理介绍如下:

如图 4-12 所示,福格勒 MT1000 - 1 沥青混凝土转运车主要由底盘、接料系统、加热保温系统、皮带输料系统以及行驶和输料控制系统组成。

图 4-12　福格勒 MT1000-1 沥青混凝土转运车

1. 底盘

MT1000 - 1 采用履带式底盘,为全液压驱动,柴油机功率为 106kW,履带上配有橡胶板,使设备在工地上有更好的行车附着力,与摊铺机配套作业更加默契。

2. 接料系统

MT1000 - 1 的接料斗可以通过液压系统升降和折叠,其内部设有螺旋集料器,外部设有摆动式推辊,用于推动前面的供料汽车。

3. 加热保温系统

沥青混凝土摊铺施工对混凝土材料的温度变化要求很高,这一点在 MT1000 - 1 转运车上也有改良,在整个皮带输料系统上部设置了加热保温元件,使用液化气通过加热元件对材料输送全过程进行加热保温。

4. 皮带输料系统

液压操纵的皮带输料控制可以实现输料速度的无级调速,采用了槽形托辊皮带,宽度为 1 000mm,输送能力达每小时 900t。

5. 行驶和输料控制系统

所有的行驶和输料控制都是在操控台上完成的,整机行驶为全液压控制,在摊铺机和转运车之间设有传感器,使它们能同步配套工作并防止设备相撞。输料皮带端口设有料位传感器,以对摊铺机接料斗进行监控,可根据料位情况自动调节输料皮带的输料速度。

其工作流程是:供料自卸卡车向转运车的接料斗上卸料,在转运车中经二次搅拌加热并保温后通过皮带输送机向摊铺机受料斗卸料,由摊铺机进行摊铺作业,如图 4-13 所示。

图 4-13　沥青混凝土转运车工作流程

MT1000-1 转运车部件名称,如图 4-14 所示。

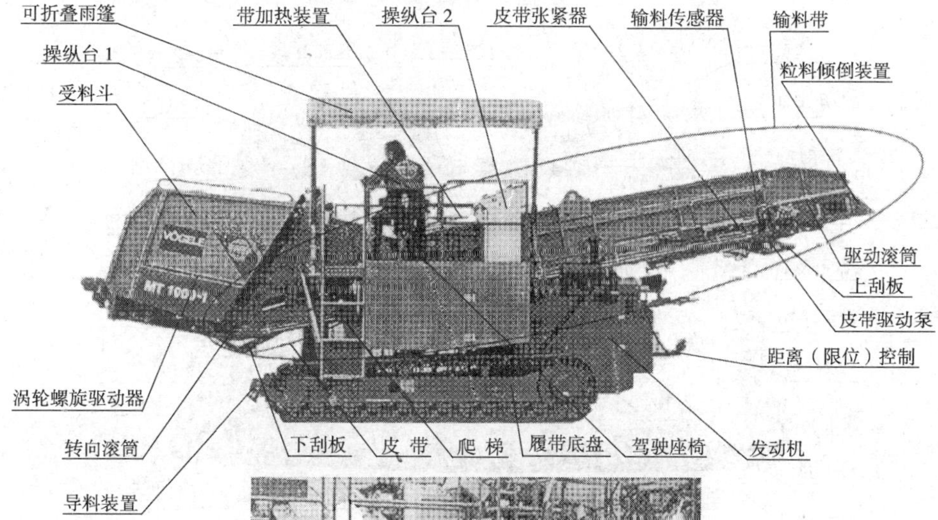

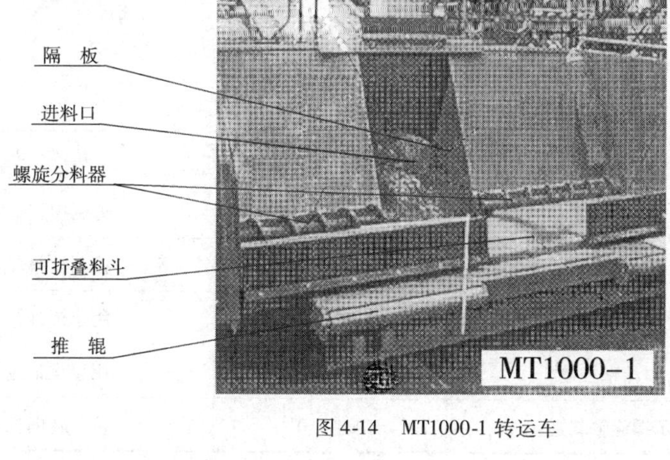

图 4-14　MT1000-1 转运车

驾驶室操纵台上设有仪表盘 1、2,各按钮和开关如图 4-15 及图 4-16 所示,其功能见表 4-7 和表 4-8。

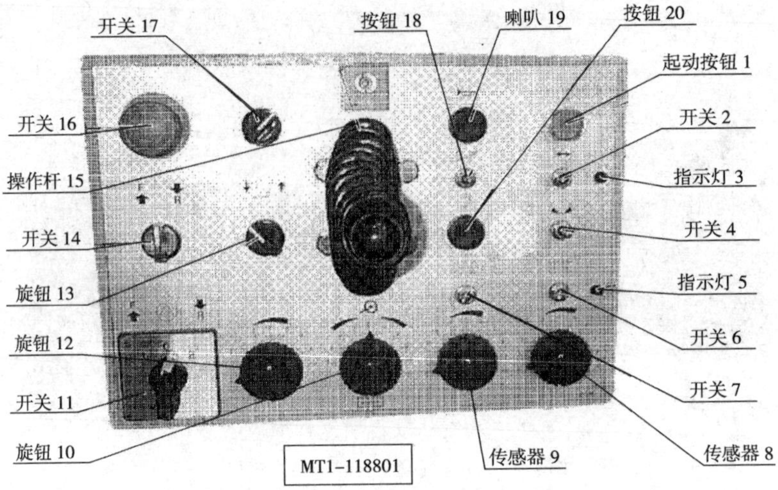

图 4-15 仪表盘 1

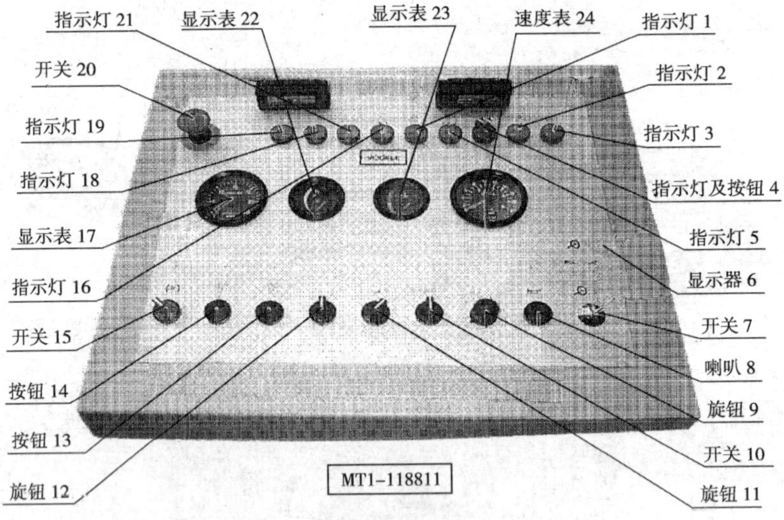

图 4-16 仪表盘 2

仪表盘 1 说明对照表

表 4-7

序 号	功 能	序 号	功 能
起动按钮 1	用于自动控制距离	开关 6	控制螺旋输料
开关 2	用于自动控制距离	开关 7	控制输料皮带
指示灯 3	显示自动控制距离功能	传感器 8	用于螺旋输料
开关 4	料斗壁控制	传感器 9	用于皮带输料
指示灯 5	显示螺旋输料运转	旋钮 10	设定转向控制

续上表

序　号	功　能	序　号	功　能
开关 11	主牵引用	开关 16	紧急停车用
旋钮 12	用于速度控制	开关 17	用于选择工作模式(摊铺/行车)
旋钮 13	控制发动机转速	按钮 18	用于提升或降低输料皮带
开关 14	选择行车方向	喇叭 19	
操作杆 15	转向用	按钮 20	自动控制输料过载

仪表盘 2 说明对照表　　表 4-8

序　号	功　能	序　号	功　能
指示灯 1	显示冷却液温度	按钮 13	右向倒车
指示灯 2	显示燃油箱油位	按钮 14	左向倒车
指示灯 3	显示液压系统回路过滤器工况	开关 15	用于驻车制动
指示灯及按钮 4	显示发动机故障信息	指示灯 16	显示冷却液位
指示灯 5	显示空气滤芯工况	显示表 17	显示转速及工作时数
显示器 6	显示自动转向控制系统	指示灯 18	充电显示
开关 7	控制自动转向	指示灯 19	工作警灯
喇叭 8		开关 20	用于紧急停车
旋钮 9	设定防输料过载传感器	指示灯 21	显示机油压力
开关 10	用于料斗横向控制	显示表 22	油量显示
旋钮 11	用于控制皮带张紧、松弛	显示表 23	冷却液温度显示
旋钮 12	用于控制刮料板	速度表 24	

徐工产 AT1000 型沥青转运车主操纵台如图 4-17 所示。

该机装有先进的智能综合式显示仪表系统,通过它可以实时观察监控柴油机运转情况,作如下介绍:综合显示仪操作部件包括显示屏与操作键盘,如图 4-18 所示,显示屏与操作键盘符号说明见表 4-9 和表 4-10。

三、沥青转运车施工技术

以 AT1000A 型转运车为例作详细介绍。

1. 转运车的首次使用

转运车在厂内已经过初试工作，厂方将派出售后服务技术人员对转运车进行首次使用服务工作，并对具有一定资格的操作者进行培训，进行日常使用的检查、保养、装配附件等工作。

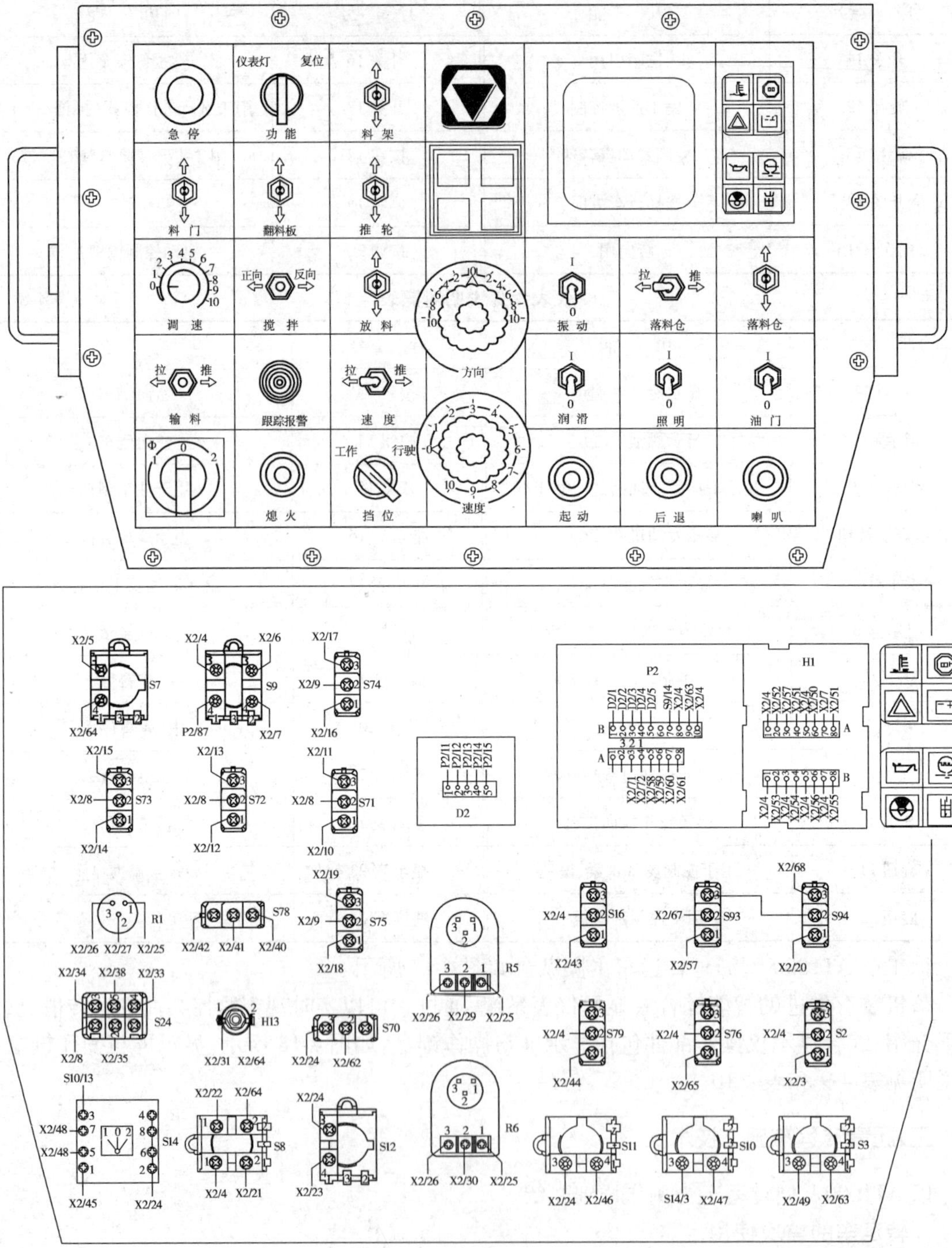
急停
仪表灯
复位
功能
料架
料门
翻料板
推轮
调速
正向
反向
搅拌
放料
振动
拉
推
落料仓
落料仓
输料
跟踪报警
速度
方向
润滑
照明
油门
工作
行驶
熄火
挡位
速度
起动
后退
喇叭
S7
S9
S74
S73
S72
S71
P2
H1
D2
R1
S78
S75
R5
S16
S93
S94
S24
H13
S70
S79
S76
S2
S14
S8
S12
R6
S11
S10
S3

图 4-17　主操纵台

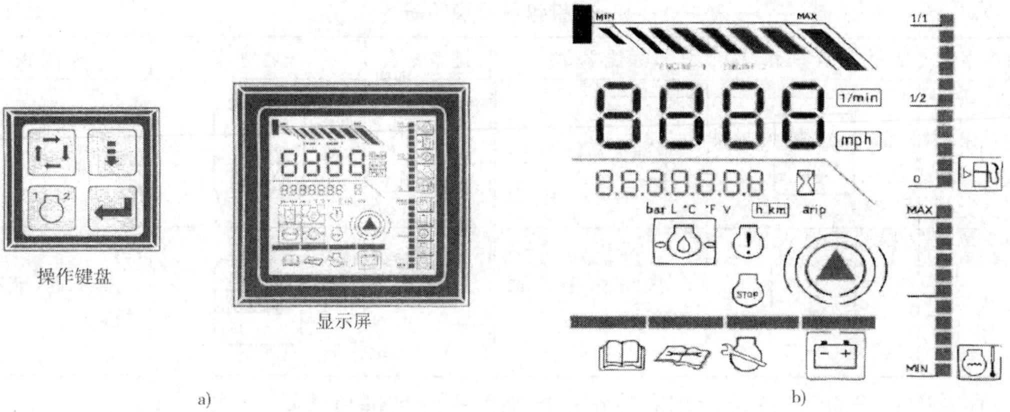

图 4-18　显示仪操作部件

a）显示屏与操作键盘；b）显示屏放大图

显示屏符号说明表　　表 4-9

序号	符　　号	说　　明
1	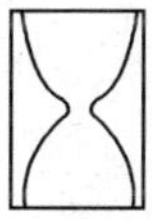	柴油机小时/里程计
2	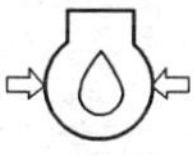	柴油机机油压力[其上方将有数值显示，单位 bar（$=10^5$Pa）]
3		故障报警符号
4		柴油机停机工作符号
5		蜂鸣报警符号
6		请参照仪表操作说明
7		请参看柴油机的使用说明书
8		请保养柴油机
9	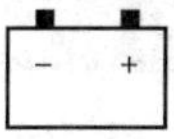	电瓶电压监控符号（其上方有具体电压值显示）
10	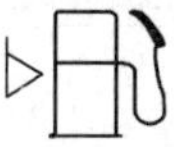	柴油油量显示（条形格来显示油量的多少）
11		冷却液温度显示（其上方将有数值℃显示，左边有条形格表示温度的高低）

键盘符号说明表 表 4-10

键盘序号	键盘符号	功能说明	键盘序号	键盘符号	功能说明
1		显示区域选择键	3		多台柴油机的显示切换键(本机不用)
2		区域内子项选择键	4		回车键(兼有复位功能)

在首次工作时,建议转运车应在正式摊铺前先和摊铺机连接,主要工作有:

(1)确定储料仓的吊装方式和吊具;

(2)储料仓在料斗中的安放位置;

(3)储料仓和摊铺机料斗必要的固定方法和采用的工具(防止储料仓滑落);

(4)储料仓搅拌管路的连接(以防在运输中对管路接头的损坏);

(5)自动车距跟踪仪的连接及超声波跟踪部位的确定;

(6)转运车和摊铺机车距的确定;

(7)搅拌仓料位控制器的连接和探测部位的确定;

(8)储料仓搅拌功能的空载试验及搅拌速度的确定;

(9)转运车和摊铺机之间钢丝保险绳的连接;

(10)储料仓高度的调整(先将搅拌仓四个支脚调至最低高度,防止料仓底部溢料);

(11)出料口导流板位置的确定和角度调整(保证卸料位置);

(12)根据自卸车型,确定伸缩式推轮的位置(保证正常卸料);

(13)远红外预热用液化气瓶的准备、管路连接及预热;

(14)转运车和摊铺机的空载同步运行验证,确保摊铺机和转运车的驾驶人员都真正了解和熟悉转运摊铺工况。

图 4-19 为转运车施工过程的机器系统配置示意图。

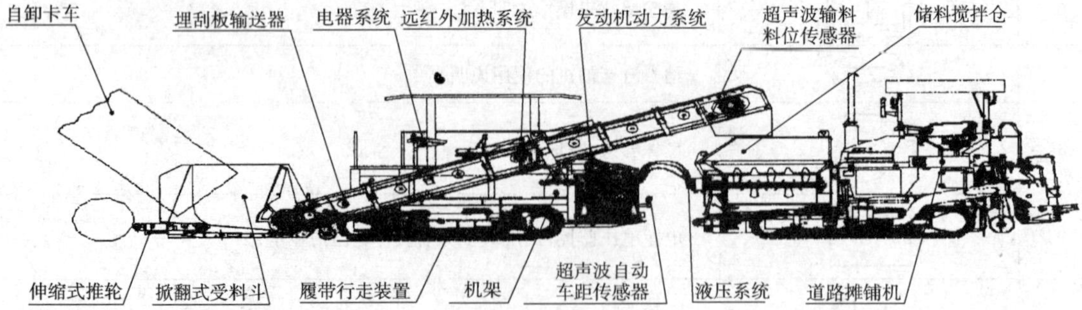

图 4-19 机器系统配置示意图

2. 施工准备

为保证转运车的持续工作,必要的事前准备工作是必须的,这包括:

(1)对黏料部件喷洒柴油,防止黏附沥青,包括链条、底板、受料斗、接料斗、储料仓、搅拌叶片等。

(2)在开始工作之前对输送系统的链条、链轮等部件进行预热,可有效防止因沥青黏附而造成的卡料堵塞现象。

(3)拌仓管路的连接,连接时应保证液压快换接头的清洁,防止污染液压系统。

(4)其他操作可参考:上述转运车的首次使用部分。

3. 转运车施工

1)起动步骤

(1)检查柴油机机油油面,柴油机机油标尺上刻有两个刻度。对长时间停放的柴油机在起动前,应按油标尺上刻度检查机油油面,油位应在两个刻度之间。柴油机怠速运转 1 ~2min 后,要求停机检查机油油位。柴油机水箱应加满软化清洁水,冬季或气温低于 4℃应加注防冻液(转运车出厂前已加注防冻液)。

(2)检查空气滤清器:检查滤清器,将其杂质用压缩空气吹干净。

(3)接通电源开关。

(4)将电瓶开关置于工作位置,插入起动开关钥匙,并向右旋转这时充电指示灯亮。如果柴油机一次未能点火,为了保护蓄电池,应间隔三分钟再起动。在冬季温度接近冰点或低于冰点时,应采取预热措施。起动时间不得超过 20s,柴油机一旦开始运转,其怠速应平稳在 600 r/min左右,此时充电指示灯应熄灭。应使柴油机空转几分钟达到正常工作温度后再投入转运摊铺作业。

(5)将操作台的柴油机速度开关置于高速位置,即可进行转运摊铺作业。

(6)柴油机怠速运转时,机油压力表的指示应在正常区域内。柴油机热态怠速运转时,允许出现报警灯发亮,机油压力表的指示短时超出正常区域内,但是当转速提高时,报警灯熄灭,指针应转到正常区域内,正常的压力范围在 0.3 ~0.5MPa。

2)停机步骤

(1)柴油机不得满负荷工况突然停车,卸荷后应该经短时间空转,使温度平衡后再停机。

(2)按下熄灭按钮,直至柴油机停止为止。充电指示灯在柴油机停机后又亮起来。将起动开关钥匙左转拔出,指示灯熄灭。

(3)关闭电瓶开关。

3)行走驾驶

(1)转运车行驶前,主开关放在“0”位置,其他工作开关复位、速度旋钮归零,然后起动柴油机。

(2)将速度选择开关置于行驶位置,主开关置于前进“I”位置。逐渐旋转速度旋钮,转运车的速度将逐渐加大;根据道路情况向左或向右旋转转向旋钮,转运车将根据要求进行转向行进或直线行驶。

注意:

①不要将速度旋钮先设置在较高位置,再打开主开关,这样易造成突然的起动冲击,损坏传动元件。

②转运车的方向调整好以后,应及时复位,否则转运车将一直转下去。

4)输送作业

(1)摊铺之前

转运车开始正式摊铺输送之前黏料部位应喷洒柴油,开启远红外预热装置预热链条等部件,防止部件黏结沥青。

料斗装料:将料斗放下,把圆弧形料门调低,自卸车倒车卸料,当料斗装满后,打开输送开关,转运车开始输送料,此时应注意调整料门高度,控制输料流量,流量不宜过大或过小,防止链条被冷料卡住。

将主开关置于0位,行走开关打开至摊铺挡,根据摊铺机的正常摊铺速度调整速度旋钮,选定和摊铺机一致的摊铺速度。

注意:应调整推轮的位置使自卸车的沥青混合料可以排空,防止自卸汽车后箱板挡住进料口。

(2)开始输送摊铺

当搅拌仓中的混合料已经足够,达到搅拌叶片2/3高度;且摊铺机熨平板前的混合料达到正常摊铺料位高度时,打开下列开关:

振动器开关——开位向上;

主开关——置于“I”位,放于工作位置。

此时,转运车进入正常作业。待自卸汽车车厢内的混合料逐渐流入转运车的料斗中时,可适当的掀起自卸汽车的车厢,至其混合料完全送入转运车料斗中;自卸汽车卸料完成后应迅速落下车厢并离开,以便下一自卸汽车的卸料,防止断料;料斗底部的混合料逐渐减少达一定程度时,可关闭振动器开关,将前掀板控制开关上拔,使前掀板升起,将前掀板上的物料继续输送。将物料卸完后向下拔,则前掀板放下,以便等待下一自卸汽车的卸料。当前掀板内的料全部输送完后,且摊铺机的料斗存料过低时,转运车可通知摊铺机停止作业,等待下辆自卸汽车的到来。

注意:

①每天初始摊铺时,应防止混合料黏附机件,卡住链条。

②每天初始摊铺时,防离析接料斗应全开启,预热后或第二车料开始使用。

③应合理的选择摊铺速度,尽量保持转运车的连续不停机运转。

④自卸汽车未离开时不得掀翻料斗前翻板,防止损坏机器。

(3)摊铺工作结束之后

清除机器黏附的沥青混合料,用柴油清洗装置清洗黏料部位,各工作部位复位。

5)注意事项

(1)摊铺作业时,司机以转运车前端的方向指示器为标记,同时注意出料口相对于摊铺机料斗的位置,使之对中,必要时调整接料斗出料口相对于储料仓的位置;并随时注意校正行进方向,应避免急转弯。

(2)转运车驾驶人员应时刻注意转运车和摊铺机之间的距离,防止顶车事故的发生;人工操作正常后可采用超声波自动车距跟踪,此时应调整跟踪仪,保持转运车和摊铺机之间的间距。

(3)供料必须均匀。

①供料是否均匀、连续,这是影响摊铺质量的重要因素。物料堆积的高度一般不超过储料

仓前沿的高度。为此，应及时调整输料速度和圆弧料门开度，以保证供料均匀连续。

②自卸汽车向转运车卸料时，应小心对准料斗。必须防止产生碰撞，或将料撒在外面。如果转运车履带前堆集了物料，必须立即清除，否则将影响摊铺路面的平整度。

③采用大吨位自卸汽车时，不要一下子把车厢内的料全部卸入搅拌料斗内，应逐渐卸完。否则易使机器负荷过大，影响正常搅拌集料作业。

④应注意调整料门开度，保证连续送料；防止输送链卡料，一旦链条或链轮卡料，必须立即关闭输送料开关，进行人工干预处理。合适的预热可有效避免初始转运摊铺时的卡料现象。

(4)储料搅拌仓中的料位不宜太高，否则阻力太大；搅拌转速不宜太高，以不超过30r/min为宜。储料仓在摊铺机的料斗中，应用手拉葫芦进行定位，防止滑移。

(5)摊铺作业结束后，应及时清除黏附在熨平板上的沥青混合料，并对与沥青混合料接触的部位喷以少量的柴油。

(6)输送架的举升和卸载装置的使用。

机架左前方的扶梯内部，转运车带有液压卸载装置。在工作挡的状态下，通过卸载装置对举升油缸的下腔施加一定压力，使得左右两侧的举升油缸的下腔充满一定压力油给输送架一定的向上的提升力，这类似于减轻输送架的质量。处于此种状态(即卸载状态)的举升油缸对输送架的提升力受卸载阀控制，卸载阀的压力通过调压阀进行调整，顺时针压力增加，压力表显示其数值。一般工作压力在6.0～7.0MPa。这种卸载状态下举升油缸仍可以浮动。

卸载状态下通过油缸的支承以减轻料斗下部万向轮的承载力。卸载压力的调定，以料斗平放状态下万向轮不会自动抬起离地和在举升状态下刚好下落为宜。

转运车在进行转移或转向角度较大的状态下，应将料斗适当提起，以防止万向轮破坏已经修好的路面。行驶时，输料架应提升至其举升油缸护套刚好支承油缸管的位置。在举升油缸举升前，应人工提起油缸护套，举起后可靠固定。输料架落下前，应人工提起油缸护套，并确认完全到位方可全速下落。

应特别注意：转运车为重载设备，在输料摊铺工作中，软弱的地基和桥梁接缝有引起机器前部万向轮下陷而损坏机器的危险。为避免此种情况发生，应将料斗适当提起，待万向轮通过软弱的地基和桥梁接缝后，再将料斗放下。

(7)远红外预热和加热。

转运车工作前，应准备足够的液化气，液化气瓶及连接管路应密封良好、可靠固定。

预热前，先打开气瓶旋塞阀，调整减压阀压力，打开加热控制柜开关点火，根据加热情况调整加热温度。

工作后应及时关闭各气阀，防止液化气的泄露。

6)输送过程中常见故障及排除

(1)卡料故障

初始输送过程中因预热不够造成链条和链轮黏料、输送时料门过高或料粒过大时，会出现卡料现象出现输送无法进行。此时应立即关闭输送开关进行人工处置。

①打开主机控制柜，将输送器方向开关置于反转位置；

②打开操作台上的输送开关，至输送链动作并立即关闭；

③打开主机控制柜，将输送器方向开关置于正转位置，至输送链动作并立即关闭。

重复以上过程直到故障消失。以上操作必须耐心操作,否则会造成机器损坏。

(2)输送底板粘料

此故障系初始工作时底板温度过冷,柴油清洗不彻底所致。应尽量保证清洗彻底,并在初始工作时以慢速输料操作。

四、转运车的安全操作

1. 转运车安全保护

(1)驾驶者应为年满 18 周岁,能可靠胜任此项工作的人员。

(2)驾驶者应了解本机的结构特征,遵守生产厂家制定的操作规程。

(3)转运车工作时必须具备所有安全装置。

(4)转运车工作前应先检查转向和制动,一旦失灵,不得进行操作,应立即排除故障后再进行操作。

(5)转运车只能由驾驶员在规定位置上操作。

(6)向燃油箱加油前应熄灭柴油机。

(7)机器在坡道行驶过程,不得换挡。爬坡时应使用低速挡。在濒临悬崖的山地等危险地带作业时,应尤为注意。

(8)驾驶员应保持操纵台、扶梯和踏板附近无障碍物、无油脂、无灰尘等其他类似物,防止伤害。

(9)应保证驾驶员在行驶和工作范围内的视线无阻碍。

(10)驾驶员在离开岗位前,柴油机应熄火,并确保停车制动器可靠工作,并确保机器不能无故运转或移动,所有电器开关均需回到零位。

(11)当转运车停车阻碍交通时,应采取引人注目的预防安全措施。

(12)进行储料仓等重物安装时,要使用适当的提升装置。

(13)当转运车与摊铺机分开运输或独立行走时,应将储料仓的搅拌马达驱动胶管接头拆开,并保证接头的清洁,及时盖好防尘帽;转运车上搅拌驱动进回油胶管阴阳快换接头应对接,以防止驱动泵因长期憋压而损坏。使用平板运输车运送转运车时,转运车应固定。为防止转运车的输送架在运输中超高,应将受料斗提升,并将举升油缸的限位装置可靠固定后才能运行。应注意路面的平整情况及受料斗的离地高度,必要时可提起受料斗以越过障碍,防止损坏受料斗和输送架。

(14)整个工作范围内都应安装脚踏板和护栏。

2. 转运车采用远红外气加热系统的特殊安全要求

(1)如转运车上装载液化气瓶,应将其固定牢靠,防止倾倒。转运车运输之前,应关闭液化气瓶上的阀门,卸下外部所有连接件,加盖防护帽。

(2)操作使用远红外加热装置时,请遵守与其有关的安全规则。当未开机时环境温度超过 +10℃,或开机工作环境温度超过 +20℃时,为避免气瓶过热,而引起内部压力增加,应将气瓶覆盖专用帆布套。加热结束后,将所有阀门关闭。

(3)每次进行管路连接后,应用肥皂水(或家用中性洗涤剂加 10 ~ 20 倍的水制成液体)检查各螺纹连接部位是否泄漏。

(4)远红外加热零部件安装过程中严禁使用油脂。

(5)远红外加热系统的气路连接有可能采用左旋螺母。如采用六方螺母带沟槽,则螺母可能为左旋螺纹,拆装时应注意。

(6)采用柴油清洗装置清洗机器后,必须停留 6h 以上方可使用远红外加热系统,并将输料架其余盖板打开;否则有发生爆燃或爆炸的危险。

3. 防噪声

(1)根据防止噪声的规定,工作人员应采取防护措施,以减少噪声对人体的伤害。

(2)为安全防护起见和防止电器控制系统由非工作人员操纵,配备了蓄电池开关。此开关靠近蓄电池安装,位于机架的右后部侧找内侧。

(3)防护装置包括主机踏板、扶梯、防护栏杆、输料盖板等。应注意机器的警示标记,防止人身和机器受到伤害。转运车为重载设备,请随时保持防护装置的完整可靠。

4. 特别注意事项

以下可能导致机器损坏、人身伤害或人员死亡:

(1)储存和输送沥青混凝土的工作装置均可能具有较高的温度,未加防护的触摸可能造成伤害。

(2)沥青混凝土为高温材料,在工作中应防止溅落到人体上;散落的沥青混凝土必须尽快清除,否则有凝固的危险,且污染环境。

(3)受料斗、输送架、储料仓均为重载装置,进行处置前必须确保可靠定位,必要时应加辅助支撑,否则会造成人员伤亡;储料仓安装时,必须使用合格的起重设备,并必须调整其底脚螺杆至料仓平稳。

(4)输料架为倾斜安装,带有紧固的钢丝绳,处置时应特别小心以防止人员意外滑落跌伤。

五、主要性能参数

1. 徐工 AT1000A 型沥青转运车性能参数(表 4-11)

徐工 AT1000A 型转运车技术性能参数表 表 4-11

序号	名　称	单　位	数　值	备　注
1	柴油机型号		BF6M1013E/EC	道依兹
	额定功率	kW	137/165	
	额定转速	r/min	2 300	
2	工作速度	m/min	0 ~ 18	
3	行驶速度	km/h	0 ~ 2.4	
4	最大输料能力	t/h	1 000	
5	料斗容量	t	12	
6	最大储料能力	t	30	
7	输料带速度	m/min	0 ~ 50.6	
8	振动频率	Hz	0 ~ 25	

续上表

序号	名　称	单　位	数　值	备　注
9	爬坡能力(行驶挡)	%	20	
10	料斗宽度	mm	3 270	
11	受料高度	mm	608	
12	卸料高度	mm	2 020	
13	输料宽度	mm	1 100	
14	输料厚度	mm	200	
15	输料倾角	°	20	
16	左右履带中心跨距	mm	2 180	
17	履带接地长度	mm	3 218	
18	履带板宽度	mm	355	
19	接近角	°	15	
20	离去角	°	13	
21	总长	mm	11 189/11 350	工作/运输状态
22	总宽	mm	3 270	
23	总高	mm	3 898/3 162	工作/运输状态
24	整机质量	t	31.6	主机 29t,储料仓 2.6t

2. 三一重工 MT2000－1 型沥青转运车性能参数(表 4-12)

主要技术性能参数表　　　　表 4-12

<table>
<tr><td colspan="2">整机质量(t)</td><td>36</td><td rowspan="4">二级出料系统</td><td>刮板宽度(mm)</td><td>740×124</td></tr>
<tr><td colspan="2">工作质量(t)</td><td>60</td><td>转速(r/min)</td><td>89</td></tr>
<tr><td colspan="2">理论生产率(t/h)</td><td>600</td><td>回转角</td><td>±50°</td></tr>
<tr><td colspan="2">料仓容量(t)</td><td>22.5</td><td>起落角</td><td>5°～22°</td></tr>
<tr><td colspan="2">入料斗容量(t)</td><td>9</td><td colspan="2">行走方式</td><td>全液压驱动、前后驱动桥</td></tr>
<tr><td colspan="2">爬坡能力(%)</td><td>≥20</td><td colspan="2">轮距(mm)</td><td>2 400</td></tr>
<tr><td colspan="2">接近角</td><td>19°14′</td><td colspan="2">轴距(mm)</td><td>4 390</td></tr>
<tr><td colspan="2">离去角</td><td>18°24′</td><td colspan="2">总长(mm)</td><td>17 700</td></tr>
<tr><td rowspan="2">速度</td><td>工作(km/h)</td><td>0～1.8</td><td colspan="2">总宽(mm)</td><td>3 150</td></tr>
<tr><td>行驶(km/h)</td><td>0～10.7</td><td colspan="2">最小离地间隙(mm)</td><td>226</td></tr>
<tr><td rowspan="2">入料系统</td><td>刮板宽度(mm)</td><td>1 400×140</td><td rowspan="3">柴油机</td><td>型号</td><td>6CTAA8.3－300</td></tr>
<tr><td>速度(r/min)</td><td>49</td><td>功率(kW)</td><td>224</td></tr>
<tr><td rowspan="2">一级出料系统</td><td>刮板宽度(mm)</td><td>400×175×2</td><td>转速(r/min)</td><td>2 200</td></tr>
<tr><td>转速(r/min)</td><td>0～50</td><td colspan="2">液压油箱容积(L)</td><td>520</td></tr>
<tr><td rowspan="3">螺旋搅拌</td><td>直径(mm)(m 变径)</td><td>Φ560～Φ500</td><td colspan="2">燃油箱容积(L)</td><td>530</td></tr>
<tr><td>螺距(mm)</td><td>285～155</td><td colspan="2">总高(mm)</td><td>4 900</td></tr>
<tr><td>转速(r/min)</td><td>0～50</td><td colspan="2">运输高度(mm)</td><td>3 600</td></tr>
</table>

3. 与国内外产品参数对比(表 4-13)

国内外沥青混凝土转运车参数对比表　　表 4-13

参数 \ 厂名		三一 SANY	ROADTEC	徐工	天津鼎盛	福格勒 VOGELE	戴纳派克 DYNAPAC	特雷克斯 TEREX
主机型号		LHZ25C	SB—2500C	AT1000A	LGJ1000	MT1000—1	MF250	MS—4
柴油机	型号	Cummins6C TAA8.3-300	John Deere 6081AF	Deutz BF6M1013EC	Cummins 6BT5.9	Deutz BF4M1013C	Cummins6BT AAe5.9C173	John Deere 4045TF275
	功率	224kW	206kW	165kW	138kW	106kW	129kW	83kW
	转速	2 200r/min	2 200r/min	2 300r/min	2 200r/min	2 200r/min	2 200r/min	2 200r/min
整机类型		自行式转运车	自行式转运车	自行式转运机	自行式转运机	自行式转运机	自行式转运机	拖式转运机
行走方式		轮胎式	轮胎式	履带式	履带式	履带式	轮胎式	轮胎式
工作速度(max)		30m/min	80m/min	18m/min	16m/min	16m/min	20m/min	—
转场速度(max)		10.7km/h	14.5km/h	3.5km/h	2.7km/h	2.4km/h	1.7km/h	—
灵活性		穿梭式	穿梭式	蜗牛式	蜗牛式	蜗牛式	较缓慢	—
解决离析功能		有效解决	有效解决	无搅动作用	无搅动作用	无搅动作用	无搅动作用	不彻底搅动作用
二次搅拌的设置		入料斗和料仓共两次	入料斗和料仓共两次	入料斗和出料斗共两次	只出料接料斗一次	只入料斗一次	无	只入料斗一次
防离析的机理		变径变节距	变节距	—	—	—	—	—
储料仓		有	有	无	无	无	无	无
储料能力		22.5t	22.5t	0	0	0	0	0
入料斗的容量		9t	8t	12t	14t	9t	14.6t	6.4t
出料接料斗的容量		12.5t	13.5t	18t	16t	16t	14t	14t
总储料量		44t	44t	30t	30t	23t	28.6t	20.4t
入料斗的形式		集料搅拌螺旋、可翻转、振动抖落	集料搅拌螺旋、可翻转、振动抖落	集料搅拌螺旋、可翻转、振动抖落	摊铺机开合式入料斗	集料搅拌螺旋、可翻转	摊铺机开合式入料斗	集料搅拌螺旋、可翻转
接合推滚		455mm 伸缩	120mm 伸缩	350 mm 伸缩	无伸缩	无伸缩	无伸缩	无伸缩
输料形式		三级链条刮板转运	三级链条刮板转运	一级链条刮板转运	一级皮带转运	一级皮带转运	一级皮带转运	一级链条刮板转运
入料能力		1 150t/h	907 t/h	1 000 t/h	1 000 t/h	900 t/h	1 600 t/h	1 200 t/h
生产能力		600 t/h	544 t/h	1 000 t/h	1 000 t/h	900 t/h	1 600 t/h	1 200 t/h
同步行走		有	无	有	有	有	有	—
加热功能		可选配	无	有	无	有	无	无
操纵界面		图形显示	界面差	文本显示	界面差	界面差	文本显示	界面差
控制技术		CANBUS 总线	无	无	无	无	无	无
故障自诊		有	无	有	无	无	无	无
废气处理		集中排放	集中排放	无	无	无	无	无
检测保养		集中测压集中润滑	无	集中润滑	无	无	无	无
顶篷设置		有	遮 阳 伞	有	半 边	半 边	有	无

课题三　沥青混凝土摊铺机

一、沥青混凝土摊铺机概述

1. 功用

沥青混凝土摊铺机是用来将拌制出的沥青混合料按一定的技术要求（厚度和横截面形状）均匀地摊铺在路基或基层上，并给以初步捣实和熨平的专用设备。使用摊铺机施工，既可大大地加快施工速度，节省成本，又可提高所铺路面的质量。

2. 基本组成

其组成主要由基础车（发动机与底盘）、供料设备（料斗、输送装置和闸门）、工作装置（螺旋摊铺器、振捣器和熨平装置）及控制系统等部分。现代沥青混凝土摊铺机，采用全液压驱动和电子控制、中央自动集中润滑、液压振动、液压无级调节摊铺宽度等新技术，自动化程度高，操作简单方便，视野好，并设有总开关、自动找平装置、卸载装置、闭锁装置，保证了摊铺路基、路面的平整度和摊铺质量。

此外，由于机械化摊铺的速度快，且摊铺机上有可以加热的熨平装置，它在进行摊铺时，对气温的要求比人工摊铺时要低，可在较冷的气候条件下施工。

3. 分类

沥青混凝土摊铺机的类型较多，按行走方式分为拖式或自行式。目前基本采用自行式沥青混凝土摊铺机。

按行走装置不同，沥青混凝土摊铺机分为轮胎式、履带式和轮胎履带组合式。轮胎式摊铺机的前轮为一对或两对（大型）实心小胶轮，这样即可增强其承载能力，又可避免因受载变化而发生变形；后轮多为大尺寸的充气轮胎。履带式摊铺机的履带大多装有橡胶垫块，以免对地面造成履刺的压痕，同时降低了地面的单位压力。

轮胎式摊铺机的优点是：行驶速度高，可达20km/h，可自动转移工地，费用较低；机动性和操纵性能好，对单独的小面积高堆或沉坑适应性好，不致过分影响铺层的平整度；弯道摊铺质量好；结构简单，造价低。其缺点是：接地面较小，牵引力较小；料斗内的材料多少会改变后驱动轮的变形量，从而影响铺层的质量。为了避免这种现象，自卸汽车应分次卸料，但这又会影响汽车的周转。

履带式摊铺机的优点是：接地面积大，对地面的单位压力小，牵引力大，能充分发挥其动力性；对路基的不平度不太敏感，尤其对有凹坑的路基不影响其摊铺质量。其缺点是：行驶速度低，不能很快地自行转移工地；对地面较高的凸起点适应能力差；机械传动式的摊铺机在弯道上作业时会使铺层边缘不整齐；此外，其制造成本较高。

由于履带式摊铺机有上述优点，所以目前世界各国使用得较多，尤其是大型机械，由于大型工程不需频繁转移工地，其行驶速度低的缺点也就不明显了。

轮胎履带组合式由于结构复杂，基本不采用。

按传动方式不同，沥青混凝土摊铺机分为机械式和液压式等，机械式摊铺机现在已淘汰。

按摊铺机熨平板的延伸方式不同，可分为机械加长式和液压伸缩式两种。摊铺机采用机械加长式熨平板是指用螺栓把基本（最小摊铺宽度的）熨平板和若干加长熨平板组装成所需作业宽度的熨平板。其结构简单、整体刚度好、分料螺旋（亦采用机械加长）贯穿整个摊铺槽，使布料均匀。因而，大型和超大型摊铺机一般采用机械加长式熨平板，最大摊铺宽度可达 8 000 ~ 12 500mm。摊铺机采用液压伸缩式熨平板是靠液压缸伸缩无级调整其长度，使熨平板达到要求的摊铺宽度。这种熨平板调整方便、省力，在摊铺宽度变化的路段施工更显示出优越性。但与机械加长式熨平板对比，其整体刚性较差；在调整不当时，基本熨平板和可伸缩熨平板间易产生铺层高差，并因分料螺旋不能贯穿整个摊铺槽，可能造成混合料不均而影响摊铺质量。因而，采用液压伸缩式熨平板的摊铺机最大摊铺宽度不超过 8 000mm。

按摊铺机熨平板的加热方式不同，可分为电加热式、液化石油气加热式和燃油加热式等。电加热式摊铺机由发动机驱动的专用发电机产生的电能来加热熨平板，这种加热方式加热均匀、使用方便、无污染，熨平板和振捣梁受热变形较小。液化石油气（主要用丙烷气）加热式摊铺机加热方式简单，使用方便，但火焰加热欠均匀，污染环境，不安全，且燃气喷嘴需经常清洗。燃油（主要指轻柴油）加热式摊铺机加热装置主要由小型燃油泵、喷油嘴、自动点火控制器和小型鼓风机等组成，其优点是可以用于各种工况，操作较方便，燃料易解决，但和燃气加热一样具有污染性，且结构较复杂。

4. 工作过程

沥青混凝土摊铺机的工作过程见图 4-20。混合料从自卸汽车上卸入摊铺机的料斗中，经由刮板输送器输送到摊铺室，由螺旋摊铺器横向摊开，而后又被振捣器初步捣实，再由后面的熨平器（或振动熨平板）根据规定的摊铺层厚度修整成适当的横断面，并加以熨平（或振实熨平）。

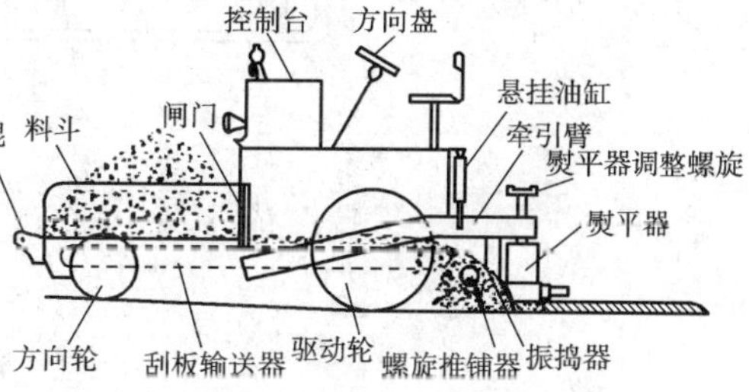

图 4-20　摊铺机工作过程简图

自卸汽车在卸料给摊铺机时，倒退到摊铺机前推辊，然后将变速器放置空挡，升起车厢，由摊铺机推着汽车一边前进一边卸料。卸料完毕，汽车驶开，更换另一辆汽车按同样方法卸料。

混合料进入摊铺器的数量，可由装在刮板输送器上方的闸门来控制（机械传动）或由刮板输送器的速度来控制（液压传动）。摊铺层的厚度由两侧牵引臂上的悬挂油缸和熨平器调整螺旋来调整。

二、摊铺机的驾驶与操作

1. 摊铺机驾驶前的准备

（1）驾驶前应认真学习摊铺机安全操作规程；

（2）严格按安全操作规程对机械进行检查和准备。

2. 摊铺机的行驶

以 4500 型沥青摊铺机为例，它是由镇江路面机械制造厂生产的，该机为履带式行走、机械链条传动，采用液压延伸熨平板，其操作台见图 4-21。

（1）料斗应处于合拢状态，并用挂钩固定；

（2）熨平板应处于提升位置，并用挂钩固定；

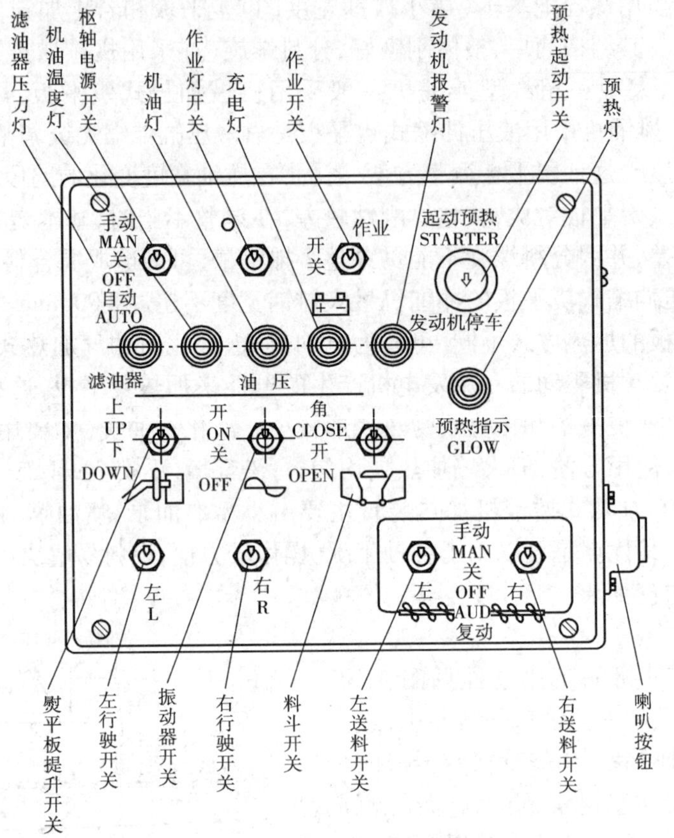

图 4-21　4500 型沥青摊铺机操作台

(3)作业开关处于“关”的位置;

(4)送料器和螺旋摊铺器开关放在“断”的位置;

(5)将高低速杆置于高速(行驶)挡位;

(6)调整变速箱的变速杆,选择合适挡位;

(7)松开手制动;

(8)适当提高发动机的转速;

(9)将左右行驶开关扳到起动位置,摊铺机开始前进。

3. 摊铺机的转向

轮式摊铺机转向通过操纵转向盘带动液压转向器,液压油缸使车轮发生偏转,实现转向。其原理和方法与其他轮式机械相同。履带式摊铺机转向方式是通过旋转转向电位器旋钮使左右履带形成差速而实现转向的。

4. 摊铺机的熄火与驻车

左右行驶开关都置于“停止”位置时,摊铺机停驶,拉起手制动,将发动机熄火。熄火方法为:

(1)手熄火装置时,向外拉手熄火开关,直至发动机熄火;

(2)电熄火装置时,将起动钥匙逆时针旋转到“0”挡,发动机自动熄火。

摊铺机需长期停驶时，应将熨平板放下，并放置在垫板上。

三、摊铺机摊铺前的准备工作

1. 下承层准备

在铺筑沥青混合料时，它的下承层(即前一层)是基层、联结层或面层下层。下承层表面出现的任何质量缺陷，都会影响到路面结构的层间结合强度，造成路面整体强度下降。因此要做好铺筑沥青混合料前的路面下承层的准备工作。

2. 施工放样

施工放样包括高程测定与平面控制两项内容。高程测定的目的是确定下承层表面高程与原设计高程相差的确切数值，以便在挂线时纠正到设计值或保证施工层厚度。根据高程值设置挂线标准值，借以控制摊铺厚度和高程。对无自控装置的摊铺机，不存在挂线问题，但应根据所测高程值和本层应铺厚度综合考虑确定实铺厚度，并用适当垫块或定位螺旋调整就位，为便于掌握铺筑宽度和方向，还应放出摊铺的平面轮廓或设置导向线。

高程放样应考虑下承层高程差值(设计值与实际高程值之差)、厚度和本层应铺厚度。综合考虑后定出挂线桩顶的高程，再打桩挂线。当下承层厚度不够时，应在本层内加入厚度差并兼顾设计高程。如果下承层厚度够而高程低时，应根据设计高程放样，如果下承层的厚度与高程都超过设计值时，应按本层厚度放样。若厚度和高程都不够时，应按差值大的为标准放样。

总之，不但要保证沥青路面总厚度，而且要考虑高程不超出容许范围。当两者矛盾时，应以满足厚度为主考虑放样。放样时计入实测的松铺系数，挂线的技术及有关事项将在自动调平装置的使用中详述。

3. 摊铺机施工前检查

摊铺机在每日施工前，必须对工作装置及其调节机构进行专门检查，即检查刮板输送器、闸门和螺旋摊铺器(即供料系统)的状况是否良好，有无黏附沥青混合料(包括料斗)；振捣梁的底端及其前下部是否磨损过大，行程及运动速度是否恰当；它与熨平板之间的间隙以及离熨平板底面高度是否合适；熨平板底面有无磨损、变形和黏附混合料，其加热装置是否良好；厚度调节器和拱度调节是否良好；各部位有无异常振动；采用自动调平装置时要检查装置是否良好。

上述各项都必须进行试运转检查，遇有故障应及时消除与调整，确认工作装置及其调节机构均处于良好状态之后，方允许正式投入施工。

四、摊铺机结构参数调整与选择

摊铺机参数包括结构参数和运行参数两大部分。在摊铺前，根据施工要求需调整和选择摊铺机的结构参数有：熨平板宽度和拱度，摊铺厚度与熨平板的初始工作仰角。运行参数主要指摊铺速度。

1. 熨平板宽度的调整

全路幅一次摊铺时，能够节约人工和机械，而且铺筑成型的路面表面均匀一致，平整度好，无纵向施工缝。缺点易造成离析和压实度不足。分路幅多次摊铺，纵向接缝施工困难大，接缝处两侧大料较多，密实度差，并有平整度也难以掌握。当采用分路幅多次摊铺时，尽量采用多台摊铺机梯队作业的方式。

当路幅较宽(如互通立交处的加宽段),摊铺机的最大摊铺宽度不能一次摊铺时,最好能两台摊铺机同时摊铺,两台摊铺机前后相距20~40m为宜,两幅放在一起碾压成型。要避免最后剩一条只能用人工去摊铺的方法,也就是要剩一条不小于摊铺机标准摊铺宽度的路幅,同时还要注意:上下铺层的纵向接缝应错开30cm以上;在纵向接缝处应有一定的重叠量(一般为2.5~5cm)人工进行修整;接宽熨平板时必须双侧对称地相应接长螺旋摊铺器和振捣梁,并检查接后熨平板底板的拱度和整体刚度。

熨平板的侧边与路缘石之间,应留有10~15cm的间距,以避免摊铺机摊铺行进中方向的偏摆碰撞路缘石,所留空间由人工紧跟摊铺机及时予以补严,并适当拍锤。

2. 熨平板拱度的调整

熨平板的宽度调整后,进行拱度调整。其目的是将在水准尺上读出的拱度绝对数(mm)或横坡的百分数调整到与拱度设计值一致即可。调整好后要进行试铺校验,必要时再次进行调整。对于大型摊铺机,有前后两幅调拱机构,其前拱拱度应调节得比后拱略大为宜。经验表明,前拱过大,中间部分混合料较多,就是出现中间混合料摊铺紧密并伴随有毫痕和纵向撕裂状条纹;反之,前拱过小,甚至小于后拱,中间部分的混合料偏少,就会出现中间混合料摊铺疏松,两侧密实并伴随有亮痕和纵向撕裂状条纹的现象。因此,前后拱拱度要合适地进行调整,一般人工接长调宽的熨平板,其前后拱之差为3~4mm。液压伸缩调宽的熨平板,差值为2mm为宜。

对于高等级公路采用半幅全宽一次摊铺路面时,路拱为直线形路拱。由于路幅较宽,熨平板的自重较大,要对熨平板底边严格掌握,并在摊铺过程中经常进行校核。校核的方法可跟踪摊铺机,在未碾压前,用测绳放于两侧的基准线上,垂直于路中线拉紧测绳,测量测绳与已摊铺的沥青混合料顶面之间的距离,各量测点距离如果相同,则表明路拱为直线无误;反之,路拱很可能出现了偏差,就要进行调整。

3. 摊铺厚度的确定和熨平板工作仰角的调整

摊铺厚度是一项必须严格控制的指标,它对工程质量和经济效益影响极大。摊铺工作开始前,应事先准备好2~3块坚固的长方形垫木。垫木宽度为5~10cm,长度与熨平板纵向尺寸相同或稍长,厚度为计算的松铺厚度即初定的摊铺后厚度。垫木的厚度按设计厚度乘松铺系数来计算,松铺系数应根据混合料类型、施工机械和工艺等通过试铺或以往的施工经验确定,也可参照表4-14选用。

沥青混合料的松铺系数 表4-14

混合料种类	机械摊铺	人工摊铺
沥青混凝土混合料	1.15~1.35	1.25~1.50
沥青碎石混合料	1.15~1.30	1.20~1.45

将摊铺机停置于摊铺起点的平整处后,抬起熨平板,把2~3块垫木分别置于熨平板的下面。如果熨平板加宽,垫木则放在加宽部分的近侧边处。垫木放好后,起动后液压缸,放下熨平板,让提升油缸处于浮动状态,并注意勿使水平架前端销轴提升或降低到极限挡块位置,要使其保留有必要的空隙位置,否则料斗门的油路安全阀和水平架起落油路的安全阀将起动生效,而使这项工作无法继续进行。然后转动左右两支厚度调节螺杆,使它们处于微量间隙的中立位置,此时,熨平板在其自身重力的作用下落在垫木上。上述由垫木所确定的厚度,还要通

过熨平板工作仰角 α（摊铺机工作时，熨平板与水平方向之间的夹角）的调整和自动调平装置的使用来得到精确的厚度。

当 α 值保持不变时，单位时间内进入熨平板底部的沥青混合料的数量不变，从而使摊铺厚度保持不变；如果 α 值发生变化，熨平板的受力也会发生变化，从而导致摊铺厚度的变化。所以，摊铺的厚度是由熨平板的仰角所决定的，在每次摊铺作业前，就要调整 α 角的初始值。在初始仰角调整之前，要彻底解除调整机构对熨平板的约束，将熨平板自由地放在水平基面上，调整水平架臂两侧的正反螺纹机构，调整的标尺位于水平架臂后端。

由于受被摊铺材料的温度与性质、颗粒的组成与形状等影响，α 角不可能事先十分精确地确定。一般情况下可按下述规则设定初始仰角的标尺数值：当摊铺厚度 < 10cm 时用 0；当摊铺厚度 10 ~ 20cm 时用 0.5；当摊铺厚度 > 20cm 时用 1.0。

选择的初始仰角合适与否，只能通过实际摊铺的厚度去检验，这种检验必须在摊铺机摊铺混合料长度方向 8m 以外多点检查，取其平均值与要求厚度比较。一致时即为合适，不一致时要再进行调整，再进行检验，直到相一致时为止。此时的熨平板仰角即为确定的工作仰角，摊铺厚度和混合料组成不变时，一般不再调整。

对液压伸缩式熨平板，由于基本熨平板与两侧加宽熨平板不在同一纵向位置上，当工作仰角有改变时，二者的后缘距地面的高度会变得不一致。所以在调整工作仰角时，要使用同步调整机构，使其后缘与基本熨平板后缘处于相同的高度上。这样将使新铺筑的路面，无论是在基本部分还是在加宽部分，其铺筑层密实度将是一样的，而且也不会留下任何痕迹。图 4-22、图 4-23分别是安装正确和不正确的熨平板接宽方式。

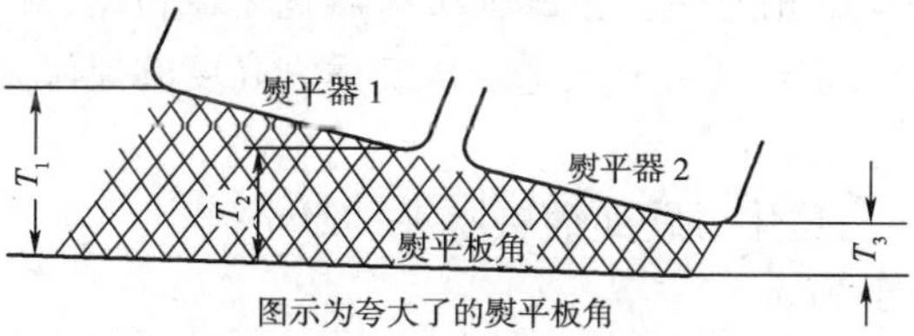

图 4-22　安装正确的熨平板接宽方式

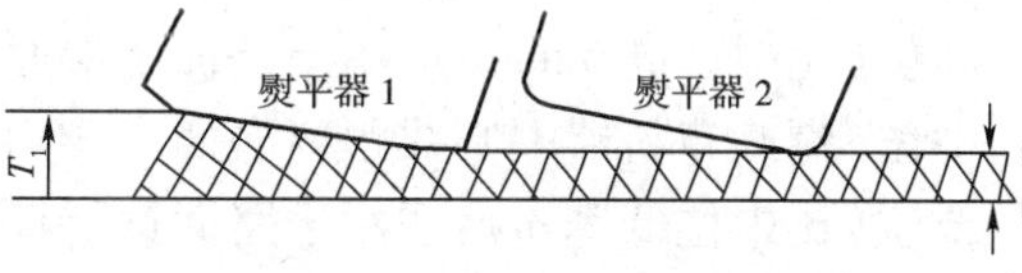

图 4-23　安装不正确的熨平板接宽方式

当摊铺机使用自动找平装置时，只要按照上述一般情况下的规则来设定初始仰角，上述三级中每一级初始工作仰角都能适应其对应的一定范围的摊铺厚度。精确的厚度是靠纵坡基准来控制的，并依靠灵敏度很高的自动调平装置来控制工作角的瞬时变化，以保证摊铺平整度。

实际施工中，无论是靠熨平板仰角确定的摊铺厚度，还是靠自动找平装置的确定的摊铺厚度，施工负责人都要经常根据实际使用的沥青混合料数量，计算按设计厚度应摊铺面积与实际摊铺面积之间的差别、设计厚度与实际平均厚度之间的差别，作进一步分析后就可决定是否调整当前厚度。假若从沥青混合料拌和机计量器或通过过磅已知用的混合料质量为 $G(t)$，实际的铺筑面积为 $A(m^3)$，则所铺的成型后实际平均厚度 h 为：

$$h = \frac{100G}{PA} \tag{4-3}$$

按设计厚度计算的铺筑面积为：

$$A_0 = \frac{G}{Ph_0} \tag{4-4}$$

式中：P——最终成型后沥青混合料容重（一般为2.25～2.35 t/m^3）；

h_0——沥青混合料铺筑层设计厚度。

4. 布料螺旋与熨平板前缘距离的调整

熨平板前缘与布料螺旋之间的距离是可调的，这要将更好地适应不同的摊铺材料和工作条件。由于摊铺厚度、混合料配合比、基层强度和刚度、集料粒径等条件的变化，要求对这一距离作相应的调整。

（1）在一般摊铺条件下（厚度10cm以下，中粒式或粗粒式沥青混凝土、集料最大粒径3cm），应将熨平板与布料螺旋之间的距离调到一距离作相应的调整。调整操作应遵循下述原则：中间位置。

（2）在软基层上摊铺（稳定土类基层），摊铺厚度较小，集料粒径不大时，宜将距离调小。

（3）摊铺厚度较大，集料粒径也较大，混合料温度偏低，或发现摊铺层表面出现波纹时，宜将距离调大。

该距离的调整范围在机械结构上已经固定，为5cm左右。不适当的调整就会造成摊铺缺陷，距离过大时，容易在熨平板前堆积死料，温度降低后会成团块状脱落，进入摊铺层后形成密实度不均，不易压实。距离过小时，会造成供料不足，大粒径集料不易进入熨平板下，也会损坏基层。特别指出的是，螺旋与熨平板间距离的变化，会引起熨平板前沿堆料高度的变化，影响摊铺质量。因此，这一调整是在其他项目调整全部完成后进行。

5. 螺旋布料器高度的调整

大多数摊铺机对螺旋布料器高度的调节，设置有高、中、低三个位置，其目的是在于能使物料厚度（堆积在熨平板导板之前的物料）与设计路面厚度相适应。当螺旋布料器置于低位时，导板前物料堆积得少，这一点在较宽路面的薄层作业中特别重要。有关选定螺旋适宜高度的建议为：

高位（比中位高5cm）：适用于路面铺层厚超过15cm；

中位（螺旋布料器中心线距离底面高36.5cm）；适用于路面铺层厚4～15cm；

低位（比中位低5cm）：适用于路面铺层厚小于8cm。

在中间的螺旋驱动外壳上，与主机上部结构的支架连接的支承座上以及承重梁上的支承座上都设有槽孔，以调整螺旋器的高度，可以从中位往上提高5cm或往下下降5cm。

实施高度调整时，必须将整个摊铺机构平行地上升或下降，任何歪斜不均，都会导致螺旋布料器的凸缘和外轴承架过度磨损。每个槽孔都刻有中位线标志，可用通过直尺测量各点以调整升降值使其达到均衡一致。

6. 振捣梁行程调整

绝大多数摊铺机在熨平板之前设有往复式振捣梁。它由偏心轴驱动。偏心轴则由一台液压马达驱动，振捣梁往复运动的行程可进行有级或无级调节，一般视摊铺厚度、温度和密实度而定，通常在4～12mm之间。薄层、矿料粒径小时，适宜用短行程，反之，摊铺厚度大、温度低、矿料粒径大时，适宜用长行程。摊铺面层只能选用短行程。振动器的振动频率一般在2 000～3 000r/min之间。当摊铺厚度薄、摊铺速度慢时，频率设定在2 000～2 500r/min之间；当摊铺层较厚、摊铺速较快时，频率设定在2 500～3 000r/min之间。

7. 熨平板前刮料护板高度的调整

有些摊铺机熨平板前装有刮料护板。其作用在于保持熨平板前部混合料的堆积高度为定值。因此,刮料护板的高度调整得当,有助于提高摊铺质量。国外研究表明,当摊铺厚度小于10cm时,刮料护板底刃应高出熨平板底板平面的前缘13～15mm,对于液压伸缩调幅的熨平板,此值要稍减小。如果摊铺厚度增加或混合料粒径增大,刮料护板要适当提高;反之,摊铺层减薄、混合料中细料多或油石比较大时,应适当降低刮料护板高度。为确保在熨平板全宽范围内料堆高度一致,刮料护板底刃必须平直,且与熨平板底边缘保持平行。

8. 摊铺机作业速度的选择

目前,高等级公路施工所使用的沥青摊铺机,都具有较宽的速度变化范围,可从零值到每分钟几十米之间进行无级调节,并且由于采用液压传动和电控技术,速度一经选定,就能够保持恒定匀速地前进。因此,摊铺机能否满足作业效率和摊铺质量的要求,关键是如何正确地选定作业速度,以加快施工进度和提高摊铺质量的问题。

摊铺机的作业速度选择,主要应考虑的因素是工期要求、质量要求、与之配套的拌和机生产能力、压路机生产能力、气候特点、摊铺层次和混合料的类型。上述诸因素中,质量要求是根本,由此来讨论摊铺机作业速度的适宜范围问题。

沥青路面的压实要在混合料温度不低于80℃完成为宜,从摊铺后温度降至80℃所经过的时间就为有效压实时间。气温愈低,混合料的温度下降愈快,完成碾压提供的时间就愈短。一般来讲,气温低10℃时,不适宜高等级公路沥青路面施工;当必须摊铺时,环境气温必须在5℃以上才能施工。当温度低时必须在短时间内碾压结束,这就必须适当降低摊铺机的作业速度、缩短碾压作业段的长度。当摊铺机作业速度太低,作业段长度小于25m时,压路机的错轮及避让不便,会影响碾压质量。而且生产量太小也降低了摊铺机、压路机、人员的利用率,增大了成本。摊铺机作业速度的最小适宜值定为1.5m/min较为合适。

摊铺机作业速度太快时,也会出现许多质量缺陷:表面出现大量的拉沟、裂口现象,摊铺层混合料疏密不均匀、预夯实效果降低等。从实际施工作业观察到:当摊铺速度≤4m/min时,混合料表面的拉沟、裂口现象较少,预夯实效果也较好(预压密实度80%～86%)。因此,摊铺作业速度一般不应大于4m/min,最好是不大于3m/min。中下层可以适当放宽,但也不宜超过5m/min。

在振捣频率恒定情况下摊铺机行驶速度的增或减,或者在行驶速度恒定的情况下,振捣频率的增或减,都同样会导致单位面积的混合料在单位时间内被振捣次数的增加或减少。也即表明密实度有大或有小,从而导致熨平板的升或降、铺层的变厚或减薄以及路面的不平整。摊铺机的时停时开、断续工作,会使螺旋布料室内和熨平板下的混合料冷凝,会因熨平板装置的自重造成停机处的下沉,从而致使铺层形成全断面的台阶状不平。因此,施工中所选择的摊铺机作业速度,应在适宜的速度范围内,以"恒定连续工作原则"来确定。

所谓"恒定连续工作原则",就是按沥青混合料的供应能力来确定摊铺机的作业速度,保证摊铺机在整个工作时间内连续恒速地铺筑。摊铺机作业速度可按下式计算:

$$v=\frac{C}{60WDP}=\frac{C}{140WD} \tag{4-5}$$

式中:v——摊铺机的作业速度(m/min);

W——路面铺筑宽度(m);

D——路面铺筑厚度(m);

P——压实后的混合料密度,可按2.33t/m^{3}取用;

C——沥青拌和设备的供料能力(t/h)。

按上式计算的摊铺速度,并不是十分确切的,还有实际摊铺厚度的误差、实际摊铺宽度的误差和选用密度的误差。实际上,摊铺宽度的误差和选用密度的误差对摊铺速度的选择影响不大,可以不必细究。影响大的是实际摊铺平均厚度的误差,当平均厚度误差不大时,可通过施工时配备适当量的运料车运送混合料来弥补靠;当平均厚度误差较大,不得不调整摊铺速度时,也要注意不要调速过急过频。

9. 摊铺机供料系统的调整与选择

摊铺机的供料系统包括刮板供料器、料斗闸门和螺旋布料器。刮板供料器与同一侧的螺旋布料器相匹配,同属一个转动装置,只要确定一个的工作参数之后,另一个也随着确定。因此可以说,通过控制刮板供料器的运转速度(或螺旋布料器的转速)和料斗闸门的开度,可以有效地控制进入摊铺室内的供料量。

进入摊铺室内最恰当的混合料量,是料堆的高度略高于螺旋布料器的轴心线至2/3 螺旋器高之间,即稍微能看见螺旋叶片为宜。料堆的这种高度应沿螺旋布料器全长一致,因此要求螺旋布料器的转速与配合恰当。并且,螺旋布料器和刮板输送器应在整个工作时间内尽量不停歇地持续运转,因为频繁停转与再起动会造成其传动机构过快地磨损。

为了实现上述目标,最好的办法是使用全自动驱动和正确的施工调整。所谓全自动驱动,是刮板供料器的传送速度由料位传感器的电位器实现自动控制,速度自动地与螺旋布料器前的料位情况相适应。供料不足时,传送速度自动地加快,供料太多时,传送速度自动地减慢。所谓正确的施工调整,是选择合适的料斗闸门开度与供料速度恰当地配合,使刮板供料器能够连续、均匀地供料,而使料位感应器控制的自动调节开关越少起动干预供料越好。施工中,先预选中速供料,预定料斗闸门开启 5~10cm,然后在摊铺作用中调整校正闸门开启高度,直至刮板供料器匀速稳定工作后,再用电位器对刮板供料器速度进行微调校正即可。

对一定的摊铺机,在中速运转时,根据转速可计算刮板速度,进而计算闸门开启高度。

$$\frac{Q}{r} = W \cdot H(60\mu)$$

$$H = \frac{0.83Q}{W \cdot \mu} \quad (\mathrm{cm}) \tag{4-6}$$

式中:μ——刮板速度(m/min);

Q——供料量(t/h);

W——闸门宽度(cm);

H——闸门高度;

r——取 $2\mathrm{t/m^3}$。

10. 摊铺机自动调平装置的使用

摊铺机的浮动熨平板具有自动找平功能。但是,由于受熨平板侧臂长度的限制和受熨平板质量惯性所产生的调整滞后的影响,使得这种自动找平功能不能满足高等级公路对平整度的要求。因此,摊铺机又附装了一个自动调节装置。

目前,摊铺机铺筑沥青路面使用的找平基准主要有两种形式。

1)接触式调平装置

主要有固定基准即钢绳悬线法、电子平衡梁基准和滑撬(也称为滑靴)。

使用钢绳悬线法能较大范围内准确地控制设计高程、纵横坡度、路面厚度和平整度。其操作如下:选用直径为2mm的高强钢丝,其长度为200m、张紧度为800~1 000N为宜。基准线两根立杆的间距一般为5~10m,弯道处应加密。立杆要高于铺层75~150mm,埋设牢固,距铺层边160~500mm。钢丝架设高程应高于虚铺高程50~100mm,用细铁丝绑紧在立杆支撑架凹槽上。整个作业期间应有专人看管,严禁碰撞钢丝。

使用接触跨越式浮动平衡梁时,为保证面层整体平整度,中面层、上面层用平衡梁。为提高平整度,应尽量加长平衡梁的长度,注意滑靴和平衡梁行走轮不要粘有沥青,以防影响摊铺层的平整度。浮动平衡梁有很好的滤波作用,避免了固定基准折线和人为误差的影响,大大提高了路面平整度。跨度16~17.6m的平衡梁要求是直线摊铺,摊铺弯道时要求弯道的半径大于600m,否则由于弯道的变化引起平衡梁滚轮和滑靴产生较大的扭矩而发生横向位移,不但起不到平衡作用,反而破坏整个平衡系统,摊铺出的路面厚薄不均匀,影响路面的平整度。因此在摊铺半径小于600m的弯道时,除摊铺机转向应缓慢过渡外还应拆掉部分平衡梁,使其平衡梁的长度变小,减少平衡梁横向位移的发生,提高路面的平整度。在用浮动平衡梁铺横缝时,由于此时平衡梁的后半部分是在已经摊铺压实好的路面上,在摊铺前应在平衡梁滚轮下垫一块长6m宽20m厚度与虚铺系数相等的木板,摊铺机起步时打开平衡梁自动找平系统开关。因为正常使用平衡梁时其后半部是在未压实的虚铺路面滚动,如果此时不垫木板,使用平衡梁自动找平系统会使铺出的路面厚度减小。

使用滑撬时,在传感器上直接安装小滑撬替代摆臂。这时滑撬在已铺好的铺层或具备其基准条件的构筑物上滑行,此方法多在接缝施工中采用。如果是冷接缝,滑撬以压实后的铺层做基准,但应设置在离边缘30~40cm以内的铺层上;如果是热接缝,滑撬可以设置在未碾压的铺层上或铺层边缘内。

2)非接触式调平装置

主要有超声波式和激光式两种。

我国自2001年开始引进非接触式超声波调平装置,又称为超声波平均梁,采用的是超声波测距原理:在路面以上一定高度处,每侧牵引大臂上固定一条铝合金梁(平均梁),朝下布置多个声纳传感器(一般为4个),前三后一。摊铺作业时,声纳传感器向作为参考基准的地面发射声纳信号并接收返回信号,从而计算出距地面的均值,以此来控制摊铺机牵引大臂的升降,达到光滑平整的摊铺效果。优点是;安装简单方便;不与沥青混合料接触,无须清洗维修;即使道路再弯曲,也能连续摊铺,掉头也不成问题;摊铺平整度好,完全符合国家标准要求。由于作为声纳传播媒体的空气成分与温度对声纳的传播速度影响很大,因此必须加设温度补偿。又由于空间关系,补偿标杆长度不能很大,否则补偿效果不佳,测距精度受到影响。超声波平衡梁探头少,长度也不如机械式浮动平衡梁,故实际摊铺平整度并不比机械式浮动平衡梁+纵坡控制器好多少。此外,非接触式超声波平衡梁采用的是相对基准,无法控制摊铺路面的高程;对作为参考基准的原有路面的平整度要求比较苛刻。因此超声波平衡梁一般只用于面层的摊铺,摊铺基层或下面层仍然只能采用纵坡电子控制器+基准钢丝绳。超声波平衡梁不可能完全取代电子调平装置。

近期,国外又推出了所谓RSS系统(道路扫描系统)并同步进入我国,国内叫做激光扫描调平系统。与超声波平衡梁一样,也属于非接触式调平装置,但采用的是激光测距原理。激光的传播速度比声纳快的多,又不受环境影响,故测距比声纳精确;RSS 系统在摊铺机每侧牵引大臂上仅配置一个激光发生器和接收器探头,可以在工作平面的某一角度范围内对作为参考基准的路面进行扫描,并逐步测量探头距地面的距离并加以运算平均,测点多达 150 个。因此从理论上讲,RSS 系统的控制精度比超声波平衡梁高得多。然而新产品设计不够完善、质量并未达到预期效果,加上 RSS 的价格较超声波平衡梁更高,目前国内用户采用量很少。但随着产品的完善和价格的下降,在今后有可能会取代超声波平衡梁。

大量的工程实践证明,在下面层、中面层采用悬线法,中面层、上面层采用接触跨越式浮动平衡梁或非接触式电子平衡梁铺筑的效果良好。

目前,因接触式调平装置技术较成熟,使用较多。摊铺机由电子传感器来跟踪一个外部基准,使所铺筑的路面平整度保持在该基准所引导的平面内,以此来保证铺筑的平整度。但是,施工中必须掌握该装置的使用技术,对操作中的各个环节要从严要求。

(1)纵坡基准面的选择

纵坡基准有专设的钢丝绳或现成参照物,如已铺好的路面结构层、路缘石等。

钢绳悬线法以地球为参照系的绝对基准,从理论上讲是绝对精确的,它能够对基层的高程和横坡度进行调整和修正,但无法排除人为的测量误差、打桩误差、钢丝的下垂等。所以在使用此法时要严格遵守张拉长度、张拉力、支柱间距等方面的要求,并严格测量、细心保护。如果基层平整度不好,或摊铺机两侧地带不适于拖梁滑行时,就应选用钢丝绳作基准。特别是下面层和中面层,更有必要用钢丝绳作基准,以对下层的高程误差和平整度进行调整。

浮动平衡梁基准随摊铺机同步在下层面上滑动或滚动,能将下层的凹凸起伏进行均化、分解或部分消除。浮动梁有两种形式,一种是直梁,它整个面与下层表面接触,由于它的长度加大(3 ~8m),可将移动表面凹凸坡长拉大,但不能减少波幅高度,只能因坡长的拉大达到“均化”的目的,故又称“平均梁”。另一种是在其下面装有许多带弹簧的“脚”或小轮子的浮动梁,悬挂在机侧并随机移动,上面置放纵坡传感器的接触件,如图 4-24。各小弹簧的弹力甚小,仅仅是“脚”走到凸坡处被压缩,而不能使梁抬起,这样就可保持梁始终处于平坦状态,使铺层调整得十分平整,在下陷处铺层厚些,凸起处铺层薄些,从而将下层表面的起伏坡“均化”,并降低了波幅。与钢丝绳法不同,当下层高程误差不大或已经纠正后误差不大,且平整度较好时,应尽量使用浮动梁,带“脚”的浮动梁更好,以更进一步降低凸凹的起伏程度,提高平整度。因此,浮动梁基准适合于多层铺筑的中面层和上面层,以及平整度较好的单层沥青混凝土路面。

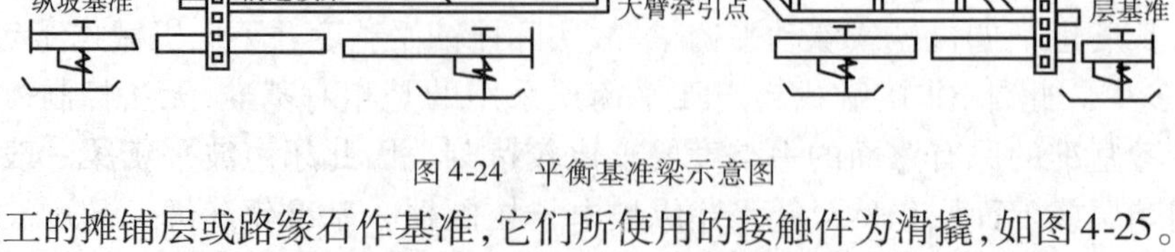

图 4-24 平衡基准梁示意图

用已完工的摊铺层或路缘石作基准,它们所使用的接触件为滑撬,如图 4-25。由于作为基准的已完工路面和路缘石,平整度往往并不理想,所以就限制了滑撬的应用范围。以路缘石作基准多在初始摊铺时使用,以已铺层作基准多为接宽摊铺层时所用。

根据施工经验，当下层的平整度标准差＞1.8mm时，宜用悬线基准；当标准差在1.8mm以下时，宜用浮动梁基准。

（2）纵坡控制器与横坡控制器的调整

①纵坡控制器的调整。

a.将纵坡控制器上的开关推至坡工作位置，降落纵坡控制器至传感器与基准面相接触，调节手调装置旋钮，直到控制器上的两个指示灯熄灭，此即为传感器的中立位置。

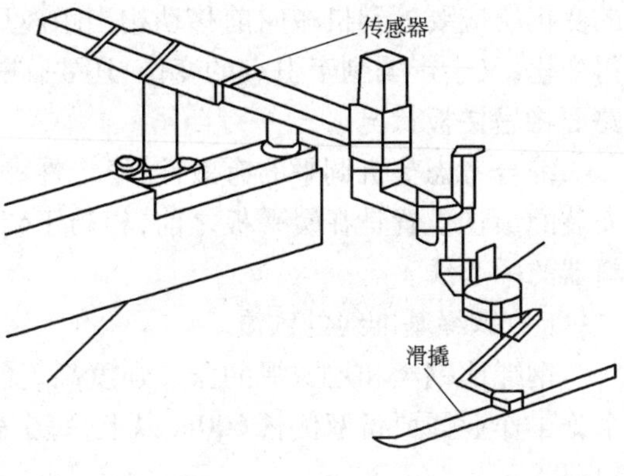

图4-25 滑撬示意图

b."不工作带"的调整。调节纵坡控制器上的灵敏度旋钮，至控制器上的指示灯出现明灭变化（从一支熄灭到另一支点亮）能对导柱高度调整旋轴转动量不超过1/2周表示出反应，即为灵敏度合适（大约在灵敏度旋钮显示8个）。灵敏度调整之后，应将调整旋钮的位置用锁环固定。

②横坡控制器的调整

a.将横坡控制器上的开关推至工作，调节横坡控制器手调装置上的旋钮，直到控制器上的两个指示灯都熄灭。

b."不工作带"的调整。调节横坡控制器上的灵敏度旋钮，直到控制器上的指示灯明灭变化能对斜度差值0.03%～0.04%的范围表示出反应，即为合适（大约在灵敏度旋钮显示8处）。调整灵敏度后，该旋钮即用锁环固定。

c.熨平板在实际横坡数值与倾斜方向由气泡水准尺检测，熨平板的底面必须与下层顶面有相同的高差距离。

d.若横坡控制器的手调装置上两窗口显示的数值与用水准尺所测的熨平板实际横坡值不相符时，应将手调装置的"重调"按钮按下不放松，同时拨动调节旋钮进行调整，直至二者相符合为止。

（3）纵向传感器的安装位置

纵坡传感器的安装位置对纵坡的调平效果也有影响。影响浮动熨平板的水平位置的改变来自两个方面：即牵引点随下层凹凸起伏而改变和熨平板受力系统的平衡被破坏。另外，纵坡调平还会出现滞后现象。因此，纵坡传感器的安装位置应使其能同时检测到前后两方面的偏差。

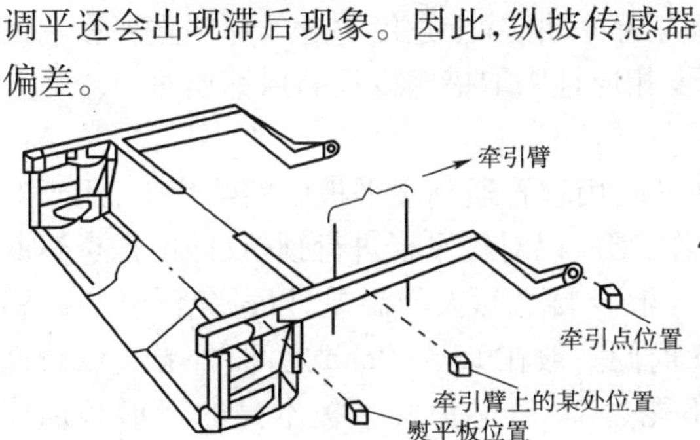

图4-26 纵向传感器的安装位置

纵坡传感器有三处安装位置：牵引点位置、熨平板位置及牵引点与熨平板之间的某处，如图4-26所示。

传感器安装在牵引点位置上，对牵引点的升降最敏感能作出精确的调节。但对熨平板的升降不能检测出来。

传感器安装在熨平板的端闸板上，可准确及时地发现熨平板刚发生的变化，但是对于牵引点的变化反应要等到机械向前移动相当距离后才会完全发现;而熨平板在这个过程中也有可能再变化,又会影响到牵引点的变位,还要作相应的调整,使得自动调平系统反复地变化,铺出的路面将呈搓板状况。

综合考虑整机调平的有效性、稳定性和精确性,经有关资料介绍有以下结论:纵坡传感器安装的最佳位置是在熨平板之前,相当于牵引臂长 1/3 ~ 1/9 之处,并将传感器垂直于螺旋布料器的中心线。

(4)钢绳基准线的敷设

钢绳比钢丝和尼龙绳的张拉强度高,受外界因素影响变化小,所以施工中应优先选用。一个施工作业面要备双侧长 600m 以上,每个张拉段的长度以 200m 为宜,其张紧力一般需 800 ~ 1 000N。

基准线的敷设如图 4-27 所示。主杆的长度为 50 ~ 70cm,入土深度应不小于 30 ~ 40cm,垂直牢固地埋于土中。主杆上套一个可上下移动的钢环,钢环一侧的螺栓孔用螺栓使其能够固定。钢绳的高程通过路缘石的高程测量来定,误差要小于 2mm。钢绳应尽可能地靠近铺层边缘,最多不能大于 20cm。两根立杆的间距一般为 5 ~ 10m。敷设基准线时将其一端固定,另一端通过弹簧秤连接于张紧器上。

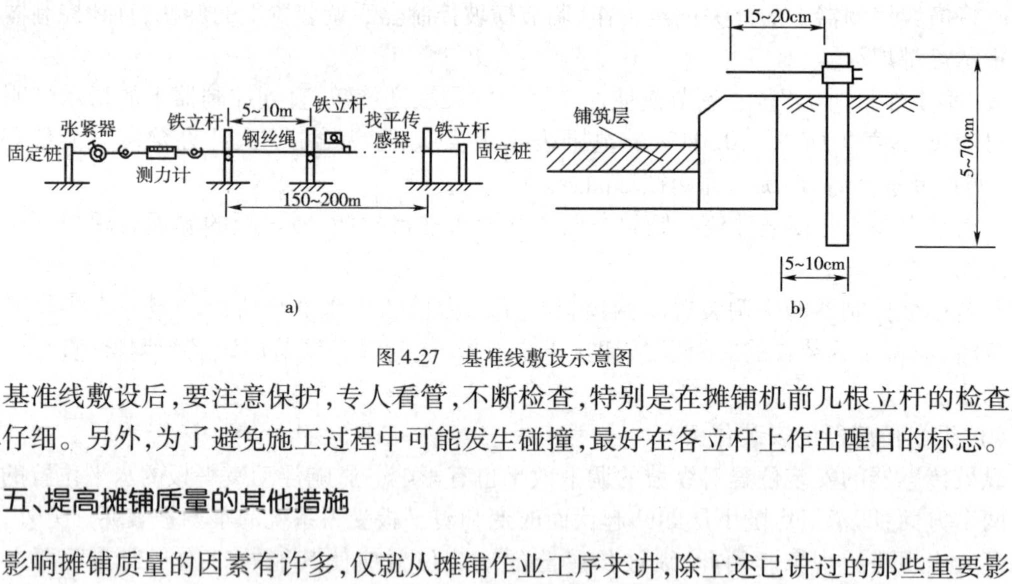

图 4-27　基准线敷设示意图

基准线敷设后,要注意保护,专人看管,不断检查,特别是在摊铺机前几根立杆的检查更要认真仔细。另外,为了避免施工过程中可能发生碰撞,最好在各立杆上作出醒目的标志。

五、提高摊铺质量的其他措施

影响摊铺质量的因素有许多,仅就从摊铺作业工序来讲,除上述已讲过的那些重要影响因素外,还有其他一些因素也影响到摊铺质量,所以要相应地采取措施以提高摊铺质量。

1. 熨平板的加热

摊铺机上配有两罐丙烷加热气,容量不小于 33kg,用软管通到熨平板中的喷嘴上,用于对熨平板进行预热。每天开始施工前或停工后再工作,都应以对熨平板进行预热,即使是炎热的夏季亦必须如此。其目的是减少乃至消除熨平板与混合料之间大的温差,以避免混合料冷粘在熨平板底面上,使摊铺层出现拉沟或裂纹。预热时间一般在 15 ~ 30min 之间,外界气温较低时选择较长的时间,但加热过程不能过快,温度不能过高,以避免熨平板本身的变形和加速磨损。

操作时,应将气罐与燃烧器间的所有阀门关闭,将气罐总开关开启,按下软管爆裂安全装置约3s,等系统中的气压上升,达到1.5bar后,开启三通分配器的某一阀门向点火杆供气,将点火杆点燃后关闭。然后开启三通分配器的另一阀门,向熨平板中的烧嘴供气,用点火杆将全部烧嘴点燃。若任何时候某只烧嘴熄灭时,应小心立即重新点燃。

2. 摊铺层厚度调节手柄的正确使用

对于采用了自动调平装置的摊铺机,施工过程中的铺层厚度可由该装置自动控制,不必人工调整。对于未采用自动调平装置的摊铺机,则依靠人工转动厚度调节手柄进行调整。由于浮式熨平板本身具有一定的自动调平能力,一般在厚度调整过后,施工时可不必多去调整,只是在确有凹凸处才进行调整。浮式熨平板的仰角是在摊铺机驶过3倍牵引臂长的距离后才发生变化。需要调节时,按摊铺机每前进1m转动1/4圈调整,这样经多次调节后方得到较为平整的铺层。每次在铺筑凹凸处调节以后,要注意按上述方式反向调整回来,以保证铺层厚度。

3. 收料斗翼板的正确操作

料斗翼板依靠其下面的液压缸推举而进行翻转。汽车在卸料时易使粗粒料聚集在料斗的两侧,如果待中部的较多细料输送完大部分时,才输送侧边的粗料较多的部分,则显然会使得该处铺层的粗粒料较多,外观出现"倒V形"质量缺陷。因此,在料车驶离料斗后,应及时缓慢地翻转料斗翼板,只要不使料斗内混合料外漏即可。另外,当料斗内存料不多时,所剩下的混合料往往也是粗料较多,因此在料斗内混合料尚有一定的存量,不到能看到刮板输送器时,就有下部料车及时地卸料。

4. 摊铺机及其各功能的起动操作

摊铺机的起动,各功能的起动,其本身以及相互之间的配合,都要求按照一定的方式来操作,具体过程如下:

(1)施工中,首先是使主柴油机空转2~5min,使传送系统和摊铺机的液压系统得到预热;

(2)起动混合料传送系统,将开关置于手动位置,即开始往螺旋分配器送料,至螺旋器槽中约达螺旋叶片直径的2/3高度处,而且都被物料填充时,再将物料传送系统调至自动位置;

(3)将主机行驶驱动机构起动,在起动开始至提高转速的初级阶段内,由于各液压传动机构尚未达到足够均匀的运行速度,所以不要在起动开始即进行摊铺作业;

(4)在摊铺机各液压传动机构达到一定的均匀运行速度后,将控制振捣器的板钮开关和控制振动器的板扭开关都扳向自动位置;

(5)将前进操纵杆前推,整机开始摊铺作业;

(6)如果摊铺机设备使用自动找平装置,在整机前移大约一个熨平板尺寸的距离时,将熨平板置于"浮动"位置,并用锁定机构将其固定下来。

在熨平板置于浮动位置开启锁定后,再将自动操平板扭开关推至电子检测位置即可。

5. 配合人工是保证质量的必要措施

摊铺机熨平板两侧距路缘石10~20cm的距离,常要用人工往两侧分料,并予整平。另外,摊铺过后的铺层,难免会有个别大料,要由人工捡出,再补上混合料;对一些表面粗糙大料明显较多的地方,要用人工筛细料,均匀地筛布灌缝,但要注意不能筛布太多出现细料重叠。当然,如果大料集中的太多,就应当人工挖除换料。

在摊铺机前,要有人工清扫底层,清除运料车撒落下来的混合料和其他污物,特别是摊铺机履带板行走的底层上，一定清除干净，以免自动调平装置产生误调动作，破坏摊铺层的平整度。

6. 运料车与摊铺施工的配合

运料自卸汽车的配备数量，当采用5～7t运料车时，由于运料太少，车斗高度过低，施工中不宜采用。至少应使用8t以上自卸汽车，并尽量考虑使用15t以上自卸汽车。车辆的性能和车况要好，禁止使用“带病”车辆，以避免因车辆故障使混合料降温废弃。

混合料生产能力与摊铺速度确定后，就能保证摊铺机按一定的速度连续恒定地摊铺。但是，由于运料车速度不一致和故障等原因，均会影响这一目标的实现。因此，要等摊铺机前停有3～4辆运料车时，再开始每天的摊铺施工。

运料车与摊铺机正确的接触方式，是运料车后车轮倒至距摊铺机推辊30cm左右处停车，迅速换入空挡，停止使用制动器，等待摊铺机接近，平稳地顶推料车前进，要坚决杜绝料车倒退时去碰摊铺机，使铺层出现熨平板条痕。另外，在摊铺机顶推料车过程中，不要使用紧急或强制制动，必要时可轻拉手制动器，以能控制料车不致脱离摊铺机为度。料车卸料要均匀平稳，不要把车厢尾部插入料斗的混合料内，更不要把料洒卸到地面上。为使混合料供应充分、摊铺厚度均匀，卸料后该料车应及时驶离摊铺机，方便下一部料车迅速到位。

在上述整个过程中，为方便料车的倒车、停车、起斗和驶离，要有一人站在料车驾驶员一侧的摊铺机料斗前沿指挥料车的倒车、停车、起斗和驶离。

六、沥青路面的接缝处理

接缝包括纵向接缝和横向接缝(工作缝)两种。在全宽幅摊铺机全幅摊铺面层的情况下，虽可避免纵向接缝，但横向接缝是不可避免的，至少每天会有一条工作缝。接缝处理不好时，会使路面在接缝处下凹或凸起，并可能由于接缝处压实度不够、结合强度不足而产生裂纹，甚至松散。

1. 纵向接缝

纵向接缝可以采用热接缝和冷接缝两种方式铺筑。热接缝是两台摊铺机一前一后成梯队同步摊铺沥青混合料；冷接缝是在不同时间分幅摊铺时采用的方法。纵缝应尽量考虑采用热接缝。上、下层的纵缝应错开15cm以上，表层的纵缝最好设在路面标线下。

对于热接缝，先行摊铺的热混合料应留下10～20mm宽度暂时不压，作为后摊铺部分的基准高程面，然后作跨缝碾压。对于冷接缝，先行铺筑的半幅宜设置挡板或采用切刀切齐，铺筑另半幅前必须将前接缝边缘清扫干净，并刷黏层沥青。摊铺后半幅混合料时应与已铺层重叠5～10cm，用以加热已铺筑的沥青混合料，碾压前将这部分混合料铲掉。碾压时压路机应大部分压在已碾压好的路面上，仅有10～15cm的宽度压在新铺层上，然后逐渐移动跨过纵缝碾压，见图4-28。

2. 横向接缝

横向接缝可采用平接缝和斜接缝两种方法铺筑，如图4-29。高速公路、一级公路和城市快速路、主干路的中上面层的横缝应采用垂直的平接缝，其他层次以及其他道路的各层次均可采用斜接缝。相邻两幅及上下层的横缝应错位1m以上。为使接缝位置得当，应在已铺层顶面顺路面中心方向在2～3个位置先后放一把3m直尺，并找出表面纵坡或已铺层厚度开始发生

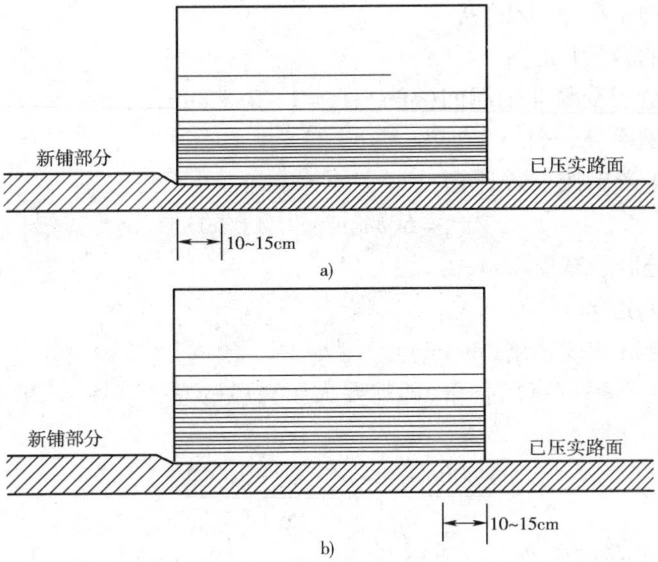

图 4-28 纵向接缝的碾压示意图

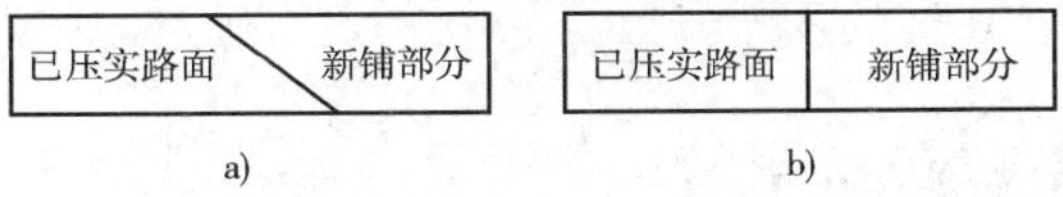

图 4-29 沥青路面横向冷接缝处理

a)斜接缝；b)平接缝

变化的断面，然后用锯缝机沿此断面切割成垂直面，并将已铺层不符合要求的尾部铲除（也可以人工或机械铲除不符合要求的尾部，形成毛接缝）。为便于铲除混合料，可事先在施工临近结束时，在预定摊铺宽度范围内先铺一层牛皮纸或撒一层薄砂，摊铺机铺料结束驶离现场后，人工将端部混合料铲齐后碾压；然后找出切割的位置，趁热将其尾部铲除。继续摊铺混合料前，在切割断面上涂刷一层薄沥青，以增加接缝处新旧铺筑层间的黏结，并用热沥青混合料将临近接缝处的已铺沥青混合料加热。

七、沥青混合料摊铺机生产率的计算

沥青混合料摊铺机的生产率以每小时的吨数来计量。

$$Q = hBv_0\rho K_B \tag{4-7}$$

式中：Q——摊铺机的生产率（t/h）；

h——铺层厚（m）；

B——摊铺带宽（m）；

v_0——摊铺机工作速度（m/h）；

ρ——沥青混合料密度（t/ m^3）；

K_B——时间利用率，$K_B = 0.75 \sim 0.95$。

受料斗的容量按下式计算：

$$V = \frac{Qt_d}{60K_f\rho} \tag{4-8}$$

式中：Q——摊铺机的生产率（t/h）；

V——受料斗的容量（m^3）；

t_d——汽车卸料于受料斗的时间（min），$t_d=2\sim2.5$ min；

K_f——斗的充满率，$K_f=0.6\sim0.7$。

刮板输送器的生产率按下式计算：

$$Q_f=60bh\rho v_f \qquad (t/h) \tag{4-9}$$

式中：b——刮板输送器的宽度（m）；

h——闸门的开度（m）；

v_f——刮板输送器的线速度（m/min）。

刮板输送器的生产率应有储备量，即它要大于机械的总生产率，一般 $Q_f=1.5Q$。螺旋摊铺器的生产率按下式计算：

$$Q_s=\frac{3\,600\rho\cdot S\cdot n_s\cdot k_1\cdot k_2\cdot 2\pi\cdot D^2}{4} \tag{4-10}$$

式中：Q_s——螺旋摊铺器的生产率（t/h）；

D——螺旋直径（m）；

S——螺距（m）；

n_s——螺旋的转速（r/s）；

k_1——横截面充满系数 $k_1=0.3\sim0.6$；

k_2——由于滑转和挤压而引起生产率下降的系数，$k_2=0.9\sim0.95$。

螺旋摊铺器的生产率应不小于 $0.7Q$。一般螺距 $S=D$，而 $D=0.3\sim0.4$ m。

八、日产新泻牌沥青摊铺机的技术使用

日产新泻牌沥青摊铺机见图 4-30。

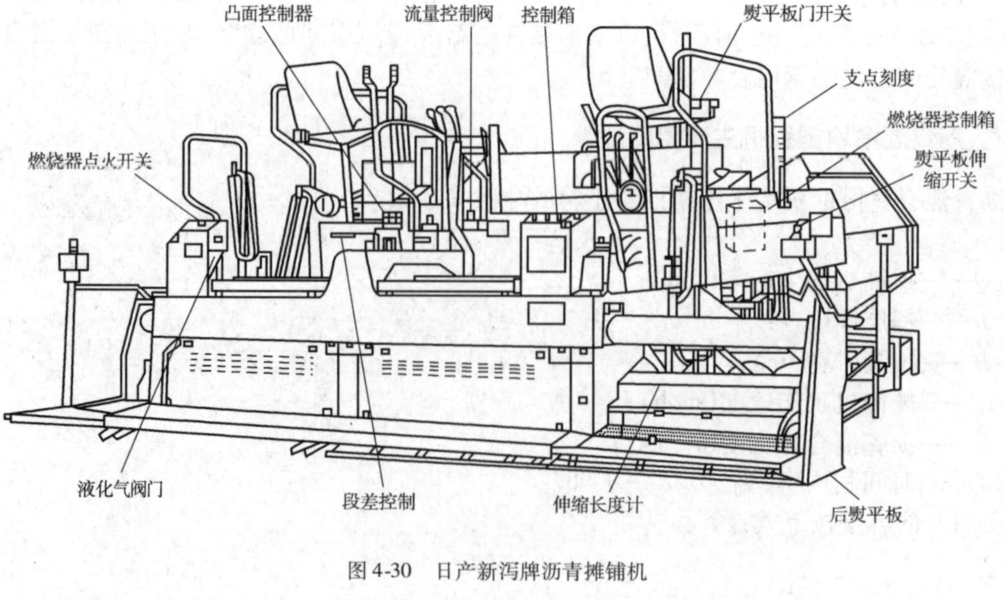

图 4-30　日产新泻牌沥青摊铺机

1. 机械施工作业

整机主要由主机身、储料斗、撒料机、螺旋装置、熨平板等部分组成,并配备一套自动调平装置。

(1)施工组装:该机可按施工要求组装成249~450cm的不同摊铺宽度,主要通过增减搅刀刮板、挡板等几个部件进行。调整后需拧紧各部位螺钉。

(2)机械的施工保养:施工前应检查机械部件是否运转正常,严禁有漏油现象,并在储料斗撒料机、螺旋装置、熨平板等部位喷洒轻油,施工后,对机械要进行清理工作,如熨平板、搅刀、挡板、储料斗、传送带、轮胎等部位的沥青混凝土,方法可用烤、刷、铲等,清理的杂物要及时运至场外。机械在施工当中出现故障,应将储料斗内的沥青混凝土清理出机外,并将机械拖出现场外检修。

(3)施工现场机械的就位:摊铺机就位处下面的基层,应保证稳定、平整、路形变化较小。

①铺放垫木:这是机械标尺,特别需要注意,选择长×宽为50cm×10cm及100cm×10cm的板材,厚度随铺筑高度的需要,选择不同的厚度,以两块为一对随机准备使用。在摊铺机就位后,将垫木放在基层上,其垫木顶面高程应等于该点的设计高加上应铺沥青混凝土的虚厚,要实际测量,不合格时可调换垫木,垫木在双熨平板机械使用时,需前端取齐,不能错位,如图4-31,合格后慢慢将熨平板落在垫木上,严禁用砖石等代替。

②进料角的调整,为使熨平板离开垫木后不会产生突然的下降,在熨平板放在垫木上,将厚度调节手轮转到刚接触到垫木时,再将手轮向右转一周,熨平板和垫木之间离开3mm,如图4-32。

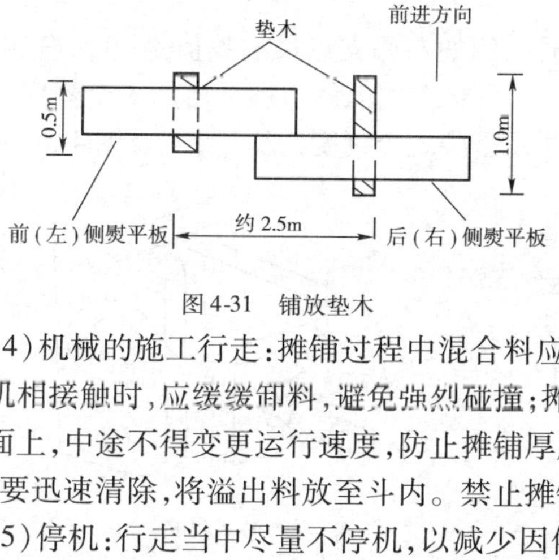

图4-31 铺放垫木

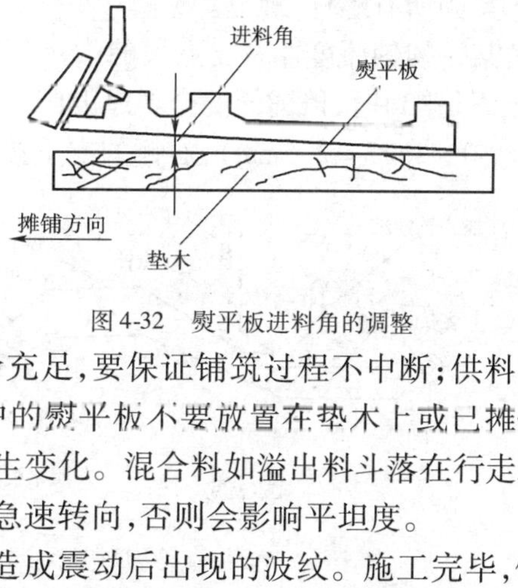

图4-32 熨平板进料角的调整

(4)机械的施工行走:摊铺过程中混合料应供给充足,要保证铺筑过程不中断;供料车与摊铺机相接触时,应缓缓卸料,避免强烈碰撞;摊铺中的熨平板不要放置在垫木上或已摊铺好的路面上,中途不得变更运行速度,防止摊铺厚度发生变化。混合料如溢出料斗落在行走装置前面,要迅速清除,将溢出料放至斗内。禁止摊铺机急速转向,否则会影响平坦度。

(5)停机:行走当中尽量不停机,以减少因停机造成震动后出现的波纹。施工完毕,储料斗内的余料最好就地处理,严禁存放在料斗内。拆除自动调平装置时,应将摊铺机后托架抬起。摊铺机驶出施工场外后,在场外将所连接的加长的机械配件卸下,并用加热器喷烤,清除全部黏结的沥青混合料,擦干净后喷轻油以备再用。

2. 手动调节工作

本机虽属自动控制型,但在自动控制使用前,还要结合现场情况、施工条件等方面,进行必要的手工调节。

(1)支点尺(标尺)的刻度:摊铺厚度的调整,通过液压油缸上下移动支点销Ⓑ改变熨平板的工作仰角来进行。如果各种条件不变,支点的变化量和摊铺厚度的变化量之间关系是 1:1 (支点尺的一个刻度近似摊铺厚度 1cm)。支点尺表示的是支点销Ⓑ的动向,而不是厚度,如图 4-33。

(2)调整螺钉(粗调用):出厂时一般以支点控制中立点(支点刻度为 0)为准,此时摊铺厚度为调 6cm,此时调整螺丝刻度板上值为 10。

摊铺厚度为 150mm 以上或左右的支点尺指示值不同时,可用通过调整熨平板的初期进料角的方法进行,具体方法如下。

摊铺混合料较厚时:

①松开调整螺母 A;

②松开螺母 C;

③将螺母 B 向右(顺时针)旋转所需的量;

④调整后紧住螺母 C;

⑤紧固所有螺杆、螺母。

摊铺混合料较薄时:

①松开调整螺母 A;

②松开螺母 B(向刻度数字少的方向转);

③将螺母 C 向左(逆时针)旋转所需的量;

④调整后紧固螺母 B;

⑤紧固所有螺杆,螺母。

若某一摊铺厚度左右支点尺的指示值不同时。例如左侧支点尺的数值是[0],右侧的支点尺数值是[3]时,摊铺的混合料厚度假如是 6cm。可将左侧的调整螺母增加 3 个刻度(因此板变化 30 × 1/12 = 2.5mm),右侧的支点按钮将指示下降 3 个刻度,如图 4-34 及图 4-35。

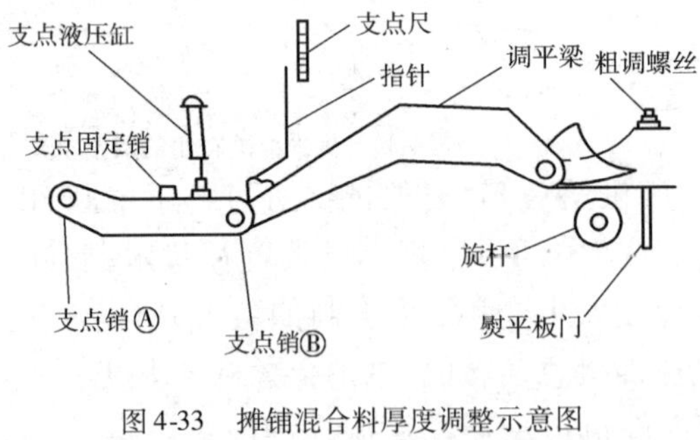

图 4-33 摊铺混合料厚度调整示意图

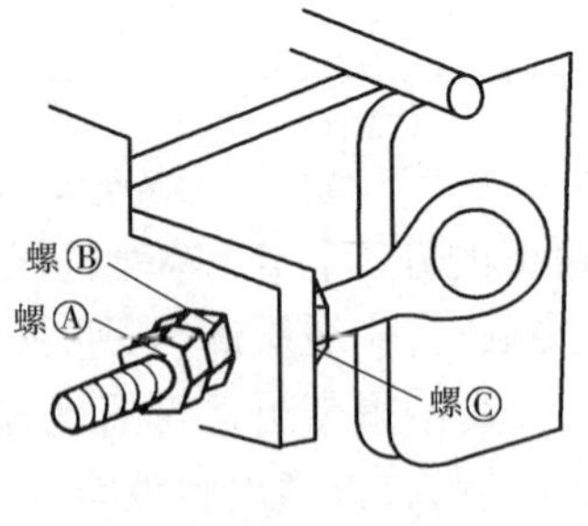

图 4-34 支点尺调整螺母

(3)混合料的滞留量控制:在摊铺 2 ~ 3m 后,检查一下右熨平板门前的混合料量,熨平板门的开度按经验调整到适宜的位置为宜,如图 4-36。

摊铺宽度在 4m 以上时,同时使用伸展门和伸展旋杆,如图 4-37 所示。

(4)路拱的调整:如图 4-38 所示,松开锁紧螺母Ⓐ,加横向坡度时,向右旋转螺母Ⓑ;去掉横向坡度时,向左旋转螺母Ⓑ,调节后锁紧螺母Ⓐ。

(5)段差的控制:当左右侧摊铺不等厚或路拱中心线未在设计中心位置时,应作如下调整:

当右侧摊铺厚度高于左侧时,路拱中心线偏向路左侧,向左旋转段差控制器操纵杆(逆时针方向），减少刻度数字纠正偏差，如图 4-39。

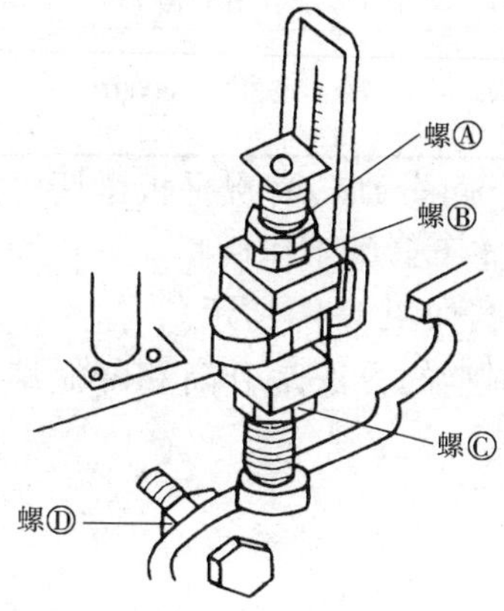

图 4-35 支点尺调整螺母

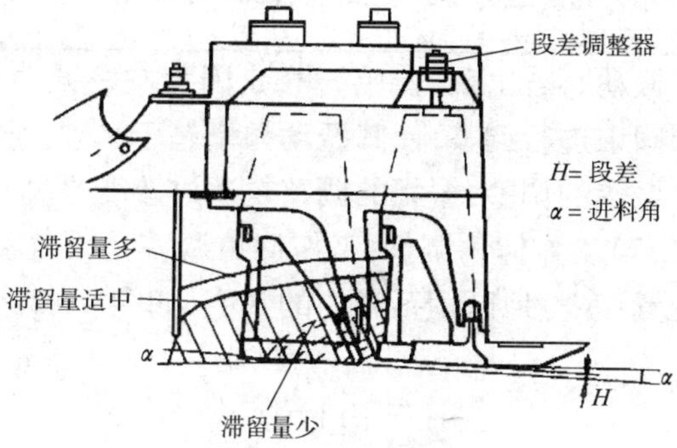

图 4-36 混合料的滞留量控制

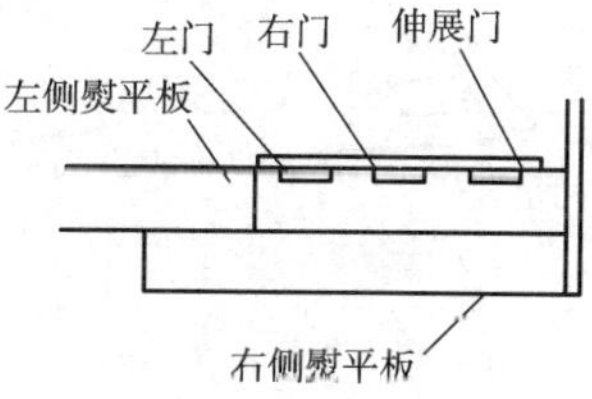

图 4-37 熨平板伸展门

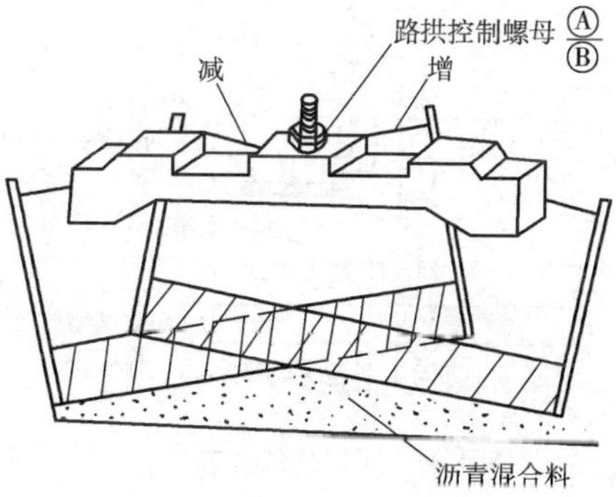

图 4-38 路拱的调整

产生与上述情况相反时，应向右旋转操纵杆，如图 4-40 所示。

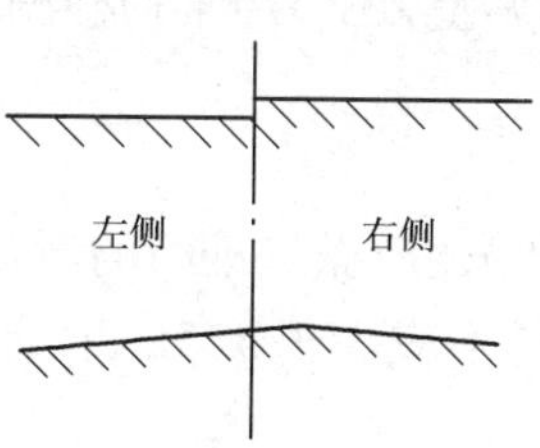

图 4-39 摊铺机右侧摊铺厚度高于左侧时

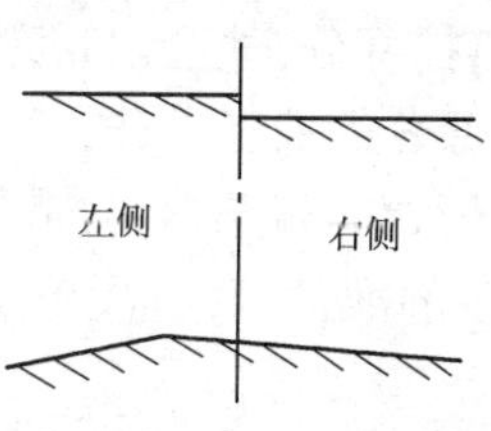

图 4-40 摊铺机左侧摊铺厚度高于右侧时

表层产生 3 ~ 5mm 的段差，一般施工前应调整。施工前熨平板应充分的加热，否则施工开始时也会产生暂时性的段差现象。

（6）振动的调整方法：振动调整分振动频率的调整和振幅的调整两种。

振动频率的调整：标准振动频率为 2 200Hz。通过排放阀改变液压油的流量来调整振动频率。

增加振动频率，向右（顺时针）旋转排放控制阀。

减少振动频率，向左（逆时针）旋转排放控制阀。

其刻度转动一周，振动频率约变化 400Hz。振动频率调整条件见表 4-15。

振动频率调整条件　　表 4-15

摊铺条件	振动频率	摊铺条件	振动频率
密实度太大、作业速度太慢、摊铺厚度薄时	1 500 ~ 2 000Hz	密实度太小、作业速度太快、摊铺厚度厚时	2 500 ~ 3 000Hz

振动时若出现"呜呜"声,是因为左右振动频率不同而导致。可分别转动熨平板微调排放控制阀来进行调整,使其振动频率趋于一致。除此之外,通常状态下此阀不作调整。

振幅的调整:振幅的调整是通过改变平衡块的位置来实现的,如图 4-41 所示。

(7)工作仰角调整:工作仰角调整是因气温影响的需要。调整的方法是升高和降低螺杆的位置,寒冷地区用括号内的数值,如图 4-42 所示。

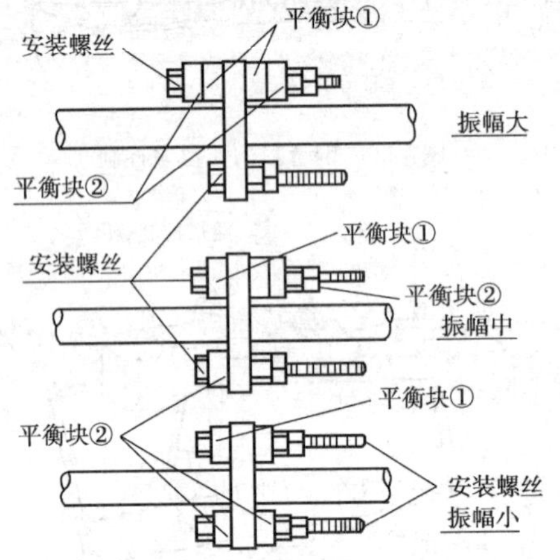

图 4-41　平衡块的位置

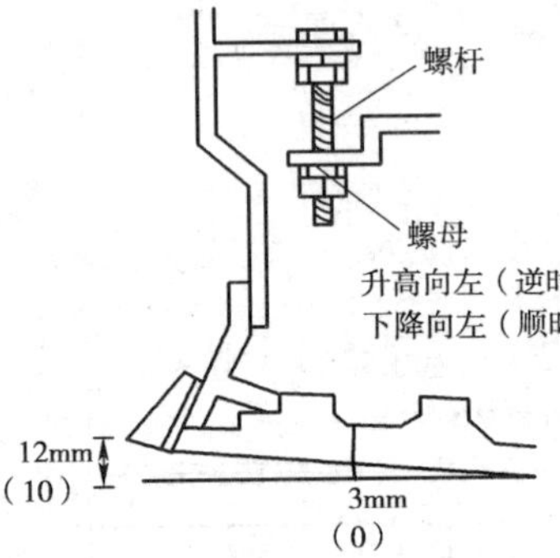

图 4-42　工作仰角调整

一般在施工开始时,由于摊铺机和混合料的温度低,起动后易出现铺薄现象。因此要将支点尺预先增加 1 ~ 2cm 刻度,在摊铺 2 ~ 3m 后随时检查,随时微调,直到合格。

总之,本机许多部件在使用前需进行科学的、认真的调整,还要经常的检测,才能达到预期的效果,再配合自控部分,才会出现理想的摊铺成品。

3. 自动调平部分的准备工作

除机械本身配置的传感器、仪表等的安装外,施工现场还应做好准绳的测设工作。

(1)工具设备的准备:每一次单机操作最短直线距离不应少于 105m,按此距离所需工具设备数量如下:

①钢橛:12 根,直径 18mm,长度 500 ~ 600mm,一端平顶,一端尖头。

②套管:10 个,如图 4-43,配螺钉、螺母各 10 个。

③钢丝绳:直径 2.1 ~ 3mm。

④紧线器:1 个(拉紧准绳用)。

⑤绕线架:1 个(保存钢丝用)。

⑥锤(8P)、活动扳手、起橛器各 1 个。

(2)测试仪器:水准仪一架,塔尺一个,皮尺一盘,盒尺一盘。

(3)基准线的测设:基准线是摊铺机进行摊铺作业时高程控制的主要依据,基准线由支托在钢桩套管上的钢丝绳构成,需在摊铺作业前测设好,以供摊铺机传感器在上面滑行。机械在作运行中,由于地面与基准线之间高差变化,使传感器摆动发出信号,借助仪器、电路传至液压系统调整熨平板角度,从而使摊铺的高度符合设计要求。

①钢桩位置:钢桩距摊铺机熨平板端17~60cm,最大不能超过70cm,如图4-44所示,钢桩的间距为7.5~10m,每桩均测高程。

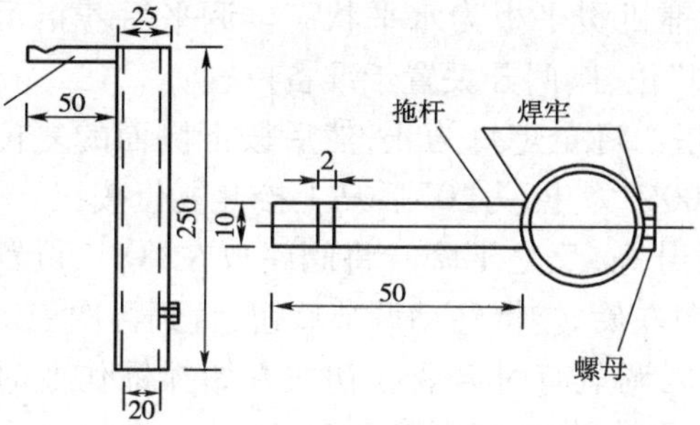

图4-43 套管(尺寸单位:mm)

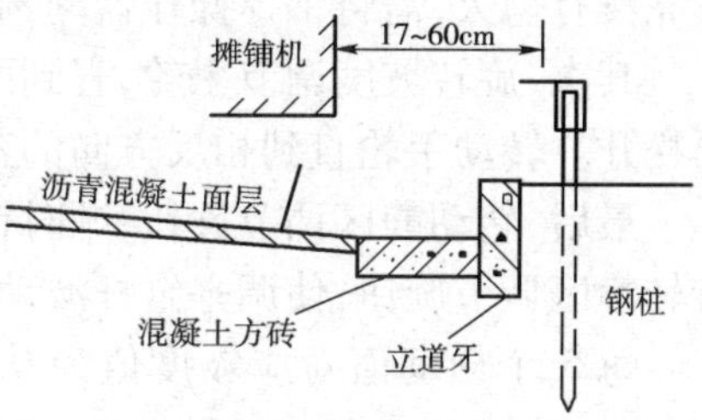

图4-44 钢桩位置

②基准线高程:在设计纵断的高程上加一常数值;其值约比设计高程增加40~50cm。

③钢桩的使用:钢桩也称套管桩、活节桩,是由钢桩、套管、托杆、顶丝组成。先将钢桩钉在道牙外约10~20cm处,桩顶比道牙约高20cm,各钢桩保持竖直钉入道牙,固定牢固后套上套管;调整托杆方向使其垂直指向路的中心线,将高程测在托杆上,方法是一人扶塔尺,一人在下面升降套管。待合格时,立即拧紧顶丝。在起点和终点桩以外5m处各加测一桩,承支柱桩,能防止准绳移位。纵坡变坡点和弯道处都要加桩,如图4-45所示。

④栓准绳:准绳是由钢丝绳、紧线器、火烧丝组成,自一端的地锚桩开始,经过各桩的托杆拉至另一端。通过紧线器的作用拉紧钢丝绳,保持30~40kg拉力,钢丝绳不能出现盘扣现象。用火烧丝将钢丝绳拴在托杆的槽内,如图4-46所示。拴绳的时间最好在摊铺沥青混合料前1~2h进行,拴绳后要进行高程复测和牢固性检查。

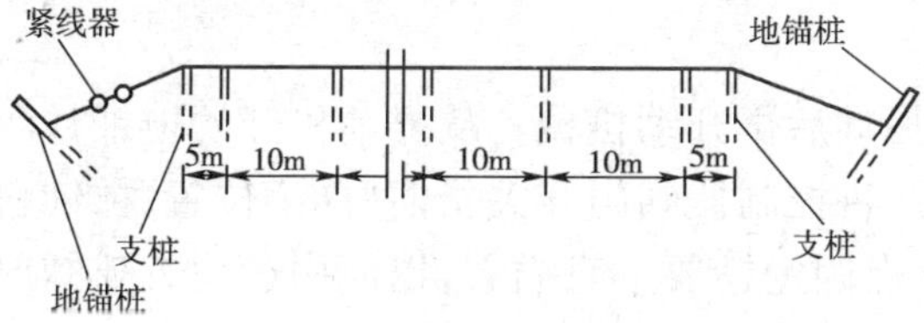

图4-45 钢桩使用示意图

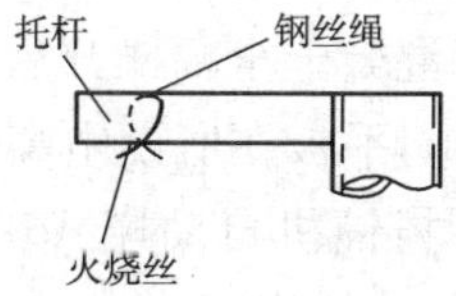

图4-46 用火烧丝紧固钢丝绳

(4)长调平装置:摊铺机在进行多幅路面摊铺时,只需第一幅用基准线的测设法,而在其他幅时,则可利用原机配套的一种车——长调平装置车。它是由四个滚轮、一个车架、一根钢丝绳等部件组装成,挂连在摊铺机一侧的前端,安装后用可调螺栓拧紧钢丝绳挂钩,使钢丝绳平直用以代替准绳。将传感器安置在钢丝绳上,开动摊铺机带动长调平装置车在已压实的路面上移动。注意:长调平装置车前进的路线路面应保持平整、干净。

(5)路缘石的利用:可使长调平装置在路缘石上移动。也可在路缘石上拉紧一根钢丝绳,将传感器放在钢丝绳上。不管是哪一种,路缘石上要求干净,高程要符合设计要求。

4. 自动调平装置的调整工作

1)自动调平装置的主要部件及其使用

(1)横梁:用以检测横向坡度,装在调平臂上。横梁及调平臂上严禁放置其他机件,禁止踩踏。

(2)横向水平控制器:用以控制道路横向水平或设置横向坡度,其位置安在纵向水平控制器的相反一侧。杜绝将两种不同类型的控制器装置在机械的同一侧。

首先,将摊铺机调为通常工作状态,控制器阀门开关置于准备位置,再将控制器装在横梁上,接通电源。将坡度值调为0.00%,调节摊铺机熨平板为水平状态。调平后若指示灯光还发亮没有熄灭,需将手提操作器的刻度调直"0"位,阀门开关置于准备位置。

其次,旋转坡度调节手轮,直到两个方向指示灯全熄灯为止,然后按下侧面的复位按钮不要松开。转动手轮直到相反方向的刻度为0.00%为止,为"0"后马上松开复位按钮。

最后,转动静区调节旋钮,顺时针,灵敏度升高,反之下降。将阀门放在"ON"位置再向右旋转静区调节旋钮,使调平缸杆波动,然后再向左旋,慢慢转动调节旋钮,直到再次稳定为止。

每5个刻度值对应坡度值为0.1%。静区调节有时需要在初次开始摊铺作业时再次进行,这是摊铺机工作时存在震动造成。振动严重时,将静区下降0.1%。

(3)纵向水平控制器:目的是使摊铺机摊铺后的高度和设计要求一致。安装时连杆臂伸向前方,向机械外侧伸出200mm,转动手柄上下调节120mm,传感器臂在控制器的后方,如图4-47、图4-48。调节平衡块使其与水平线成60°,接通电源使上面的指示灯发亮,转动手轮使其熄灭下面的指示灯亮为止,手轮旋转约2周(行程约3mm),再调节手轮至两灯全部熄灭。静区调整,顺时针方向转到调平缸开始波动,再慢慢微量回转一点,停留在缸的稳定位置。

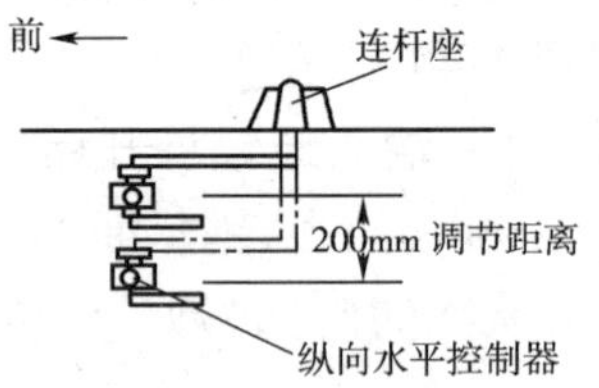

图4-47　纵向水平控制器

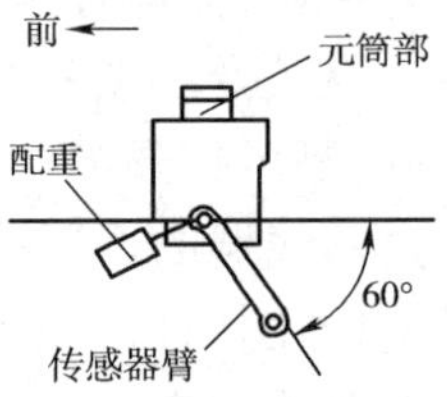

图4-48　传感器臂

2)摊铺运行中的调整工作

当沥青混凝土全幅摊开后,振动器振动后再开动机械。从摊铺机开始摊铺计程行驶距离为7~10m,熨平板在所设定高度稳定后,将控制器阀门开关指向"ON"位置,摊铺机转为自动模式工作。摊铺机自动模式工作时,支点固定销要一直插着,以便中途检查摊铺厚度是否适当,如有误差应予修正。

摊铺厚度不足时(横向均匀)将纵向水平控制器传感器座体上的手轮向增加摊铺厚度的方向旋转1/2~1圈,如图4-49所示。摊铺厚度大时(横向均匀),使手轮向减少摊铺厚度的方向转1/2~1圈,如图4-50所示。但是这种调节会使纵向水平控制器和熨平板的控制参数发生变化,因此要检查摊铺机的摊铺厚度。

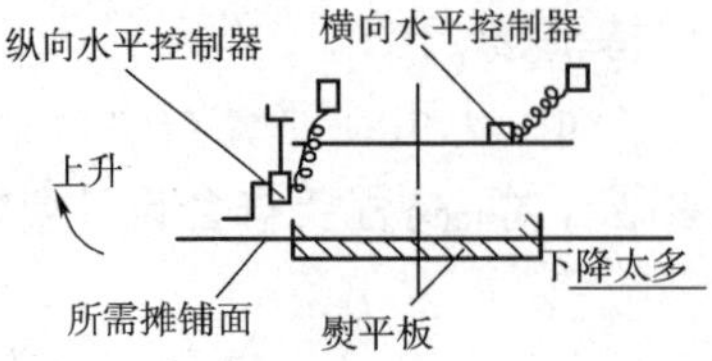

图4-49　摊铺厚度不足时

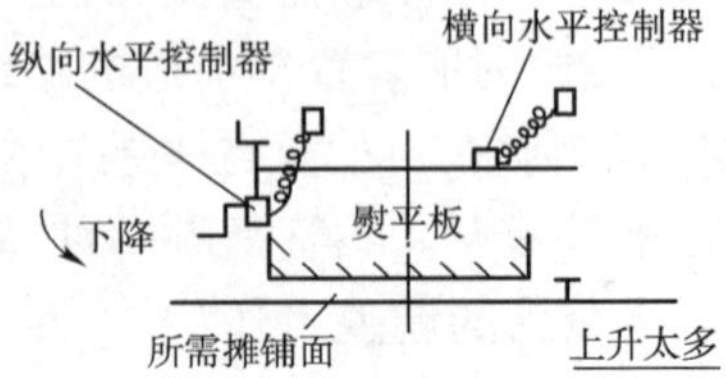

图4-50　摊铺厚度较大时

若摊铺机靠近纵向水平控制器一侧的混合料厚度薄时，如图4-51所示，可将传感器座体上的手轮向"增"方向旋转。因为调节纵向水平控制器时，摊铺机安装横向水平控制器一侧的混合料厚度也会发生变化，转动手动控制器的坡度调节旋钮，将有横向水平控制器一侧的熨平板向下修正。若安装有纵向水平控制器的一侧的混合料摊铺过厚时，如图4-52，则应进行与上述相反的操作调整。

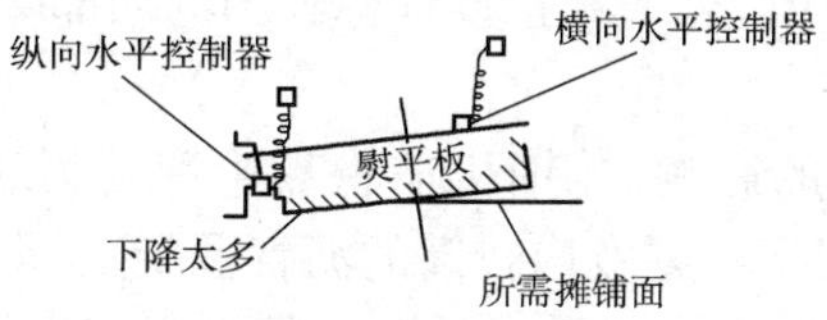

图4-51　摊铺机纵向水平控制器一侧的混合料厚度较薄时

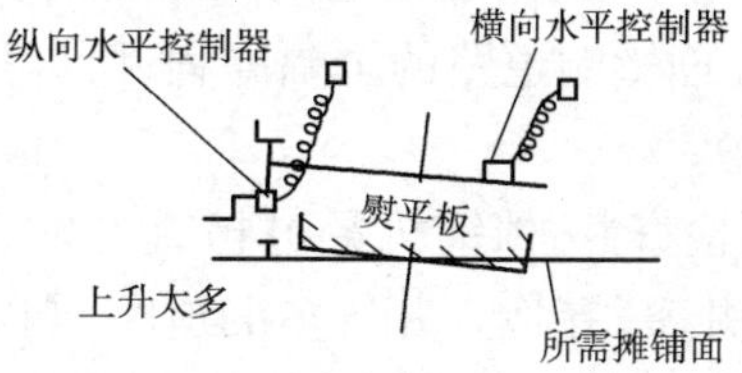

图4-52　摊铺机纵向水平控制器一侧的混合料摊铺过厚

摊铺机若安装有纵向水平控制器一侧的混合料摊铺厚度合格，而安有横向水平控制器一侧的混合料过厚，如图4-53所示。由于这是横向坡度产生的误差造成，所以只调节横向水平控制器。即转动控制器的坡度调节旋钮，将横向水平控制器的电缆侧熨平板下降。如果电缆是装在左侧，就熨平板向左侧下降。如果现象相反，操作也要相反。

3）道路弯道处的调整工作

摊铺机摊铺弯道道路时，横向坡度在前进方向上每一位置数值都不相同，因此需要按道路设计值的变化调整。横向水平控制器的坡度设定：转动手动控制器的坡度调节旋钮，将刻度值对准所要的刻度。对刻度的方法，是在摊铺机到达实际地点前2m左右调至所要的刻度，这是因为熨平板的高度变化晚于控制器的指令，一般每5m测一次横向坡度。

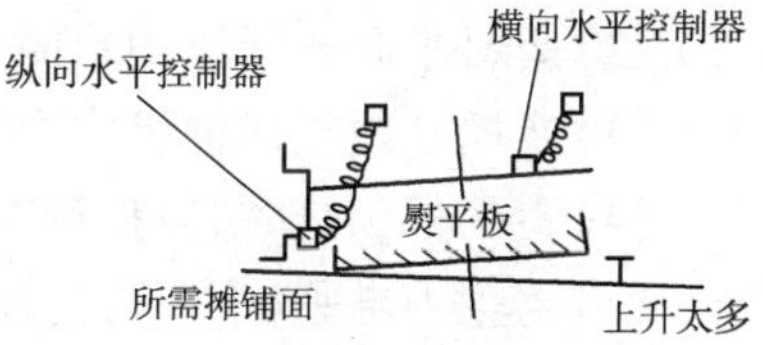

图4-53　摊铺机横向水平控制器一侧的混合料过厚

4）作业前的检查工作

（1）控制器电缆是否连接正确。

（2）控制器位置是否正确，并固定好。

（3）主开关、自动装置开关是否打开。

检查工作顺序如下：

（1）将纵向水平控制器的传感臂放在基准线上（长调平装置使用时，将滑靴放在基准面上）。

（2）转动传感器座体上的手轮，使纵向水平控制器上下移动，使控制器上的方向指示灯全部熄灭，此位置就是纵向水平控制器的中立位置。

（3）转动横向水平控制器的坡度调节手轮，使方向指示灯同时熄灭，记录刻度读数。

（4）如果摊铺机上显示的刻度值与摊铺面的横向坡度值不一致的时候，边按横向水平控制器的复位按钮边转动手轮对刻度。

（5）用微动开关，边使杠杆上下移动边拔下支点固定销。

（6）控制器阀门开关置于"ON"位置。

（7）人为轻微移基准线上的传感器，检查控制器支点的移动是否正确、及时。

5. 对基层、路面、附属构筑物的要求

（1）基层：因为施工时的连续性，所以要求基层成活距离越长越好，以保证机械的连续作业。对碎石基层、粉煤灰混合料基层的表面应平整、坚实，消灭死坑。凡泼油的基层表面均应做嵌缝或封面处理。

(2)路面：在分层摊铺的面层上，应清扫干净，上下层的接缝处最好错开。摊铺不到的地方，配合人工及时补齐。

(3)雨水口：雨水口地段的准绳高程是按道路纵断标高测设，不做局部降低处理，因为局部降低处理影响道路的全幅高程，所以摊铺过后，应配合人工按设计标准图的局部降低进行及时的修整。

(4)检查井：摊铺机经过检查井时，由于高程的影响，摊铺机需将后半部搅刀、刮板等抬起，跨过井室，在检查井较多的道路，则每跨一次留下一幅宽内较高的沥青混凝土，影响长度约10m，如不抬起，往往因1～2cm的误差，使机械过不去。其解决的办法是先用钢板代替井盖、井圈，摊铺后去除钢板，再行安装井盖、井圈。如经过详细计算和现场实测，摊铺高程超过检查井盖时，也可直接操作，不用处理。检查井较密的地段，建议底层铺厚一些或用人工摊铺。

九、摊铺机施工安全技术规程

(1)驾驶台及作业现场要视野开阔，清除一切有碍工作的障碍物。作业时无关人员不得在驾驶台上逗留。驾驶员不得擅离岗位。

(2)运料车向摊铺机卸料时，应协调动作，同步行进，防止互撞。

(3)换挡必须在摊铺机完全停止时进行，严禁强行挂挡和在坡道上换挡或空挡滑行。

(4)熨平板预热时，应控制热量，防止因局部过热而变形。加热过程中，必须有专人看管。

(5)驾驶力求平稳，不得急剧转向。弯道作业时，熨平装置的端头与路缘石的间距不得小于10cm，以免发生碰撞。

(6)用柴油清洗摊铺机时，不得接近明火。

十、摊铺机主要技术性能

国内典型的LTU4型沥青混合料摊铺机是由西安筑路机械厂生产的，摊铺宽度2.7～3.6m，摊铺厚度10～90mm，料斗容量4 000kg，最大摊铺能力80 t/h，摊铺速度3～6 m/min，最大运行速度1.1km/h。

国外一些摊铺机的主要技术性能见表4-16。

国外摊铺机的主要技术性能　　表4-16

国家	公司	机型	摊铺宽度(m)		摊铺厚度	摊铺速度	行驶速度	斗容量
			标准	最大	(cm)	(m/min)	(km/h)	(t)
日本	三菱	MF-45(履)	2.40	4.50	1～15	1.68～13.85	5.86	6
		MF-90(履)	3.00	9.00	1～30	2.10～11.3	8.90	—
		AF-4S(轮)	2.40	3.60	1～15	3.0～17.5	16.5	4
	新泻	NF-130v(履)	2.50	3.6	1～15	2.56～18.8	10.18	8
		NF-220v(履)	2.50	4.5	1～25	1.48～10.9	6.64	9
		NF-330v(履)	2.50	6.0	1～30	2.36～7.84	6.53	12
		NF-221v(履)	2.50	5.0	1～25	1.50～10.9	6.60	—

续上表

国家	公司	机型	摊铺宽度(m)		摊铺厚度(cm)	摊铺速度(m/min)	行驶速度(km/h)	斗容量(t)
			标准	最大				
美国	Blowknox(布鲁诺克斯)	PF-400(履)	2.50	3.05	0.6~30.5	21~45.1	9.7	8
		PF-500(履)	3.00	8.80	0.6~30.5	0~44.5	9.60	10
		PF-35(轮)	2.44	3.66	0.6~15.2	0~39.6	12.2	5
		PF-65(轮)	2.50	4.25	0~20	2~23.0	1.90	9
		PF-220(轮)	3.60	12.20	0.6~25.1	0~13.9	17.80	9
	BarberGreene(巴伯格林)	SA-150(履)	2.44	8.53	0~20.3	0~67.0	10.23	12
		SA-145(履)	2.44	10.94	0~30.5	0~54.9	9.70	10.7
		SA-199(履)	2.40	3.00	0~30.5	0~60.0	9.70	—
		SA-111(轮)	2.40	—	0~20.3	0~30.0	22.50	—
		SA-170(轮)	3.00	8.50	1.2~30.5	0~66.0	27.0	—
	IOWA(衣阿华)	BSF-420(履)	3.048	6.096	0~25.4	0~32.0	6.4	10
		BSF-120(履)	1.80	3.00	0~25.4	0~32.3	6.4	—
		BSF-530(轮)	3.048	6.096	0~25.4	0~53.3	20.9	9.9
德国	ABG	TITAN-280(履)	2.50	5.00	15~30	2.25~15.0	2.8	12
		TITAN-355(轮)	2.50	8.00	0~30	0.9~2.0	—	12
		TITAN-420(履)	3.00	12.50	0~30	2.7~18	3.25	15
		TITAN-411(履)	3.00	12.00	0~30	0~54	—	14
	Vogele	Super-1500(履)	4.75	6.00	0~25	0~15	4.5	12
		Super-1700(履)	2.50	8.00	0~30	0~18	5.0	12
		Super-2000(履)	3.00	12.00	0~30	0.5~20	3.6	15
		Super-1502(轮)	4.75	6.00	0~25	0~18	20.0	12
		Super-1702(轮)	2.50	8.00	0~30	0~18	20.0	12

课题四　水泥混凝土摊铺机

一、水泥混凝土摊铺机的功用、分类及适用范围

1. 用途、分类及特点

水泥混凝土摊铺机是一种将水泥混凝土均匀地摊铺在路基上，经过振实和整形，完成铺筑水泥混凝土路面的机械。

水泥混凝土摊铺机按其性能和施工方式，可分为轨道式和滑模式两种类型。

轨道式水泥混凝土摊铺机又称“摊铺列车”。它由布料机、振捣机和抹光机组成。它们一起在铺设的两根轨道上行驶。这两根轨道同时又是铺筑路面的边模。其施工工艺过程为：首先由布料机将自卸汽车倾卸在路基上的水泥混凝土料堆摊铺到路基的各个位置上，然后通过

预整平振捣机组进行振实，再由搓动式抹光机抹平。在混凝土硬化期间保留轨道边模不拆，以防路边塌落。待硬化后，再拆模板。作为铺筑下一段路面用。由此可见，安装模板、拆卸模板很费工、费时，而且需要大量模板才能保证一定的作业效率。因此轨道式摊铺机施工的经济效益势必较滑模式摊铺机低。

滑模式摊铺机是在机架两侧装有长模板，对干硬性水泥混凝土进行连续摊铺，并进行振实、整形。不需另设轨道和模板，依靠装在机器上的模板，即能按要求的路面宽度挤压成形。由于这种机械集摊铺、振实、修整于一体，结构紧凑，操作集中方便，可实现自动控制。所以使用滑模式摊铺机可节省人力物力，加快施工进度，提高经济效益。本章重点介绍我国 1991 年从美国 CMI 公司引进的 SF－350 型四履带滑模式水泥混凝土摊铺机。该机器为我国目前使用中最大、最先进的一台水泥混凝土摊铺机。滑模式水泥混凝土摊铺机可按照路面滑模摊铺工序、自动调平系统的形式、行走系统、履带的数量、振动系采用的振动器的形式来进行分类。

(1)按路面滑模摊铺工序的不同，水泥混凝土路面摊铺机可分为两类。一类是以美国 COMACO公司的、GP 系列为代表，它把内部振捣器置于整机前方螺旋布料器的下方，然后通过外部振捣器振捣和成型盘成型，最后由抹光板抹光。另一类是以美国 CMI 公司的 SF 系列为代表，它首先用螺旋布料器分料，由虚方控制板控制摊铺宽度上的水泥混凝土高度，然后通过内部振捣器振捣，再进入成型模板，之后通过浮动抹光板。这两种类型中，前者可使水泥混凝土提早振实且水分上升，但对纵向上的密实度会带来影响，优点是机械的纵向尺寸短、易于布置；后者纵向尺寸大，但能使水泥混凝土路面的摊铺质量得到确切的保证。另外，按照第一种滑模摊铺工序要求有两台机器才能完成路面的摊铺作业，它主要用于那些对工作速度要求较高，摊铺厚度大于 0.5m 的特殊水泥混凝土施工工程，否则选择第一种形式是不经济的。

(2)按自动调平系统的形式，滑模式摊铺机可分为两类。一类是电液自动调平系统（以美国 COMACO 公司 GP 系列为代表）；一种是机液自动调平系统（以美国 CMI 公司的 SF 系列为代表）。电液自动调平系统的基本结构是把电路元件装在一个长方体盒子内，一根转轴从盒子里面伸出来，在转轴上装有探测杆，工作时该探测杆与基准线相接触。这种自动调平系统结构简单，便于安装，对电气元件的保护可靠；但对环境的湿度反应比较敏感；而机液自动调平系统的基本结构是在其转轴上装有一个偏心轮，偏心轮推动一个高精度滑阀阀芯，工作时利用滑阀阀芯的位移，直接改变系统液压油的流量和方向。这种自动调平系统的特点是，由全液压传感器从基准线上得到的信号直接反馈，控制升降油缸实现自动调平。该种形式控制系统结构简单，工作可靠，成本较低，对环境的要求不高，但对系统中液压油的品质和滤清的精度要求比较高。美国 RRO－HOFF 公司生产的 PAV－SAVER 系统滑模式摊铺机也采用这种自动调平系统。

(3)按行走系统履带的数量，滑模式摊铺机可分为两履带式、三履带式和四履带式。

早期的水泥混凝土摊铺机的行走系统是两履带式，如 COMACO 公司的 GP1500、GP2500，CMI 公司的 SF250 等；20 世纪 70 年代出现了四履带水泥滑模式摊铺机，与两履带式比较，四履带式摊铺机找平能力强，直线性好；另外，在要达到相同的路面平整度指标的前提下，四履带摊铺机对基层平整度的要求比两履带摊铺可以低些，即如果基层平整度相同，用四履带摊铺机摊铺出的路面会比两履带摊铺机摊铺出的路面平整度更高些。在两履带和四履带的选择上，主要是依据路面摊铺的宽度与厚度来选择：一般摊铺宽度在 7.5m 以下，可以选择两履带式滑模式式摊铺机;摊铺宽度在7.5m以上则应选择四履带滑模式摊铺机为好。三履带式滑模式摊铺机主要是用来摊铺边沟、防撞墙、路肩等车道以外的水泥混凝土构造物,如美国POWER-CURBER公司生产的8700型多功能摊铺机。在履带变化方面,有的生产厂家采用卸下一条履带的方法,使四条履带滑模摊铺机变为三条履带,从而能够采用一台摊铺机既能完成路面摊铺,又能兼作边沟、防撞墙、路肩等车道以外的水泥混凝土构造物的摊铺作业,拓宽了滑模式水泥混凝土摊铺机的使用范围。

(4)按振动系统采用的振动器的形式,滑模式摊铺机分为电动振动式和液压振动式。

电动振动式采用电动振捣棒,目前在比较先进的滑模式摊铺机上所采用的电动振捣棒,均使用高频交流电源,其内部电动机直接驱动偏心块,没有普通电动振捣棒上的行星滚锥高频机构,因而更为可靠。CMI公司生产的SF500型滑模式摊铺机采用电动振捣棒,同步转速为10 800r/min;Wirtgen公司所有的滑模式摊铺机均采用电动振动式,同步转速,可达12 000r/min,并采用调整发电机转速的办法实现调速。液压振捣系统采用液压振捣棒,利用一个高速马达驱动偏心块振动。这种系统简单、易调速,但由于振捣棒内空间有限,转速又高,内泄漏难以控制。COMACO公司、CMI公司的SF250、SF350、SF450均采用液压振动式。

滑模式水泥混凝土摊铺机有以下的特点:

①滑模式摊铺机不需要另设置轨道,结构紧凑,省去了大量的模板,节省大量的人力物力,从而施工作业效率高,施工速度快,生产率高。

②采用了技术先进的电被控制系统,从可靠性着手改进设计,并采用全液压传动,自动化程度高。

③采用自动转向系统。自动转向系统采用全液压传感器,保证了行驶的直线性和弯道的平滑,可大大提高摊铺施工的速度和质量。机动灵活,操作方便。

④施工质量高。用滑模式摊铺机摊铺水泥混凝土路面,由于采用基准线引导,自动行走,机器运动的轨迹来自与基准线相接触的2~4组的高灵敏度传感器,机械本身的各种运动全部采用液压传动,所摊铺的水泥混凝土路面的几何尺寸精度非常高,因而能高标准保证路面纵横坡度及平整度等指标。有试验数据表明,摊铺的路面3m直尺的总体平整度≤3mm的概率为92.8%,动态平整度(IRI)≤3.8的概率为93%。

⑤在铺设路面时,依靠装在机器上的滑动模板,就能按照路面要求一次成形;用滑模式摊铺机摊铺水泥混凝土路面,全部摊铺过程都由机械按设定的参数自动完成,对水泥混凝土的振动、捣实、提浆、抹光等过程做得十分充分,频率可调的振动棒和捣实板不仅能保证水泥混凝土充分密实,而且可以通过控制提浆厚度来达到理想的耐磨效果,使路面有更长的使用寿命。

⑥对施工工序,工艺参数等要求比较严格,施工中只能一次成型,不能退回补救施工。因而对混凝土的原材料质量、水泥混凝土配比、搅拌质量和水灰比要求比较严格,这样可以确保高等级路面的施工质量。

⑦施工工效高、速度快、质量好,可以节省大量的劳动力,改变了以前水泥混凝土路面施工点多线长,阻塞交通的状况。

2. 国内外发展概况

美国是世界上混凝土摊铺机研制得最早和使用最广泛的国家。在美国水泥混凝土路面占高速公路比例为49%,高等级公路比例的6.7%,法国、德国水泥混凝土路面也占高速公路比例的30%以上,目前,轮胎式、轨道式、滑模式等多种形式的摊铺机均有使用。而以滑模式摊铺机为主导地位。在1960年初,美国制造出世界上第一台滑模式水泥混凝土摊铺机,该机每天能摊铺宽度为7.4m的水泥混凝土路面1.2km。早期的水泥混凝土路面摊铺机的行走系统是两履带电驱动,20世纪70年代初出现了四履带滑模式水泥混凝土摊铺机;1967年,美国CMI公司申报了一种电找平传感器的专利,20世纪80年代出现了液压找平传感器;20世纪80年代末至20世纪90年代初,德国Wirtgen公司从其他滑模式水泥混凝土摊铺机公司,如比利时的SOME公司获得了专用技术,开发出自己的滑模式水泥混凝土摊铺机,共四个型号。Wirtgen公司把自己过去承包道路施工工程的经验应用于滑模式水泥混凝土摊铺机的生产制造中,使其产品具有一定的特色,它生产的500型和750型具有多种功能,除了修筑路面以外,还可以装置偏置模板进行路肩、边沟摊铺等作业。

在大部分的现有调平方式中,一般都需要领先架设基准线。这样整机的调平精度除了与传感器及调平系统各元件的性能有关外,基准线的材料及张紧度及张紧方式也都会影响调平性能,进而影响路面的质量。

美国COMACO公司在这方面有了比较大的突破。他们在一种滑模摊铺机上采用莱卡公司的自动三维机器控制系统,实现了"无基准线"作业。COMACO公司的这种网络控制技术可将莱卡公司的导向系统应用于各种摊铺机,而不需经过特别的改装。

与普通的控制系统相比,这种无线控制系统的优点是显而易见的。因为它不是被动地去接受地面的不平整信息,而是主动地产生控制信息去影响摊铺机的动作。整套控制系统是在由莱卡公司生产的勘测全站仪的配合下工作。而该全站仪又受控于"三维控制中心"。全站仪可以自动测量到安装在机器上的目标棱镜的距离。这种测量精度是毫米级的。在摊铺机按预定路径前进的同时,相关的测量数据源源不断地由全站仪通过无线电方式传送至"三维控制中心"。"三维控制中心"利用得到的数据来计算摊铺机当前所在的位置和方位,将新测到的数据与预设的数据作比较,通过这种需要值与实际值的比较,控制中心产生了针对机器的控制参数。这些参数通过摊铺机的控制网络对机器上的各个控制回路动作进行实时调整。在实时导航系统的帮助下,由CAD系统产生的工程数据能直接用于施工作业。这样,工程质量、操作安全性及工作效率都有了较大的提高。

无基准线控制方式的优点还有:

(1)不需要针对基准线的安装和维护费用;

(2)施工现场也不会再有基准线这种碍手碍脚的东西;

(3)消除了由损坏和移动造成的基准线误差;

(4)在施工现场的恶劣环境下依然具有很高的可靠性;

(5)测量仪器的摆放位置没有什么限制;

(6)同时采用两台勘测仪器,可以实现对机器的长距离不间断控制。

目前,世界著名的生产企业有美国的COMACO公司、CMI公司、G&Z公司、德国的Wirtgen公司、英国的Power-Cubers公司等。一些大型产品最大摊铺宽度为21m,厚度达800mm,小时生产率达900m^3,行走系统有二履带和四履带,允许履带旋转180°并有旋转计数器,能无级变速行驶。

控制系统为智能型电液控制,其操纵系统和自诊断系统可确保滑模摊铺机的摊铺精度及灵活性和简便性。所以当今的混凝土摊铺机融现代之高科技、新材料，多功能及高生产率的产品服务于高速公路、机场等各种施工场合。

由于我国生产滑模式摊铺机还处在起步阶段，各地修建水泥混凝土路面工程都相应地引进了一些滑模式摊铺机。我国从20世纪80年代中期开始从美国引进滑模式水泥混凝土摊铺机，如安徽省公路工程公司、湖北省路桥公司、广州公路工程公司、江西公路局、湖南省公路局等。截至1995年底，已经引进了共30余台套，其中湖南省公路局于1991年从美国CMI公司引进了第一台SF350型四履带滑模式水泥混凝土摊铺机；现在广东、山东、四川、黑龙江、江苏等省市及中建一局、中铁十四局等部门又相继分别引进了10多台这样的机器。这种SF350型四履带水泥混凝土摊铺机具有结构紧凑、操作灵活简便、高度自动化、高速度、施工质量能得到确定的保证等优点，深受用户欢迎（见表4-17）。

滑模式水泥混凝土路面摊铺机主要性能参数　　表4-17

国别	公司	型号	最大摊铺宽度（m）	最大摊铺厚度（mm）	最大摊铺能力（m^3/min）	功率（kW）	质量（t）
美国	CMI	SF75	0.9～1.5	132	3.7	102	10
		SF175	2.2～3.7	254	1.7～2.8	105	12
		SF250	3.7～9.8	356	4.0	153	
		SF350	9.8	610	10.6～21.5	155/216	20～43
		SF450	11.6	610	13.6～14.2	218	51
		SF550	15.2	610	10～28	298	50
	COMACO	GP1500	4.9	355	3.5	107	12.7
		GP2000	7.6	355	4.6	145	15.4
		GP2500	9.7	508	6.0	216	22.6
		GP3500	12.8	508	7.8	325	33.6
		GP5000	15.2	508	9.2	430	59.7
	GUNTERT & ZIMMERMAN（G&Z）	MSP30	3.00	300	2.0	56	6～12
		SMP50	5.00	400	5.0	60	13～18
		SMP75	7.50	400	7.5	100	20
		SMP85	8.50	450		120/160	125 25～32
		SMP110	11.60	450	17.0	125/205	25～34
德国	Wirtgen	SP500	6.00	300		123	13～20
		SP850	9.00	400		149	21～44
比利时	SOME	M550	5.00	300	5.0	90	10～12
		M850	8.50	450	17.0	160/220	20～30
		M1500	15.00	500	35.0	220/300	40～52
中国	西安红旗机械厂	HTH7500	9.70	400		180	35
	镇江路面机械总厂	1200MAXI－PAV	9.70	610		123	19

二、水泥混凝土摊铺机主要结构及工作过程

水泥混凝土摊铺机的结构因制造厂商及机型的不同而不同，但工作装置一般由布料器、刮平板、振捣器（包括振捣棒和振捣梁）、整平机、抹光机等装置组成。同时，还需要机架、行走机构、操纵控制系统和其他一些辅助机构的有机配合，有的机型组成装置多、功能全；有的组成装置少、功能少；有的机型将全部装置集于一体；有的分成两台或两台以上的独立单机。

下面按轨道式和滑模式分别介绍。

1. 轨道式水泥混凝土摊铺机

轨道式水泥混凝土摊铺机是靠固定在摊铺基层上的轨道模板来控制摊铺厚度和平整度的，列车型轨道摊铺机一般由布料机、振实机、平整机、抹光机等组成摊铺列车，在铺设好的两根轨道上行走进行摊铺。

综合型轨道摊铺机的结构是将螺旋布料器、刮平板、插入式振捣器、梁式振动器和浮动式精整梁等作业机构集中安装在一个框形机架上，可以实现一次成型。与列车型相同的是它也要架设侧模板，行走机构也是由4个钢轮在轨道上运行。

桁架型轨道摊铺机的机架采用框形桁架结构，可在一端加长或减短，以改变其摊铺宽度，适用于大面积摊铺整平作业。此外，其作业机构还另具特点：没有通常的刮平板和梁式振捣器，只有一个或一对可作高速旋转的圆柱滚和安装在轴端的短螺旋叶片。在与发动机相连接的长链条的牵引下，这种作业机构可沿机架上的滑道在整个摊铺宽度上往复移动，借助圆柱滚和螺旋叶片的高速旋转运动，对倾卸在左右模板之间的混凝土实施摊铺整平作业。我国进口美国的C650－F、C450型摊铺机即属于这种类型。

下面我们对列车型轨道式摊铺机作一介绍。轨道式混凝土摊铺机的各组成机械按其功能和作业程序可分为模板钢轨铺设机、钢筋铺设机、布料机、振实机和整平机、切缝机和表面纹理加工机为配套机械。表面纹理加工机主要是对整平抹光未干的成形路面用粗糙的滚筒或钢丝做的排刷拉出纵向或横向的粗纹，这样可增加混凝土路面的摩擦力，提高车辆行驶制动的安全性。

1）布料机

布料机的作用是将混凝土初步铺开并充满每一个角落，使密实度接近于均匀并无集料分离现象。轨道式布料机有下列五种形式，可适应各种大小不同的工程和不同路面的施工。

（1）料箱式布料机

料箱式布料机（图4-54），主要适用于大型路面工程和机场跑道的铺筑。根据加料方式，料箱可分为纵向放置和横向放置两种，适用于前端或侧向加料。其摊铺宽度一般为2.5～12m，料箱容量3～4.5m^3。

料箱在加满混凝土后，就可以操纵油缸打开斗底进行卸料，料箱边运行边卸料，从而达到均匀摊铺。料箱运行时，其底侧板能起到刮板的作用，能把混凝土控制在一个固定的余留高度，这对保证提高振实效果是很重要的。

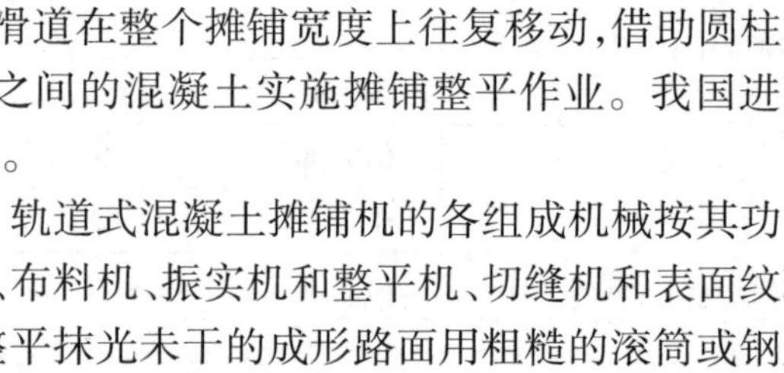

图4-54　料箱式布料机的作用原理

（2）移动回转刮板式布料机

刮板式布料机(图 4-55),其刮板既能沿着布料机的横梁往复运动,又还能绕竖轴自由回转。刮板本身具有三种运动趋势。随着布料机向前行走,靠刮板的横向移动和回转,就能把混合料均匀铺平。操作人员可根据料堆的高低和料的多少,控制刮板的推刮角度,既能节约功率的消耗,又能加快摊铺速度。刮板高度可调节,从而能控制料的余留高度,调整范围达 300mm。摊铺宽度能在 3 ~ 9m 范围内调节,摊铺能力一般为 30m/h 左右。

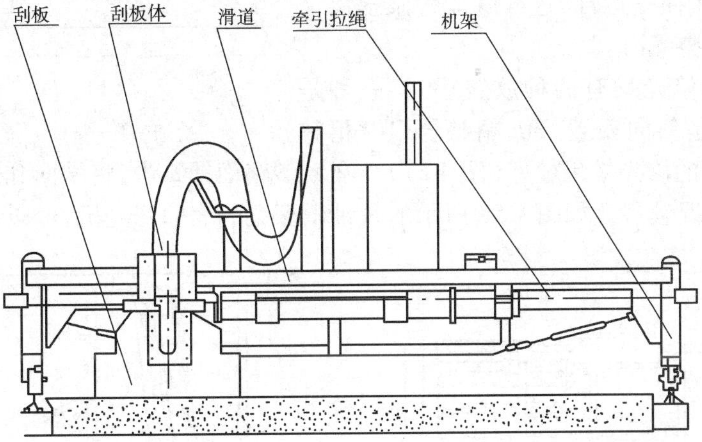

图 4-55 移动回转刮板式布料机

(3)固定刮板式布料机

固定刮板式布料机是靠装设在机器前部的整块刮板进行摊铺,刮板的宽度与被铺设路面的宽度相等,刮板高度可调整。使用这种布料机时,要求卸料车先将混合料均匀地卸在路基上,才能收到良好的摊铺效果,它比移动回转刮板式布料机的灵活性差。

(4)螺旋叶片式布料机

螺旋叶片式布料机是靠装设在机器前部的螺旋叶片摊铺器,达到均匀摊铺混凝土的目的。它一般横向安装在机器的正前方,其旋转轴线平行于路基表面,高度可以随机调整。螺旋叶片布料器与沥青混凝土摊铺机上的螺旋摊铺器的结构和工作原理基本相似。

(5)回转叶轮式布料机

回转叶轮式布料机主要是靠装设在机器前面的回转叶轮轴,对混凝土进行摊铺。回转叶轮轴是反前进方向转动的。这样,当布料机向前行走时,逆向转动的叶轮轴就将多余的混凝土料向前推移,填平补齐,以达到均匀摊铺的效果。如果其叶片呈圆弧形,在向前推滚多余混合料的同时,会对虚铺层产生一个指向内部的挤压力。

2)轨道式振实机

经过摊铺的混凝土必须给予适度的振动,用来排除气泡,提高密实度和强度。尤其是在铺筑坍落度较低的路面时,振动作用则显得更为重要。振实机有两种,分别是装有附着式振动器的振实机及装有插入式振动器的振实机。

3)轨道式平整机

混凝土铺层经均匀摊铺和振实后,必须使用平整机对其表面进行整平。轨道式平整机(图 4-56)主要由振动式刮板或回转叶轮式刮板,上下运动的夯实梁和往复摆动式微振梁等机构组成。

4）轨道式表面修光机

表面修光机主要用来对摊铺、振实和平整后粗糙不平的水泥混凝土表面进行抹光。表面修光机的作业装置，是一个比路面宽度略宽的修光梁，该梁搁置在轨道的钢模上，修光梁一边微振，一边以50～100m/min的速度作往复运动，这样既能把浆提出又能使混凝土路面平整光滑。

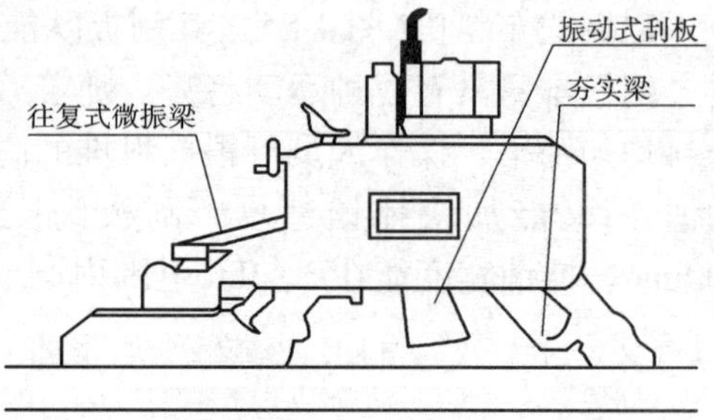

图4-56　轨道式平整机

表面修光机的修光梁有两种放置形式，一种是横向放置，另一种是斜向安置（30°精整器，10°精整器），其中斜向安置的修光效果较好（图4-57）。在大型路面铺筑中，将横向和斜向的修光梁组合在一起使用的情况较多。如图4-58所示的是带微振梁的表面修光机，也叫水平修光机。

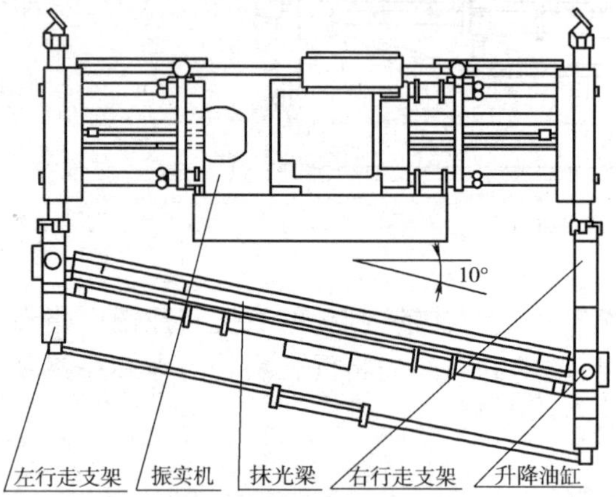

图4-57　带斜向修光梁的修光机（10°精整器）

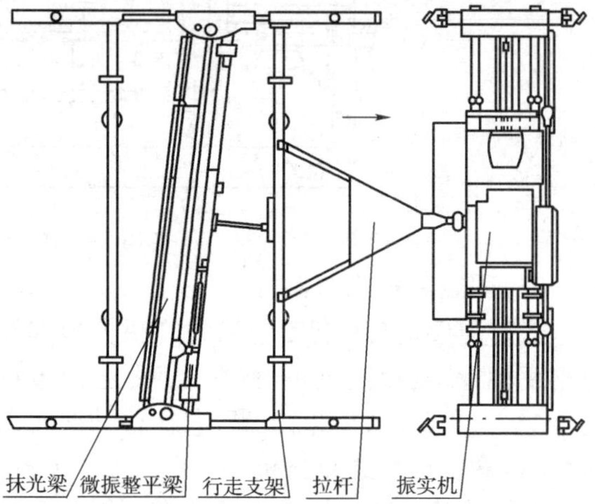

图4-58　水平修光机

修光机还有采用圆形管子或传动的辊筒作为修光梁的。圆形管一般是用直径为15～20cm的铝管来做。

5）钢轮行走机构

轨道式摊铺机大多采用钢轮行走机构。为了防止脱轨，钢轮一般做成带槽的轮缘形状，如图4-59a）所示。考虑到在摊铺相邻的第二幅路面时，有一侧的钢轮须在硬化后的新铺混凝土路面上行走，有些厂家将轮缘做成可装卸的结构，如图4-59b）所示。这样当需要时，卸去轮缘夹板，就成为光轮，可直接在混凝土板面上行走，省去铺设导轨的麻烦。

对机架高度的调整是通过行走支架的升降实现的。图4-60a）、图4-60b）分别列举出两种钢轮行走支架结构及其升降原理。图4-60a）为鞍形行走支架，图4-60b）为一平行四边形行走支架。

此外，桁架型轨道摊铺机的钢轮行走机构轮径较小，且成对组成小车，采用液压马达驱动，每侧前面的一个小车为主动小车，与马达相接，后面的小车从动随行。机架高度调整通过各支腿上端的手摇丝杆完成。

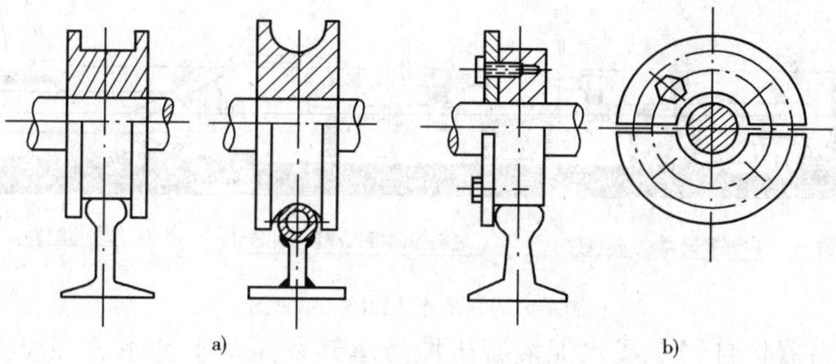

图 4-59　行走钢轮结构简图

a) 钢轮一般做成带槽的轮缘形状；b) 轮缘可卸去成光轮

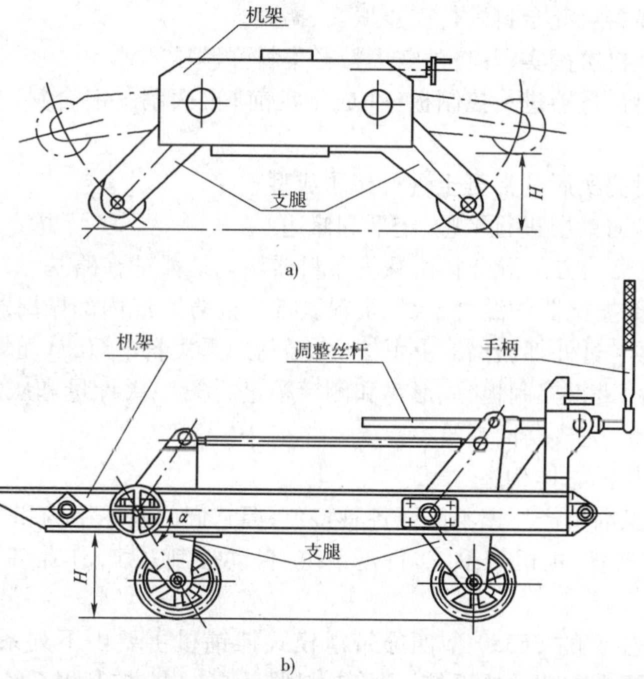

图 4-60　两种钢轮行走支架

a) 鞍形行走支架；b) 四边形行走支架

2. 滑模式水泥混凝土摊铺机

滑模式水泥混凝土摊铺机是 20 世纪 60 年代初随混凝土路面的发展应运而生并得到迅速发展的混凝土铺筑机械，据对国外 5 个国家 22 个厂家生产的 90 种型号的水泥混凝土摊铺机产品的统计，滑模式共有 59 种型号，其余 31 个型号为轨道式且多数为早期产品。

滑模式摊铺机在铺筑混凝土路面时，不需另设轨道和模板，依靠机器本身的模板就能按照要求的路面宽度、厚度和拱度对混凝土挤压成型。

1) 滑模式摊铺机的施工过程

滑模式摊铺机的作业过程如图 4-61 所示（以美国 CMI 公司生产的 SF 系列产品为例）。

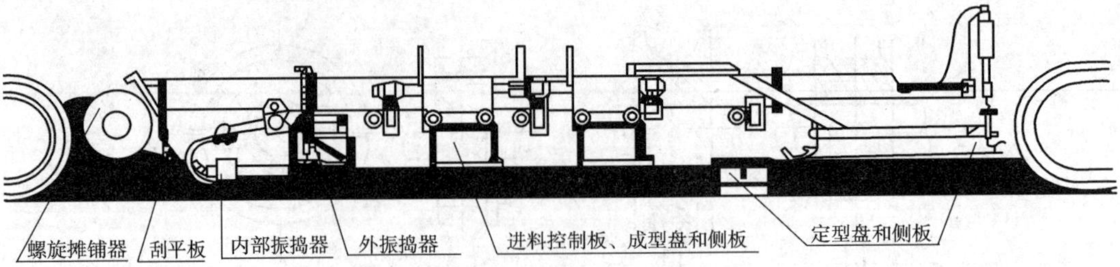

图 4-61　六步连续铺路法示意图

(1)螺旋布料器将自卸车或水泥混凝土搅拌车卸在路基上的水泥混凝土横向均匀地摊铺开;

(2)由一级进料计量装置刮平板初步刮平混凝土,将多余的混合料往前推移;

(3)用内部振捣器对混合料进行初步振实、捣固;

(4)用外振捣器再次振实,并将外露大粒径集料强制压入;

(5)由二级进料计量器进料控制板(在成型盘前)再次刮平混合料,并控制进入成型盘的混凝土的数量;

(6)用成型盘对捣实后的混凝土进行挤压成型;

(7)利用定型盘对铺层进行平整、定形和修边。

摊铺时,倒在机器前方的混合料由螺旋布料器均匀地摊铺在路基上,随着机器的前进由刮平板计量出进入内部振捣器的混凝土量,余料被推向前方。经内部振捣器高频振捣,排除铺层内部间隙和空气,再经过外部振捣器上下振实,强制外露集料下沉,从而填平压实了铺层,表面只留下灰浆。接着由进料控制板、成形盘和侧模板进行第二次计量和压实成形。最后由定形盘和侧模板整平抹光,完成路面铺筑。

2)滑模式摊铺机的总体构造

滑模式摊铺机虽因生产厂家不同而各具特色,但它们的基本结构和作业装置大同小异,通常都是由动力传动系统、主机架系统、行走系统、自动控制系统、作业装置辅助系统等几部分组成。

美国 CMI 公司生产的 SF350 型四履带滑模式摊铺机主要由下列系统组成:动力传动系统、主机架系统、四履带支腿总成系统、螺旋布料器系统、虚方控制板系统、振动棒系统、捣实板系统、成型模板系统(含侧模板和超铺控制板)、浮动模板系统、边模板系统、自动找平和自动转向控制系统等。图 4-62 为 SF350 型滑模摊铺机的外形图。

(1)主机架系统

机架是摊铺机各种作业机构赖以悬挂和安装的基础,也是发动机、传动系统、控制台、油料箱和其他辅助装置的载体。它除应具有足够刚度和强度外,还应满足摊铺机在宽度调整时各构件能够方便地增减和伸缩的条件。常见的结构形式有采用钢板或异型钢材焊接的箱形梁框架结构、钢管伸缩套式结构和拼装桁架式结构等。

(2)动力及传动系统

SF350 型滑模摊铺机的发动机采用卡特匹勒公司生产的 3208 增压式柴油机。

动力系统传动路线为:发动机→变速箱→液压泵组。变速箱构造如图 4-63 所示。液压泵组安装于变速箱之后,包括振动器驱动泵、螺旋布料器驱动泵、履带行走驱动泵、振实板驱动

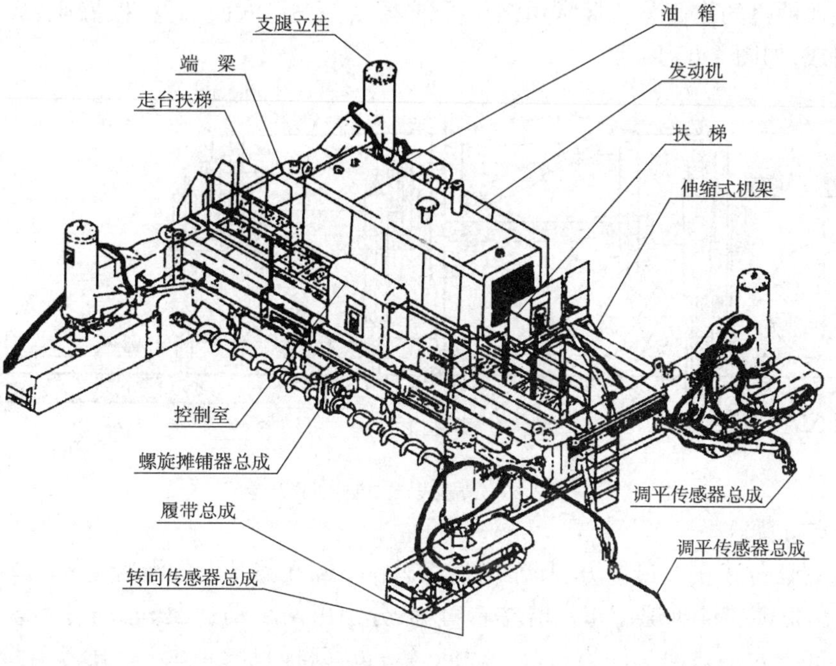

图4-62 SF350型摊铺机外形

泵、振动增压泵及辅助泵。它们分别由各自的控制系统控制。发动机前部装有12V和24V(选用)发电机。

(3)行走系统与四支腿总成

行走系统由履带行走装置及驱动装置组成,履带行走装置又通过支腿与主机架连接。其结构如图4-64所示。

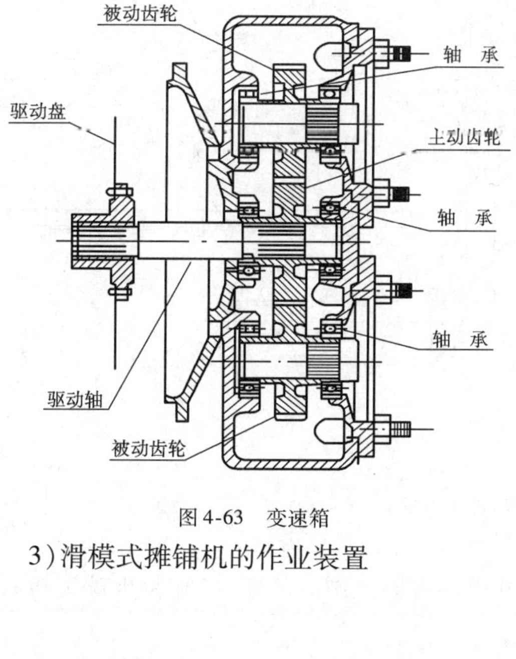

图4-63 变速箱

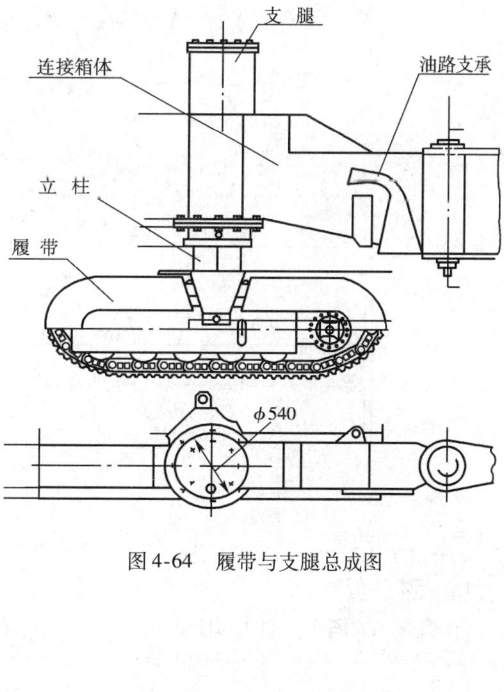

图4-64 履带与支腿总成图

3)滑模式摊铺机的作业装置

滑模式摊铺机的作业装置通常由螺旋摊铺器、刮平板、内振捣器、振捣梁、成型盘、定形盘和副机架组成，如图4-65所示。

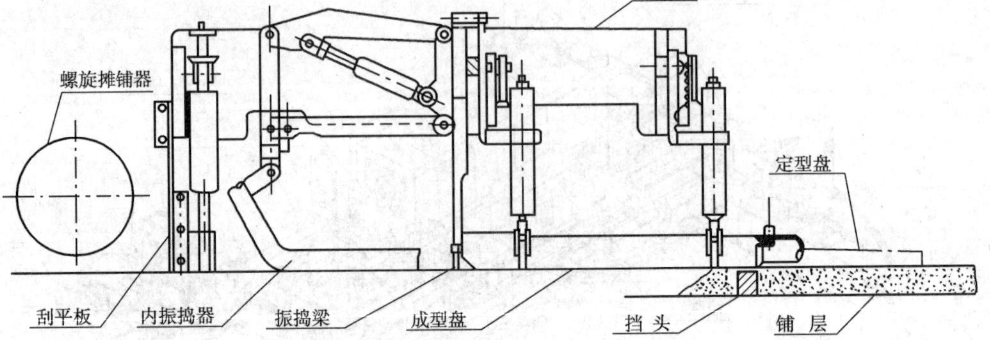

图4-65　滑模式摊铺机的工作装置

(1)螺旋布料器

螺旋布料器位于机器最前方，其作用是将运料车卸在路基上的混凝土料均匀地摊铺开。

SF350型滑模摊铺机螺旋布料器左右对称，分别由两个马达驱动，均可实现正反转，以便实现向两边布料及两边向中间集料及一边向另一边移料(见图4-66)。其传动路线为：马达→变速器总成→链箱。

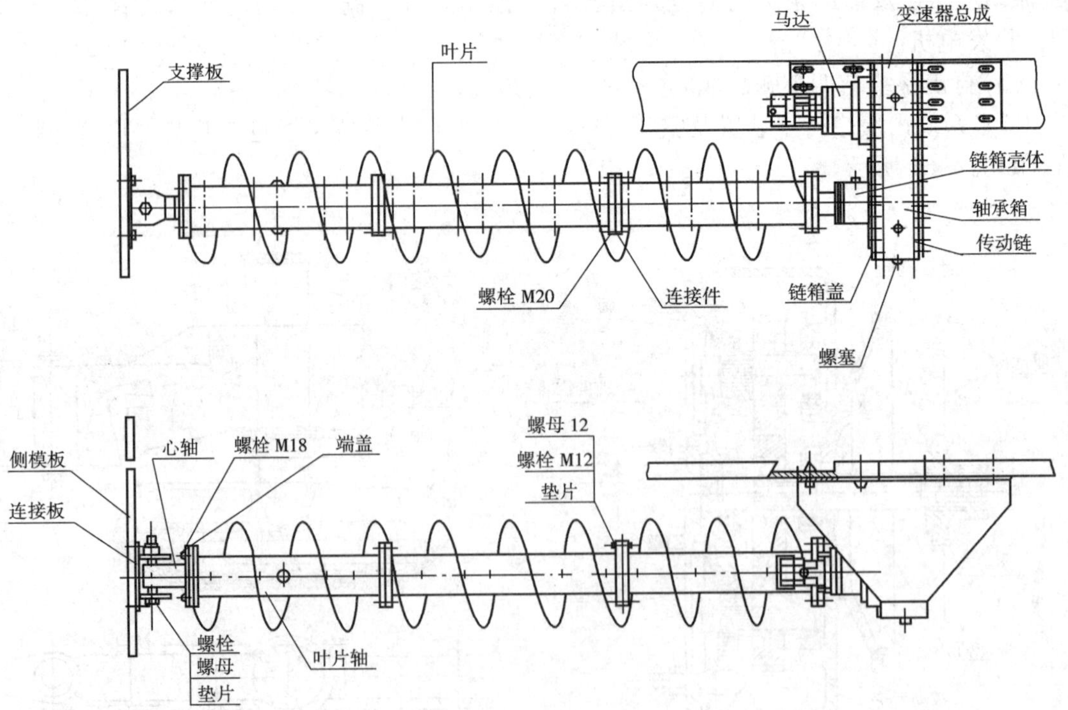

图4-66　螺旋布料器结构图

(2)刮平板

如图4-67所示，其功用是初步刮平混凝土，并控制混凝土虚方的厚度，它装于螺旋布料器后面。

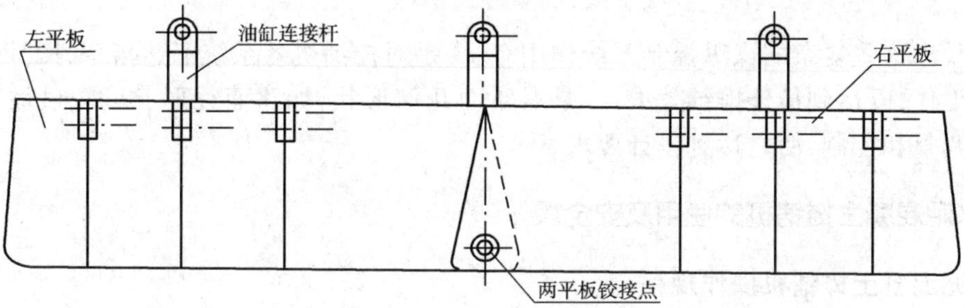

图 4-67　刮平板

（3）振捣系统

它由振动棒和捣实板组成。

振动棒作用是对物料进行振实，保证达到一定的密实度；而捣实板的作用是将振动过的混凝土捣实，把表面上的粗粒压入混凝土之中，后再由成型模板成型。

（4）摊铺装置

摊铺装置是将捣实后的混凝土铺层挤压成所需的路面形状的装置，它由虚方控制板、成形盘、超铺板、侧模板、浮动盘、抹布等组成。

4）滑模摊铺机的辅助系统

辅助系统包括水喷射系统、调平系统、转向系统。

（1）水喷射系统

它的作用一是为机器清洗提供压力水，二是在需要时，为混凝土拌和加水。

（2）调平系统

自动调平系统是保持摊铺机各种作业装置始终保持在同一预定水平高度，从而保证铺路质量，其原理是 4 个支腿上均装有水平传感器，其上的触杆一端靠自重始终压在基准绳上，当行走时，触杆随路基高低而升降，传至传感器，再反应到油泵及油箱，从而带动机架升降。

（3）转向系统

水泥混凝土摊铺机转向是通过油缸推动支腿，带动履带行走机构转一定角度来实现的。转向装置的结构如下图（图 4-68），它包括转向液压缸、转向臂、支腿及转向反馈装置等。

5）滑模摊铺机的操纵与控制系统

现代滑模式混凝土摊铺机的传动工作装置广泛采用了液压技术。全液压传动代替了过去的机械式或液压机械式，使机构紧凑，便于实现自动化操作，操纵也广泛采用液压和电子技术、电控液技术，大体分为行走液压系统的控制、螺旋布料系统

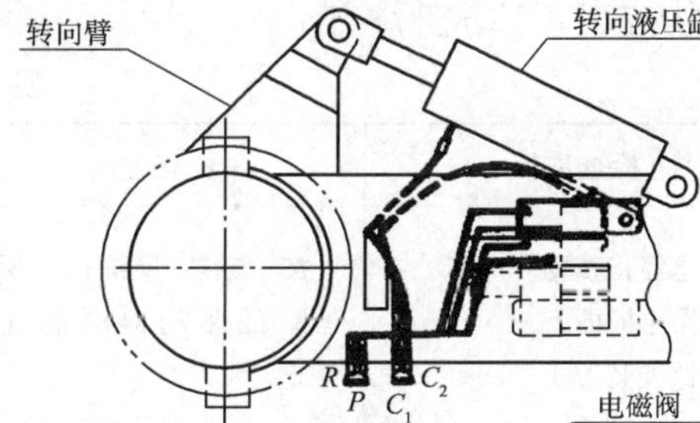

图 4-68　转向装置

液压控制、振动棒液压系统的控制、振捣板液压系统控制、辅助系统液压控制、摊铺装置液压系统控制等。

可以看出这些复杂的操纵控制系统作用有:一是对摊铺机各系统下达指令,按其作业要求进行有效工作,以达到最佳摊铺效果;二是对路面几何形状,如路面线形、纵坡、拱坡、拱度、平整度进行调整和控制,使之达到设计要求。

三、水泥混凝土摊铺机的使用及安全操作

1.水泥混凝土摊铺机操作规程

正确的操作和使用水泥混凝土摊铺机,对于路面的施工质量和提高生产效率是十分重要的。

1)作业前的检查

(1)首先应检查下列装置和辅助设备是否齐全,它包括:

①配套用的轮式装载机或其他运输机具(用于运输重型伸展部件)。

②备油是否充足(柴油、发动机油、液压油、润滑油等)。

③清洁螺旋布料器及料斗的刮刀及工具。

④伸展螺旋布料用到的部件。

⑤水平仪、调平轨。

⑥保护罩、信号期、手套、耳罩等。

(2)另外,作业前还应作如下检查:

①检查人身保护装置。

②沿摊铺机四周进行检查,看整机有无泄露或其他隐患。

③装上由于运输不便而折下的部件及夜间作业部件。

④按表4-18进行检查。

检 查 项 目 表 表4-18

检查项目	检查方法	检查项目	检查方法
紧急停止按钮 a.操作板面上 b.遥控装置上	按下按钮,柴油机及所有运行的驱动器应能立即停止	螺旋布料器盖	为增加作业宽度,必须伸展走道挡板,因而螺旋布料器通道必须盖上
喇叭 a.操作板面上 b.遥控装置上	轻轻按下喇叭按钮,喇叭必须发声	发动机盖及侧挡板	检查是否固定妥当

(3)以下重点必须注意检查保证:

①内燃机部分应按照使用说明书的要求进行检查,是否加足了润滑油和燃油。发动机空转运行是否平稳、正常,无异常声响。操作者应保证在当班的时间中,机器不因为故障而停止工作。

②要了解施工的技术及质量要求以及混凝土拌和质量是否符合该机性能范围。

③检查各润滑点油或油脂是否充足、良好。

④检查行走系统、传动系统及操纵机构等是否灵活可靠,必要时要进行调整。各电气系统工作应正常,液压系统应无漏油现象。

⑤各项安全及防范措施应做好。

⑥对于轨道式水泥摊铺机来讲,应将设备在轨道上运行3~5次,检查有无冲击、振动、摩擦等不正常现象。

⑦对滑模式水泥混凝土摊铺机来讲,应按施工要求设置引导线,引导线要准确,有一定的张紧度,引导线的支撑杆密度适当,垂直、均匀和牢固。

⑧传感器的灵敏度要适当,安装必须正确。插头及插座牢靠、干净,干燥。专用插座应装好防尘帽,传感器安装臂总成必须稳固。

⑨模板及抹平板的底部必须平整、干净,不应有附着物。作业前应向其底部、顶部、边部等与水泥混凝土接触的地方喷洒柴油。

⑩作业前应摆正摊铺机,使边板与引导线平行。调整传感器,使方向传感器与引导线平行,纵坡传感器与引导线垂直。模板的四个角应符合标高的要求。

⑪将各操纵杆主传动开关置于中间位置,各液压调节阀们处于中间或断开位置,各电气开关处于断开位置,自动控制开关必须处于断开或非自动控制位置。

⑫安装或调整振捣器和振捣棒时,要注意其行程在最低位置时不能碰到路基;若有预制钢筋,则振捣器、振捣棒调整时,其端部必须高于所摊铺的混凝土路面厚度中心。

2)工作中操作规程

水泥混凝土摊铺机必须有专人管理使用,为提高操作素质,所有上机人员必须经过培训,以期对机器的性能、操作要领,维护常识有所了解,严禁对机器一无所知或一知半解的情况下盲目起动工作,以免造成事故,为此必须做好如下几个方面:

(1)作业中,各班人员配备齐全,各负其责,操作人员和辅助人员统一听从调度指挥,注意安全,严禁驾驶员离开驾驶台,无关人员不得在作业时上下摊铺机或在驾驶室上停留。

(2)根据水泥混凝土的坍落度及摊铺厚度,选择合适的工作速度,振捣器和振捣棒的频率及布料器的转速。严格控制各机构协调工作。作业速度一经确定,要保持稳定,应尽量减少停机和起步次数,以确保路面的平整度和连续性。

(3)起动摊铺机应注意以下操作要点:

①操纵杆放置于中央位置,调速器调到最小。

②点火钥匙插入,转至“0”位;起动时,所有灯应熄灭以减小蓄电池放电。

③按下起动开关,不得让起动持续运行时间超过20秒,每次试起动时要留一分钟间隔。

④注意观察各指示灯,如柴油机油压指示灯、蓄电池充电指示灯、行走驱动器装置油压指示灯等。

(4)在摊铺过程中,要经常检查路面的平整度和密实性。若有不符合施工规范的规定时,及时调整摊铺机的相应装置。

(5)在作业中要随时注意振捣梁轴承是否过热,发现问题,应及时处理。

(6)在摊铺过程中确需停机时,要保持振捣器和振捣棒的动作与机器的行走同步停止,并把发动机的转速降至低速状态。当需要继续摊铺时，要保证振捣器和振捣棒的动作与机器的行走同步起步，再把发动机提高到额定转速，以确保路面的连续平整。

(7)对于轨道式摊铺机，在坡道、弯道作业时，要防止摊铺机的脱轨。

(8)摊铺机需要倒换作业面时，应在检查模型导轨铺设合格后，利用起吊设备慢速移动，并平稳地架设在模型导轨上，空转运行正常后，方可进行摊铺作业。

(9)布料机作业中，机械往复刮料时，需经空挡位置停顿后再换挡，不允许急速换挡。

(10)振平机和振捣梁在悬空状况下，不能长时间振动，严禁在已凝固的混凝土上振动。

(11)振平机在工作状态时，严禁快速运行，在机架升起，即整平器同时升高时，方可快速前进和后退。

(12)在一般情况下，摊铺机不能用其他机械牵引，非牵引不可时，只允许用钢性拖杆，并解除自动装置的工作，卸去液压油路的液压油。

(13)当与原有水泥混凝土路面相邻连接摊铺时，要用滑撬作跟踪件，以确保相邻两边的平整过渡，与原有水泥混凝土路面对接时，要防止振捣器、振捣棒等工作装置之间的相互碰撞。

(14)要防止碰撞及水、尘土损坏传感器。

(15)作业中严禁碰撞引导线。

(16)摊铺机在较大的坡道上作业时，防止水泥混凝土向下或向一边倾流。此时，可以减少水泥混凝土的含水量及减少振捣器、振捣棒的频率。

3)作业完成以后

(1)工作一旦完成后，立即清洁水泥混凝土在各个机件上的凝结，模板及抹平板底部应光洁。

(2)驾驶员在离开机器之前，要将机器停放稳妥，并将驾驶平台降至最低位置，使制动装置处于制动状态。

(3)擦洗液压油缸的伸缩杆及升降导轨表面，并将升降导轨上涂上润滑脂。

(4)摊铺机在停放好以后(滑模摊铺机应停在平坦坚实的地面上)，取下电门钥匙，断开蓄电池开关，并将各操纵手柄处于空挡位置。

(5)清洁各液压机构和装置。

(6)按说明书中的有关要求，做好例保作业。

2. 水泥混凝土摊铺机参数

在实际施工中，合理确定各项参数也十分重要。有如下介绍：

1)振动频率(表4-19)

物料粒径与振动频率的关系 表4-19

平均粒径(mm)	振动频率(r/min)	平均粒径(mm)	振动频率(r/min)
5~10	6 000~7 500	25~40	2 000~3 000
15~20	3 000~4 500	>40	<2 000

2)振幅、振频、混合料的匹配关系(表4-20)

振幅、振频与混合料的关系 表 4-20

振频(r/min) / 振幅(mm) / 混合料	1 500	3 000	6 000	7 000
流动性混凝土	0.56 ~ 0.8	0.2 ~ 0.28	0.07 ~ 0.1	1
低流动混凝土	—	0.28 ~ 0.4	0.1 ~ 0.14	0.06
干硬性混凝土	1	0.4 ~ 0.7	0.14 ~ 0.25	0.06 ~ 0.11

其中振幅与振频的关系如下：

$$v = 0.105Af \tag{4-11}$$

式中：v——振动速度(mm/min)；

A——振幅(mm)；

f——振动频率(r/min)。

振幅与压实深度的关系如下：

捣实板采用高频率小振幅，因它是用来捣实已被初步振实的混凝土面层；而一般有较大振幅，则有较深的压实层。

3）振动加速度

振动加速度对混凝土结构黏度，有着决定性影响。当振动加速度开始由小增大时，混凝土黏度急剧下降，加速度继续增大，黏度下降渐趋缓慢，当加速度增大到一定值时，黏度趋于常数。

振动加速度与混凝土混合料性质也有密切关系，对于干硬性混凝土，当振动加速度增大时，不易出现分层。而对流动性较好的混凝土料，振动加速度增大时，往往会导致分层、离析，从而降低混凝土强度，混凝土料最佳振动加速度可按表 4-21 进行选择。

4）振动延续时间

振动压实时，当混凝土中的气泡停止排出时，混合料不再往下沉陷，并在层面产生灰浆时，则表示混凝土面层已被振实，这段时间即为最佳振动延续时间，其值可在几秒到几分钟之间，此时摊铺机工作速度即为最佳振动压实速度，一般在 0 ~ 9m/min 之间。

最佳振动加速度 表 4-21

混凝土料的种类	最佳振动加速度
低流动性混凝土	(3 ~ 5)g
干硬性混凝土	(6 ~ 7)g
特干硬性混凝土	(7 ~ 9)g

四、生产率计算

(1)摊铺机生产率(摊铺能力)的计算：

$$Q = 60HBU_PK_B \tag{4-12}$$

式中：H——摊铺厚度(m)；

B——摊铺宽度(m)；

U_p——摊铺工作速度(m/min)；

K_B——时间利用系数 $K_B = 0.80 \sim 0.85$。

(2)摊铺机工作速度的计算

$$u_P = 60\ b/t_{min} \tag{4-13}$$

式中：b——振动梁宽度(m)；从全涂料层均匀捣实的条件出发，振动梁的最小宽度 b_{min} 应大于或等于铺层厚度 H，即 $b_{min} \geq H$；

t_{min}——混凝土所需最小振捣时间(s)。

试验表明，对振捣塑性混凝土，振捣时间不少于15s，对于硬性混凝土，振捣时间不少于15～30s。

五、部分常见机型的主要技术性能

部分水泥混凝土摊铺机主要技术性能见表4-22。部分水泥混凝土路面施工附属设备主要技术性能见表4-23。

水泥混凝土摊铺机部分产品目录　　表4-22

型号	摊铺宽度(m)	摊铺厚度(m)	发动机功率(kW)	作业速度(m/min)	行驶速度(km/h)	结构特点	作业精度	总质量(t)	外形尺寸 长×宽×高(mm×mm×mm)	制造厂
HT120B	4～12	300	125	1.03～21.54		轨道拼装	3m内≤3mm 拱度<3%	3.5	1 458×2 900×2 300	铁十一局工程机械厂
SLHY450	2.5～4.5	300	45.8	匀料27.3 振实整平1		轨道机组		6.2		江苏省交通工程总公司平山机械厂
HTH5000	2.5～5	200～400	118	0～5	1.1	多功能滑模履带式		18.14		交通部郴州筑路机械厂
1220 MAXI－PAV	3.66～9.75	0～610	123	0～7.6	0～0.9	滑模履带式		14.5 19.05		镇江华通机械集团公司筑路机总厂

水泥混凝土路面施工附属设备产品目录　　表4-23

型号	名称	主要性能参数	制造厂
HM80	抹光机	抹盘直径 ϕ800mm，抹盘转速50r/min，配套动力1.1kW，整机质量80kg	温州工程机械厂
HZQ12 HZQ18	切缝机	最大切缝深度120(180)mm，切缝宽度3～5(4～10)mm，配套动力5.5(7.57kW)，整机质量170(190)kg	温州工程机械厂
HZX60A	真空吸水装置	最大真空度≥98%，抽气速率29L/s，作业面积60m²，配套动力4kW，整机质量180kg	温州工程机械厂
SLF350 SLF500 SLF800	切缝机	切缝深度60～240mm，切缝宽度2.5～8mm，切缝速度1.6m/min	江苏省交通工程总公司平山机械厂

课题五　沥青路面铣刨机

一、沥青路面铣刨机的用途

沥青路面铣刨机是一种利用装满小块铣刀的滚筒(简称铣刨鼓)旋转对路面进行铣刨的一种高效率的路面修复机械。用它来铣刨需要维修的破损路面,对沥青路面和水泥路面均适用,铣刨后形成整齐、平坦的铣刨面和齐直的铣刨边界,为重新铺设沥青混合料或混凝土创造条件。修复后的新老铺层衔接良好、接缝平齐。另外还可用于变形沥青路面的平整、路面切除及混凝土路面拉毛等作业。采用路面铣刨机可以迅速地切除路面的各种病害,并且剥离均匀,不伤基础,易于重新铺设。由于该设备工作效率高,施工工艺简单,铣削深度易于控制,操作方便灵活,机动性能好,铣削的旧料直接回收,因而广泛地用于沥青路面的维修翻新施工中。

二、沥青路面铣刨机的分类及特点

目前普遍使用的路面铣削机械是沥青铣刨机,它可根据铣削形式、结构特点、铣削宽度进行分类。

(1)根据铣削形式可分为冷铣式和热铣式两种。冷铣式铣刨指在铣刨机在常温下直接对路面进行铣削。冷铣式铣刨机一般单独施工且使用较为普遍。热铣式铣刨机工作中先用铣刨机上附带的加热装置对沥青路面加热使之强度降低后再铣削,结构复杂且很少单独施工。近年来已将热铣刨机与路面再生机械结合,其工作原理和工作装置成为路面再生机械的一部分。热铣刨机作为单独机械设备被淘汰,本书不再赘述。

(2)根据铣削宽度不同铣刨机可分为小型、中型和大型三种。小型铣刨机的铣削宽度在0.3~1.0m,整机功率一般为140~200kW。中型铣刨机铣削宽度在1~2m,整机功率250~440kW。大型铣刨机铣削宽度在2m以上,整机功率在450kW以上。

(3)根据行走装置的不同铣刨机可分为轮式和履带式。轮式铣刨机机动性好,但由于轮胎本身承压能力及轮胎与地面附着力的限制,一般只适用于铣削宽度1.3m以下的铣刨机。履带式用于铣削宽度1.5m以上的大中型铣刨机。

(4)按铣削转子的分类:按铣削转子的旋向不同铣刨机可分为顺铣式和逆铣式两种:转子旋向与行走方向相同为顺铣式,反之则为逆铣式。由于逆铣方式的效率及整机稳定性较高,近年来各大中型铣刨机均采用逆铣方式。顺铣式仅在极少数小型简易铣刨机中采用。

按铣削转子的位置可分为后悬式、中置式和与后桥同轴式三种。后悬式即铣削转子悬挂于后桥的尾部,这种悬挂方式大多数出现在早期以拖拉机改装的小型简易铣刨机或用路面拌和机扩展功能而形成的简易铣刨机中。与后桥同轴即铣削转子在铣刨机两个后轮之间与后桥同轴布置,这种悬挂方式一般用于铣削宽度1.3m以下的小型铣刨机中,优点是节省空间、结构简单,缺点是因空间布置问题只能配备后置式集料输料皮带。中置式即铣削转子布置在铣刨机前后桥之间,使整机的稳定性提高并有助于前置式集料输料皮带的布置。虽然这种形式结构复杂,但作业过程中稳定性好,易于布置集料输料装置,机械传动路线短,因而现代大中型铣刨机广泛采用这种形式。

(5)按输料皮带的布置可分为前置式和后置式:输料皮带前置指输料皮带位于铣刨机前进方向的前端。输料皮带前置的优点是铣刨机施工时,载重车不用掉头就可在接料位置就位,沿前进方向缓行从输料皮带接收被铣削的废料,接料后不用掉头就可沿行车方向直接载运,缺点是铣刨废料先经过集料皮带装置再输送到输料皮带装置上,结构复杂、制造成本高。后置式输料皮带位于铣刨机的后面,优点是可以省去集料皮带装置。缺点是铣刨机施工时接料汽车要在施工路段掉头一次并倒车缓行从输料皮带上接料,接料后又要掉头一次正向行驶,否则必须沿施工路段逆行。

三、沥青路面铣刨机的操作过程

以 WIRTGEN2000DC 车型为例,介绍沥青路面铣刨机的操作过程。如图 4-69 所示。

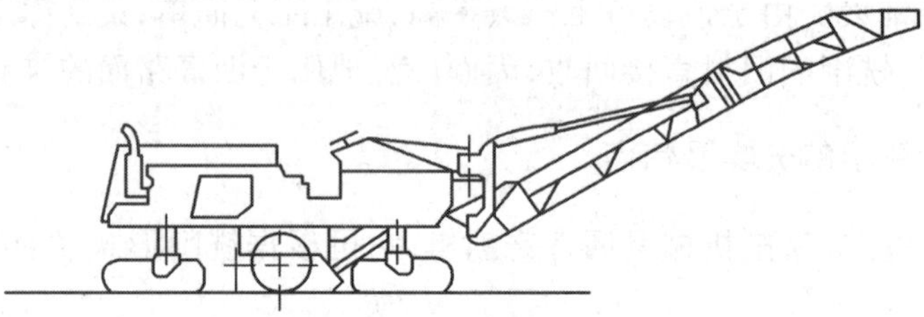

图 4-69　WIRTGEN2000DC 铣刨机

1. 控制面板

(1)铣刨机主控制面板如图 4-70 所示。

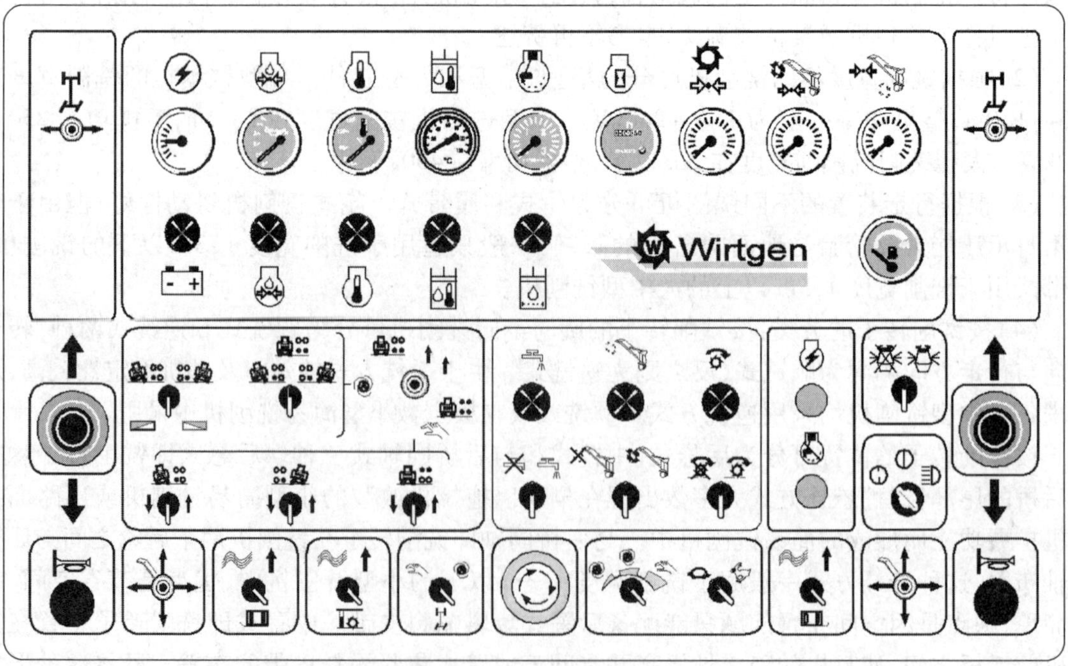

图　4-70

1-主开关关
2-主开关开
3-亮灯
4-紧急制动按钮

5-发动机起动
6-发动机关闭
7-发动机起动计时
8-发动机油压

9-发动机温度
10-电瓶充电
11-工作挡
12-行进挡

13-电源
14-液压油温度
15-发动机转速
16-液压离合器压力

17-输料皮带液压压力
18-行走液压压力
19-液压油过滤器
20-后轮操作

21-水泵关闭
22-水泵开启
23-铣刨鼓关闭
24-铣刨鼓开启

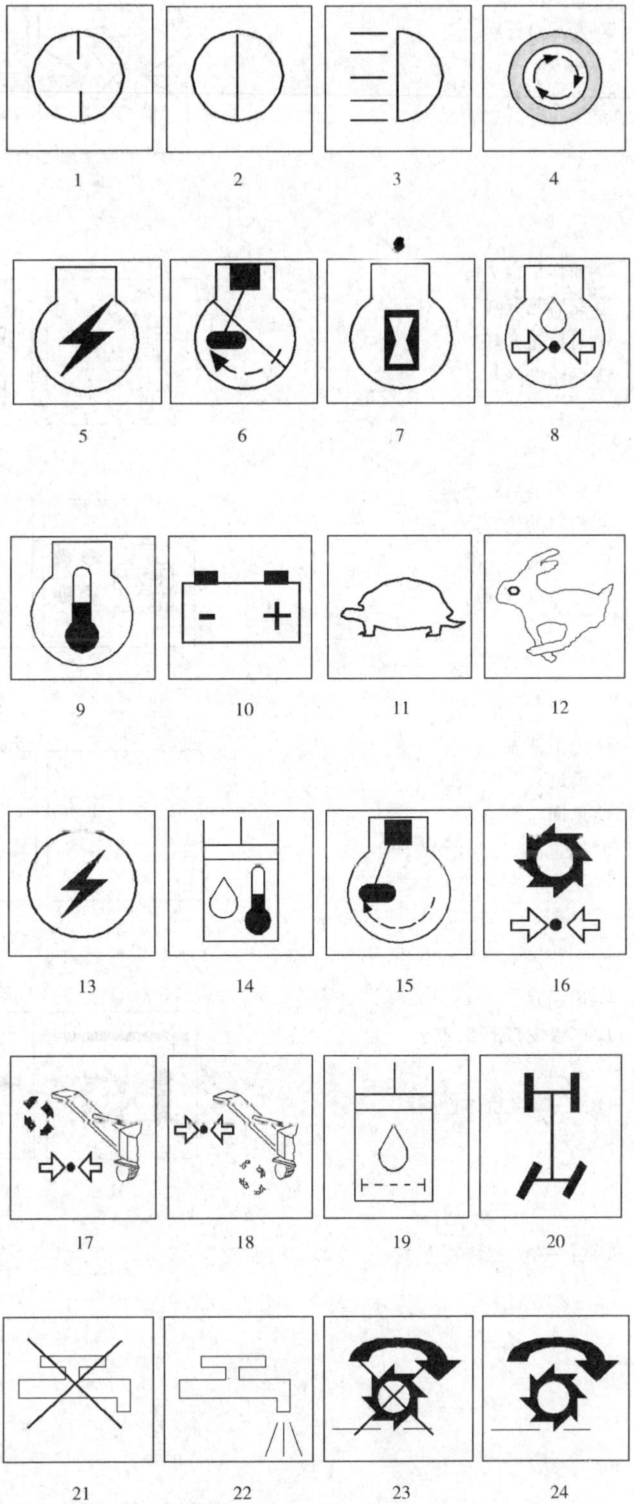

图 4-70

25-警示灯关闭
26-警示灯开启
27-喇叭
28-自动运行

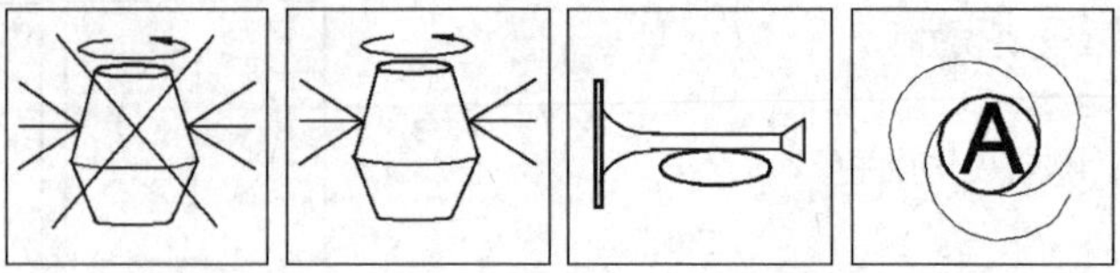

25　26　27　28

29-操作指南
30-左后轮升降
31-右后轮升降
32-后轮升降

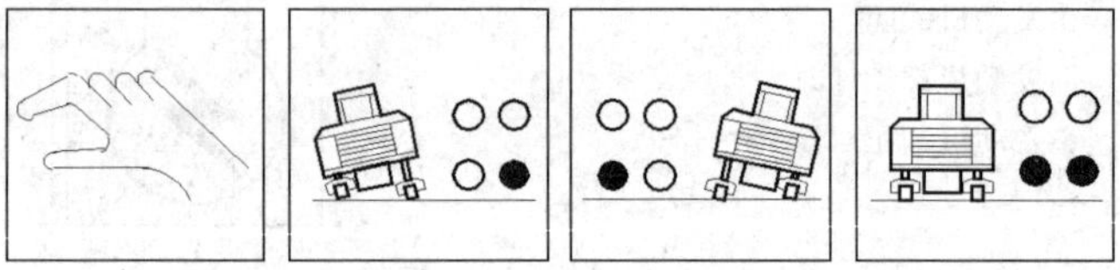

29　30　31　32

33-机器前后轮升降
34-机器前轮升降
35-运料皮带关闭
36-运料皮带开启

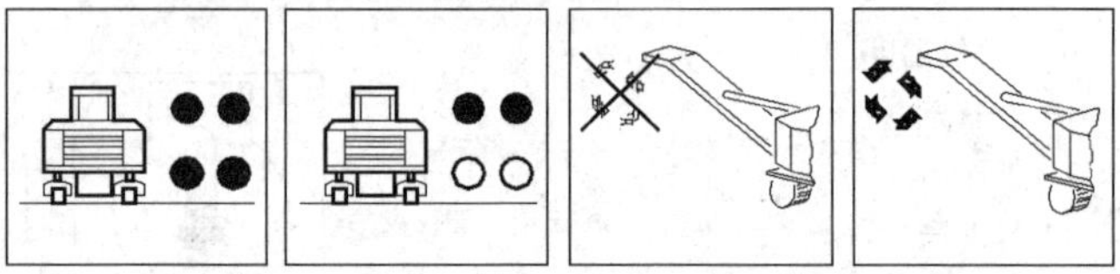

33　34　35　36

37-悬空位置
38-前进
39-返回
40-侧边板

37　38　39　40

41-后刮刀
42-二级皮带上下回转
43-坡面
44-上—下（整体）

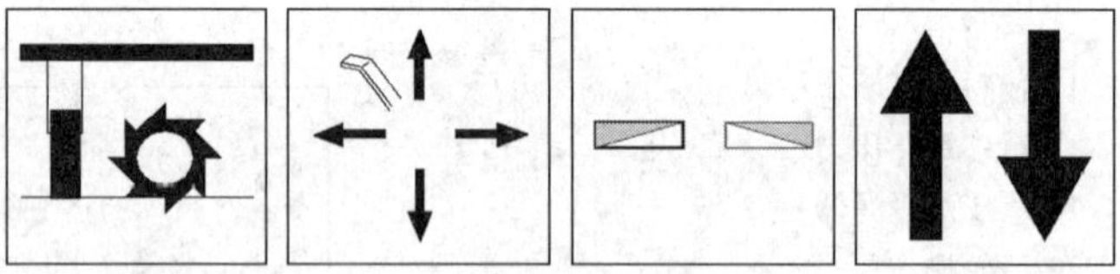

41　42　43　44

45-右—左（整体）

45

图 4-70　铣刨机主控制面板

（2）铣刨机辅控制面板如图 4-71 所示。

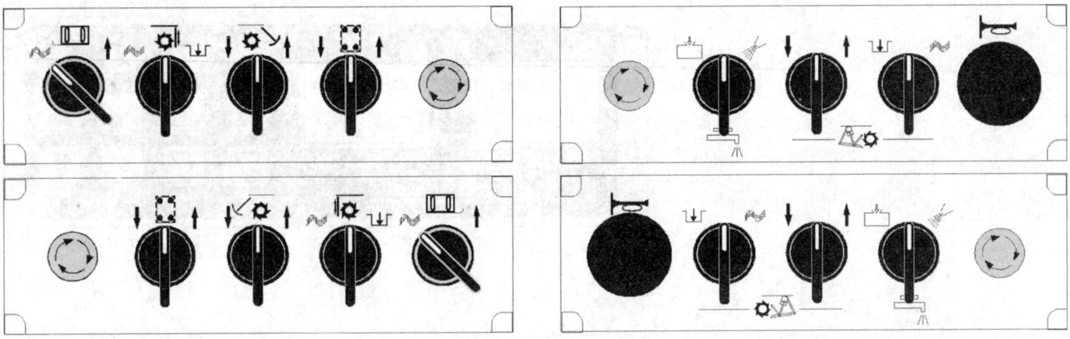

1-紧急制动按钮
2-机械后轮升降
3-刮板升降

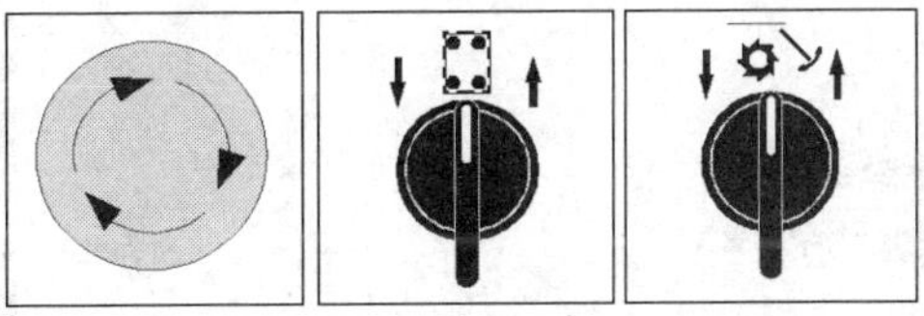

1 2 3

4-刮板悬浮锁定
5-右侧刮板浮动-升
6-左侧刮板浮动-升

4 5 6

9--过滤泵开关-高压泵开
10-输料器升降
11-输料器差速锁

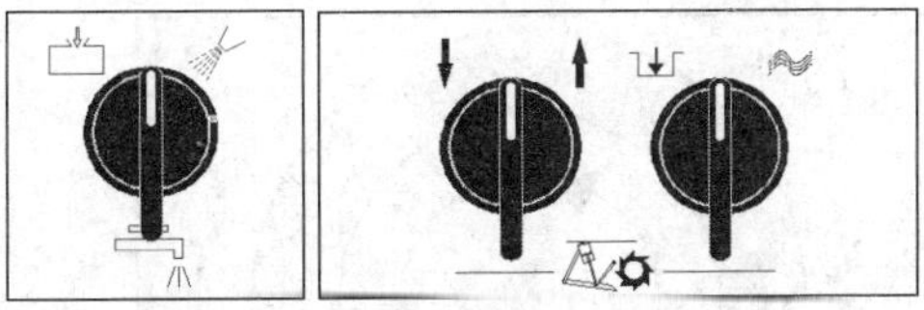

9 10 11

12-喇叭

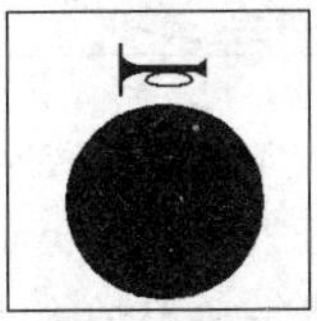

12

图 4-71 铣刨机辅控制面板

(3)水平调节控制器控制面板如图4-72所示。

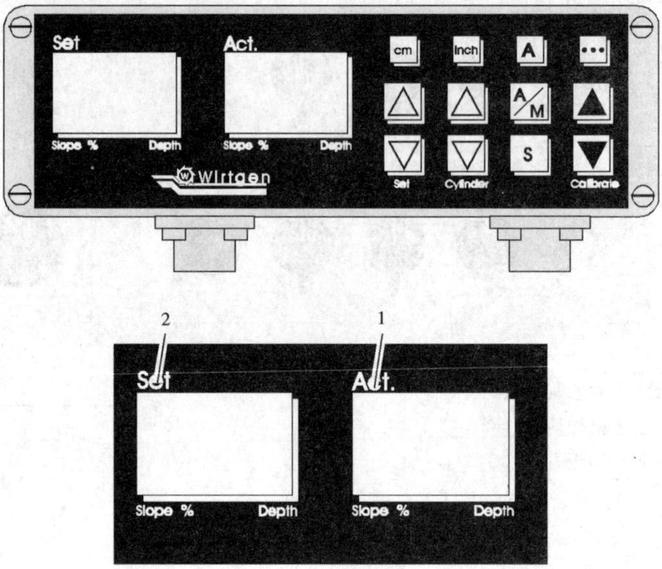

1-显示器“Act”
2-显示器“Set”

图4-72 水平调节控制器控制面板

2. 发动机的起动

1)起动前的准备工作

铣刨机停在平坦的地面上,检查燃油、发动机润滑油、液压泵分动箱的齿轮油和冷却液量是否满足要求。各个紧急制动按钮应处在释放位置(图4-73,按箭头方向旋转可释放),行走操纵杆调置中央位置(图4-74),否则无法发动机起动;并确定铣刨鼓两侧刮板安全螺栓安装准确可靠。

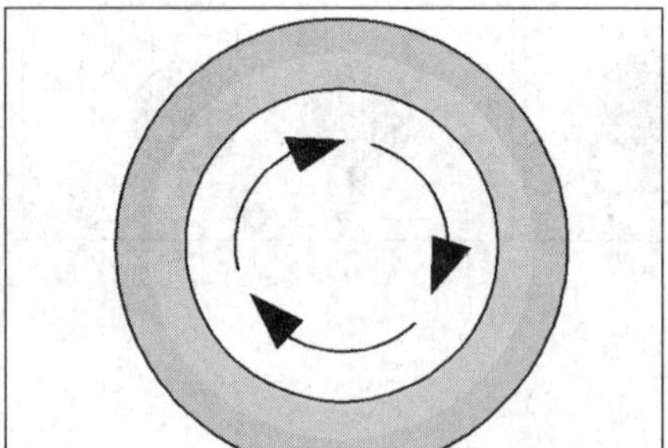

图4-73 紧急制动按钮

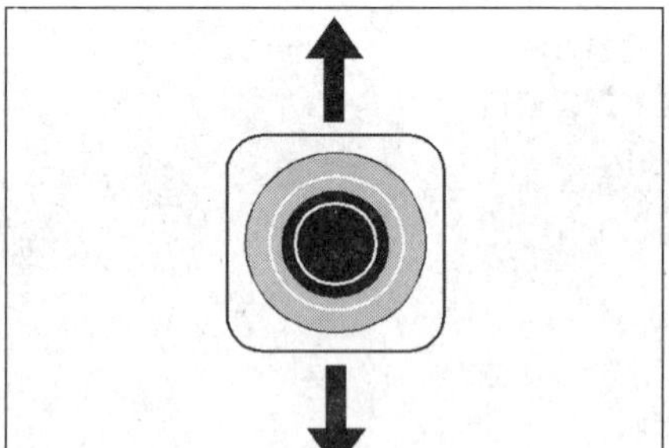

图4-74 行走操纵杆

2)起动发动机

起动铣刨机前,鸣笛确认在机器危险区域内无人。插入发动机钥匙并使之处在中间位置(钥匙左位为控制系统断电,中位为控制系统供电,右位为控制系统及灯光供电。),按下起动按钮起动发动机。

3)发动机熄火

使发动机在无负载情况下调节至怠速状态,持续按住发动机停止按键直到发动机熄火,然后使钥匙在左位状态下拔下。

注意：紧急停机开关仅仅用于在紧急情况下发动机熄火停机，而不用于日常关机。

3. 铣刨机高度调节（图 4-75）

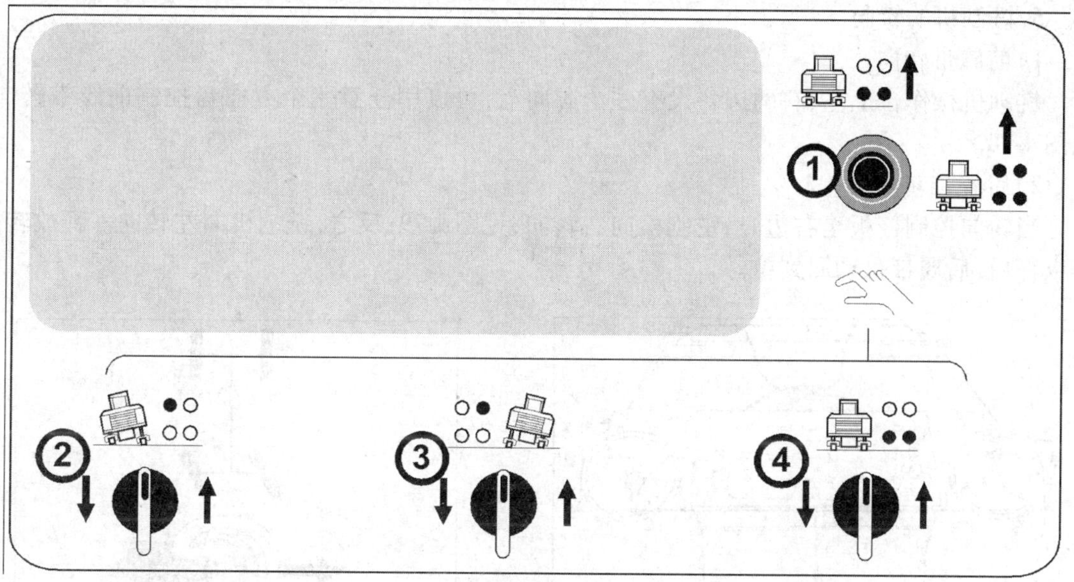

图 4-75　铣刨机高度调节控制

向前调节控制杆①，可使铣刨机后履带（轮）发生升降；调节控制杆①到右位，能抬升铣刨机的前履带（轮）和后履带（轮）；调节控制杆①到手动位置及开关④到左边（或右边）将升高或降低铣刨机前履带（轮）；调节控制杆①到手动位置及开关②到左边（或右边），将升高或降低铣刨机左侧；调节控制杆①到手动位置及开关③到左边（或右边），将升高或降低铣刨机右侧。

4. 铣刨机的行走

1）铣刨机行走速度挡位选择

铣刨机行走速度挡位共有三个，两个工作挡，一个行进挡，见图 4-76。只有当铣刨机完全停驶时，才能进行行走速度挡位之间的相互转换。

2）铣刨机的前进或后退（图 4-77）

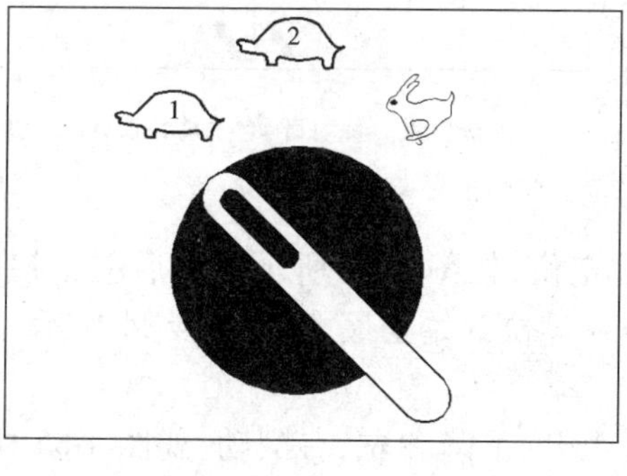

图 4-76　行走挡位选择

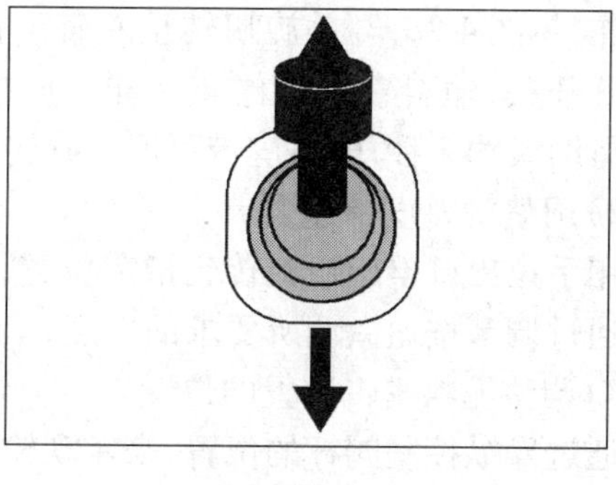

图 4-77　行走控制杆

铣刨机前进或后退的速度与控制杆前移或后移的角度成正比例。控制杆移至中位时，铣刨机停驶，但控制杆不具备自动回位能力。

注意：禁止猛烈操作行走控制杆，或将控制杆从前进位置直接拉到后退位置。

5. 铣刨机的转向

1）前履带转向

铣刨机操作台上左、右两边各设有一个方向盘，可以用任意一个方向盘控制前履带转向，见图 4-78。

2）后履带转向

当转向控制杆板至右边时，铣刨机向右转向，见图 4-79；反之，铣刨机向左转向。释放转向操纵杆后，后履带自动回到位。

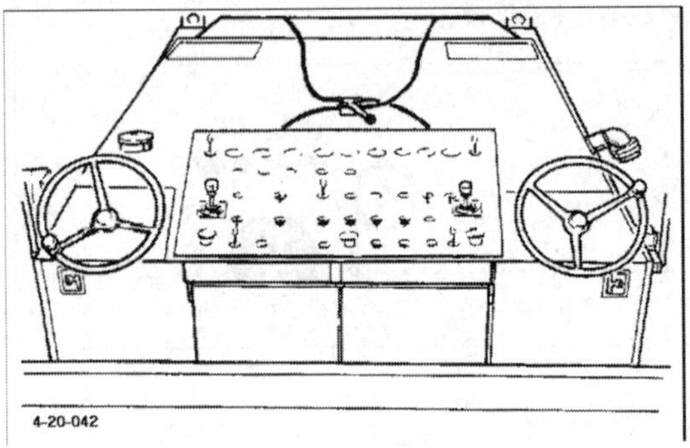

图 4-78　铣刨机操作台

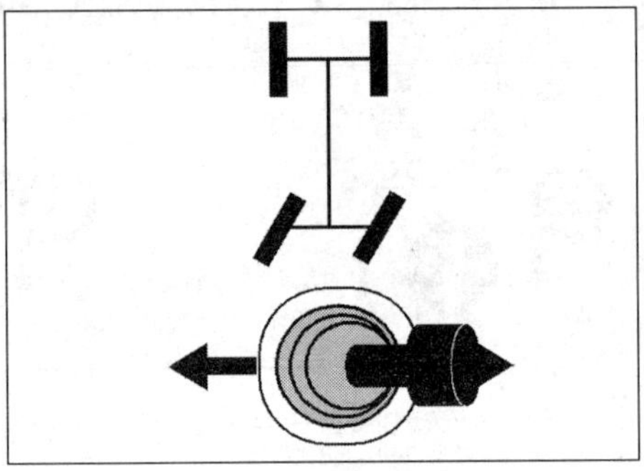

图 4-79　后履带转向控制杆

3）转向自动/手动转换开关

将转换开关设在自动状态，当释放后履带转向操纵杆时，后履带自动回复至正前方位置；将开关设在手动状态，当释放后履带转向操纵杆时，后履带会保持原来位置。铣刨机在铣刨过程中，转换开关应处于自动状态，见图 4-80。

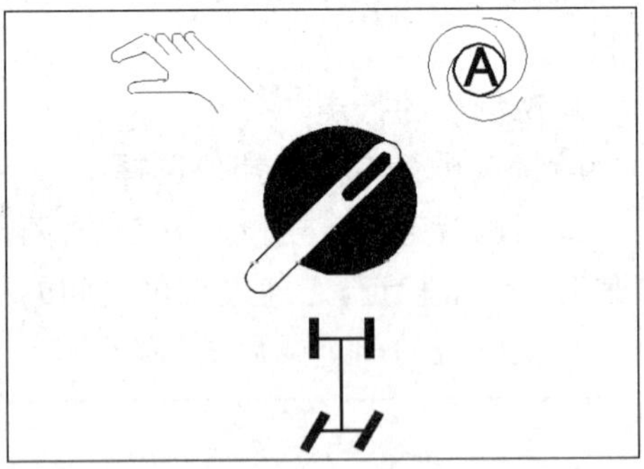

图 4-80　转向自动/手动转换开关

6. 铣刨机输料装置

1）主卸料输送带

将操作杆置于工作位置，见图 4-81。将开关旋转至右边直至指示灯亮再松开开关，输料输送带开始工作，见图 4-82；开关旋扭转至左直至指示灯熄灭再松开开关，输料输送带停止工作。向左旋转控制旋钮持续大约 5 秒，输料皮带可反向旋转。

2）调整输料皮带速度

用手拉出调整旋钮旋转到指定位置，然后向里推定位，如图 4-83 所示。然后在主控制面板上通过调节按钮微调所要求的速度，其速度调节应从零位开始至最大，如图 4-84 所示。

3）调整输料皮带装置的位置

通过操纵控制阀杆的位置，来实现输料皮带装置上升、下降和左、右摆动，如图 4-85 所示。也可通过复合动作操纵控制阀杆，实现输料皮带装置的综合动作，如图 4-86 所示。

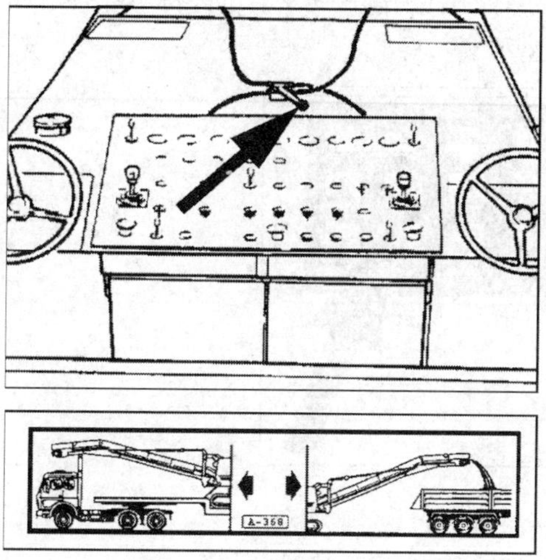

图 4-81　主卸料输送带操作杆

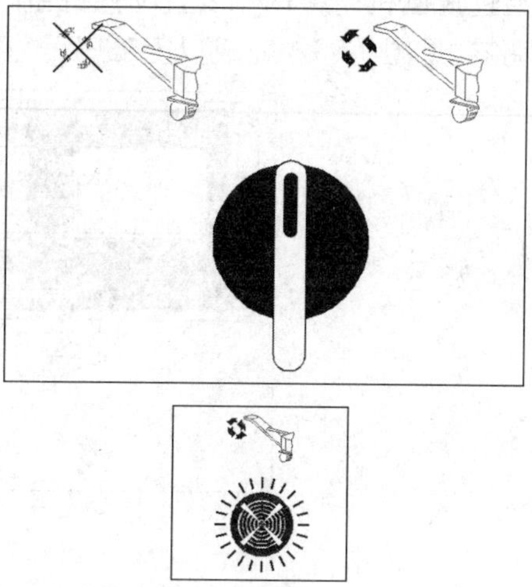

图 4-82　输料输送带工作位置

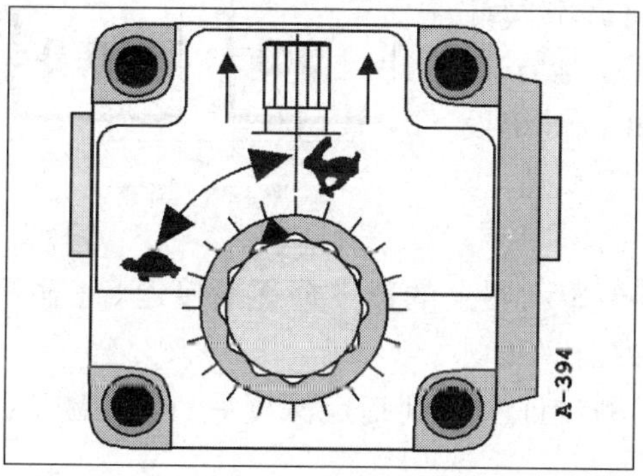

图 4-83　输料皮带速度调整旋钮

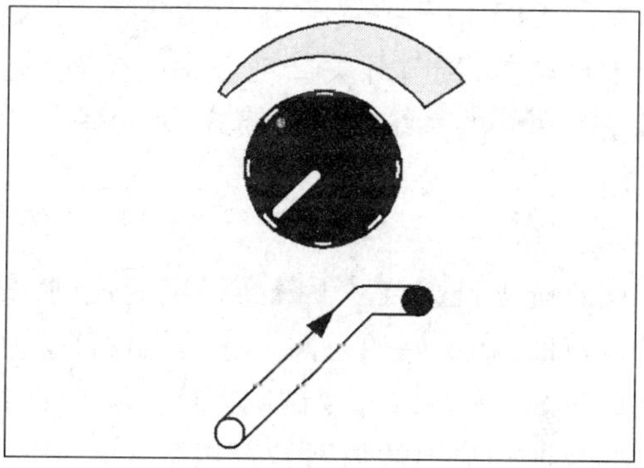

图 4-84　输料皮带速度微调按钮

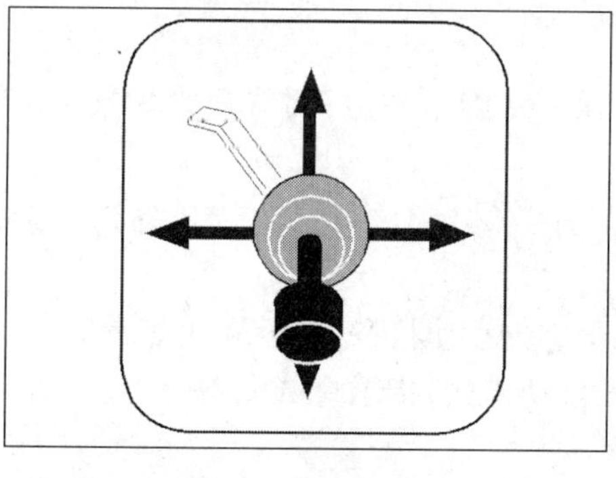

图 4-85　输料皮带装置上升

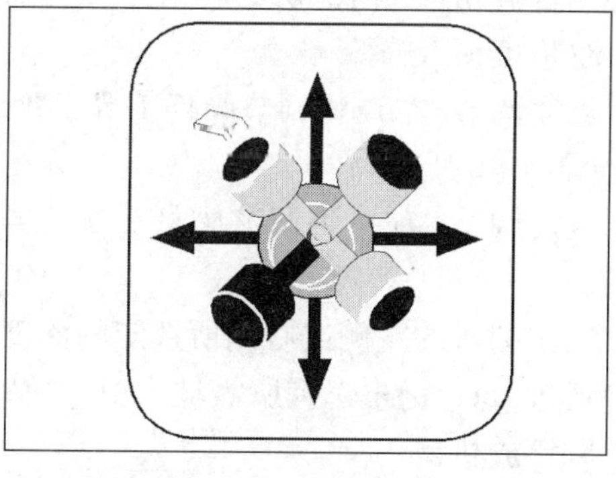

图 4-86　操纵控制阀杆的复合动作

7. 调节系统

1）系统校零

发动机怠速运转，铣刨机两侧侧板完全升起，调整左右两套深度测试系统到人工模式（A 灯熄灭），见图 4-87。

通过铣刨机高度调节装置降低机器高度直到铣刨鼓两侧接触到工作面，将 Act. 和 Set. 上数字调零，见图 4-88。完成以上工序后，各显示器均应归零。

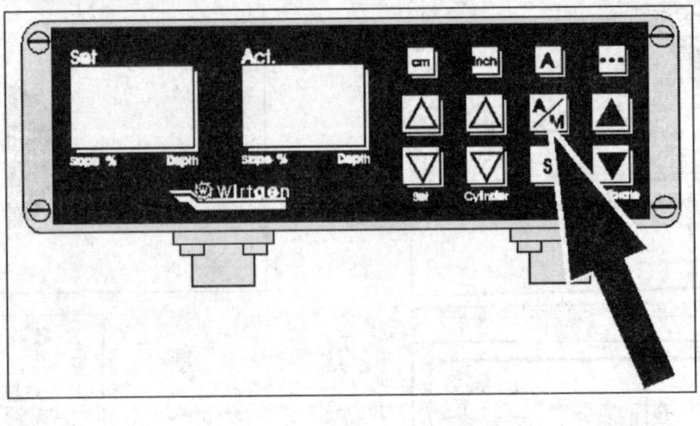

图 4-87　深度测试系统控制台

铣刨机铣刨沥青路面相关参数的准确设定取决于系统是否正确校零。

2）铣刨深度调节

将图 4-87 中开关置于自动状态（A 灯关闭），将调节阀杆①处于自动挡，调节开关②旋至中间位置，见图 4-89。调节铣刨机左右两侧的系统到手动模式（A 灯关闭），用 Set 按键组设定铣刨深度，然后按下“A/M”键，即设为自动，指示灯 A 亮，见图 4-90。

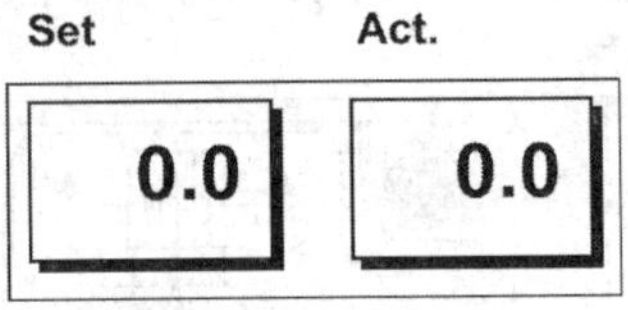

图 4-88　调零

此时铣刨机会自动下降至设定的铣刨深度。Act 显示器上的数字会逐渐接近 Set 显示器上的设定值，在最好的条件下这两组数值会达到一致。

调节 Set 键可以改变铣刨深度。可以通过人工测量证实达到指定深度后，可以检查对照测量的数据与显示的数据是否相符。

如果显示不符，可以通过调节相应的校正键来改变 Act 显示器上显示的数值使之能够与实际测量值相符，见图 4-91。

3）坡度调节

坡度调节（左）：将调节阀杆①置于自动挡，调节开关②旋至左边，调节开关③处于中间位置，如图 4-92 所示。

坡度调节（右）：将调节阀杆①置于自动挡，调节开关②旋至右边，调节开关③处于中间位置。

在铣刨机的左侧或右侧所选定的深度控制仪上设定成手动状态，指示灯 A 熄灭。

通过“Set”键来选择所需坡度值。按“A/M”进入自动模式，指示灯 A 灯亮。

8. 停放机器

将铣刨机开到最终停放位置，在铣刨鼓下面放置枕木，慢慢降下机械直至铣刨鼓轻轻坐落在枕木上。怠速运转发动机，使之充分冷却，然后熄火并取下钥匙。

四、沥青路面铣刨机的技术运用

沥青路面铣刨机的技术运用应按以下各项进行：

（1）铣刨机在使用时应配套好相应的辅助作业机械。有自动收料装置的铣刨机只需要配备装料卡车则可，而无自动收料装置的铣刨机应别配小型装载机及装料卡车。

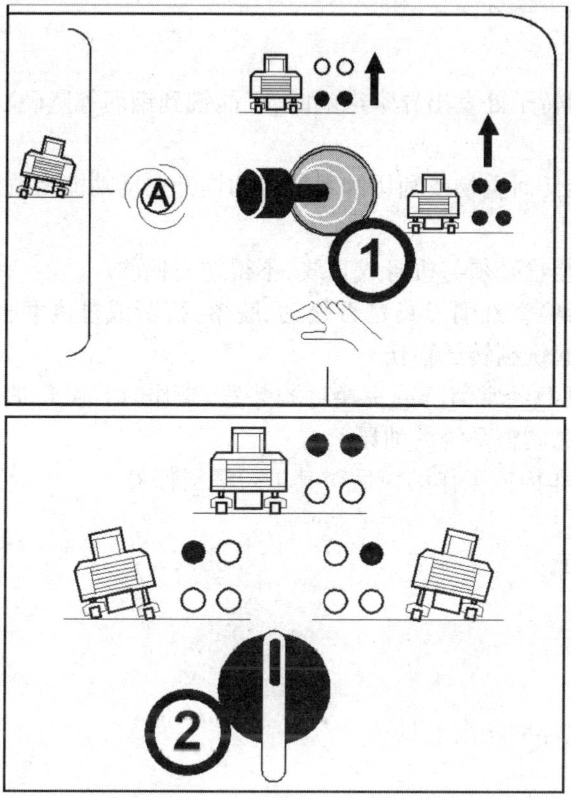

图 4-89　调节阀杆①及调节开关②

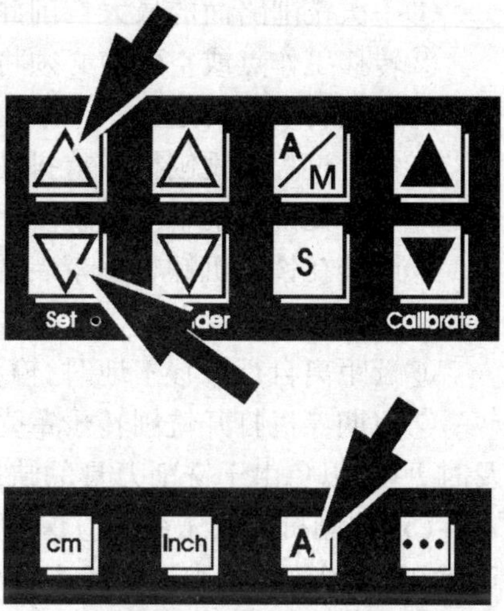

图 4-90　“A/M”键和指示灯 A

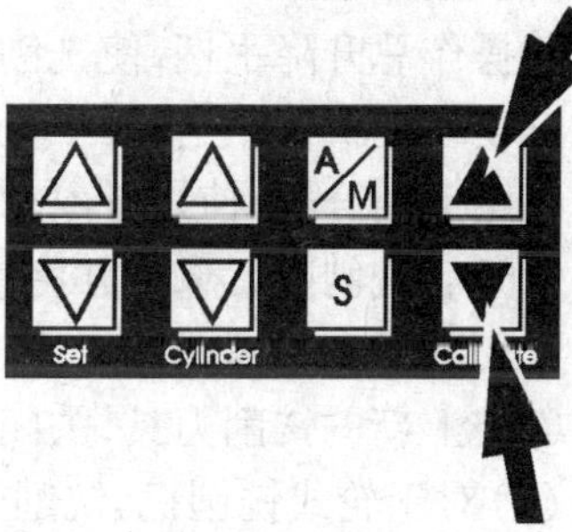

图 4-91　校正键

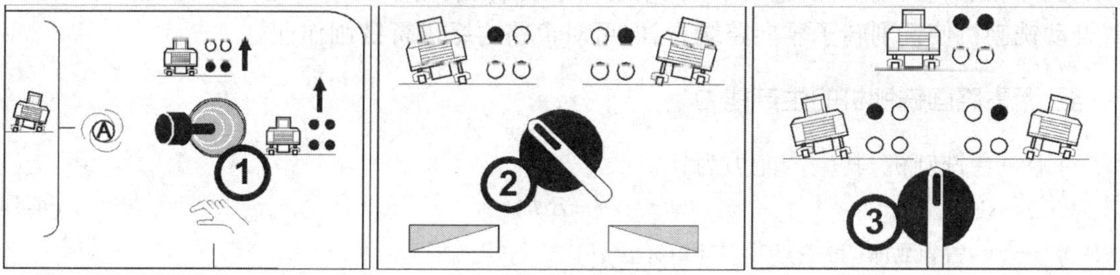

图 4-92　坡度调节（左）

（2）铣刨机必须由专人操作，操作人员必须经过严格的技术培训，熟悉整机各系统性能及操作规程，以防发生机械设备故障和人员设备安全事故。

（3）铣刨机在使用前必须对各部件进行空运试验，在确认各部件运转正常且各部件无泄漏的情况下方可进入正常工作。

(4)按使用说明书的要求对发动机进行日常维护修养,并注意在正常技术条件下使用。作业过程中注意以下事项:

①一次铣削路面的最大切削深度不得超出铣刨机的限值。

②转移工作点或空驶前必须将铣刨转子提升离地面。

③铣削转子运转过程中严禁倒机。

④作业过程中铣刨机严重抖动或铣刨转子处发出异常声响时,可能铣到钢筋等坚硬物,应立即停机并提升铣削转子检查。

⑤严禁在铣刨机卸料皮带装置上悬挂任何重物或利用卸料装置的提升摆动功能将铣刨机作起重工具用。

⑥近距离自行转移工地时,输料皮带装置必须与机身成直线,不得左右偏斜。

⑦定期停机打开铣刨转子罩壳后挡板检查铣削刀具是否松动、脱落、折断或过度磨损,并及时更换,以免由于铣削刀具的缺损而引起铣刨转子损伤。

(5)铣刨机的液压系统应保持清洁,注意经常清洗或更换过滤装置,操作时若发现油压不正常,应立即停车检查。一般人员不得随意调整系统的油压。

(6)各运转部件应按说明书要求在工作前或工作结束后对其进行润滑保养。

(7)更换铣刨机铣削刀具的顺序是:

①操作总升降手柄,使铣刨鼓离开地面;

②使发动机停止运转;

③踏下离合器,使之分离;

④开启铣刨鼓后罩壳并将罩壳支撑;

⑤用冲子和手锤或用专用工具卸下损坏的铣削刀具;

⑥装上新的铣削刀具,关闭防护罩。

(8)对于轮式铣刨机,铣削转子设置在两后轮中间是为了能使铣刨机紧靠路边,完成道路边缘的铣刨工作;铣刨机的左右升降机构,能使右轮绕伸缩套筒轴线旋转180°露出铣刨鼓,平时右后轮置于外侧位置,用插销固定。当需进行路边缘铣刨作业时,操纵左右升降机构,让铣刨鼓支承到地面上,使后轮提升到最大高度,抽出插销后用手扳动右轮,使其转动180°后固定好,开动铣刨机使铣削转子靠向路缘石,即可对道路边缘进行铣刨作业。

五、沥青路面铣刨机的生产能力

对于单台铣刨机,其生产能力为:

$$q = Bvhk \tag{4-14}$$

式中:q——单台铣刨机的生产能力(m^2/h);

B——铣刨宽度(m);

v——铣刨速度(m/h);

h——铣刨厚度系数;

k——铣刨机调迁系数,$k=(1-t_d/t)$;t_d为铣刨机每天调迁所用的时间(h),t为每天作业时间(h)。

故铣刨机的生产能力为:

$$Q = \frac{S}{TKt} = \Sigma q_i \tag{4-15}$$

式中：Q——铣刨机的生产能力(m^2/h)；

S——铣刨面积(m^2)；

T——施工计划预定的铣刨天数(d)；

K——开工日系数，K = 实际工作天数/计划日工作天数；

t——每日作业小时(h/d)；

q_i——i 台铣刨机。

六、常见机型的技术参数（表 4-24）

表 4-24

项目名称	单位	2000DC	1900 DC	1500 DC	1300 DC
铣刨量					
铣刨宽度	mm	2 010	1 905	1 500	1 320
铣刨深度	mm	0 ~ 300	0 ~ 300	0 ~ 300	0 ~ 300
铣刨鼓					
刀头间距	mm	15	15	15	15
刀头数量	个	154	154	128	115
铣刨切圆直径	mm	980	980	980	980
铣刨鼓最大倾斜角度	°	5	5	5	5
发动机					
制造商		DAIMLER BENZ			
型号		OM442La	OM442La	OM442La	OM442La
冷却方式		Water	Water	Water	Water
转速	min	2100			
额定输出	kW/hp/PS	297/398/404			
排气量	cm^3	14 620	14 620	14 620	14 620
燃油消耗(满负荷)	L/h	73			
燃油消耗(2/3 负荷)	L/h	60			
工作性能					
铣刨速度	m/min(km/h)	0 ~ 31	0 ~ 31	0 ~ 31	0 ~ 31
行驶速度	m/min(km/h)	0 ~ 4.5	0 ~ 4.5	0 ~ 4.5	0 ~ 4.5
理论爬坡能力(行驶速度)	%	80	80	80	80
理论爬坡能力(铣刨速度)	%	80	80	80	80
离地间隙	mm	235	235	235	235
质量					
前轴负荷	DaN(kg)	13 350	13 300	13 300	12 900

续上表

项目名称	单位	2000DC	1900 DC	1500 DC	1300 DC
后轴负荷	DaN(kg)	9 750	9 700	9 400	9 300
运输质量	DaN (kg)	23 100	23 000	22 400	22 200
工作质量-满缸	DaN (kg)	25 400	25 300	22 700	24 500
工作质量-prEN 500-1	DaN (kg)	24 900	24 800	24 200	24 000
履带装置					
前履带	DaN(kg)	1 600×260×550	1 600×260×550	1 600×260×550	1 600×260×550
后履带	DaN(kg)	1 600×260×550	1 600×260×550	1 600×260×550	1 600×260×550
填充量					
燃油箱	L	850	850	850	850
液压油箱	L	270	270	270	270
水箱	L	1 600	1 600	1 600	1 600
电气系统					
电压	V	24	24	24	24
空气压缩箱					
容积	L	40			
允许操作温度	℃	-50 bis +100			
允许操作压力	bar	14,5			
输送系统					
皮带宽度(主输送机)	mm	800	800	800	800
皮带宽度(卸料输送机)	mm	800	800	800	800
理论卸料能力	m^3/h	290	290	290	
装运尺寸					
机器 长×宽×高	mm	6 650×2 600×2 850	6 650×2 600×2 850	6 650×2 600×2 850	6 650×2 600×2 850
输料带长×宽×高		8 000×1 150×1 500	8 000×1 150×1 500	8 000×1 150×1 500	8 000×1 150×1 500

思考题

一、沥青洒布机习题思考题

1. 国外沥青洒布机有哪些新的技术特点？国内达刚智能沥青洒布机采用了哪些新技术？

2. 自行式沥青洒布机主要工作机构有哪几部分？其中洒布系统主要功能是什么？

3. 沥青洒布机的使用及安全操作要点是什么？

4. 智能沥青洒布机的自动喷洒应根据设定的哪些参数自行确定行驶速度，并根据它自动控制喷洒量？

二、沥青混凝土转运车思考题

1. 沥青混凝土转运车的主要功用是什么？

2. AT1000A 型沥青混凝土转运车的主要结构有哪几部分？
3. 结合生产实习，简述沥青混凝土转运车的操作过程。
4. 转运车采用远红外加热系统有哪些特殊要求？

三、沥青混凝土摊铺机思考题

1. 简述沥青摊铺机的施工工艺过程。
2. 简述沥青摊铺机施工安全技术规程。
3. 试述沥青摊铺机在施工时其结构参数是如何进行调整和选择的。
4. 沥青摊铺机在施工前及施工后应做哪些准备和保养工作？
5. 在施工过程中，如何处理沥青路面的横向及纵向接缝？

四、水泥混凝土摊铺机思考题

1. 水泥混凝土摊铺机如何分类，其适用范围是什么？
2. 滑模式水泥混凝土摊铺机有什么特点？
3. 简述轨道式水泥混凝土摊铺机的主要结构。
4. 简述在施工中如何合理确定有关技术参数。
5. 摊铺机在作业过程中应注意哪些安全操作要点？作业完成后还有哪些工作要做？

五、沥青路面铣刨机思考题

1. 如何铣刨机发动机做好日常维护工作？
2. 简述铣刨机的工作过程和各工作参数的调整。
3. 如何正确更换铣刨机铣削刀具？
4. 铣刨机施工完毕后在进行场地转移时，如何采用运输车辆正确移送？
5. 简述铣刨机的安全操作规程。

Danyuanwu

单元五

公路机械化施工组织

知识点

1. 描述施工方法;
2. 描述施工机械的选择原则;
3. 计算流水施工时所需机械数量并进行分组;
4. 分析不同条件下施工机械的选择与配套组合方法。

课题一 公路工程基本建设程序

公路工程基本建设程序是公路基本建设项目在整个建设过程中各项工作的先后顺序。公路基本建设受自然条件、技术条件、物资条件的制约,并且要按照既定的需要和科学的总体设计进行基本建设。建设过程中的任何计划不周或安排不当,都会给国家造成重大浪费和损失。所以一切公路建设项目都必须按照规定的程序办事。近些年随着投融资体制的改革,部分阶段程序又有简化,但总体上分以下阶段。

一、项目建议书阶段

项目建议书是业主单位向国家提出的要求建设某一项目的建议文件,是对建设项目的轮廓设想。此阶段是根据国民经济长远规划、行业规划、地区规划、市场调查或预测分析提出的具体项目建设的建议,编报项目建议书。要对该项目的社会需求进行分析研究,明确为满足此需求所要达到的建设目标,包括经济目标、社会目标和环境目标,并考虑可能承担的风险。项目建议书并非最终建设意见,它完全有可能被调整或修改。

二、可行性研究阶段

可行性研究是对拟建项目在技术上和经济上是否可行进行科学分析和论证,是技术经济的深入论证阶段,为项目决策提供依据。主要任务是通过多方案比较,提出评价意见,推荐最佳方案。可行性研究报告经过批准,项目才算正式“立项”。

三、设计任务书阶段

它是项目确定建设方案的决策性文件，是编制设计文件的主要依据。设计任务书可由建设单位自行提出，也可由工程咨询公司代为拟定，或由建设单位与设计单位协商确定。

四、勘察设计阶段

公路建设项目一般采用两阶段设计，即初步设计和施工图设计；对于技术简单、方案明确的小型建设项目，可采用一阶段施工图设计；技术上比较复杂而又缺乏设计经验的项目，在初设计后加技术设计，即三阶段设计。

初步设计应根据批复的可行性研究报告、测设合同和初测、初勘或定测、详勘资料编制。

一阶段施工图设计应根据批复的可行性研究报告、测设合同和定测、详勘资料编制。

二阶段施工图设计应根据批复的初步设计、测设合同和定测、详勘资料编制。

三阶段设计时，技术设计应根据批复的初步设计、测设合同和定测、详勘资料编制；施工图设计应根据批复的技术设计、测设合同和补充定测、补充详勘资料编制。

五、建设准备阶段

项目在开工建设前，要切实做好一系列的前期准备工作，主要内容是：征地、拆迁和再安置；完成施工用水、电、路等工程；组织设备材料订货；准备必要的施工图纸；组织监理、施工招标投标，择优选定施工单位；报批开工报告。

六、建设施工阶段

建设项目经批准开工建设，项目便进入了建设施工阶段。这是项目决策的实施、建成投产、发挥效益的关键环节。施工活动应按设计要求、合同条款、预算投资、施工程序和顺序、施工组织设计，在保证质量、工期、成本计划等目标的前提下进行，达到竣工标准要求，经过验收后，移交给建设单位使用。

七、交工验收交付使用阶段

当建设项目按设计文件的规定内容全部完成施工任务以后，便可组织验收。它是建设全过程的最后一道程序，是投资成果转入使用的标志，是建设单位、设计单位和施工单位向国家汇报建设项目的生产能力或效益、质量、成本、收益等全面情况及交付新增固定资产的过程。

八、项目后评价阶段

此阶段是公路建设项目正常运营一段时间后，再对项目的立项决策、设计施工、竣工验收、生产营运等全过程进行系统评价的一种技术经济活动，是固定资产投资管理的最后一个环节。通过后评价可以肯定成绩、总结经验、研究问题、汲取教训、并将结果反馈给项目投资者和银行贷款部门，作为今后改进投资计划、评估、管理工作的重要参考。

课题二　公路工程机械化施工组织设计

公路施工组织设计，是根据公路建设的特点，从全局出发，把人力、资金、材料、机械和施工方法这五个因素进行科学合理的安排，使整个工程有组织、有计划、均衡地施工。机械化施工可满足公路建设技术标准高、质量要求高、施工速度高、经济效益高的要求，所以做好机械化组织设计是保证公路工程达到相对最优效果的先决条件。

一、施工组织设计的种类

施工组织设计有不同的分类方法，按编制的主体分为建设方的施工组织设计和承建商的施工组织设计；按编制的时间和深度分为投标项目的施工组织设计和承建项目的施工组织设计；最常用的是按施工对象分类，可分为下列三种。

1. 施工组织总设计

它是整个建筑工程施工的战略部署，其范围较广，内容比较概括。它也是编制年度施工计划和单位工程施工组织设计的依据。其作用表现为它是控制和协调工程总体施工组织的准绳。

2. 单位工程施工组织设计

它是以单位工程为编制对象，用以指导其施工全过程各项活动的技术、经济的综合性文件，也是公路施工企业年度施工计划和施工组织总设计的具体化，可作为施工单位编制作业计划和制定季度施工计划的重要依据。

单位工程是指在公路建设项目中，具有独立施工条件，可以单独作为成本核算对象的工程，如路基、路面工程，桥梁工程、隧道工程等。

3. 分部(项)工程施工组织设计

公路施工过程中遇到复杂的地质、地形、地貌，或者在特殊季节施工时，需要进行专门的准备工作，采取特殊的技术措施，这时需编制专门的施工组织设计。如大桥的基础工程。

二、施工组织设计的内容

1. 公路施工组织设计

公路施工组织设计的主要内容有：

(1)工程概况：包括工程规模、数量、工期、特征、地质、地理情况、技术要求等。

(2)开工前施工准备：包括施工准备工作进度表，施工准备工作的意见。如征地、拆迁、修建便道、便桥、架设临时电力、电讯设施等。

(3)施工部署与施工方案：在进行此项工作时，要注意突出重点，凡采用新技术、新工艺和对本工程质量起关键作用的项目，或技术较为复杂，工人操作不够熟练的工序，在施工方案中均应详细说明施工方法和技术措施，必要时单独编制施工作业设计；对于常见的一般结构形式，工人已经熟练掌握的施工方法和技术措施，则不必详述。在拟订施工方法的同时，还应明确指出该施工项目的质量标准及确保质量与安全的技术措施。

(4)施工进度计划：包括以实物工程量和投资额表示的工程总进度计划、分年度计划、以及用工日数、机械台班数。

(5)施工现场平面布置图:包括施工总体和部分工程平面布置,土石方平衡规划,施工现场平面布置。

(6)劳动力、机械设备、材料和构件等供应计划:包括劳动力需要量及来源,分工种、分年度的需要量,施工机械、筑路材料、施工用水、用电的分年度需要量和供应情况、解决的方案。

2.机械化施工总体设计

机械化施工组织设计不论是施工企业,或是业主、施工单位,对一个项目来说,在内容的安排、文件的编制方面都是一致的。如组织招投标的组织文件,开工前的组织文件、施工阶段的组织文件都对机械化施工的组织提出相同的要求。其具体内容如下:

1)机械化施工总体计划内容

(1)确定施工计划总工期;

(2)重点工程的机械施工方案和方法。

(3)机械化施工的步骤和操作规程,相关的机械管理人员。

(4)机械最佳配合、各季度计划台班数量。

(5)机械施工平面设置与机械占地布设。

(6)确定机械施工的总体进度计划。

2)机械化施工的分部分项工程计划内容

(1)分部分项工程日进度计划图表。

(2)工程项目机械配合施工的安排计划(施工方法及机械种类)

(3)机械施工技术、安全保证措施。

(4)机械检修、保养计划和措施。

(5)机械的临时占地布置和现场平面组织措施。

三、施工组织设计的原则

1.公路施工组织的设计原则

1)严格执行基本建设程序和施工程序

遵循中标合同和有关文件,遵循上级及主管部门的各项要求指标,并遵循施工工艺及技术规范,保质、保量完成施工任务。

2)合理安排施工顺序

根据公路建设的客观规律,可将整个项目划分为几个阶段,使各施工阶段之间合理衔接,连续紧凑,在保质保量的基础上,缩短工期,加快建设速度。

3)采用先进的施工技术和设备

尽量采用国内外先进施工技术,科学地确定施工方案,采用机械化施工,提高机械化程度,改善劳动条件,提高劳动生产率,确保工程质量和施工安全。

4)制定合理的施工组织方案

根据工程特点和施工要求,尽可能采取流水作业施工方法,使施工有组织、有秩序地进行,保证人力、物力充分发挥作用。对于复杂的工程,应用网络计划技术找出最佳的施工组织方案。

5)科学安排季节性施工措施

合理安排冬、雨季施工项目,增加全年连续施工日数,把非季节性工程列入冬、雨季施工,全面平衡人工、材料的需用量,提高施工的均衡性。

6)确保施工质量和施工安全

认真贯彻施工技术规范、操作规程、提出确保工程质量的技术措施和施工安全措施,特别是采用新技术、新工艺时更应注意。

7)节约基建费用,降低工程成本

合理布置施工平面图,节约施工用地;充分利用现有设备,尽量减少临时性建设费用;合理储备物资,减少物资运输量,正确选择运输工具,节约能源,降低成本,提高经济效益。

2. 机械化施工组织的设计原则

机械化施工生产过程中,与其他施工组织措施的配合是否合理、经济,能否保证整个工程项目连续均衡地进行,只有通过对整个施工机械加以限制和制定,让其成为施工过程中积极配合、刺激进度的要素,才能使整个公路施工组织设计更好完成。机械化施工组织的设计应遵循以下原则:

(1)施工连续高效运转,确保工程质量标准、技术标准。

(2)主导机械选择、控制合理,配套机械的选择与周围环境条件协调一致。

(3)提高机械的使用率,满足均衡使用要求,降低人员的工作强度。

(4)安装调试简便,转场运输方便,不形成交叉作业。

(5)降低机械使用费,减少机械闲置,配套机械协调作业达到经济目标。

四、施工方法

施工方法是施工方案的核心内容,它对工程的实施具有决定性的作用。在施工过程中,可采用的施工方法多种多样,而每种施工方法有其各自的优点和缺点,常用的施工方法有:

(1)顺序作业法:按工艺流程和施工程序(步骤),按先后顺序进行施工操作。工程先在路线的个别路段开始施工,该段完成后再转到另一地段。其优点是:人力和机具集中,工作易于领导,在全线竣工以前,个别路段本身完成后可随时交付使用。其缺点是专用生产机具和设备的使用忙暇不均,还可能有停置不用的现象发生,使机械设备不能充分利用,增加了施工管理工作,提高了工程造价。

(2)平行作业法:线形工程的作业面很大,根据工程或技术的要求,可划分为几段,分别同时按程序施工。工程是在整个路线上全面开工,此法如果人力和机具有充分准备,可使施工期限大大缩短。但是若干工区同时开工后,若材料供应不及时,或全线设备机具不够充分,会造成全线停工待料现象,影响工程的交付使用,增加工程造价。

(3)流水作业法:施工过程中的一切项目分别由各专业化施工单位来进行作业。特点是不划分路段,而是在高度机械化施工的基础上,由各专业队包干,各专业队均配备与其相适应的专业机械和设备,使各项作业分别固定在各队间互相协调,有节奏、连续不断地向前推进。这样可以一段一段的逐步完成,逐段投入使用,直至全线竣工。优点是能够加快工程进度,充分发挥机械效能，提高机械利用率和工程质量，降低工程造价。

在公路施工的整个施工过程中，流水作业的施工顺序如图5-1所示：

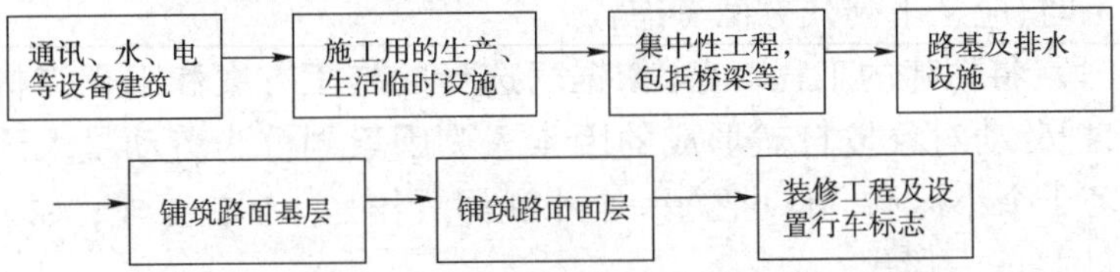

图5-1 流水作业施工顺序

在实际施工过程中，上述三种方法不仅可以单独使用，还可以根据具体条件，将三种基本施工方法加以综合运用，一般可取得较明显的经济效益。

(4)平行流水作业法：在平行作业法的基础上，按照流水作业法的原则组织施工，以达到适当缩短工期，又使劳动力、材料机具需要量保持均衡的目的。

(5)平行顺序作业法：这种方法的实质是用增加施工力量的方法来达到缩短工期的目的。它使顺序作业法和平行作业法的缺点更加突出，提高工程造价，故仅适用于突击性施工情况。

(6)立体交叉平行流水作业法：它是在平行流水作业法的原则上，采用上、下、左、右全面施工的方法。它可以充分利用工作面和有效缩短工期，一般适用于工序繁多、工程特别集中的大型构造物的施工，如大桥、立体交叉、隧道等工程量大、工作面狭窄、工期短的情况。

课题三 流水作业法的设计和机械专业队的组织

一、流水作业法的特点

流水施工法的特点是生产的连续性和均衡性。因此可使各种物质资源均衡地使用，使企业的生产能力充分地发挥，劳动力得到合理地安排和使用，从而带来较好的经济效果。其具体表现为以下几个方面：

(1)消除了工作的时间间歇，避免施工期间劳动力的过分集中，从而减少临时设施工程量，节约基建投资。

(2)由于实现工程队(组)生产专业化，为工人提高技术水平和进行技术改造、革新创造了有利条件，促进劳动生产率和工程质量的不断提高。

(3)在采用流水施工方法时，单位时间内完成的工程数量，对于机械操作过程是按照主导机械生产率来确定的；对于手工操作过程是以合理的劳动生产组织为依据确定的；可以保证施工机械和劳动力得到合理和充分利用。

(4)由于工期缩短，劳动生产率提高，劳动力和物质消耗均衡，可以降低工程间接费用，又由于各种资源得到充分的利用，减少了各种不必要的损失，可以降低工程直接费用。需要指出的是，流水作业法只是一种组织措施，它可以在施工中带来很好的经济效果，而不要求增加任何补充费用。

二、流水作业法的组织

组织流水施工时，应从下列几方面考虑：

(1)划分施工段：将拟建的工程对象，依据已选择的施工方案和工程结构特点、空间位置及施工工艺流程，把劳动对象按自然形成的因素人为因素划分为劳动量大致相等的施工段。如一个标段上有若干个小涵洞，可以把每一个小涵洞看作是一个施工段；又如把每一个标段的路线工程划分为每 1km 一段等。

(2)划分工序：将劳动对象(工程项目)的施工过程，划分成若干道工序或操作过程，每道工序或操作过程分别按工艺原则建立专业班组。

(3)确定施工顺序：每个专业班组按照一定的施工顺序依次连续的由一个施工段转移到下一个施工段，不间断的完成同类作业。

(4)确定或计划施工段数、工序数、流水节拍、流水步距等流水作业参数。

(5)本施工段相邻工序之间或本工序相邻施工段之间进行的作业时间，在满足工艺要求和自然需求的情况下，尽可能紧密衔接。

三、流水作业法的主要参数

流水施工的参数按性质不同，分为以下三类：

1. 空间参数

1)工作面

工作面是指工人或机械进行操作时所需的工作空间。通常用 A 表示。它的大小可表明施工对象上能安置多少工人操作和布置机械地段的大小，也就是反映施工过程在空间上布置的可能性。在确定一个施工过程必要的工作面时，不仅要考虑前一个施工过程为这个施工过程可能提供的工作面大小，也要遵守安全和施工技术规范。

2)施工段数

在组织流水施工时，通常把施工对象划分为所需劳动量大致相等的若干段，这些段就叫施工段。通常用 m 表示。在划分施工段时，应考虑以下几点。

(1)应考虑结构的整体性，施工段的分界应与施工对象的结构界限(温度缝、沉降缝和单元尺寸等)取得一致；

(2)各施工段上所消耗的劳动量大之相等；

(3)划分段数的多少，应考虑机械使用效能、工人的劳动组合、材料供应情况、施工规模大小等因素；

(4)每段要有足够的工作面，使人、机操作方便，既有利于提高工效，又能保证施工安全。

2. 工艺参数

1)工序数

根据具体情况，可把一个综合的施工过程划分为若干具有独立工艺特点的个别施工过程，划分的数量称为工序数(或施工过程数)。通常用 n 表示。

工序数要根据构造物的复杂程度和施工方法来确定，太多、太细给计算带来麻烦，在施工进度计划上也会带来主次不分的确点；太少则会使计划过于笼统，失去指导施工的作用。

2）流水强度

某一工序（专业队）在单位时间内完成的工程量叫流水强度。又称流水能力或生产能力。通常用 V 表示。

（1）机械施工过程的流水强度按下式计算：

$$V=\sum_{i=1}^{x}R_{\mathrm{i}}\cdot C_{\mathrm{i}} \tag{5-1}$$

式中：R_{i}——某种施工机械台数；

C_{i}——该种施工机械台班生产率（即台班产量定额）；

x——用于同一施工过程的主导施工机械种数。

（2）手工施工过程的流水强度按下式计算：

$$V=R\cdot S \tag{5-2}$$

式中：R——每一工作队人数（R 应小于工作面上允许容纳的最多人数）；

S—— 每一工人每班产量（即劳动产量定额）。

3. 时间参数

1）流水节拍

流水节拍是指承担某一工序施工的专业队在一个施工段上完成该作业的延续时间。通常用 t_{i} 表示。它的长短，直接关系到投入劳力、机械的数量，决定着施工速度、工期和施工的节奏性。流水节拍的确定通常有两种方法，一种是根据施工工期要求来确定；另一种是根据现有能够投入的资源（劳动力、机械台班数和材料量）来确定。其计算公式如下：

$$t_{\mathrm{i}}=\frac{Q_{\mathrm{i}}}{RC}=\frac{P_{\mathrm{i}}}{R} \tag{5-3}$$

式中：Q_{i}——某施工段上第 i 道工序的工程量；

C——产量定额（每工日计划产量）；

R——施工人数（或机械台班数）；

P_{i}——某施工段上完成第 i 道工序所需要的劳动量（或机械台班量）。

计算出的流水节拍 t_{i} 应取整数或半天的整数倍。其目的是用于弥补施工专业队转移工作地点时耽误的作业时间。

2）流水步距

流水步距是指相邻的两个专业施工队先后进入同一个施工段进行流水施工的时间间隔，即开始时间之差。通常用 K 表示。

流水步距的数目取决于参加流水作业的工序数（或专业队数），如工序数为 n 时，则流水步距的总数为 $n-1$。流水步距的大小对总工期有很大影响，确定流水步距的目的是保证施工专业队进入流水线后，能连续不断的依次完成所有施工段的工程任务，直到退出流水线为止，并使相邻专业队时间搭接紧凑、严密，施工组织合理，工期缩短。确定流水步距的基本要求是：

（1）始终保持两施工过程的先后工艺顺序；

(2)保持各施工过程的连续作业;

(3)做到前后两工序施工时间的最大搭接;

(4)保证工期质量,满足安全施工的要求。

四、流水施工时机械数量的计算与分组

在以机械化施工为基础进行流水作业时,可以根据已规定的或后续工序需要的工期来计算在一班制、二班制或三班制条件下,完成劳动量所需作业队的机械台数(或人数)。一般按下式计算:

$$R=\frac{D}{t\cdot n} \tag{5-4}$$

式中:R——机械台数或人数;

D——劳动量(工日或台班);

t——作业工期,即持续作业天数(d);

n——生产作业班制数。

现以路基土方工程的流水作业为例,对所需的机械数量进行计算并分组。

已知一路基工程从K1+000到K2+000之间,工程总量为12 000m^3,其工程量沿线路分布如图5-2所示,采用一班制作业,作业工期10天。

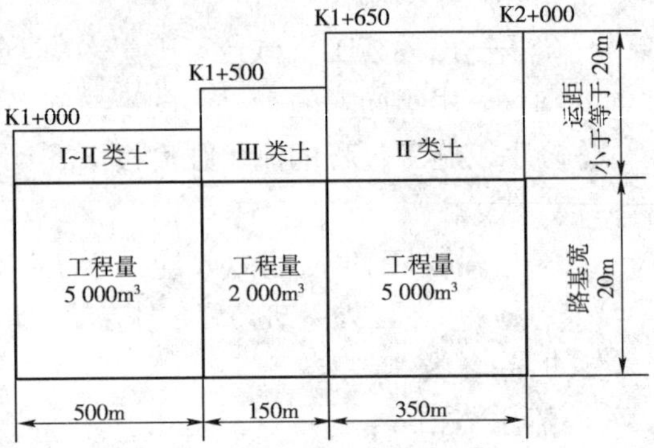

图5-2 工程量沿线路分布图

分析:从土壤情况及运土路线的距离可知,选择推土机施工比较合适。

(1)先求各段推土机的台班:(假设用90kW的推土机进行施工)

K1+000——K1+500段,由土质及运距查公路工程施工定额,可知推土机的生产率定额为513m^3/班,则需用推土机的台班为:工程量/生产率定额=5 000/513=9.75个。

K1+500——K1+650段,由土质及运距查公路工程施工定额,可知推土机的生产率定额为350 m^3/班,则需用推土机的台班为:2 000/350=5.71个。

K1+650——K2+000段,由土质及运距查公路工程施工定额,可知推土机的生产率定额为450 m^3/班,则需用推土机的台班为:5 000/450=11.11个。

(2)从K1+000到K2+000共需推土机的台班D为:9.75+5.71 +11.11 =26.57≈27个。

(3)所需推土机的数量为:

$$R=\frac{D}{t\cdot n}=\frac{27}{10\times 1}=2.7\approx 3\text{ 台}$$

故需配3台推土机(90kW)就可按工期完成土方工程。其他各种机械数量的求法相同。

计算出各种机械数量后,就可按照机械化施工的实际需要组织各专业队,一个专业队可根据作业班数分成几个作业小组进行工作。如表5-1所示。

每个专业队配备了必要的辅助设备(如移动式发电机、运输车辆等)后,就可以成为一个独立工作的流水作业队,在流水线上按作业的进度方向逐步向前推进。

专业队分组表　　表5-1

专业队所配备的机械	第一组	第二组
推土机3	2	1
平地机2	1	1
压路机3	2	1

课题四　施工机械的选择

一、施工机械的选择原则

施工机械的选择是公路建设项目的一个重要环节，正确合理选择工程机械，可使公路建设项目达到优质、高效、安全、低耗的目的。选择工程机械的重要依据是工程量和工程进度。施工机械的选择是一种复杂细致的工作，需要进行科学分析和决策，从实际出发，做好机械的选择，一般应遵循以下原则：

(1)适应性。施工机械与公路建设项目的具体实际相适应，即施工机械要适应公路建设项目的施工条件和作业内容。例如，路基工程的施工范围广、施工条件变化大，选用的施工机械，一方面应适应公路工程所在地的气候、地形、土质、场地大小、运输距离、施工断面形状与尺寸、工程质量要求等，另一方面施工机械的工作容量、生产率等要与公路工程进度及工程量相符合，尽量避免因施工机械的作业能力不足而延误工期，或因作业能力过大而使施工机械利用率降低。在条件许可的情况下(购买新的施工机械，或租赁施工机械或挖掘现有设备潜力)，尽量选择最适合公路建设项目内容的施工机械。

(2)先进性。新型的公路工程施工机械具有高效低耗、性能优越稳定、工作安全可靠、施工质量优良等优点，产品单价虽然不同于一般，但其性价比仍较高，更能保质保量地完成公路工程施工任务。此外，采用先进的施工机械，由于其技术性能优良、安全可靠、易于操作、故障与维修费大大降低，最终可取得较好的经济效益。

(3)经济性。公路工程施工机械经济性选择的基础是施工单价，它主要与施工机械的固定资产消耗及运行费用等因素有关。采用先进的大型的施工机械进行公路工程施工，虽然一次性投资较大，但它可以分摊到较大的工程量当中，对公路建设项目的成本影响较小。因此在选择公路工程施工机械时，必须权衡工程量与机械费用的关系，同时要考虑施工机械的先进性和可靠性，这是影响公路工程机械化施工经济效益的重要因素。

(4)安全性。在选择合适的施工机械、保证公路建设项目工程质量和施工进度的同时，应充分考虑施工机械的安全可靠性，如行驶稳定、有翻车或落体保护装置、防尘隔音、危险施工项目可遥控操作等。此外，在保证施工人员、设备安全的同时，应注意保护自然环境及已有的建筑设施，不致因所采用的施工机械及其作业而受到破坏。

(5)通用性和专用性。根据公路建设项目的技术要求，选择合适的施工机械是保证工程质量和施工进度的重要条件之一。在此过程中，应充分考虑施工机械的通用性和专用性。通用施工机械可以一机多用，用一种机械代替一系列机械，简化工序，减少作业场地，扩大机械使用范围,提高机械利用率,方便管理和修理。专用施工机械生产率高、作业质量好,因此某些作业量较大或有特殊施工要求的公路建设项目,选择专用性强的施工机械较为合理。但应注意不可片面追求高性能专用机械,应在满足工程质量要求的前提下,与机械的通用性相结合,取得较好的技术经济效益。

(6)机械的合理组合。机械的合理组合是发挥机械设备效能的重要因素,也是机械化施工的基本要求,机械组合时一般应遵循以下原则。

①主导机械与配套机械的组合。在正确选用主导机械的前提下,配套机械的工作容量、生产率和数量应稍有储备,以便充分发挥主导机械的作业效率。例如,挖掘机与运输车辆配合作业,运输车的容量应大于挖掘机铲斗容量,一般以 3 ~5 斗能装满运输车厢为宜,以保证作业的连续性,更好发挥挖掘机的生产率。

②牵引车与配套机具的组合。两者应互相配合,协调平衡,以便获得最佳的"联合作业"效益。避免牵引车的动力过大,造成浪费,或因动力不足不能达到作业要求。

③合理搭配机械数量。同一条件下,配套机械的数量相对越多,整套机械的工作效率就越低,对于单机工作效率低的机械进行配套时,这一缺点显得更加突出。例如两台机械的工作效率分别为 0.75 和0.83,配套使用后总的工作效率为 $0.75 \times 0.83 = 0.6225$。而且每一组合中,当其中一台发生故障时,组合中的其他机械便无法进行正常工作。因此,在能满足作业内容的前提下,应尽量减少机械组合的数量。

为保证施工的连续性,尽可能采用并列组合,如果只依靠一套施工机械组合作业,当组合中的一台施工机械发生故障时,就会造成公路建设项目全线停工。若选用两套或多套施工机械并列作业,则可避免或减少全线停工现象的发生,沥青路面施工中人们多采用两套沥青摊铺机、压路机并列作业即为典型实例。

④尽量选用系列产品。整个机械化施工中，应减少同一功能机械的品种类型，力求使用统一的、标准化产品；同一作业内容要尽量选用同一型号的机械，便于施工过程中管理和维护。除此之外，施工单位应根据工作的实际情况，既要利用好现有机械，又要注意机械的更新换代，要结合机械装备情况及完好率、新购机械的可能性等具体实际来选择和合理组合施工机械，避免造成不必要的浪费，确保做到技术上合理和经济上有利，达到两者的有机统一。

二、施工机械的选择与配套组合方法

在公路工程施工中,选择机械时有各种各样的考虑,根据工程项目、施工条件、施工方案、机械的技术性能等具体情况,可从下列几方面进行。

1. 根据作业内容选择施工机械

施工机械在不同的作业场合可以有不同的组合,表 5-2 所示为根据常规作业内容选择施工机械的组合方法,供参考。

实践表明，对于中小型工程，选择通用性较好的机械比较经济合理；而大型工程，更应注重根据作业内容进行选择，才能获得最佳的经济技术指标。具体选择时，首先选定作业的主要机械，根据其生产能力、工作参数及施工条件选择辅助机械，以保证工程连续均衡地开展。

根据作业内容选择施工机械 表 5-2

作业内容		选择的机械设备	说明
清理草木	铲除矮草、杂草	平地机、小型推土机	铲除矮草、杂草及表土
	除掉灌木丛、树木、漂石	推土机、空气压缩机凿岩机	根据树木的种类和直径,除了推土机之外,还可使用耙齿推土机、伐木机、剪切机、以便提高效益
挖方	软土开挖	平地机	修补道路、平整场地
		推土机	短距离铲土、运土
		拖式铲运机	中等距离铲土、运土
		自行式铲运机	中长距离铲土、运土
	硬土开挖	中、大型推土机(带液压松土器)	适用于风化岩、软岩、漂石混合土质的挖方
		凿岩机、空气压缩机	松土器不能挖掘时,利用炸药来爆破
挖土装载	一般性挖土装载	推土机	推土机适用于100m以内的运距,作为挖掘机的辅助机械,以中大型为宜
		履带式装载机、轮式装载机、挖掘机	对于挖掘能力要求不大而较松的土质,宜使用轮式装载机,挖掘能力要求较大时,使用挖掘机或履带式装载机
		拖式铲运机 自行式铲运机	根据运距、地形、土质来选用。松软土质或坡度较大,一般使用拖式铲运机;远距较长、而现场条件好的时候,则使用自行式铲运机
		挖掘机	挖掘机工作半径大,并能旋转360°,可在比地面高或低的地方进行工作,其工作范围很广
		拉铲挖掘机	拉铲挖掘机适用于河川等低而广的地方进行挖掘
	构筑物基地的挖掘	推土机、装载机	基础较大时,用推土机铲土、运土,也可用装载机进行挖掘、装载
		挖掘机、拉铲挖掘机	基础较小时,在地面位置进行挖掘装载
	沟的开挖	平地机	适用于便道侧沟的开挖
		推土机	适用于简易排水沟的开挖
		挖掘机	适用于水管、气管等埋设沟的开挖,挖掘精度要求较高
	道路上运输	推土机	适用于100m以内的短距离运输
		拖式铲运机自行式铲运机、翻斗车	适用于500m以内的中距离运输 适用于500m以上的中长距离运输
运输		四轮驱动挖掘机	搬运岩石时,不能使用铲运机的情况下,可使用轮式挖掘机装运到50~150m处

续上表

作业内容		选择的机械设备	说明
铺土	一般性铺平作业	推土机、铲运机、自行式平地机	一般的铺平作业中可用推土机或铲运机，用翻斗车运土时，则用推土机或自行式平地机来铺土
	大面积或精度高的铺平作业	自行式平地机	用于道路填土的平整。一般可在推土机之后，地形条件好时也可单独作业
	铺砌材料的铺平作业	碎石撒布机、沥青路面修整机	铺砌材料的铺平厚度受到严格限制时，可使用碎石撒布机或沥青路面修整机
压实	道路的填土、填筑堤坝等的压实	静力式压路机	适用于黏土、壤土的压实
		轮胎压路机	适用于砂砾石、砂质土及黏土和壤土的压实
		振动压路机	适用于砂砾石、砂质土的压实
		羊脚碾	适用于黏土、壤土的压实
	填土坡面的压实	振动板	沿着坡面进行压实时使用
		牵引式振动压路机	规模小时使用振动板，规模大时使用牵引式振动压路机
	沥青混凝土路面的压实	静力式压路机 轮胎压路机 振动压路机	大规模铺筑时，首先用轮胎式压路机进行粗压实；然后用静力式压路机进行碾压；振动压路机只用于简易铺筑的小规模路面压实

2. 根据土质条件选择施工机械

土质是施工机械作业的主要对象，其性质和状态直接关系到施工机械的作业质量、作业效率和成本，因此土质是选择施工机械的重要根据之一。

为便于选择施工机械，把较为干燥的黏土、砂石、砂砾石、软石、块石和岩石等称为硬土；淤泥、流沙、沼泽土和湿陷性大的黄土、黑土、及软弱黏土（含水量较大）称为软土。硬土开挖和运输机械的选择见表5-3，软土的开挖机械选择见表5-4，各种土壤的压实机械选择见表3-13、表3-14 和图3-15。

硬土开挖和运输机械的选择 表5-3

土质 \ 施工机械	推土机	铲运机	正铲挖掘机	反铲挖掘机	装载机	松土器	开沟机	平地机	自卸汽车	底卸汽车	钻孔机	凿岩机
黏土和壤土	✓	△	✓	✓	✓	✓	✓	✓	✓	✓		
砂土	✓	✓	✓	✓	✓	✓	✓	✓	✓	✓		
砂砾石	✓	×	✓	✓	✓	×	△	△	✓	△		
软岩和块岩	△	×	✓	△	△	×	×	×	✓	×	✓	✓
岩石	×	×	×	×	△	×	×	×	✓		✓	✓

注：✓-适用；△ -尚可用；×-不适用。

软土开挖机械的选择　　表 5-4

机械 / 土质	通用推土机	低比压推土机 接地比压(kPa)			水陆两用挖掘机	挖泥船
		19.6～29.4	11.8～19.6	<11.8		
湿地	△	✓	✓	✓	✓	×
软沼泽地	×	✓	✓	✓	✓	×
重沼泽地	×	×	△	✓	✓	△
水下泥地	×	×	×	✓	✓	✓

注：✓-适用；△-尚可用；×-不适用。

3. 根据运距和道路条件选择施工机械

根据运距和道路条件选择施工机械，主要是针对铲土运输机械而言。具体选择可参考表5-5。

根据运距和道路条件选择施工机械　　表 5-5

机 械	履带推土机	履带装载机	轮胎装载机	拖式铲运机	自行式铲运机	轮式拖车	自卸汽车
经济运距(m)	<80	<100	<150	100～500	200～2000	>2000	>2000
道路条件	土路不平	土路不平	土路不平	土路不平	土路不平	平坦路面	一般路面

推土机的经济运距为50～100m，其中在30～50m之内效果最好，运距过大或过小均会降低生产率。

铲运机的经济运距和行驶道路坡度及斗容量是铲运机选型的重要依据，一般来说，经济运距与斗容量的大小成正比。运距短、坡度大、路面松软，以选择拖式铲运机为宜；如果运距较长，坡度大，宜采用双发动机驱动的自行式铲运机比较经济；路面较平坦则选用单发动机驱动的自行式铲运机较为经济。具体选择可参考单元二表2-12。

装载机在运距不大，运输道路有坡度的情况下，如果整个采、装、运作业循环时间少于3min时，自铲自运是经济合理的。否则就使用装载机配合自卸汽车联合作业，具体选择可参考表5-6。前者是根据斗容量配备自卸汽车装载质量的，如4m³的斗配27t自卸汽车最佳；后者表明加大装载机载质量就可增加合理运距；如果生产强度高，装载机载质量一定，则要求铲运的合理运距尽量缩短。

装载机与自卸汽车合理运距配合　　表 5 6

年产量($\times10^4$t)	10	30		50		80		100 以上	
装载机斗容(m³)	2.25	2.25	4	2.25	4	2.25	4	2.25	4
汽车载质量(t)	10	10	27	10	27	10	27	10	27
装载机载质量(t)	装载机合理运距(m)								
2	470	170	260	110	160	80	110	71	65
4	760	280	450	190	280	130	190	118	108
5	920	350	540	240	340	170	230	155	143

4. 施工机械选择配套的其他方法

施工机械的选型配套是一项复杂的工作，其制约条件很多，除了上述所讲的选择方法外，根据气象条件也可以选配机械。气象条件是一个不确定的因素，雨或积雪融水会影响土的状态，导致机械通过性下降，工作性能变坏，这时就不得不使用效率较差的履带式机械。土质较干燥时，使用效率较高的轮胎式机械。冬季施工，应考虑进行冻土开挖、填筑、碾压等作业时，机械施工能否达到规定的要求，同时应选用与破冻土等特殊作业相适应的机械，如松土器、冻土犁等。

选择施工机械时，还应考虑与施工间接相关的其他条件，比如对较大的单位来说，可能同时承担几项不同的施工任务，这时应考虑机械设备之间的协调与配合。此外，诸如电力、燃料、润滑材料的供应，机械维修与管理、机械的迁移都对机械选择有一定制约。因此要综合分析，抓住主要矛盾，选择经济实用的机械。

5. 机械选择配套实例

1）压实机械配套组合

压实机械的组合所受约束较多，现以某高速公路某施工队压实机械在沥青混凝土路面施工中的组合为例进行说明。考虑了压实温度的要求和摊铺机生产率，与气温相适应的碾压长度为：常温（20℃），40～50m；偏低（小于10℃），20～40m；偏高（大于20℃），50～80m；高温（大于30℃），100m左右。压实机械的组合如表5-7。

压实机械组合表 表5-7

碾压流程	型号	台数	轮宽（m）	碾压速度（km/h）
初压	2Y8/10双轮压路机	2	1.25	3.6
复压	VL9/16轮胎压路机	1	2	5.0
	3Y12/15三轮压路机	2	2×0.53	4.5
终压	2Y8/10双轮压路机	2	1.25	3.6

2）土石方机械组合

土石方机械根据性能及地质、地貌、运距、功率或载重量的不同，在选型配套方面，本着经济、安全、快速的原则，从施工企业自身的机械施工能力、技术实力出发，在多种可供选择方案的情况下，尽量选择经济、进度快、重复工作量小、一次到位的施工方案。尽量利用地形开辟工作面，在合理组织下，发挥机械施工的最大效益。表5-8是土石方机械的组合表，供参考。

土石方机械设备组合表 表5-8

路基形式 修筑方法	路堤或路堑高（m）	土壤类别	运土距离（m）	工作段最小长度（m）	选择施工机械设备	
					主要机械	辅助机械
从路基两侧取土坑取土填方（在平地上）	<1	1～IV	<15	500	自动平地机	松土器（IV类土必要时使用）、推土机、轮胎压路机或羊角碾
从路基一侧或两侧取土填方	<1		<30	不限制	推土机	松土器（IV类土必要时使用）、自动平地碾、轮胎压路机、羊角碾
	1～2		<50	50	推土机 铲运机	松土器、自动平地机、轮胎压路机、羊角碾

续上表

修筑方法＼路基形式	路堤或路堑高（m）	土壤类别	运土距离（m）	工作段最小长度（m）	选择施工机械设备：主要机械	选择施工机械设备：辅助机械
自路堑取土填筑路堤（移挖作填）	<3	I ~ IV	<100	不限制	推土机	松土器、自动平地机、轮胎压路机、羊角碾
			100 ~ 500		铲运机（斗容量<10m^3）	推土机、松土器、轮胎压路机、羊角碾
			500 ~1 000	100		推土机、重型压路机、轮胎压路机、羊角碾
	>3	I ~ IV	>1 000	在一个工作段内	装载机或挖掘机配自卸汽车	推土机、自动平地机、轮胎压路机、羊角碾
			>500			空气压缩机、凿岩机、推土机
自专用借土坑取土填筑路堤（取土填方）	不限制	I ~ IV	<500	50	铲运机（10m^3）	推土机、轮胎压路机、羊角碾
			>500	100	铲运机（10m^3）装载机配自卸车	推土机、自动平地机、轮胎压路机、羊角碾
纵向运土的斜坡填方			<500	50	铲运机（6m^3）、万能推土机	自动平地机、轮胎压路机、羊角碾
傍山半挖半填	山坡<20℃	I – IV	<30	100	万能推土机	铲运机、轮胎压路机
	山坡>20℃	V – VI			挖掘机	万能推土机、空压机、凿岩机
将土推往弃土堆（挖方）		I – IV	< 50	100	推土机	重型压路机、自动平地机

3）水泥混凝土路面机械的组合

水泥混凝土机械的配套组合是指拌和机与摊铺机、运输车辆之间的配套情况。当主导机械摊铺机选定后，可根据机械的有关参数和施工中的具体情况计算出摊铺机的生产率。拌和机械与之配套即是在保证摊铺机械生产率充分发挥的前提下，使拌和机械的生产率得到正常发挥，并在施工中保持均衡、协调一致。装载点与车辆的配套是一个动态过程，即随着摊铺作业的推进，车辆的运输路程随时间的增加而增加。在运输装载过程中，随机影响因素较多，如道路状况、操作水平、设备运行状况等都在不断变化，因此，配套方案有一个优化过程。轨道式摊铺机施工各工序可选用的机械见表 5-9。轨道式摊铺机常见的配套机械见表 5-10。

轨道式摊铺机施工各工序可选用的机械　　表 5-9

工 序	可选用的机械	工 序	可选用的机械
混凝土拌和	拌和机、装载机、称量设备	振 捣	振捣机、内部振动式振动机
混凝土运输	自卸汽车、搅拌车	接缝施工	钢筋(传力杆、拉杆)插入机、切缝机
卸 料	侧面卸料机、纵向卸料机	表面修整	修整机、纵向表面修整机、斜向表面修整机
摊 铺	刮板式匀料机、箱式摊铺机、螺旋式摊铺机	修整粗糙度	拉毛机、压(刻)槽机

轨道式摊铺机常见的配套机械一览表　　表 5-10

系统名称	主导机械机型	配套机械			
		名 称	数量(台)	名 称	数量(台)
前方系统	VOGELE	纵向修光机	1	插入式振捣器	2
前方系统	VOGELE	养生剂喷洒器	2	纹理制作机	1
前方系统	VOGELE	调速调厚切缝机	2	灌缝机	2
前方系统	VOGELE	养护用洒水车	1	移动电站(220V)	1
前方系统	C－450X	刮板式匀料机	1	养生剂喷洒器	2
前方系统	C－450X	纹理制作机	1	调速调厚切缝机	2
前方系统	C－450X	灌缝机	2	养护用洒水车	1
前方系统	C－450X	移动电站(120kW)	1		
系统名称	主导机械机型	配套机械			
		名 称	数量(台)	名 称	数量(台)
后方系统	双卧轴强制拌和机	装载机(ZL30、ZL40)	2	翻斗车(1t)	8
后方系统	双卧轴强制拌和机	集料箱	2	地磅	2
后方系统	双卧轴强制拌和机	供水泵(3.5kW)	1	计量水泵	1
后方系统	双卧轴强制拌和机	移动电站(120kW)	1		
后方系统	自动控制配料系统的混凝土拌和机	装载机	2	散装水泥泵车	2
后方系统	自动控制配料系统的混凝土拌和机	供水泵	1	计量水泵	1
后方系统	自动控制配料系统的混凝土拌和机	移动电站	1		

4)自卸汽车与土石方机械的配套组合

自卸汽车的应用与土石方机械的配套使用密切相关,例如与装载机、挖掘机的配合使用。现就使用中的注意事项介绍如下。

(1)根据工程量的大小、工期和施工强度、运距远近等确定自卸车的数量。从机械化施工的合理配套考虑,应充分发挥挖掘(或装载)机械的效能,以不造成汽车排队待装为原则,一般以每台装载机前始终有 1～2 辆自卸汽车待装为佳。

(2)自卸汽车的车厢容积应与装载机械的容量配套。自卸汽车的车厢容积总和为装载机械容积的 2～4 倍为宜,具体配置还要受运距长短的影响。

(3)根据地形及路况,合理选择车型。道路条件好的平原地区和施工场地开阔的山区,可以选用中型或重型自卸汽车;山区、峡谷、河床宜选用中型或轻型自卸汽车。另外,从技术管理、物资供应、设备维修和技术培训等方面考虑,选用的车辆规格和型号越少越好。

(4)使用时应充分考虑各种自卸汽车的优缺点。轻型车在养护工程中用的较多,中型自卸汽车除短途运输外,还可长途运输,广泛应用于中等规模的工程中;重型自卸汽车的生产率比中型、轻型自卸汽车的效率高,在大规模工程中效益显著。

课题五　机械化施工前的准备

工程单位接收施工任务后,即可着手进行施工准备工作。在工程开工前,必须有合理的施工准备期,而且施工准备工作还应有计划、有步骤、分阶段地贯彻于整个工程项目的施工过程中。施工机械的准备工作可以从下列几方面进行。

一、机械的组织计划与管理工作的准备

1. 机械使用前组织计划的落实

为了保证机械化施工任务的顺利进行,必须根据机械使用计划充分做好机械组织调度和机械使用前准备工作。其内容如下。

(1)根据机械化施工的机械使用计划,了解需要的和缺少的机械数量及其来源,编制机械化施工计划、机械使用(年、季月)计划、机械作业计划、机械修理与保养计划,机械零部件以及燃润料等供应计划。

(2)根据劳动力计划,按现有专业工种、辅助工种、等级差别、现有人数、需要增加人数或剩余工人数量进行安排。

(3)根据附属生产企业的工作计划,安排生产量,保证及时供应零部件。

(4)根据运输计划,研究运输方法,落实运输工具。

正确选用机械,合理组织机械化施工,充分发挥机械效能,完成和超额完成机械化施工任务,是机械管理人员、施工管理人员的共同责任。

机械管理人员应根据机械使用计划,查明计划内机械和附属装备的技术状况,保证按期进入工地,并按劳动力需要计划配备驾驶、维修力量,备足维修配件。

施工管理人员要为施工机械化创造条件,对于施工现场的便道、工棚、机械停放、机械检修场地等临时设施,应作统筹安排。开工前,要对机械化施工专业队、班、组进行计划交底和技术交底。开工后,施工人员应会同机械技术人员根据施工技术要求,及时进行检查,验收、考核工作,发现问题,采取措施及时解决。

2. 机械化施工现场管理工作的准备

机械化施工前的各项组织计划工作基本就绪,机械进入正常施工阶段后,主要的工作是加强施工现场管理,并注意积累有关资料。由于现场管理工作和施工范围比较广泛,任务比较繁重,为了保证现场机械能正常施工,必须制定一些切实可行的规章制度,有以下几点必须注意。

(1)机械驾驶人员必须听从工地负责施工人员的指挥,按计划、按技术要求,保质保量及时完成任务。机械出发时,要加足燃料、润滑材料,携带随机工具及“机械履历书”。投入施工

后，要正确及时填写原始记录（时间、工程内容、产量、油料消耗等），注意保存，作好原始资料积累。

（2）根据机械计划能力，尽早摸清机械情况，及时做好保修前预检工作，及时组织拆、换、修，不要因保修而影响施工，也不能因为施工繁重而不及时进行修理。

（3）加强安全教育，要有可靠的施工措施，重视施工安全和设备安全，遵守安全操作规程和行车规则，严禁超负荷或危险作业。

二、机械设备的计划管理

1. 机械化施工计划

机械化施工计划是施工组织设计的重要组成部分。施工单位接受施工任务后，应根据工程的质量、进度等要求，结合本单位拥有机械的实际生产能力和现场施工条件，编制机械化施工计划。作为组织施工的依据，计划中应包括以下内容：

（1）确定用机械化施工方法完成的工程项目和工程量。

（2）确定施工机械车辆的利用率和生产定额指标。

（3）计算机械设备的需要量和来源，编制机械设备需要量、核算表和机械调配计划。

（4）确定施工方法和机械设备配套组合方式。

（5）确定机械设备需要量，先根据工程性质、施工条件和机械性能，确定选用机械型号，然后计算所需机械设备数量，计算方法如下：

$$N_1 = Q_1/A_1 \tag{5-5}$$

式中：N_1——机械需要的工作台班；

Q_1——某种机械计划完成的工程量；

A_1——机械台班预算产量定额。

某种机械需要的工作总台班数为各单项台班之和。

$$N = N_1 + N_2 + N_3 + \cdots + N_m \tag{5-6}$$

所需机械设备的总数量为：

$$S = N/WT \tag{5-7}$$

式中：W——某种机械年工作定额；

T——某种机械参加施工的期限。

在机械施工计划内应附有详细的主要机械需要量表，机械设备调配计划表，配件供应和燃润料供应计划表。根据施工计划的要求，还应制定出机械使用计划和技术维修保养计划。

2. 机械年度使用计划

编制年度机械使用计划时机械需要量的计算不是用预算产量定额，而是用施工产量定额来计算。其计算方法是：先算出全部工程总量，在计划期内每工作日（班）应完成的工作量。当知道了日（班）工作量后，就可以根据工程数量来确定机械的需要量。

为了提高机械设备利用率，缩短施工期，在编制年度机械使用计划之前，先要做机械设备需要量的核算。通过核算，可以更周密、细致和有根据地编好年度机械设备使用计划。机械使用计划需要量核算如表5-11。

机械使用计划需要量核算表　　　　表 5-11

工程项目	工作条件	工作地点	计量单位	工作总量	机械名称	计划需要机械数量			
						计划一个月内工作天数	计划一天内工作时数	一台机械小时工作定额	需要机械数量

机械需要量通过以上计算后，即可结合机械设备的情况编出年度机械设备使用计划。

年度机械设备使用计划，一般由施工企业组织有关部门参加编制，经上级审核后执行。年度机械设备使用计划见表 5-12。

年度机械使用计划表　　　　表 5-12

序号	机械名称	规格	施工机械			需要数量					调配			备注
			作业名称	数量	计划台班	年平均需要量	一季度	二季度	三季度	四季度	现有	调入	调出	

3. 机械作业计划

施工组织设计与机械化施工计划都是在施工以前开始编制的，但在编制时不可能很细致地考虑到施工过程中所发生的各种变化，因此各种施工计划需要根据具体情况进行修改加以具体化，以便于施工人员有充分的资料来直接组织施工。

机械作业计划一般是按月、按旬、按日编制。这种计划能起到具体指导施工工作和检查督促施工任务完成情况的作用。

1）作业计划的主要特点

（1）作业计划的时间间隔短。

（2）作业计划中某项工程责任明确。

（3）作业计划中考虑到在执行过程中可能出现的具体情况及采取的措施。

（4）作业计划中规定了必要的统计核算和监督作业进度计划应完成的内容。

（5）作业计划中规定了其他保证措施，如工程材料的准备和劳动力的配备等。

2）机械需要量的核算

根据施工方案和施工进度确定所需机械的数量，一般是把单位工程施工进度表中每个施工过程及每天所需的机械数量进行汇总，以得出施工机械需要量。

编制核算施工机械需求量时要考虑下列因素。

（1）正常施工条件下不可避免的机械空转、技术中断及合理停止。

（2）必要的备用机械台数造成的闲置台班。

（3）由于气候关系或排除故障影响台时的利用。

（4）各个施工阶段开始时准备工作及结束时任务不饱和影响台班产量。

（5）不同机械的效率差及配套不合理造成的效率降低。

3）月度作业计划

机械设备的月度作业计划，一般由机械施工单位根据年度机械使用计划，并结合本月工程的实际情况，在每个月底编制下月度施工作业计划，并在计划中说明在计划月度内应完成的各项工程量。同时编制前还应考虑上月工程完成的情况，如果上月有未完成的工程量，在编制下月份计划时应把这份遗留工程编入计划内，并考虑和指出如何完成整个计划的办法和措施。

月度计划应包括的内容如下：

(1)工程量，每天生产量、劳动力、材料和工资、资金的需要量。

(2)设备的需要量。

(3)作业方法。

(4)机械化程度和设备的利用指标。

月度作业计划要为每台大型机械设备列出月度内该种机械应完成的计划工程量和工程对象名称，并编制月度机械使用与调配计划表，如表5-13。

在编制以上作业计划时，应把作业计划指标在附注中说明。

月度机械使用与调配计划表 表5-13

序号	机械名称	规格	施工机械			需要数量				调配			备注
			作业名称	数量	计划台班	月平均需要量	上旬	中旬	下旬	现有	调入	调出	

三、机械的运输与安装

1.机械的运输方式和选择

机械运输的方法，根据运送方式的不同分为陆运、水运和空运。根据施工机械的特点，其中陆运是最常用的运输方法。

陆运，根据运输道路不同可分为公路运输和铁路运输。公路运输又可按其机械本身和运送方式不同，分自行式机械自驶和用牵引车拖运或用大平板车装运等方式。

选择机械的运输方法必须从机械本身的结构要求(体积大小、质量、固定式还是机动自行式等)、机械使用时间、运输路程长短、起讫地点的装卸设备以及运输费用等各方面去考虑。一般来说，水运是最经济的，但水运受限制的条件比较多。比如施工地点附近有无水路通航，吃水深度能否运输或装卸笨重机械的码头和船只等，所以在平原和山区地带用水运的比较少。空运是最不经济的，但它的优点是迅速及时，非必要时是不轻易空运的。陆运是公路工程中最常用的运输方法，它的优点是比较机动灵活，适应各种具体情况。

选择陆运方法运输机械时，首先应从机械本身的结构特点、运距、时间及实际具有的运输工具，从公路运输、铁路运输等各方面来考虑。

自行式机械自驶是最方便而经济的，但必须是轮胎式的机械。如汽车，自动平地机等。对履带式或铁轮式的低速行驶机械(如履带式推土机、挖掘机、铁轮式压路机等)长途自行运输是不允许的，因为这些机械底盘的传动机构、行走机构不宜于长途高速行驶。所以这些机械在进行长途运送时，除应用大平板车装运外，如有可能也可以利用铁路运输。

自行式平地机、装载机等这样的轮胎式自行式机械，在进行长途自行运输前应做好准备工作(如紧固螺栓、加润滑油等)，行驶时速度也不宜太快。对于履带式自行机械，通常禁止在良好公路上行驶，它只宜在土路和临时便道上行驶，且行驶距离不要超过20~30km，行驶速度在4~5km/h以下，超出30km时，可考虑用大平板车运输。当运距超过200km时，可考虑用铁路运输。当施工地点离铁路线和火车站很远，转运工作要占用很多时间，从时间和经济上比较，采用公路运输较为合算。

2. 机械的安装

在公路工程机械施工中，大部分独立工作的机动机械不需要在施工现场安装或拆卸。所要进行安装和拆卸的主要是像沥青混凝土拌和机这样的大型设备。

机械的安装包括以下几个阶段：编制安装施工设计，机械准备工作，修筑机械和设备的基础，安装主要机械设备和辅助设备，设备的调试、试运行与交付使用。

安装施工设计包括：

(1)初步设计。草拟安装方法、各个总成与部件的安装简图及安装总平面图，所需的安装机械、设备与劳动力等。

(2)施工图设计。安装部件的外形尺寸、质量，气候与土壤条件也应予以考虑。要拟订安装方法，确定安装用机械设备。

安装前的准备工作包括修筑临时运输道路、平整场地、搭盖机房和机棚、运料和卸料等。

准备工作完成后，根据安装总平面图确定安装位置，放好机械和设备安装中心线，预制安装基础(基础要牢固可靠)。机械安装到基础上以后，应进行调平，调平后固定。在进行设备试运转前，必须事先进行人工调试，可先用手对各部分进行试运转，注意观察其有无卡住不动等安装配合问题，若出现上述问题，应予解决。调试后以动力进行试运转，在试运转过程中应细致观察运转情况，检查配合件、传动件的情况，如发现过热、异响、运行不稳定等，应立即停下检查。

在完全消除所发现的故障现象后，机械才能进行负荷试运转，负荷应由小到大直至满载。待一切正常后即可交付使用。

具体机械的具体安装方法在该机械说明书中均有详述。

四、机械的验收与交付使用

对于按计划需要投入施工的机械，必须保证良好的技术状况。为此，首先应组织有关人员对机械进行逐台检查摸底，然后根据检查结果及时交付整修，整修后，一定要办理交接验收手续才能交付使用。

验收工作根据机械来源的不同，必须经过不同的检验和试验，一般验收的方法和步骤可分为：外部验收、机械的试运转、试运转后的检查及要求。

1. 机械外部验收

机械外部验收的主要目的是：检查机械外部特征，包括机械配套的工作装置和各个零部件总成以及操纵机构和电器、仪表等。如土方机械推土机、挖土机等，应特别注意摩擦盘和制动器的情况、钢索或液压操纵机构状况及起重和铲运工作装备等状况。

机械来源不同，其外部验收的方法也不同，一般有以下情况。

对于接收来自制造厂的新机械，一般在检验验收时不用另编专门的验收说明书。如机械整台装配好出厂的，可根据机械出厂合格证、机械说明书、装箱单来验收。如出厂时的机械是拆散装箱来的，开箱后，更要注意按装箱单进行清点，然后装配成整体机械，再按机械出厂的合格检验单、说明书、试验规范等进行复验。

对于接收来自筑路机械修理厂修复出厂的，根据检验单先行验收，然后核对送厂修理的报修单项目，检查是否达到报修时所要求的质量。如发现有漏修或不符报修要求项目，应及时提出补修或重修。

对于接收来自其他机械施工队或施工单位的机械，应会同原机驾驶员现场进行验收，并根据随机履历书，了解其使用情况，登记其尚可运转的工时（工作能力），以备安排机械使用作业计划之用。

经外部检验的机械，应把检验结果记入各类相应的交接清单或随机履历书内，并应将机械出厂合格证、机械说明书以及随机工具、装箱单等随机移交专人保管。

经验收合格的机械，均应按其机械的类型编入相应的专业队、班、组内，并固定负责驾驶员。

2. 机械的试运转

外部检验，仅能鉴定其外部装备的情况，而不能判断其技术性能和使用情况。为了更好地确定机械的技术状况和工作能力，必须进行机械的试运转。

1）无负荷试运转

无负荷试运转，主要是检查机械各部分的连接紧固和运转情况，试验操纵、调节、控制系统以及安全装置的作用，并作适当调整。

2）有负荷试运转

有负荷试运转是机械出厂验收的主要内容，其目的是通过有负荷运转，以确定机械的动力性能、经济性能、运转情况以及操作、调整、控制和安全等装置的作用是否达到运用的要求。有负荷试运转必须备有生产能力、转速、振动、温度以及油耗等所必需的试验设备，这些仪器设备制造厂和修理厂都具备。对于在用或调用的机械负荷试运转，一般可以根据经验统计法和随机驾驶员的反映情况进行核实，如查核机械使用记录（生产能力、燃料润滑油消耗、故障记录以及安全记录等）。与此同时，对照无负荷运转的情况即可作出经验性的判断。

3. 试运转后的检查及要求

机械经过无负荷、有负荷运转后，各部件都受到强度和稳定性等考验，故必须对各部分可能产生的变形、松动以及密封性等情况彻底检查。

施工机械试运转后，运转情况一般应符合下列要求：

（1）柴油机运转正常，无异常声响；

（2）离合器分离和接合正常，不发抖、不打滑、无异响；

（3）变速箱、分动箱以及各传动部分不跳挡、不脱挡、不漏油、不过热，换挡轻便滑顺，无异响；

（4）制动器制动鼓与摩擦片磨损均匀，制动效果符合要求；

（5）行走机构行驶平稳，不跑偏、转向灵活、准确、轻便，无剧烈振动和晃动，轮式机械车轮不偏拖，履带式机械不啃轨、不脱轨；

（6）操纵机构及安全装置动作灵敏可靠；

（7）工作装置效率不降低，运转正常，不发生破裂，无严重磨损和不正常的运转响声；

（8）机架、机身不松动和变形；

符合以上要求后，方可交接验收手续，然后机械就可以交付投入使用。

五、机械的维护计划

机械化施工准备工作时，应考虑机械的维护计划，同时它也是机械化施工管理的组成部分，不能只顾眼前的工作，忽视机械的状态而强行工作，这样会导致功率降低，甚至造成机械故障，严重影响工程进度和质量。所以机械的维护计划是保证施工顺利进行的重要条件。一台机械在生产、维修、质量和安全方面的重要性，要从以下各方面来进行评价。

1. 生产

(1)机械在生产使用中的状态(重点在运转效率)；

(2)工地及计划中是否有闲置的备用机械；

(3)机械故障的出现对机械的影响程度及对进度的影响程度。

2. 维修

(1)机械发生故障的频率(是否应尽快维修)；

(2)机械发生故障的维修时间是否导致长时间停工；

(3)故障机械修理所消耗的费用是否值得。

3. 质量

(1)带故障的机械对工程质量是否有影响；

(2)故障机械的修理费用与影响质量效果的比重。

4. 安全

(1)因机械故障可能引起的伤害程度；

(2)因机械故障可能引起的公害程度。

从以上四个方面综合评价机械的现状及维修的重要性，以便在施工组织中合理权衡各方面的关系。机械维修从开始到结束都要做好记录，一是备查，二是统计费用，三是对操作员负责的机械进行追踪管理。维修记录使用表5-14的形式。

机械维修存档记录表　　表5-14

机械规格名称	厂家名称	维修原因	维修方式	维修部位	维修时间	备注

机械师：　　　　　　　　　　　　　　　　记录员：

5. 维护

由于现代公路施工强度高，筑路机械基本上都处于满负荷运转状态，所以机械的维护是最大程度发挥机械效益的必备前提。维护大致可分为定期维护和非定期维护。非定期维护是拆卸分解整套机械的维护，恢复其原来的性能，使它能长期使用；定期维护指日常维护、每周、每月进行维护。维护存档记录见表5-15。

机械维护存档记录表 表 5-15

机械规格名称	厂家名称	操作员	维护部位	维修部位	维护级别	维护时间	备注

机械师： 记录员：

1)每日维护

每日维护属于预防性维护作业，每日在出车前、行车中、收车后进行。由机械操作员和辅助操作人员负责完成，包括擦拭、检查、调整和补充燃料、润滑油脂和冷却水。

2)每周维护

作业范围除日常维护外，以清洁、紧固、润滑为中心内容，并检查离合器、制动、转向等安全部件的工作状况。需在机械师指导下进行，由操作人员和辅助人员完成。同时记录结果，填报记录表。

3)每月维护

作业范围除每周维护外，以检查、调整为中心内容，并进行某些零件的拆卸维护和更换。由机械师和操作员进行，同时记录结果，填报记录表。

思考题

1. 施工组织设计有哪些类型？按施工对象分类时每类有何特点？

2. 机械化施工总体计划包括哪些内容？

3. 机械化施工组织设计应遵循哪些原则？

4. 常用的施工方法有哪几种？什么叫流水作业法？有何特点？

5. 什么叫施工段？划分施工段时，应考虑哪些因素？

6. 某一路基土方工程用流水作业法施工时，某工作段内的工程总量是 6 000m^3，土壤等级Ⅰ~Ⅱ，要求运土距离小于30m，填土高度0.5m，工期5d，采用一班制作业，应选用哪类机械较合适？需要几台？（由土质及运距查得其生产率定额为513m^3/班）

7. 选择施工机械一般应遵循哪些原则？机械合理组合时应遵循哪些原则？

8. 选择施工机械时应考虑哪些因素？

9. 自卸车与土石方机械配套组合时应注意什么？

10. 机械化施工前施工现场的准备工作应注意哪几点？

11. 机械验收的方法和步骤是什么？

参考文献

[1] 戴强民,陈世宜. 公路施工机械. 北京: 人民交通出版社,2005.
[2] 高为群. 公路工程机械驾驶与故障排除. 北京:人民交通出版社,2005.
[3] 何挺继,展朝勇. 现代公路施工机械. 北京: 人民交通出版社,2002.
[4] 张润. 路基路面施工及组织管理. 北京:人民交通出版社,2004.
[5] 张起森. 公路施工组织及概预算. 北京:人民交通出版社,2001.
[6] 贯长海,展朝勇,郑忠敏. 公路养护机械与养护机械化. 北京:人民交通出版社,2004.
[7] 李维勋. 路基路面工程. 北京:机械工业出版社,2005.
[8] 李军. 高等级公路机械化施工设备与技术. 北京:人民交通出版社,2003.
[9] 陈振木. 城市道路工程施工手册. 北京:中国建筑工业出版社,2004.
[10] 费建国,张兰芳,王建军. 公路工程机械化施工. 北京:人民交通出版社,2004.
[11] 郭忠印,李立寒. 沥青路面施工与养护技术. 北京:人民交通出版社,2003.
[12] 郭小宏,朱战良,鞠萍,陈楚宣. 高等级公路机械化施工技术. 北京:人民交通出版社, 2001.
[13] 郝培文. 沥青路面施工与维修技术. 北京:人民交通出版社,2001.
[14] 田流. 现代高等级路面机械. 北京: 人民交通出版社,2003.
[15] 廖正环,郭小宏,刘燕. 高速公路机械化施工与组织管理. 北京:人民交通出版社,2001.
[16] 周春华,钟建国. 土、石方机械. 北京:机械工业出版社,2001.
[17] 胡长顺,黄辉华. 高等级公路路基路面施工技术. 北京:人民交通出版社,2000.
[18] 梁金江. 公路工程管理. 北京:人民交通出版社, 2002.
[19] 王清泾. 公路工程机械施工与管理. 西安:西安公路学院筑机系出版,1985.
[20] 黑龙江省公路桥梁建设总公司. 公路工程施工安全技术规程. 北京:人民交通出版社,2005.
[21] 山西省公路局. 公路施工企业管理. 北京:人民交通出版社,1996.
[22] 西安达刚公司. SX5160GLQ 型智能沥青洒布机使用说明书. 西安.
[23] 三一重工路面机械公司转运车所. 沥青混合料搅拌转运车营销指导书. 厦门.
[24] 三一重工路面机械公司转运车所. 工程机械与维修. 厦门.
[25] 德国福格勒公司. MT1000 -1 沥青混凝土转运车说明书.
[26] 徐州工程机械筑机分公司. AT1000A 型沥青混凝土转运车使用保养说明书. 徐州.